本教材为国家社会科学基金重大项目"认知语言学理论建设与汉语的认知研究"(15ZDB099)的部分成果

21世纪英语专业系列教材

COGNITIVE LINGUISTICS
A Coursebook

认知语言学教程

文旭 杨坤 主编

图书在版编目 (CIP) 数据

认知语言学教程 / 文旭，杨坤主编 .—北京：北京大学出版社，2022.8
21 世纪英语专业系列教材
ISBN 978-7-301-33190-3

Ⅰ.①认⋯ Ⅱ.①文⋯ ②杨⋯ Ⅲ.①认知语言学 – 高等学校 – 教材 Ⅳ.① H0-06

中国版本图书馆 CIP 数据核字 (2022) 第 131919 号

书　　　名	认知语言学教程 RENZHI YUYANXUE JIAOCHENG
著作责任者	文　旭　杨　坤　主编
责任编辑	刘文静
标准书号	ISBN 978-7-301-33190-3
出版发行	北京大学出版社
地　　址	北京市海淀区成府路 205 号　100871
网　　址	http://www.pup.cn　　新浪微博：@ 北京大学出版社
电子信箱	编辑部 pupwaiyu@pup.cn　总编室 zpup@pup.cn
电　　话	邮购部 010-62752015　发行部 010-62750672　编辑部 010-62754382
印刷者	河北滦县鑫华书刊印刷厂
经销者	新华书店
	720 毫米 ×1020 毫米　16 开本　24 印张　403 千字 2022 年 8 月第 1 版　2023 年 11 月第 2 次印刷
定　　价	88.00 元

未经许可，不得以任何方式复制或抄袭本书之部分或全部内容。
版权所有，侵权必究
举报电话：010-62752024　电子信箱：fd@pup.pku.edu.cn
图书如有印装质量问题，请与出版部联系，电话：010-62756370

主　　编：文　旭　杨　坤
编委成员（按姓名拼音顺序）：
　　　　　　高　莉　姜灿中　李　恒　骆　涵　莫启扬
　　　　　　司卫国　唐瑞梁　汪少华　王馥芳　王　军
　　　　　　魏在江　肖开容　肖　燕　曾　容　张　韬
　　　　　　赵永峰

前　言

本书是为语言学方向本科生和研究生编写的一本介绍认知语言学的教材，也可作为认知语言学爱好者的参考文献。本书付梓出版，对我个人来说，既是一种释怀，也是一种惶恐。说释怀，是因为终于完成了这一艰巨任务；曰惶恐，是因为担心做得不好。记得那是2018年10月22日，北京大学出版社刘文静女士在我办公室讨论学术合作的事情，她邀请我编写一本认知语言学教材，我当时虽诚惶诚恐，但还是高兴地答应了。

本教材是集体智慧的结晶。在编写过程中，我们力求做到以下几点：

第一，注重知识的系统性。认知语言学是语言学的一种新范式，其理论多、概念庞杂，不容易梳理清楚，也容易混淆。本教材主要参考G. Lakoff, R. W. Langacker, L. Talmy, M. Johnson, G. Fauconnier, E. C. Traugott, A. E. Goldberg等学者的观点，聚焦认知语言学的核心概念、主要研究路径和重要研究话题，如范畴化、意象图式、概念隐喻和转喻、概念整合理论、象似性、框架语义学、认知语法、构式语法、语法化、主观性和主观化等，以及认知语言学的跨学科与应用研究，如认知语用学、认知诗学、认知社会语言学、认知翻译学、应用认知语言学、认知语言学与手语研究等。

第二，注重术语的统一性。认知语言学是由不同理论构成的一个体系，涉及的术语繁多且有时不尽统一，而国内对同一术语的翻译有时也不一致。我们在翻译这些术语的时候，既考虑了大家的接受度，也有我们自己的取舍。例如，prototype这个术语一般翻译成"原型"，但"原型"容易引起误解，实际上prototype就是最佳实例，所以我们把它翻译为"典型"，以区别于另一术语archetype（"原型"）。再如，source domain这一术语也有不同的翻译，如"始发域""源域"和"始源域"，我们选择"始发域"，不仅仅是因为它与target"目标域"相对应，都是三个汉字，而且它比"始源域"好，因为汉语中有"始发站""始发地"和"始发列车"这样的说法。

第三，注重例句的趣味性。有人说，文学有读不完的书，语言学有读不懂的书。其实，今天语言学也有读不完的书。语言学虽属哲学社会科学领域，但更接近自然科学，其理论性强，不容易理解。因此，我们在编写本教材的过程中，尽量做到从生动有趣的英汉例子入手，然后引入基本概念和理论。这样写的好处在于，避免了从概念到例子的传统写作套路，同时也使一些概念和理论更容易理解和接受，不让学生望而生畏。

第四，注重语言的简单性。为了让学生能够更好地理解认知语言学的基本概念和理论，我们在编写时也特别注意语言表述，尽量用简单的语言来阐释和说明问题。我们追求的是"简单为上"原则。哲学有一把"奥卡姆剃刀"，工程学和其他技术领域有一个"KISS原则"，意思是"笨蛋，简单为上！"（KISS: Keep It Simple, Stupid）认知语言学同样如此，简单的才是最美的！

第五，注重理论的实用性。任何理论如果不能在实践中得到检验，其存在的价值就会大打折扣。本教材特别重视认知语言学的实践意义，努力把认知语言学理论应用于汉语分析以及外语教学和翻译研究中，让学生能够认识到认知语言学不仅在理论上具有魅力，而且在实践中也具有解释力。同时，我们也特别强调认知语言学与其他学科的交叉融合，如认知语言学与社会语言学、应用语言学、翻译研究、手语研究等。这样的交叉融合，也证明了认知语言学的实用价值。

第六，注重成果的本土化。本教材不但介绍了国外学者的观点，也介绍了国内学者的一些观点。这真实地反映了认知语言学的现状，也摆脱了唯西方论的束缚。突出研究成果的中国化、本土化，是学术自信的表现。在语言学研究领域，我一直主张这样一种观点："主义可拿来，问题需土产，理论应自立。"不管是结构主义、形式主义、功能主义还是认知主义，我们都可以拿

前言

来，但一定要解决我们自己的问题，同时要有理论创新和学派意识。虽然我们有大量的语言及语言学研究成果，但还需要提升到理论高度，要有自己的理论体系、学术体系和话语体系。

  本教材是大家共同努力的结果。第一章和第十九章由文旭撰写，第二至十八章分别由曾容、肖燕、王军、魏在江、张韬、司卫国、汪少华、莫启扬、杨坤、姜灿中、高莉、唐瑞梁、王馥芳、赵永峰、肖开容、骆涵、李恒撰写，最后由文旭和杨坤统稿。本教材的出版得到了北京大学出版社尤其是刘文静女士的大力支持。在此，对大家的辛勤付出和敬业精神，表示衷心感谢！此外，还要感谢我的博士生李波、屈宇昕、张钺奇在本书校对过程中付出的辛勤劳动！由于时间仓促，水平有限，不正之处在所难免，敬请大家不吝赐教，希望今后日臻完善。

文　旭

2021年9月10日

目　　录

第一章　绪论 ········· 1
1.1 引言 ········· 1
1.2 什么是认知语言学 ········· 2
1.3 哲学基础和工作假设 ········· 4
1.4 两个基本承诺 ········· 5
1.5 认知语言学的基本理论原则 ········· 6
1.6 认知语言学的主要研究内容 ········· 7
1.7 本教程的结构 ········· 9

第二章　范畴与范畴化 ········· 12
2.1 引言 ········· 12
2.2 经典范畴化理论 ········· 13
2.3 典型理论 ········· 16
2.3.1 典型理论的发展 ········· 16
2.3.2 语言中的典型效应 ········· 20
2.4 范畴的层次 ········· 24
2.5 去范畴化 ········· 27
2.6 动态范畴化 ········· 29
2.7 小结 ········· 30

第三章　意象图式 ····· 32

3.1 引言 ····· 32
3.2 什么是意象图式 ····· 33
3.3 意象图式的主要类型 ····· 34
3.3.1 Johnson的分类 ····· 34
3.3.2 Lakoff的分类 ····· 40
3.4 意象图式理论的核心观点 ····· 41
3.5 小结 ····· 46

第四章　概念隐喻 ····· 49

4.1 引言 ····· 49
4.2 什么是概念隐喻 ····· 51
4.3 概念隐喻理论的发展 ····· 54
4.4 概念隐喻的应用研究 ····· 59
4.4.1 概念隐喻的研究领域 ····· 59
4.4.2 概念隐喻的研究方法 ····· 61
4.5 小结 ····· 63

第五章　概念转喻 ····· 66

5.1 引言 ····· 66
5.2 什么是概念转喻 ····· 67
5.3 概念转喻的类型 ····· 69
5.3.1 指称转喻 ····· 71
5.3.2 谓词转喻 ····· 71
5.3.3 言外转喻 ····· 73
5.4 语法转喻 ····· 74
5.5 转喻与隐喻的区别 ····· 75

5.6 转喻的相关研究 77
5.7 小结 79

第六章　概念整合理论 81
6.1 引言 81
6.2 概念整合理论的核心观点 83
  6.2.1 基本要素和操作步骤 83
  6.2.2 关键关系和压缩 85
6.3 概念整合网络的基本类型 88
  6.3.1 简单型网络 88
  6.3.2 镜像型网络 89
  6.3.3 单域型网络 92
  6.3.4 双域型网络 94
  6.3.5 多重整合 95
6.4 概念整合遵循的原则 97
6.5 小结 98

第七章　象似性 101
7.1 引言 101
7.2 什么是象似性 103
  7.2.1 象似性的由来 103
  7.2.2 象似性的定义 105
7.3 象似性的基本类型 106
  7.3.1 语音层面的象似性 106
  7.3.2 词汇层面的象似性 108
  7.3.3 句法层面的象似性 110
  7.3.4 其他象似性原则 115
7.4 小结 116

第八章　框架语义学 ··· 119

8.1 引言 ··· 119
8.2 框架 ··· 120
8.2.1 框架的不同定义 ······························· 120
8.2.2 框架的发展历程 ······························· 124
8.2.3 框架的应用研究 ······························· 129
8.3 框架语义学 ······································· 132
8.3.1 框架语义学的产生背景 ························· 132
8.3.2 框架语义学的核心概念 ························· 134
8.3.3 框架语义学的应用研究 ························· 136
8.4 小结 ··· 137

第九章　认知语法 ··· 141

9.1 引言 ··· 141
9.2 认知语法的基本概念 ······························· 142
9.2.1 基底和侧面 ··································· 142
9.2.2 射体和界标 ··································· 144
9.2.3 整体扫描和顺序扫描 ··························· 146
9.2.4 概念参照点 ··································· 149
9.3 认知语法的核心观点 ······························· 151
9.3.1 语法是由规约化象征单位组成的结构化清单 ········· 151
9.3.2 意义就是概念化 ······························· 154
9.3.3 名词短语和动词短语具有平行的背景设置 ·········· 155
9.3.4 构式组成成分的组合顺序具有灵活性 ·············· 158
9.3.5 主观化是客观轴和主观轴上的关系交替淡化和突显的过程 ···· 162
9.4 小结 ··· 166

第十章　构式语法 ································ 168

- 10.1 引言 ···································· 168
- 10.2 什么是构式 ······························ 170
  - 10.2.1 构式的存在 ·························· 170
  - 10.2.2 构式的内涵与外延 ···················· 171
- 10.3 构式语法的核心观点 ······················ 174
- 10.4 动词和构式的语义 ························ 176
  - 10.4.1 动词的语义 ·························· 176
  - 10.4.2 构式的语义 ·························· 178
- 10.5 动词与构式的互动 ························ 179
  - 10.5.1 从词汇中心到构式中心 ················ 179
  - 10.5.2 动词和构式的角色互动 ················ 181
  - 10.5.3 构式对动词的语义限制 ················ 184
- 10.6 构式与构式的互动 ························ 186
- 10.7 小结 ···································· 189

第十一章　语法化 ································ 193

- 11.1 引言 ···································· 193
- 11.2 什么是语法化 ···························· 194
- 11.3 语法化过程 ······························ 196
  - 11.3.1 语义的演变 ·························· 196
  - 11.3.2 形式的演变 ·························· 197
- 11.4 语法化的认知解释 ························ 199
  - 11.4.1 新分析 ······························ 199
  - 11.4.2 类比思维 ···························· 201
  - 11.4.3 概念隐喻 ···························· 202
  - 11.4.4 主观化 ······························ 203

v

    11.4.5 招请推理 ·· 206
  11.5 词汇化 ·· 207
    11.5.1 去语法化 ·· 207
    11.5.2 单词化和习语化 ·· 208
  11.6 小结 ·· 210

第十二章 主观性和主观化 ·· 212

  12.1 引言 ·· 212
  12.2 Langacker的共时研究 ··· 214
  12.3 Traugott的历时研究 ·· 217
  12.4 其他学者的主观性研究 ·· 221
  12.5 交互主观性 ·· 224
  12.6 小结 ·· 225

第十三章 认知语用学 ·· 228

  13.1 引言 ·· 228
  13.2 传统认知语用学 ·· 229
    13.2.1 Grice的意图和会话含义 ······································ 229
    13.2.2 关联理论 ·· 230
  13.3 新认知语用学 ·· 238
    13.3.1 突显 ·· 239
    13.3.2 视角 ·· 240
    13.3.3 框架 ·· 241
    13.3.4 认知场景 ·· 242
    13.3.5 社会认知取向 ·· 244
  13.4 小结 ·· 245

第十四章　认知诗学…………………………………………… 248

14.1 引言………………………………………………………… 248
14.2 认知诗学的兴起和发展…………………………………… 250
14.2.1 认知诗学理论溯源…………………………………… 250
14.2.2 认知科学和诗学的关系……………………………… 251
14.3 认知诗学的重要理论主张………………………………… 253
14.4 认知诗学的核心观点……………………………………… 256
14.4.1 揭示审美效果背后的认知识解操作过程…………… 256
14.4.2 "前景化"语言研究………………………………… 258
14.5 小结………………………………………………………… 261

第十五章　认知社会语言学………………………………… 264

15.1 引言………………………………………………………… 264
15.2 认知社会语言学的兴起…………………………………… 265
15.2.1 社会语言学与认知语言学的融合…………………… 265
15.2.2 认知社会语言学的诞生……………………………… 267
15.3 认知社会语言学的基本观点……………………………… 268
15.3.1 两大承诺……………………………………………… 268
15.3.2 十大理论视角………………………………………… 269
15.4 认知社会语言学的研究方法……………………………… 281
15.5 小结………………………………………………………… 282

第十六章　认知翻译学……………………………………… 284

16.1 引言………………………………………………………… 284
16.2 认知翻译学的基本含义…………………………………… 284
16.3 认知翻译学的发展历史…………………………………… 286
16.4 认知翻译学理论…………………………………………… 288

  16.4.1 基于第一代认知科学观的认知翻译学理论 288
  16.4.2 基于第二代认知科学观的认知翻译学理论 291
 16.5 认知翻译学的主要研究领域 292
  16.5.1 翻译过程研究 292
  16.5.2 语言认知翻译研究 292
  16.5.3 社会认知翻译研究 296
 16.6 认知翻译学研究方法 297
  16.6.1 内省法 298
  16.6.2 击键记录法 298
  16.6.3 眼动追踪 299
  16.6.4 脑成像和生理测量法 300
 16.7 小结 300

第十七章　应用认知语言学 304

 17.1 引言 304
 17.2 以使用为基础的原则 306
 17.3 概念隐喻 308
 17.4 概念转喻 309
 17.5 多义现象 311
 17.6 构式语法 312
 17.7 识解 313
 17.8 语言的具身性 313
 17.9 小结 315

第十八章　认知语言学和手语研究 319

 18.1 引言 319
 18.2 手语中的概念隐喻 321

18.3 手语与象似性 ……………………………………………… 328

18.4 手语与运动事件 …………………………………………… 332

18.5 小结 ………………………………………………………… 335

第十九章　展望 …………………………………………………… 338

参考文献 …………………………………………………………… 341

第一章 绪论

1.1 引言

语言是人类交际和思维的重要工具，更是人类存在的家园。我们每天都在使用语言，自己讲话，也在听别人讲话。但语言是什么？语言为什么这样呈现？为什么只有人类才有语言？这些看似简单的问题，一加追问就变得难以回答了。

人类之所以为人类，就是因为人类掌握了语言这一特殊的工具，如《春秋榖梁传·僖公二十二年》中所说："人之所以为人者，言也。"当然语言不只是工具，正如麻省理工学院著名教授Steven Pinker（2007：419）所说：

> 拥有语言当然是你作为人的一个基本条件，所以你应该是好奇的。人们对语言的确好奇，甚至可以说是狂热。这个理由很明显，语言是心智最容易窥见的一个部分。人们想要知道语言，是因为希望透过语言看到人类的本性。

语言构建了我们生存的世界，使人类生活充满了乐趣和斑斓的色彩。例如，某次世界女排赛，中国女排3：0战胜了美国女排，结果不同的报道却用了两个相反的标题"中国队大胜美国队"和"中国队大败美国队"。这一"胜"一"败"语义完全相反，但所表达的意思却相同，即中国女排赢了。在现实生活中，像这样耐人寻味的语言现象不胜枚举。

语言学是一门领先的科学（pilot science），旨在对语言进行系统、科学的研究，是人文科学与自然科学之间的桥梁。从结构主义语言学到转换生成语言学，再到功能语言学以及认知语言学，语言学的发展都是一个个研究范式的嬗变。认知语言学是语言研究的一种新范式，其诞生一方面得益于20世纪六七十年代认知科学，尤其是心理学等相关学科的发展，另一方面源于对以生成语言学为首的形式语言学的批评。自诞生之日起，认知语言学在研究目标、哲学基础、工作假设、理论原则和研究内容等方面都与之前的主流语言学大相径庭。

以下简要介绍什么是认知语言学及其哲学基础和工作假设，然后介绍认知语言学的两个承诺、主要理论原则及主要研究内容。

1.2 什么是认知语言学

20世纪中期，世界科学史上诞生了探索人类智慧产生和发展的前沿性尖端科学——认知科学（cognitive science），其主要研究目标是探究人类认知过程和思维的本质及规律，具体涉及知觉、注意、记忆、推理、意识以及情感动机在内的认知与心智活动，因此其诞生与发展均受到了语言学、计算机科学、心理学、人类学、神经科学和哲学等学科的影响。认知科学旨在通过研究人类心智的工作原理，揭开人类心智的奥秘，这是一个宏大的课题，也是认知科学家孜孜以求的目标。认知语言学是认知科学的一个重要组成部分，它自然也要去承担这一光辉使命。

认知语言学，也称认知语言学事业，目前有广义和狭义两种理解。任何语言学理论，只要承认语言知识存在于心智之中，就属于广义的认知语言学或小写c的认知语言学（cognitive linguistics），如N. Chomsky的生成语法（Generative Grammar），R. Jackendoff的概念语义学（Conceptual Semantics）以及R. A. Hudson的词语法（Word Grammar）等。狭义的认知语言学或大写C的认知语言学（Cognitive Linguistics）并不把语言看成是心智的自治部分，而主张语言能力和人的其他认知能力没有本质上的差别。因此，狭义认知语言学认为语言是认知的主要组成部分，对心智的了解有利于语言研究。其典型代表人物包括G. Lakoff，R. Langacker，M. Johnson，A. Goldberg，L. Talmy等。他们认为自然语言是人类心智的产物，其组织原则与其他认知域中的组织原则没有差别。作为人类认知的一个领域，语言与其他认知域密切相关，并且本身也是心理、文化、社会、生态等因素相互作用的反映。语言结构既依赖于概念的形成过程又反映了这一过程，而这一过程又是以我们自身的经验为基础的，即是说，语言不是一个由任意符号组成的系统，其结构与人类的概念知识、身体经验以及话语的功能相关。语言单位（如词、短语、句子）是通过范畴化来实现的，而范畴化通常是以典型为基础，并且涉及隐喻和转喻的过程。语言单位的意义是以身体经验为基础的，其描写需要参照相关的认知结构，如通俗模型（folk models）、文化模型（cultural models）以及认知模型（cognitive models）。把语言使用置于人类经验基础之上的最重要的结果之一就是要首先强调意义的研究。正如A. Wierzbicka（1988：1）认为："语言是一个整合的系统，在这个系统中一切手段都通力协作，传递意义，如词、语言结构以及言外手段（包括语调）。"S. A. Fesmire（1994：150）也认为，认知语言学摆脱了主流生成语言学的传统，"尽力解决人类是如何理解自己世界的意义这一问题"，并且把自己"置于人类经验这一潮流中，而不是局限在纯粹的形式王国里"。这样一来，认知语言学把意义的身体维度、文化维度以及想象维度有机地结合了起来。

综上所述，认知语言学的研究目标可以概括为：寻找概念知识的经验证据，探索概念系统、身体经验与语言结构之间的关系以及语言、意义和认知之间的关系，发现人类认知或概念知识的实际内容，从而最终揭示人类语言的共性和人类认知的奥秘。显然，认知语言学的这一宏伟目标与当今人类最感兴趣的四大课题之一"揭示人类智能的奥秘"不谋而合。

本教程涉及的"认知语言学"是狭义的认知语言学，但它也不是一个单一的理论，而是一个有着共同哲学基础和研究目标的新范式。有人把它比作"事业"，也有人把它比作"群岛"，还有人把它比作"集团公司"等。

1.3 哲学基础和工作假设

认知语言学起源于20世纪70年代，它广泛吸收了语言学之外研究人类认知活动其他学科的研究成果及分析方法，如心理学、神经科学、哲学、人类学等。作为一种新的语言学范式，认知语言学是在反对以生成语法为首的主流语言学的基础上建立起来的，其哲学基础和工作假设都与主流语言学有很大的差别。生成语言学倡导的客观主义哲学观强调"主体—客体""身体—心智"的二元分离，认为语言不过是对客观世界的镜像反映，研究语言不需要考虑人的身体和经验的作用，只需要揭示语言的形式和运算系统。与之相反，认知语言学秉持非客观主义（non-objectivism）或经验现实主义（experiential realism）的哲学观，它强调人类的生理结构、身体经验以及人类的想象在意义概念形成中的重要作用。这种经验主义认知观主要体现在以下几个方面：（1）思维是具身的（embodied），即用来连接概念系统的结构来自于身体经验，并依据身体经验而有意义。（2）思维是想象的，即是说，那些不是直接来源于经验的概念是运用隐喻、转喻和心理意象的结果，而隐喻、转喻和意象都是以经验为基础的，这种想象力也是具身的，正是因为这种想象力才产生了"抽象"思维。（3）思维具有生态结构，就像在学习和记忆中一样，认知加工的效率取决于概念系统的结构以及概念的意义，因此思维不只是抽象符号的机械操作。（4）形式逻辑不可能精确描述概念结构和推理，但可以用具有上述特征的认知模型来描写。（5）认知模型理论在说明有关范畴化的实际材料时，吸收了范畴化、意义和推理等传统观点中的正确方面。

在对语言的根本看法上，认知语言学持有与生成语法针锋相对的工作假设：（1）语言能力是人的一般认知能力的一部分，故语言不是一个自足的系统，其描写必须参照认知过程。（2）语言结构与人类的概念知识、身体经验以及话语的功能有关，并以它们为基础。（3）句法不是一个自足的组成部分，而是与语义、词汇密不可分，也就是说，词汇、形态和句法形成一个符号单位的连续体，这个连续体只是任意地被分成了单独的成分；语法结构是概念化的结果，其本质上是符号的，并使概念内容符号化。（4）语义不只是客观的真值条件，还与人的主观认识息息相关；用以真值条件为基础的形式语义学来分析语词的意义是不充分的，这有两个原因：一是语义结构的描写与无限的知识系统有关；二是语义结构不但反映了所观察到的情景的内容，而且也反映了这个内容是怎样建构和识解的。（5）语言知识来源于语言使用，语言系统源于若干使用事件。语言使用源于语言系统，同时也塑造语言系统。

尽管认知语言学家内部在研究方法、研究课题、研究的切入点等方面都存在差异，但在很大程度上，他们都秉持上述观点和立场。可以说，正是这些共识界定了认知语言学的内涵和范围。

1.4 两个基本承诺

认知语言学虽有不同的理论方法和研究课题，但它们大多具有共同的哲学基础、工作假设和理论原则，并且都秉承两个基本承诺，即概括的承诺（the generalization commitment）和认知的承诺（the cognitive commitment）。

概括的承诺强调在对语言规则和语言现象的理论描写和解释中，寻求支配人类语言各个层面的普适性原则和总体特征。该承诺折射了认知语言学家对生成语言学研究的不满，矛头直指"模块观"。"模块观"主张把语言知识切分成若干各自独立的子模块（音位模块、句法模块、语义模块），每一子模块都包含不同的适用规则，如音位规则控制句子的声音结构，句法规则控制句子的句法结构，语义规则控制句子的意义等。"模块观"极力推崇"组构原则"（principle of compositionality），即一个结构的意义是该结构直接组成成分的意义和组构规则的函数。这一原则对规则结构具有较强的解释力。因此，生成语言学家认为，语法研究应该着眼于可用规则推导的"核心现象"，而将习语等不规则的结构置于"边缘"。这种做法遭到了认知语言学家的强烈批评。一方面，"模块观"将语用意义排除在外，忽视了语境对语法规则的制约作用。另一方面，"核心—边缘"之分必然无法兑现对语言现象的描写充分性和解释充分性承诺。与之相反，认知语言学秉承概括的承诺，力图描写语言中所有结构类型，承诺对语言规则和不规则的表达作出统一的解释。概括的承诺反映了认知语言学的基本假设之一，即语言可以映射人类普遍的认知机制和认知过程。因此，认知语言学家致力于寻找能够适应人类语言所有系统的组织原则，不仅包括语音、形态和句法层面，还应该包括语义、语用等层面。

认知的承诺强调对语言和语言组织描写与解释的原则必须与其他学科（如哲学、心理学、脑科学和神经科学等）关于大脑和心智的已有认识相一致。同概括的承诺一样，认知语言学家提出认知的承诺也是源于对生成语言学"模块观"的反思与批判。"模块观"认为人的大脑和心智是由不同知识模块组成，语言模块便是其中之一。认知语言学家则否认语言模块的存在，认为语言是人类心智的产物，语言和语言组织的原则与人类认知的其他方面并无不同。许下认知的承诺，要求认知语言学研究者在对语言现象和理论进行描写与解释时，重视来自认知科学、认知心理学、发展心理学、心理语言学、人类学以及神经科学等学科对人类大脑和心智的研究成果。如果幸运的话，概括的承诺和认知的承诺应该彼此吻合，即我们所追求的一般原则在认知上应该是真实的；倘若不吻合，认知的承诺则应居于首要地位。

概括的承诺和认知的承诺对认知语言学的理论、原则和方法具有指导作用，是衡量一项研究之所以为认知语言学研究的重要标准。也正是基于这两个承诺，认知语言学理论得以延伸和扩展，研究范围不断扩大，研究方法也趋于实证化和多元化。

1.5 认知语言学的基本理论原则

认知语言学这一新范式虽然包括许多不同的理论，但它们在很大程度上是一致的，具有共同的理论原则。Langacker（1987：2）曾把认知语言学的理论原则概括为三个重要主张，它们分别为：第一，语义结构并不具有普遍性，在很大程度上因语言而异；第二，语法或句法并不构成一个自主的表征形式层次；第三，语法与词汇之间没有意义上的区别。这三个原则主要是从语法和语义的角度来讲的。如果着眼于整个认知语言学理论范式，我们可以概括出以下六个基本理论原则：第一，概念语义原则。意义存在于人类对世界的识解

(construal)中，它具有主观性，体现了以人类为宇宙中心的思想，反映了主导的文化内涵、具体文化的交往方式以及世界的特征。这一原则表明，意义的描写涉及词与大脑的关系，而不是词与世界之间的直接关系。第二，百科语义原则。对一个语言表达式的意义要进行全面的解释，通常需要考虑意象（视觉的和非视觉的）、隐喻、认知模型以及对世界的朴素理解等。因此，一般来说，一个词的意义靠孤立的词典似的定义是不能解决问题的，必须依赖百科知识。第三，典型效应原则。这一原则认为范畴是围绕典型、家族相似性、范畴中各成员之间的主观关系组织起来的。第四，语法性判断原则。即是说，语法性判断具有渐进性、可变性以及对语境的依赖性。第五，语言与其他认知机制相关原则。认知语言学家积极吸收认知心理学关于范畴化、注意以及记忆等的研究成果来丰富自己的理论，使之更加具有活力。第六，句法的非自主原则。这一原则是认知语言学同生成语法最大的区别所在，该原则认为句法是约定俗成的模式，声音（或符号）通过这种模式传达意义，因此，句法并不需要自己特殊的元素（primitives）和理论结构。约定俗成的符号模式是说话人通过实际话语获得的，而要获得语法知识只有通过这样的符号模式才能实现。

以上六条基本原则界定了认知语言学的内涵和范围，使认知语言学得以与其他"认知"学科区别开来。

1.6 认知语言学的主要研究内容

认知语言学理论体系主要由认知语义学和语法的认知研究两部分组成。认知语义学重点关注经验、具身认知和语言之间的关系，其研究内容包括范畴和范畴化（categorization）、概念隐喻（conceptual metaphor）、概念转喻（conceptual metonymy）、意象图式（image schema）、框架语义学（frame semantics）、心理空间（mental space）、理想化的认知模型（idealized cognitive model）、概念整合理论（conceptual blending theory）、力动态（force dynamics）、主观性/主观化（subjectivity/subjectification）等。语法的认知研究聚焦语言表征单位的研究，主要包括Langacker的认知语法

（Cognitive Grammar）、Goldberg等人的构式语法（Construction Grammar）及语言演化相关理论等。认知语言学认为语言内嵌于人类的全部认知能力之中，因此，其研究内容可进一步划分为：概念结构以及自然语言范畴化的结构特征，如概念隐喻、典型性（prototypicality）、认知模型、心理空间、意象（image）、多义性（polysemy）等；语言构造的功能原则，如象似性（iconicity）、自然性（naturalness）、标记性（markedness）等；句法—语义界面研究，如Langacker的认知语法、Fillmore的框架语义学以及构式语法等；语言与思维的关系等。其中概念隐喻、概念转喻、意象图式、象似性、主观性/主观化、语法化（grammaticalization）、历时构式语法（diachronic construction grammar）、构式化（constructionalization）等课题为近年来研究的热点。

除了概念隐喻、概念转喻等认知语言学领域内的"常青树"外，认知语言学逐渐关注言语交际中的非言语交际材料，如多模态、手语、肢体语言等。以手语为例，一方面，手语研究可以为语言结构和语言概念化研究提供或多或少的启示；另一方面，手语研究又是对语言研究的有益补充。多模态研究不仅可以为验证认知语言学理论的合理性提供辅证，为揭示语言、思维和现实的关系提供新的窗口，而且它还倡导实证的研究方法，关注语言的社会、文化因素，符合当今认知语言学研究的发展趋势。

近年来，认知语言学出现了"量化转向"和"社会转向"。所谓的"量化转向"是指认知语言学在传统内省法的基础上开始重视量化分析，借助语料库、神经实验（如ERP、fMRI）及心理实验等进行数据收集和量化分析，有利于对认知语言学内省研究进行必要补充，进一步证实或证伪认知语言学相关理论假设。认知语言学的"量化转向"是由内省法的弊端，即其具有较强的主观性及较弱的可复制性和可证明性，以及认知语言学所属认知科学的本质属性等因素所致。所谓的"社会转向"是指在重视语言与认知研究的同时，还要兼顾考察语言的社会维度，强调文化环境和语言社会交互性的重要作用。具体表现为提出认知社会语言学和社会认知语言学（Croft 2009；Geeraerts *et al.* 2010；文旭 2019）。认知社会语言学是Geeraerts等学者提出的。他们认为，认知语言学研究应当关注社会语言学视角和语言变异视角，关注语言变异、区域变异等方面。Geeraerts建议，除了"概括的承诺"和"认知的承诺"外，还应补充"社会符号的承诺"，主张人类语言的描写和解释应当与语言作为"社会符号"的地位相一致。社会认知语言学则旨在描写语言使用塑造言者和听者的语言知识的社会互动机制。这些互动机制植根于合作行为、协同和规约等一般社会认知能力。虽然两者在基本主张上略有差异，但是两者都认为，认知语言学研究应当更加关注语言的社会、文化因素。

当前，语言研究的跨学科性和交叉性日益突显。认知语言学经过40多年的发展，其内涵和外延不断深化和拓展，逐步建立了跨领域、跨学科、超学科的研究体系，涵盖了认知语义学、认知语法、构式语法、认知语用学、认知音系学、认知诗学/文体学、认知翻译学、认知心理语言学、认知神经语言学、认知历史语言学、认知修辞学、认知词典学、认知文化语言学、认知社会语言学、应用认知语言学、认知符号学等诸多研究领域，其研究成果也被应用到语言教学、翻译、二语习得、跨文化交际、言语及非言语交际等不同领域。

1.7 本教程的结构

全书共十九章，内容涵盖认知语言学的基本概念、主要研究路径和重要研究话题，还着重介绍了认知语言学几个重要的跨学科与应用研究方向。

第一章主要论述认知语言学的内涵、哲学基础和工作假设、基本承诺、理论原则、主要研究内容等。

第二章至第七章介绍认知语言学的基本概念，包括范畴与范畴化、意象图式、概念隐喻、概念转喻、概念整合理论和象似性。范畴与范畴化主要涉及经典范畴化理论、典型理论、范畴的层次、去范畴化以及动态范畴化等内容。意象图式主要包括意象图式的定义、分类以及意象图式理论的主要内容和观点。概念隐喻主要介绍概念隐喻的内涵以及概念隐喻理论的发展，探讨了概念隐喻的应用研究。概念转喻主要包括概念转喻的内涵、特征、类型，转喻与隐喻的区别，概念转喻的相关应用研究。概念整合理论主要介绍概念整合理论产生的背景、概念整合理论的核心观点、概念整合网络的基本类型以及概念整合遵循的原则。象似性主要介绍象似性的由来及定义，从语音、词汇和句法结构等层面分析象似性的基本类型，并简要论述象似性在语言教学、语言习得和翻译等领域的应用研究。

第八章至第十章介绍认知语言学的三种重要研究路径，包括框架语义学、认知语法和构式语法。框架语义学主要介绍框架的定义、发展历程及其应用研究，框架语义学产生的背景及其核心概念与应用研究。认知语法主要介绍基底和侧面、射体和界标、整体扫描和顺序扫描、概念参照点等基本概念，以及认知语法的核心观点。构式语法主要介绍构式的定义、构式语法的核心观点、动词与构式的语义、动词与构式的互动、构式与构式的互动等内容。

第十一章和第十二章聚焦认知语言学历时研究和共时研究的两个重要话题：语法化、主观性和主观化。语法化主要介绍语法化的定义、语法化的单向性、语法化过程中语义和形式的演变、认知语言学的历时研究对语法化的解释等。主观性和主观化主要介绍R. W. Langacker对主观性和主观化的共时研究和E. C. Traugott对主观性和主观化的历时研究，以及交互主观性。

第十三章至第十八章为认知语言学跨学科与应用研究方向，包括认知语用学、认知诗学、认知社会语言学、认知翻译学、应用认知语言学、认知语言学与手语研究。认知语用学介绍基于关联理论的传统认知语用学和基于认知语言学的新认知语用学。认知诗学介绍认知诗学的兴起与发展、认知诗学的重要理论主张、以及认知诗学的核心观点。认知社会语言学主要介绍认知社会语言学产生的背景、基本观点和研究方法。认知翻译学分别从认知翻译学的界定、发展历史、理论主张、研究领域和研究方法等方面勾勒认知翻译学的概貌。应用认知语言学主要论述以使用为基础的原则、隐喻、转喻、多义现象、识解、构式语法和具身认知七个认知语言学概念在外语教学和语言习得中的运用。认知语言学与手语研究分别从概念隐喻、象似性和运动事件三个方面介绍手语的认知研究，分析目前手语认知研究存在的问题，并提出了相应的发展方向。

第十九章是对认知语言学研究的展望。

推荐阅读书目

Croft, W. 2009. Toward a social cognitive linguistics. In V. Evans & S. Pourcel (eds.). *New Directions in Cognitive Linguistics* (pp.395-420). Amsterdam: John Benjamins.

Evans, V. 2019. *Cognitive Linguistics: A Complete Guide*. Edinburgh: Edinburgh University Press.

Fesmire, S. A. 1994. What is "cognitive" about cognitive linguistics? *Metaphor and Symbolic Activity,* 9: 149-154.

Lakoff, G. 1990. The invariance hypothesis: Is abstract reason based on image-schemas? *Cognitive Linguistics,* 1: 39-74.

Langacker, R. W. 2013. *Essential of Cognitive Grammar*. Oxford: Oxford University Press.

Pinker, S. 2007. *The Language Instinct*. New York: Harper Perennial Modern Classics.

Wen, X. & Taylor, J. R. 2021. *The Routledge Handbook of Cognitive Linguistics*. London: Routledge.

Wierzbicka, A. 1988. *The Semantics of Grammar*. Amsterdam: John Benjamins.

文旭，2019，基于"社会认知"的社会认知语言学，《现代外语》，（3）：293-305。

第二章 范畴与范畴化

2.1 引言

人类的生活与范畴和范畴化息息相关。设想如下场景：去泰国旅游，你尝到一种很特别的水果，你可能会问导游："这是什么水果啊？以前没有尝过呢！"导游回答："这是莲雾。"这里的"水果"即是一种范畴，其范畴成员还包括苹果、香蕉、西瓜、葡萄、榴莲、山竹等。空闲时间遛狗，看见一种从未见过的狗，你可能会问："这狗好乖，什么品种？"主人回："这是萨摩耶。"这里的"狗"也是一种范畴，其范畴成员还包括哈巴狗、金毛、拉布拉多、哈士奇等。又如，颜色也是一个范畴，其范畴成员为红、绿、黄、黑、白、蓝、紫等。人们在认识新事物的时候总是会问："这是什么？"这就是在其认知中将事物进行范畴化的过程。因此，范畴化是对事物进行分类的心理过程，而范畴则是这种分类的结果。范畴化使得同一范畴内部诸成员的相似性最大化，不同范畴的相似性最小化。范畴化能力在日常生活中起着重要的作用，"没有范畴化能力，我们根本不可能在外界或社会生活以及精神生活中发挥作用"（Lakoff 1987: 6）。语言学在方法论和本质上都与范畴化紧密相关。如同在生活中一样，我们也会将语言进行分类。动词、名词、形容词、副词等是词类范畴，状语从句、定语从句、宾语从句等属于小句范畴。本章将介绍经典范畴化理论、典型理论（prototype theory）以及其他相关概念。

2.2 经典范畴化理论

Aristotle是欧洲哲学史上第一个对范畴进行有益探索的哲学家，其主要观点体现在《范畴篇》与《形而上学》之中。其经典范畴化理论以西方古典哲学为依托。在《范畴篇》里，Aristotle对范畴进行了分类。他列举了十个范畴，并将其作为人类理解世界的基本概念。这十个范畴分别是实体、数量、性质、关系、场所、时间、姿势、状态、动作和承受。经典范畴化理论可追溯到Aristotle在《形而上学》一书中关于"人"的论述。他提出人具有两个本质特征："两足"（TWO-FOOTED）和"动物"（ANIMAL）。此外，人还同时具有一些偶然特征，如肤色、文化、口音等，但只有人的"本质特征"才能决定其归属于哪个范畴。以Aristotle为代表的经典范畴化理论认为，范畴是由客观事物的本质特征而非偶然特征决定的。

经典范畴化理论的主要观点可以概括为（Taylor 1989：21）：

（1）**范畴划分由一组充分必要条件决定**。一个事物要么符合充要条件属于这个范畴，要么不符合充要条件被排除在该范畴之外。判断某事物是不是属于某范畴，可以用充分必要条件来界定。一个词语的意义可以分解为若干个离散的义素特征，以"女孩"为例，该意义范畴可以离散分解为以下几个特征：[＋人][－成年][＋女性]。这三个义素特征加在一起就是"女孩"的意义范畴，或者说这些义素特征构成了"女孩"的充分必要条件，缺了任何一个义素特征都不能构成该范畴。

（2）**范畴的特征是二元的**。经典范畴化理论认为，范畴内部的所有成员共同拥有某些特征。因此我们对范畴可采用二元划分法，某个成员要么属于这个范畴，要么不属于这个范畴。对于某一特征，个体只有两种可能，完全具备或者不具备该特征。范畴就像一个抽象的容器，具备定义特征的个体在里面，不具备的则在外部。如果以"女孩"范畴中某一成员"小学女生"为例，根据经典范畴观，"小学女生"完全具备"女孩"这一范畴的特征：[＋人][－成年][＋女性]，因此，属于"女孩"的意义范畴。

（3）**范畴具有清晰的边界**。一个范畴一旦建立起来，就把万物分成两组实体——属于这个范畴的实体和不属于这个范畴的实体。范畴的边界是清晰的，任何实体要么属于某一范畴，要么不属于该范畴，不会"在某种程度上"属于这一范畴，但在另一种程度上又属于另一范畴。因此，只要符合范畴定义特征的实体就是范畴成员，不符合的实体就不是范畴成员，不存在中间状态。不同范畴之间的区分是明确的：识别某些特征的有无就可以决定是不是属于该范畴。例如，"女孩"与"男孩"属于两个不同范畴，"小学女生"属于"女孩"范畴的成员，那么它就不能属于"男孩"范畴。范畴"女孩"与"男孩"之间界限明确，互不相容。

（4）**范畴成员之间地位平等**。范畴成员之间没有典型性差异，不存在某一成员比另一成员更为典型，其地位是平等的，没有核心与边缘之分。例如，在现代汉语中，"女孩"的范畴包括小学女生、花季少女等。在古汉语中，"女孩"的意义范畴还包括青梅（小女童）、豆蔻（指十三四岁的女孩）、青娥（美丽的少女）、娇娃（美丽的少女；娇生惯养的女孩子）等。根据经典范畴化理论，这些范畴成员之间地位平等，无隶属度之分，无典型与非典型的区别。

Aristotle的经典范畴化理论在20世纪对语言学产生了很大的影响，被广泛运用于音系学、语义学和句法学的研究之中。

在音系学中，语言学家们根据语音的区别特征划分出最小语音单位——音素。音素分为元音与辅音两大类。以元音为例，单元音包含前元音、中元音和后元音；双元音包含集中双元音与合口双元音。这些离散的音素特征是最基本、最普遍、抽象且与生俱来的，足以区别不同的发音。例如，英语中的/i:/可以用特征描述为元音性长元音、前元音和高元音，而/u:/则可以描述为元音性长元音、后元音和低元音。

在语义学中，经典范畴化理论的应用主要体现在对词项意义的"成分分析"上：一个词项可以分解为一组更小的语义成分。例如，woman这个词的语义可以分解为［+人］、［+成年］、［+女性］这几个成分，这些成分属于离散的语义特征，也称为语义成分，是最小的意义单位。随着结构主义语言学的发展，语义成分分析法应运而生，并成为研究语义的核心方法。语义成分分析就是从一组意义相关的词语中抽取其共同特征的做法，这些共同成分就是语义成分或称义素。例如：

> man=[+HUMAN][+MALE][+ADULT]
> woman=[+HUMAN][–MALE][+ADULT]
> boy=[+HUMAN][+MALE][–ADULT]
> girl=[+HUMAN][–MALE][–ADULT]

语义成分分析便于简明、精确地揭示词语的概念意义，即一个词的中心意义或核心意义。同时，它也能揭示和分析对称关系、同义关系、多义关系、反义关系、上下义关系，有利于人们区别词义和运用联想式思维掌握词义。

另外，在句法学中，语言学家们利用离散的句法特征来分析主、谓、宾、定、状、补等句法成分，还利用这些特征来阐释句子之间的同义、反义、上下义、蕴含、矛盾等关系。

因此，经典范畴化理论对语言学最大的贡献在于，人们在其指导下，能够利用语言单位最小离散特征来辨析各种音系、语义及句法概念，从而建立清晰的语言学理论体系。但是，经典范畴化理论也存在以下不足之处：

第一，某些范畴很难用充分必要条件来定义。以"水果"范畴为例，水果A和水果B可能具有相同的特征，水果B和水果C也可能具有相同的特征，但水果A与C之间则可能不具备完全相同的特征。例如，苹果、香蕉、榴莲等水果无论在形状还是口味上都没有共同的地方，只是在比较抽象的层次上有一些共同特点，比如"有丰富的营养"。很多范畴都存在着这样的问题，如"家具"范畴，"游戏"范畴等，这些范畴无法用充分必要条件来定义。

第二，范畴内成员地位并非完全平等，存在典型程度的差异。以"鸟"这一范畴为例，我们通常认为"鸟"所包含的基本特征有：有羽毛、有翅膀、两条腿、会飞、生蛋、有喙、鸣叫/唱、体积小、体重轻等。但是，如果仔细观察就会发现，这些特征不是所有鸟类成员都具有的。有的鸟具有的特征较多，如燕子、麻雀；而鸵鸟、企鹅等成员只具有较少的范畴特征。因此，范畴内成员的地位存在差别，一些成员比另外一些成员更能代表某些范畴，而经典范畴理论无法解释范畴成员地位的差异性。

第三，经典范畴化理论否认了范畴边界的模糊性。"水果"与"蔬菜"范畴的边界并不清晰，我们可以将"西红柿"归入"水果"范畴，也可以认为它是蔬菜的一种。范畴化的典型理论则有助于解决上述系列问题，对范畴化的研究起到了重要的推动作用。我们将在下一节重点阐释范畴化的典型理论。

2.3 典型理论

2.3.1 典型理论的发展

对经典范畴化理论的挑战首先来自Wittgenstein。20世纪50年代，Wittgenstein在界定"游戏"语义范畴时指出，范畴的各个成员之间未必具有共同特征。例如，在"游戏"范畴中，有的游戏仅仅是为了娱乐，有的游戏具有竞争性，有的游戏需要技巧，还有的则完全靠运气。有的游戏需要几个人一起玩，有的一个人就可以玩，有的有胜负之分，有的不分胜负。虽然不一定有一个或几个特征是所有游戏共有的，但这些"游戏"成员以各种相似点重叠交织成一个网络系统。有些在总体上相似，有些在细节上相似。Wittgenstein做了一个很巧妙的比喻：当我们把纤维捻成线的时候，应该不会有哪根纤维是始终贯穿于线的两端的，这些大量的纤维都只不过是以彼此部分重叠的方式拧在一起的。而"游戏"这个概念，也是把各种游戏之间彼此部分重叠的那些共通点拧在一起形成的。这种情况被Wittgenstein称作"家族相似性"。正如图2.1的Smith兄弟一样，粗看时很难找出他们之间的相似之处，但仔细观察，可以发现他们或是耳朵，或是眼睛，或是胡子，或是脸型存在着相似点，所以他们才会被视为同一个家族的成员。

Wittgenstein（1953）的研究表明，隶属同一范畴的各成员，都有共同的家族相似性，但其隶属度有大小之别。比如，"数"由多类成员组成，诸如自然数、整数、有理数、无理数、实数、复数等，但是作为"数"范畴的最好例子是正整数，而不可能是无限不循环小数。这种认为同一个范畴的成员有资格大小或优劣之分的观点，被称作"典型理论"。

图2.1　Smith兄弟的家族相似性（Armstrong *et al*. 1983: 269）

心理学家Rosch及其同事进行了大量的心理学实验以揭示范畴的内部结构。这些研究对经典范畴化理论提出了挑战，并为Wittgenstein及Berlin和Kay等人的研究提供了实证支持。Berlin和Kay（1969）对世界上98种语言中的颜色词做了研究。他们发现语言中有11种基本颜色词，且这些颜色词之间存在一种顺序关系：黑、白、红、黄、绿、蓝、棕、紫、橙、粉红、灰。例如，含有三种颜色词的语言一定含有前两种颜色词。Berlin和Kay发现，这11种颜色对人的视觉来说鲜明而突出，人生来就有能力识别这些颜色，他们将这些颜色称为焦点色。Rosch（1973）通过实验继续对颜色范畴进行了研究。她发现，儿童对于焦点色的认知与习得明显要快于其他颜色，这主要取决于焦点色在"颜色"范畴中的典型性。由此，Rosch对BIRD，FRUIT，VEHICLE，VEGETABLE等十个范畴进行了实验研究，发现这些范畴也都表现出了"典型效应"（prototype effects）。所谓典型效应是指"范畴成员之间的不对称性，不同成员之间具有不同程度的典型性"（Lakoff 1987：56）。如上节提到的"鸟"范畴，某些鸟（如燕子、麻雀）相对于其他个体（如鸵鸟、企鹅）更能代表鸟类范畴，是该范畴的典型代表。

表2.1 "家具"范畴中60个成员的典型程度等级切分

category FURNITURE

Member	Rank	Specific score	Member	Rank	Specific score
chair	1.5	1.04	lamp	31	2.94
sofa	1.5	1.04	stool	32	3.13
couch	3.5	1.10	hassock	33	3.43
table	3.5	1.10	drawers	34	3.63
easy chair	5	1.33	piano	35	3.64
dresser	65	1.37	cushion	36	3.70
rocking chair	6.5	1.37	magazine rack	37	4.14
coffee table	6.5	1.38	hi-fi	38	4.25
rocker	9	1.42	cupboard	39	4.27
love seat	10	1.44	stereo	40	4.32
chest of drawers	11	1.48	mirror	41	4.39
desk	12	1.54	television	42	4.41
bed	13	1.58	bar	43	4.46
bureau	14	1.59	shelf	44	4.52
davenport	15.5	1.61	rug	45	5.00
end rable	15.5	1.61	pillow	46	5.03
divan	17	1.70	wastebasker	47	5.34
night table	18	1.83	radio	48	5.37
chest	19	1.98	sewing machine	49	5.39
cedar chest	20	2.11	stove	50	5.40
vanity	21	2.13	counter	51	5.44
bookcase	22	2.15	clock	52	5.48
lounge	23	2.17	drapes	53	5.67

续表

Member	Rank	Specific score	Member	Rank	Specific score
chaise longue	24	2.26	refrigerator	54	5.70
ottoman	25	2.43	picture	55	5.75
footstool	26	2.45	closer	56	5.95
cabinet	27	2.49	vase	57	6.23
china closet	28	2.59	asbtray	58	6.35
bench	29	2.77	fan	59	6.49
buffet	30	2.89	telephone	60	6.68

表2.1是Rosch对约200名美国大学生进行典型认知的调查结果。Rosch要求这些学生从60件家居用品中判断出每一件在多大程度上可以被视为家具范畴的典型。受试者的回答采用7分制，范围从1分（非常好的例子）到4分（一般好的例子），再到7分（非常糟糕的例子）。表2.1根据受试对"家具"范畴成员的典型程度评分将这些例子进行了排列。"椅子"和"沙发"等享有范畴成员共有的特征最多，也最容易和其他范畴，如"家电"相区别，因此被认为是"家具"范畴的典型成员。而"电话""电扇"等被认为是边缘成员，它们与"家具"范畴成员相似的特征较少，却与"家电"范畴共性最多。Rosch认为，从统计上看，表2.1中按照典型程度所列出的范畴成员的顺序是非常可靠的。甚至不同的研究对象，如那些主要居住在美国东海岸的人和来自西部的人，也给出了类似的答案。这些研究结论对经典范畴化理论是个巨大的挑战。

经典范畴化理论认为，研究一个事物在多大程度上属于一个范畴是毫无意义的，该事物要么属于这个范畴，要么不属于这个范畴。但Rosch却认为，对一个范畴成员的典型程度的研究，并不是没有意义的，这实际上是人们认知心理上存在的非常真实的概念。随后，Lakoff（1987），Ungerer和Schmid（2001）以及Taylor（1989，2003）对范畴的典型进行了更为细致的描述和研究，他们发现范畴的典型是人类的心理标记，是人们认知世界的重要标记。

总体而言，典型理论主要具有以下特征：

第一，范畴内的各个成员由家族相似性联系在一起，并非满足一组充分必要条件。"家族相似性"意味着范畴中所有成员都由一个相互交叉的相似性网络连接在一起。

第二，范畴的边界具有模糊性，相邻范畴互相重叠、互相渗透。例如，"黄瓜、西红柿"可以归于蔬菜的范畴，也可以归于水果的范畴。这两个范畴之间的界限模糊，范畴成员有重叠之处。

第三，范畴成员依据具有该范畴所有特性的多寡，具有不同的典型性（prototypicality），因此范畴成员之间的地位并不平等。典型是范畴内的最佳成员，具有代表性，其他成员有的典型性显著，有的则处于范畴的边缘位置。

第四，范畴呈辐射状结构，典型位于范畴结构的中心位置；多数范畴呈现的不是单一中心结构（monocentric structure），而是多中心结构（polycentric structure），即某些范畴通常具有多个典型，典型之间通过家族相似性获得联系。

2.3.2 语言中的典型效应

"家族相似性"与范畴边界的模糊性决定了范畴中所有成员都由一个相互交叉的相似性网络连接在一起。范畴的边界具有模糊性，相邻范畴互相重叠、互相渗透。语言具有模糊性，即很多词语所表达的概念都没有明确的边界。人类语言中存在的很多模糊概念都与范畴边界的模糊性有关。

典型效应也会导致词义的模糊性。例如，在"水果"这个范畴中，苹果、梨、香蕉等在人们的认知中是典型的水果，范畴隶属度最高，而椰子、甘蔗、橄榄等虽然与它们具有家族相似性，但范畴隶属度较低。西红柿、黄瓜等属于"水果"范畴的边缘成员，隶属度更低，这两个成员也可以归属到"蔬菜"范畴。这些离中心较远的边缘成员的存在导致"水果"与"蔬菜"这两个范畴间的界限变得模糊，以致"水果"与"蔬菜"这两个词产生了模糊意义。又如"鸟"这一范畴是"有翼、有喙、有羽毛、会飞"这些特征的相交，或者说家族相似性特征在一起构成"鸟"这一范畴。同时具备这四个特征的，如麻雀或燕子，范畴隶属度最高，是最典型的鸟；而不是同时具备这四个特征的，如鸵鸟不会飞，企鹅既不会飞又没有一般鸟的羽毛，范畴隶属度低，是非典型的鸟。

典型效应导致很多范畴之间界限模糊，消除词义模糊性的办法不是试图将词义范畴截然分开，而是应该在语境中消除其模糊性。例如，"母亲"一词的语义具有模糊性，从"基因域"来看，"母亲"是给孩子提供了基因的女性；从"出生域"来看，"母亲"是指通过怀胎十月给予孩子生命的女性；从"抚养域"来看，"母亲"是指养育孩子长大的女性；从"家谱域"来看，"母亲"是指家族中与孩子关系最近、地位较高的长辈；从"婚姻域"来看，"母亲"是"父亲"的配偶；从"感情域"来看，"母亲"是孩子最热爱、最依赖的女性。因此，只从"母亲"一词，其实很难界定其真实意义。在理想的情况下，典型的"母亲"意义应该同时满足"基因域""出生域""抚养域""家谱域""婚姻域"及"感情域"，但也不尽然。例如生母、养母、继母有什么区别？试管婴儿的母亲是谁？克隆人的母亲又是谁？如果放在语境中，由典型效应所产生的词义模糊性就能消除了。例如：

（1）先天不足，母亲产后无奶水，又使他后天失调。（闻志《横杆前的思索》）

（2）在她的幼小的心里，旧的记忆渐渐淡漠，新的印象使她感到：她又有了真正温暖的母亲的怀袍，她被狄丽一家人宠爱着，她终于发出了平生第一声充满着柔情的呼唤，她会叫"妈妈""爸爸"了！（徐刚《捡来的北京人》）

（3）但是，面对这个弃婴，面对这个正在以啼哭和挥动小手表示不平与抗议的婴儿，人们只是匆匆而过，那一点叹息之声对她来说是无济于事的，她现在最需要的是母亲一样温暖的怀抱。

（4）妈妈离世后，父亲又为他娶了一个新母亲。

（5）今年7月，小潘的母亲来队探望，听指导员讲他进步快，就放心了，只住7天就要走，留也留不住。（《解放军报》：1980）

在例（1）中，"母亲"是指"出生域"的生母；例（2）中，"母亲"指"抚养域"的养母；例（3）中，"母亲"则指"感情域"里值得孩子信赖和依靠的最亲的人；例（4）中的母亲是指"婚姻域"中父亲的配偶；例（5）中的"母亲"在一般情况下可诠释为同时满足"基因域""出生域""抚养域""家谱域""婚姻域"及"感情域"的典型，是"母亲"的典型义。

除了语义的模糊性，典型效应还体现在多义词的阐释上。有关语义范畴的典型义项与边缘义项之分、家族相似性、语义范畴的开放性，为我们理解一词多义现象提供了新的视角。

首先，词的多个义项是范畴典型来决定的，是典型义项向边缘义项的演变，这种词义的中心较为明确。我们将其称为"辐射型"多义词。

Taylor（1989：59）强调范畴化的图式表征，他指出，"典型"通常用来指范畴内的最佳成员或典型代表，但典型更确切的含义是指作为范畴核心的图式化的心理表征，是范畴化的认知参照点，其最佳成员只是典型的个例。范畴的边界是模糊的，范畴可以扩展。事物是发展变化的，语言对其描述的词汇有限，远不能满足人们表达的需要，但又不可能无限制地造词。基于语言经济性原则，人们会借助已有的词来表达一些新的意义。

于是，这些词就在典型义项的基础上产生其他义项，即由典型义项向边缘义项的演变。以foot为例，在《牛津现代高级英汉双解词典》（*Oxford Advanced Learner's Dictionary of Current English with Chinese Translation*）（1988）中，foot作为名词有7个义项，其中心意义为"the lowest part of the leg, below the ankle, on which a person or an animal stands"，即"（人或动物的）脚，足"。foot的7个义项所表示的意义，如"基础、底部""（袜子的）足部""音步"都是从其典型意义中演变而来的，都与脚的形象、动作、作用等有关。

其次，大多数语言范畴会呈现出多中心的结构，即会有多个典型，这些典型会通过家族相似性进行联结。根据我们在2.3.1中归纳出"典型理论"的第四点："范畴呈辐射状结构，典型位于范畴结构的中心位置；多数范畴呈现的不是单一中心结构（monocentric structure），而是多中心结构（polycentric structure），即某些范畴通常具有多个典型，典型之间通过家族相似性获得联系。"这类多义词的义项一般首先由典型辐射，再由链型的家族相似性连接。

Taylor（1989）曾用climb的例子来阐释多义词义项的多中心结构。下面每个句子中的climb的意义都有所不同：

（6）The boy *climbed* the tree.

（7）The locomotive *climbed* the mountain side.

（8）Prices are *climbing* day by day.

（9）The boy *climbed* down the tree and over the wall.

根据Taylor的分析，例（6）中的climb的意义，是最接近该词的典型意义的义项，指人或动物借助四肢的力量，从低处上升到高处。例（7）中保留了上升的意义，但运用四肢之义却没有了，因为locomotive没有四肢。例（8）中"向上升"的意义已经不再局限于纵向空间，而是映射到了数量域中。例（9）中的climb完全没有了上升的意义，只强调小男孩四肢的运动。从这些例句中可以看出，climb体现的是一个多中心结构的范畴，该范畴包含了数个彼此不同却互相联系的意义，他们之间的关系可以用意义链来描述：a与b相关，b与c相关，c与d相关，等等。这种关联可以用下面的图来表述：

$$a \rightarrow b \rightarrow c \rightarrow d$$

图2.2　多义词的意义链

在例（6）—（9）中，climb的词义范畴表现出不同程度的典型义项身份。并不是每个义项都能以同等的地位代表词义范畴，真正能代表该词义范畴的只有典型义项，即"人或动物借助四肢的力量，从低处上升到高处"。但是一个多义词的语义范畴可以实现次范畴化，且每个次范畴都有一个次典型，由此类推便形成了多中心结构，范畴由此具有多个典型。这种多义模式是由辐射型和连锁型两种模式交叉派生繁衍词义：派生义从基本义项（原始义项）向四周辐射扩展，而各派生义项间相对独立，我们可称之为典型辐射型语义。然后，一些典型辐射型语义又可以推导出第二种意义，再由此推导出第三种意义，第一种意义与第三种意义可能并无直接关系，只是链型联结，但具有家族相似性。

模糊性与一词多义现象是典型效应在语言中的重要体现。范畴边缘成员的存在虽然导致了语言模糊性的产生，但其模糊性可借助具体语境来消除，不影响人们对语义的理解，符合语言的经济性原则。另外，语言范畴还在语言经济原则的作用下，利用范畴中的典型对义项进行辐射型和链型扩展，使我们可以用最少的语言表达最丰富的意义。除了语义研究，典型理论还被运用到语音、句法、语言习得甚至失语症等研究领域，并且取得了较大进展。

2.4 范畴的层次

范畴的层次是根据范畴的容纳水平或者说范畴结构抽象出来的层次，按照从最抽象到最具体的方式进行排列。Rosch *et al.*（1976）的典型理论还提出了"基本层次范畴"（basic-level category）这个概念。范畴系统呈金字塔状的层级性，处于塔尖的范畴高度概括、相对抽象，而越向下的范畴层次则越具体。在这些抽象度不同、具体程度有异的范畴层次中，有一个中间层次在人们的心理中占有特别突显的地位，在这一层面上人们观察区分事物最容易、最直观，这就是基本层次范畴。基本层次范畴一般为具有显著特征的基本物体，如鸟、椅子、小车等。在基本层次范畴的基础上，范畴可以分别向上和向下扩展为上位层次范畴（动物、家具、交通工具等）和下位层次范畴（燕子、扶手椅、敞篷车等）。认知科学的研究表明，人类的大部分思维是在基本层次范畴上进行的，它是人们对具体事物进行分类的重要媒介，是人类认识世界的经验中最熟悉的部分，它包含了人类语言中的基本词汇。根据下例，我们可以看出上位层次范畴、基本层次范畴及下位层次范畴的区别：

（10）a. vehicle– car – hatchback

b. fruit– apple – Granny Smith

c. animal– dog – spaniel

d. object– table – cardtable

基本层次范畴通常具有最基本的认知功能。正是在这个层面上，实体之间的差异可以被人们轻易感知，因为这个层次上的范畴特征最为明显。Ungerer和Schmid（2001：98）曾用表2.2对比了基本层次范畴、上位层次范畴及下位层次范畴的区别，并从完型程度、范畴属性、范畴功能、语言形式等维度探讨了三个层次范畴的特征：

表2.2　经验等级中三个层次范畴的范畴特征（Ungerer & Schmid 2001：98）

范畴的类型	参数			
	完型程度	范畴属性	范畴功能	语言形式
基本层次范畴	程度合适的具象性	具有最多的范畴属性	人们认知世界的途径	简短、单音节词居多
上位层次范畴	抽象性	具有一个或较少的范畴属性，且有突出的类属性	分类功能	相对复杂
下位层次范畴	比较具体的完形结构	具有较多的范畴属性，且有突出的个体属性	指示功能	比较复杂

根据上表，可以看到基本层次范畴具有以下几个特征（参见Rosch *et al.* 1976；Lakoff 1987；文旭 2014）：

第一，从感知方面看，基本层次范畴相对来说具有程度合适的具象性，且人们对基本层次范畴一般都采用完形或格式塔（gestalt）认知方式。例如，如果要求一个学生画出"蔬菜"，他能画出的一定是"蔬菜"的下位范畴，即基本层次范畴成员（白菜、萝卜、青菜等），而不可能画出一个抽象的蔬菜，因为"蔬菜"这样的上位范畴相当抽象，缺乏足够的具象性，人们对其认知是整体的、综合的。基本层次范畴成员具有视觉上的完整性。例如，当人们提到"交通工具"时，在心理上马上会折射出一个被称之为交通工具的整体，而非其细节，如发动机、车窗、座椅等。因此，人们对上位范畴的认知也主要是借助基本层次范畴来完成的。

第二，从属性方面看，相比上位范畴或下位范畴，基本层次范畴成员包含了最多的范畴属性。根据Rosch *et al.*（1976）的研究：（1）基本层次范畴的属性在数量上要占绝对优势。（2）基本层次范畴与邻近范畴的区别度最高，因此在认知上人们往往可迅速辨别出基本层次范畴的事物。以dog为例，只要知道这个基本层次范畴词，人们马上就知道这是某种狗而不是猫或其他动物。但其上位词animal与其他范畴的上位词如human，以及dog的下位词如德国牧羊犬（collie）、萨摩耶犬（Samoyed）之间的特征区别并没有那么明显，两者的属性可能有更多的交集。因此，基本层次范畴的词语具有最多的范畴特征，人们可以最快地辨识其类属。

第三，从功能上看，处于基本层次范畴的词具有较强的行为互动特征模式。处于基本层次范畴的事物一般都和人们的基本行为（肌肉运动）相关，如摸、坐、吃、闻等。这些动作涉及人们的感官，与日常生活息息相关，经人们反复体验后在认知上具有了较强的突显性，因此常常与同样具有较强突显性的基本层次范畴的事物相联系。例如，狗可以摸，椅子能够坐，面包可以吃，花可以闻。

第四，从语言形式上看，处于基本层次范畴的词汇大都比较简单，且在日常生活中常常出现，感情色彩偏中性。例如，汉语中的"球、花、鸡、牛"等词，均为单音节词，这使得人们对这些词的习得和记忆都相对容易。下位范畴的词多为复合词，这些词往往是在基本层次范畴词的基础上，再添加一些具体特征形成的，因此通常由限定词和基本层次范畴的词组合构成，如足球、篮球、排球、牡丹花、栀子花、海棠花、矮脚鸡、芦花鸡、火鸡、水牛、犁牛、荷兰牛等。

从以上分析可以看出，基本层次范畴是各种范畴系列中认知突显性最强的一个范畴。人们对上位范畴和下位范畴的认知很大程度上依赖于基本层次范畴，因此对基本层次范畴的认识和研究尤其重要。值得注意的是，基本层次范畴的概念并不仅限于名词，动词同样涉及基本层次范畴（如walk），与之对应的概括性较强的动作则形成了上位范畴（如move），而涉及诸如方式、程度、处所、时间等细节信息的动词成为下位范畴（如stride）。

Ungerer和Schmid（2001）对*Longman Lexicon*中表示行走（walk）这一基本范畴的下属范畴词汇进行了比较研究（释义参照了*Concise Oxford*

Dictionary）。以下是这些下属范畴词汇在方式等细节方面的属性：

  limp（跛行）：lamely, unevenly, usually because one leg has been hurt
  hobble（蹒跚）：in an awkward way, like rocking from one side to the other
  amble（缓步行走）：at an easy gentle rate, in a way suggested by an ambling horse
  stroll（漫步）：slowly and leisurely
  wander（漫游、徘徊）：around without a fixed course
  stride（大步行走）：with long steps
  strut（高视阔步）：in a proud way, with pompous, erect gait
  march（前进）：with a regular, esp. forceful step
  pace（踱步）：with even steps
  stamp（跺脚）：pushing (one's foot) down heavily

以上动词都是以walk为基本层次范畴的下位范畴词汇，但它们表达了在方式、程度等方面的细节特点。因此，我们应该加强对基本层次范畴这一普遍性特征的认识，不断深化对范畴化和认知系统的研究，以揭示人类认知的基本规律。

2.5 去范畴化

去范畴化这个概念最早由Hopper和Thompson（1984）提出，用于解释词的范畴属性的动态性。Taylor（1989）也提到了名词和动词的去范畴化现象，但遗憾的是，他并没有进行深入探讨。Heine *et al.*（1991）、Hopper和Traugott（2003：108）所说的去范畴化指的是"实词到虚词的转变"或"主要词类到次要词类的转变"。

刘正光（2006）在Hopper和Thompson（1984）所提出的"去范畴化"的基础上，对词义的去范畴化现象进行了深入研究，提出范畴不是一成不变的。比如，人体部分的名词能够转化为方位词，一些名词可以转化为量词等。范畴属性具有动态性，主要表现为"相对性、可变性、语篇性"（刘正光 2006）。范畴的动态性为范畴的转移打开了方便之门，而范畴转移的过程实际就是去范畴化的过程。刘润清和刘正光（2004）认为去范畴化有两层意义：一方面涉及语言变化，另一方面涉及认识方法。在语言层面，刘正光（2006）把去范畴化定义为在一定条件下范畴成员逐渐失去范畴特征的过程。这些成员在重新范畴化之前处于一种不稳定的中间状态，也就是说在原来范畴和它即将进入的新范畴之间会存在模糊的中间范畴，它们丧失了原有范畴的某些典型特征，同时也获得了新范畴的某些特征。例如：

（11）a. He *gave* out all his money to charity affairs.

b. *Having given* out all his money to charity affairs, he left little to his offsprings.

c. *Given* that you can submit the report in time, it might be still difficult for you to get the bid.

d. *Having given (that) you can submit the report in time, it might be still difficult for you to get the bid.

在（11a）中，give具有时态、体态、人称与数等动词的典型特征。在（11b）中，give的分词形式可以带自己的论元和状语，可以有时态和体的变化，同时要求省略的逻辑主语与句子的主语一致等，但不再受人称与数的限制了。也就是说，give还具有动词的部分特征，但也丧失了部分特征，即只是部分的去范畴化了，故称之为非谓语动词。而在（11c）中，give作为动词的全部特征都丧失了，至此，它由动词转换成了形容词，其功能和范畴的转换由此完成了。当它完成功能和范畴转换后，（11d）不可接受就容易理解了。因此，去范畴化理论对转类现象具有一定解释力。

在认识方法上，去范畴化是一种思维创新方式。例如：

（12）处于恋爱中的他，每天都会送鲜花给女朋友，非常法国。

该句中的"法国"是一个名词，却用来表达描述的意义，因此从语言层面来看，该词充当了形容词的功能。从认识方法论来看，"法国"一词通过转喻，实现了去范畴化，突显了原有概念中"浪漫与热情"的成分，用现有的语言资源表达说话人想要表达的特定思想内容，扩展了名词原有的意义。

2.6 动态范畴化

近年来国内外的一些学者开始对范畴的动态属性展开研究。Geeraerts（1997）探讨了范畴典型的转变问题，Croft和Cruse（2004）提出范畴边界可能随语境而发生变化，在此基础上文旭和曾容（2018，2019）、曾容（2018，2020）提出了词义"动态范畴化"的概念，即在隐喻、转喻等认知机制的作用下，在词汇意义层、句子意义层以及语篇意义层上，发生词义范畴的即时生成或历时演变。词义的动态范畴化包括客观和主观两个方面的动因。范畴的动态发展既有范畴自身的原因，也有语言使用者的原因。范畴属性的动态性（成员属性的可变性、范畴边界的模糊性和开放性）和范畴的渐进性是动态范畴化的客观动因，它们为范畴的历时建构提供了可能性。认知过程中的动态识解是动态范畴化的主观原因，为范畴的即时建构提供了可能性。在动态识解的过程中，词义的范畴属性可能发生变化，从而导致词义范畴边界的变化以及范畴等级的调整，甚至词义关系（如同义关系和反义关系）也会随之发生动态范畴化。例如：

（13）A: Is John *dead*? B: No, he's very much *alive*.

（14）A: You look *half-dead*. B: I feel *three-quarters alive*.

Croft和Cruse（2004：166）认为，就词语而言，反义关系包含三类次范畴：互补反义词（complementaries）、层级反义词（antonyms）及换位反义词（reversives）。这三种反义关系范畴都属于词义关系的下位层次范畴。dead和alive本是互补反义词，中间没有层级性。但在例（13）中，dead呈现绝对性，而alive呈现层级性，表示"生机勃勃"之义。因此，dead和alive开始部分脱离互补反义关系的范畴。互补反义范畴与层级反义范畴间的界限并不清晰。在例

（14）中，half-dead和three-quarters alive则表明，dead和alive均呈现层级性，它们已脱离互补反义关系范畴，进入层级反义关系范畴。

词义的动态范畴化可以在语言不同维度上实现，涉及从语素到语篇，包含词义、句义及语篇义的动态发展。在词汇意义层，词义动态范畴化主要体现在词义特征的动态范畴化和词义关系的动态范畴化；在句子意义层，词义动态范畴化主要体现在语法词项的动态范畴化和结构关系词的动态范畴化；在语篇意义层，词义动态范畴化主要体现在词语评价意义的动态范畴化。

2.7 小结

从经典范畴化理论到典型范畴理论，范畴化理论经历了几千年的发展历程，这期间围绕范畴的本质和范畴化方法的争议一直存在，而且这种争议还将持续下去。关于范畴的本质、边界问题，以及范畴化的过程究竟是如何运作的、存在什么样的规律，这些研究课题还需要更多的实验和数据支持。我们需要看到，在范畴化理论嬗变的同时，我们对语言现象的关注点也经历了从静态描述到动态阐释的过程：从对静态的音系、语义及句法概念的辨析，到对语义模糊、多义词、词义关系及词义场层次的描述，再到对转类现象的解释，直至词义虚化、泛化、词义关系弹性化及评价意义动态化的分析。这反映了语言学思维从以离散性、静态性为基本假设的结构主义自主论向更具连续性、动态性特征的非自主论的深刻转变。

思考题

1. 经典范畴化理论的主要观点是什么？
2. 经典范畴化理论对语言学的主要贡献是什么？经典范畴化理论有什么缺陷？
3. 范畴的典型成员具有哪些特征？
4. 典型理论是如何解释语义模糊及一词多义现象的？
5. 基本层次范畴有什么特征？范畴化的层次问题对语言学有何启示？
6. 去范畴化理论与范畴化理论是否矛盾？去范畴化理论在语言变化和认知方法两个层次上有什么意义？
7. 动态范畴化理论与范畴化理论有何异同？动态范畴化经历了哪些阶段？

8. 从范畴化理论到动态范畴化理论的发展有何意义?

推荐阅读书目

Brinton, L. J. & E. C. Traugott. 2005. *Lexicalization and Language Change*. Cambridge: Cambridge University Press.

Croft, W. & D. A. Cruse. 2004. *Cognitive Linguistics*. Cambridge: Cambridge University Press.

Geeraerts, D. 1997. *Diachronic Prototype Semantics: A Contribution to Historical Lexicology*. London: Clarendon Press

Lakoff, G. 1987. *Women, Fire and Dangerous Things*. Chicago: The University of Chicago Press.

Rosch, E., C. B. Mervis, W. D. Gray, D. M. Johnson & P. Boyes-Braem. 1976. Basic objects in natural categories. *Cognitive Psychology, 8* (3): 382-439.

Taylor, J. R. 1989. *Linguistic Categorization: Prototypes in Linguistic Theory*. Oxford: Oxford University Press.

Ungerer, F. & H. J. Schmid. 2001. *An Introduction to Cognitive Linguistics*. Beijing: Foreign Language Teaching and Research Press.

Wittgenstein, L. 1953. *Philosophical Investigation*. Oxford: Basil Blackwell.

刘正光，2006，《语言非范畴化：语言范畴化理论的重要组成部分》。上海：上海外语教育出版社。

匡芳涛、林文治，2015，《范畴化与英语词汇学习》。北京：科学出版社。

文旭，2014，《语言的认知基础》。北京：科学出版社。

第三章　意象图式

3.1 引言

校园生活常常被形容为"寝室—食堂—教室"三点一线式生活。这个看似调侃的说法却揭示了我们认知的秘密——意象图式。每天早上，我们从寝室出发，沿着去食堂的路到食堂吃饭，饭后再从食堂出发，沿着去教室的路到教室学习。也就是说，我们总是从某个起点出发，沿着某个路径，到达某个终点。根据这种不断重复的身体体验，我们在认知上就形成了"起点—路径—终点"图式。这个意象图式（image schema）也成了我们认识世界和理解语言的基础。

图式的概念源于哲学，经格式塔心理学家发展，由著名认知语言学家Johnson，Lakoff等引入认知语言学。图式的引入最初是为了解释认知语义学中概念隐喻和概念转喻的经验基础，后逐渐发展成为成熟的意象图式理论，成为认知语义学乃至认知语言学的核心概念之一。那么，什么是意象图式？有哪些意象图式？意象图式理论的主要内容和观点是什么？本章主要系统介绍这些内容。

3.2 什么是意象图式

意象图式的概念由Johnson（1987）和Lakoff（1987）引入认知语言学。他们把意象图式作为解释人类思想具身源泉的关键部分，同时捕捉到了深远的哲学、心理学和语言学问题（Johnson 2005：15）。意象图式的概念引入认知语言学之后被冠以图式（schema）、具身图式（embodied schema）和意象图式等不同名称，其中"意象图式"这一提法广为接受。意象图式是认知语言学的基本概念和核心理论，很多基础理论如概念隐喻和概念转喻的理论建构都是基于意象图式的。

意象图式实际上既不是"意象"，也不是"图式"（Oakley 2007：215）。根据Oakley的解释，"意象"和"图式"不是普通意义上的一个具体的想象或画面，而是从现实中抽象出的概念。人类在与周围环境互动过程中，把观察到的世界通过大脑的反映、加工、储存，形成知识结构，或称图式结构，这个知识结构能够在后来认识世界过程中参与互动，并反过来表征这个世界。例如，我们居住、看到的房屋虽然是有形的具体实物，但在大脑中储存后，形成了有关房屋的知识和概念，有了关于房屋的形状、颜色、功能、地域特征、文化象征等知识，也就是房屋的意象图式。这个图式使我们不仅能分辨什么是房屋，还能够分辨不同类型的房屋以及与房屋相关的各种知识。有了关于房屋的意象图式，不仅能理解house，bungalow，courtyard，还能知道什么是摩天大楼，什么是塔楼，什么样的房子是用来居住的，什么样的房子是办公楼、博物馆、剧院、学校等，还能够分辨哪些房屋属于不同地区和什么样的文化环境等。例如，关于庭院，中国传统的庭院是四合院，乡村庭院往往外围有篱笆墙；英国保存至今的维多利亚时期修的house是石头房子，现代修的house多为红砖房子等。

总之，意象图式是认知过程中建构理解和推理范式的概念结构。我们生活中具体的时间和空间经历在大脑中会形成不同的知识分类，这些抽象出的知识以结构的形式储存在大脑中，也就是意象图式。根据意象图式形成的原理和特点，Oakley（2007：215）认为，意象图式是对感知经历进行浓缩提炼后的再次描述，是空间性结构到概念结构的映射。通过人的身体在空间中的运动和物理操作活动以及感知互动，这些空间结构自然地转变为有意义的概念结构。因此，意象图式犹如时间和空间经历的"蒸馏器"，这些被蒸馏过的经历就是认知语言学关于人类如何组织知识和如何认知世界的反映。

3.3 意象图式的主要类型

空间认知能力是人类最基本的认知能力之一。我们通过对空间结构的认知形成有关空间的概念结构，而空间结构与概念结构之间的映射通过意象图式完成，像路径、上下、容纳（包含）、力量、部分—整体以及联系等意象图式概念被认为都来自感知结构（Mandler 1992）。其中"路径"意象图式是空间中任何物体路径轨迹最简单的概念化，无需考虑物体的特征或轨迹的细节，路径中的起点、过程和终点是任何人在生活中都不断重复的经历。空间经历是最直接、最基本的身体经历，因此基于空间经历的意象图式构成了概念结构的基本框架，是其他图式建构的基础。由于意象图式是人与世界互动形成的，人类的各种活动被大脑加工并抽象化，形成意象图式，因此意象图式的种类非常多。Johnson（1987：113—125）和Lakoff（1987，1989）都根据意象图式与隐喻思维的关系进行了分类。

3.3.1 Johnson的分类

Johnson（1987：113—125）详细讨论了与我们隐喻思维联系非常紧密的五种图式。

3.3.1.1 路径图式（paths）

在路径图式中，有两种形式的路径，一种是身体可以感知的现实路径，另一种是存在于想象中的路径。只要人类处于活动状态，就在各种路径中，从左到右，从右到左，从上到下，从下到上……远处、近处，只要物体运动、身体或乘坐的交通工具移动，就形成路径：从起点到终点、从一个城市到另一个城市，从住处到学校，到商场，去电影院，在家里从一个房间到另一个房间，等等。因此，如Johnson（1987：113）所说，"我们生活中满是路径，这些相互联系的路径构成了我们的空间世界"。由于不是所有的路径都是身体经历的,但通过思维想象仍然可以形成非现实的路径。例如,流星划过、子弹飞过,甚至别人经历的路径也能根据自己曾经的经历和已有知识投射到思维中,通过想象理解它们形成的意象图式。在此基础上,我们以隐喻方式表征和理解抽象概念。例如:

(1) The sports spirit should work along the *path*.

(2) 他们在邪教的<u>道路</u>上越走越远。

这里的path和"道路"不是我们用脚走出来的路,而是需要遵循的原则和为达成目标要做的事。

路径图式一般包括三个部分:起点(a source, or starting point)、目标或终点(a goal, or endpoint)、与起点和终点相连接的各个邻接位置(a sequence of contiguous locations connecting the source with the goal)(Johnson 1987:113)。例如,在"走进教室"(into the classroom)图式中(图3.1):起点是教室外的某个方位点,终点是教室里的某个位置点,在这一段路径中,移动的人或物要经过不同的方位点(即"与起点和终点相连接的各个邻接位置"),才构成了"走进教室"的路径图式。

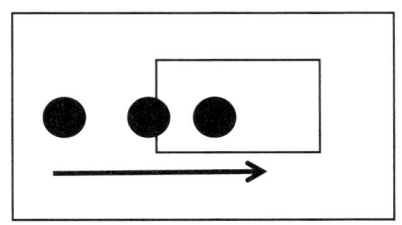

图3.1 "走进教室"图式

3.3.1.2 联系图式(links)

世间万物都是有联系的,人类更是如此,如血缘关系、亲缘关系、朋友关系、同事关系等。无论是人的存在,还是人类的活动,无不与他人他物发生联系。例如,做运动特别是竞技性运动中的伙伴或对手关系、购物时形成的买家卖家以及快递服务关系、学校里的师生关系,我们无时无刻不在与外界产生联系。因此，联系图式也是最基本的意象图式之一。

在各种联系图式中，Johnson（1987：118）认为，具体的联系更多表现为物理连接关系和空间关系，前者如钉子连接的两块木头，后者如灯泡与灯槽的连接。抽象联系主要包括时间关系和基因联系。时间关系是在生活中把经历的事件与多个时间点联系起来，而所有生物体的后代都有共同的来源，人类如此，其他动物和植物也是如此，纷繁复杂的网络中都能通过基因联系找到各自的来源。从各种联系到隐喻联系无时无刻不在环绕人类。例如：

（3）The celebration can go back to the 18th century.

（4）他们精心编织的关系网错综复杂。

（5）教材体系不同于科学著述。也不是科学知识的通俗化和浓缩。它的确定要考虑知识内在逻辑和教学法要求，要符合学生生理、心理发展的顺序。为此。要按照不同年龄阶段学生的发展水平组织知识、技能，构成教材体系。还要注意教材的各个不同组成部分，即文字、插图、实验、练习等的作用，使之相互配合，形成教科书的特殊体系。（CCL）

例（3）的celebration往回追溯的时候，就与过去的事件产生了联系。例（4）的关系网也是由看不见的线拴在一起的。例（5）关于教材几个"体系"的描述，其联系图式不仅涉及教材内容的内部要素，也涉及学习者各种因素之间的联系，不同体系之间又紧密联系在一起。

3.3.1.3 循环图式（cycles）

我们能理解和经历的各种循环表现形式多种多样，如四季更替，日月交替，每天从早到晚重复相似的活动，在运动场所绕圈跑，公交车、火车、飞机等按一定的间隔重复着来来回回……事实上，我们每天都重复做很多事：天天吃三餐、天天洗漱、天天工作学习、每天晚上睡觉等，而这些循环都与时间相关。因此，Johnson（1987：119）认为，"自然界各种循环实际上是时间的循环，我们的现实世界和世界上的每一件事实际上都是一个循环过程"。循环有四个特征：

第一，循环组成了我们的活动，使所有的活动在时间上有严格界限。例如，学校制定了每节课45分钟后，每节课都会重复这个时间量，严格上下课，如果某一节课超过这个时间量，接下来的上课循环就会被打乱。

第二，循环是多样、重叠和有序的。季节、年、月、日、时、分、秒的重复，每年都是春夏秋冬，循环往复，从不颠倒，与此相关的农耕活动也是春播秋收。每周的工作学习活动始于周一，结于周五。每天的时间是从早到晚，日常活动也是始于早晨，结于晚上。这些大大小小的循环都在时间上有重叠，同时也按一定顺序有序进行。例如，学校会根据这个循环把课程从周一安排到周五，每天上课时间是上午8点，一天的课程结束时间是下午6点。

第三，循环可以用时间来量化。人类很早就发明的量化时间的方法，从古代的沙漏、日晷到现代的钟表和电子计时仪器，使得今天做任何事都严格按时间操作（肖燕 2012），因此对于各种与时间相关的循环也可以量化。例如，一年365天、12个月、四季、一小时60分钟等，每一个循环都得到精确计算。

第四，"自然"循环和"常规"循环之间存在差异。自然循环是受自然界因素影响、按一定规律进行的循环。例如，每年春天草木发芽，秋冬枯萎，这种循环几乎一直持续。常规循环常常用来描述我们的生活经历。例如，汉语"来来回回""重复""再三……""一遍又一遍"等词语就描述了无处不在的循环。常规循环既帮助我们理解事件的顺序，也帮助我们以隐喻的方式理解非时间顺序，如数字的顺序（Johnson 1987：121）。

3.3.1.4 层级图式（scales）

生活中的多与少、高与低、强与弱、大与小、冷与热等，每一组的两个极之间都有级别的递增或递减，这些是我们所经历的最基本的层级体验，也是形成层级图式的基础。例如，关于冷热的图式，婴儿在一开始就通过洗澡、喝水等温度的体验，懂得了什么温度太热太冷、什么样的温度是合适的，慢慢地有了冷、热的图式，也形成了关于冷热程度的图式。有了层级图式，我们认识理解了各种事物的量性级别和质性级别的组成方式，也就理解了这个世界。例如，从一个苹果、两个苹果到一百个苹果的数量中分出多少，把不同苹果按个头大小排列。再如，通过图式知识判断树的高矮程度，理解各种问题的难易程度，理解哪些言语行为规范合适、比较合适、非常好、不好等。因此，层级图式也无所不在。例如：

> （6）语言是一种分层装置，这些装置靠组合和替换来运转……语言的底层是一套音位，一种语言的音位数目虽然只有几十个，却能构成数目众多的组合。这些组合为语言符号准备了形式的部分。语言的上层是音义结合的符号和符号系列，这一层又分为若干级。第一级是语素，意义在这里被装进形式的口袋，成了音义结合的最小符号。第二级是由语素构成的词，第三级是由词构成的句子。（CCL）

例（6）是层级图式在语言学研究中的体现。对语言的层级剖析，不但能厘清语言体系内各层级的功能和相互联系，也能帮助我们更好理解语言体系的构造。

3.3.1.5 中心—边缘图式（center-periphery）

在空间中，每个人都能够自动根据自己身体所在位置从各个方向往外延伸，判断远处物体与自己的距离，这样的经历帮助我们理解了什么是中心点。在物理空间中，在一个封闭的圈里，什么位置是中心、什么位置是边缘都可以通过测量或视觉来判断。在我们的空间经历中，中心—边缘图式是反复出现的结构。在现实中，我们经常把一些事、物、人看得更突出或更重要，以隐喻的方式把他们放到中心位置，把另一些放到边缘位置，这就是"中心—边缘"图式。像"自我中心""以学生为中心"以及表达某个国家或地区被边缘化了等都是中心—边缘图式隐喻。从具体的位置关系到抽象的隐喻联想，中心—边缘图式无所不在。例如：

> （7）核心课程也称中心课程、轮形课程。以某一学科或问题为核心，将其他学科组织起来围绕核心，由一位教师或教师小组织连续教学的课程。20世纪初出现于美国。一般中小学，通常以

社会、自然、语文或工艺等学科为中心，从事核心课程设计。（CCL）

例（7）中的核心课程是一个课程群或课程体系的中心，课程体系中的其他课程则围绕核心课程，重要性次之，它们之间的关系就是建立在基于隐喻的中心—边缘图式基础上。

上面五种基本图式在我们的现实生活中最为常见，也是隐喻思维中理解世界的最基本方式。除此之外，Johnson（1987：126）讨论了27个常见图式（表3.1），这些图式都源自我们的生活体验，是相关体验的高度抽象化，具有具身体验性。

表3.1　二十七个基本图式（Johnson 1987：126；Lakoff 1987：416—461）

CONTAINER（容器）	BALANCE（平衡）
BLOCKAGE（阻塞）	COUNTERFORCE（反作用力）
ENABLEMENT（允许）	ATTRACTION（吸引）
PATH（路径）	LINK（联系）
CYCLE（循环）	NEAR-FAR（近—远）
PART-WHOLE（部分—整体）	MERGING（合并）
FULL-EMPTY（满—空）	MATCHING（匹配）
ITERATION（重复）	CONTACT（接触）
SURFACE（表面）	OBJECT（物体）
COMPULSION（强制）	SPLITTING（分裂）
RESTRAINT REMOVAL（移除障碍）	SUPERIMPOSITION（堆叠）
MASS-COUNT（不可数—可数）	PROCESS（过程）
CENTER-PERIPHERY（中心—边缘）	COLLECTION（汇集）
SCALE（层级）	

尽管这些图式能够反映我们理解和表达现实的方方面面，但Johnson自己仍然认为图式具有"高度选择性"，不可能穷尽性列举。

3.3.2 Lakoff的分类

意象图式反映了人类对世界形态的认知，对基本的自然概念反映都有隐喻思维的作用。Lakoff（1989）也阐释了四个与隐喻思维相关的图式，他认为，容器图式、部分—整体图式、联系图式和起点—路径—终点图式这四个基本图式包含了对多数概念的隐喻理解。

3.3.2.1 容器图式（container schema）

容器图式源自身体结构和身体在空间中的经历：人的身体内有分管我们身体运行的有形器官，也有指挥我们行事的思想意识。在这个意义上，人体就是一个容纳精神与物质的容器。同时，包括身体在内世间万物又处于世界这个大容器中，我们的家在城市、乡村，所有地区都在一个国家管辖内……我们视觉所能及的范围也是一个容器。例如，人和物可以在房间里、在运动场上、在学校、在电影院，当这样描述所处位置时，实际上以隐喻的方式把这些地方看成了容纳人与物的容器了。抽象概念也是如此，包括人与人的关系虽然是联系图式，实际上也可以用容器图式隐喻理解和表征。例如，汉语可以用"在X与Y的关系中"表达同事关系、师生关系、朋友关系、夫妻关系等。英语中也有很多具体抽象图式，例如：

（8）in the room, in/out of difficulty, in/on one's mind, at the time, within the city

3.3.2.2 部分—整体图式（part-whole schema）

人的身体自然属性和经历表明，身体是由头、身躯、四肢、内脏等不同部分组成，人的一生也是由不同的阶段和事件经历组成，形成了部分与整体关系。物体由不同部分组成，工作由不同环节组成，事件由不同阶段或局部组成……部分—整体图式帮助我们理解家庭成员与一个家、学生与班集体、部门与公司、县市与省、省和直辖市与国家之间的部分—整体关系。例如，在婚姻中，男女结婚是创建一个家庭，形成整体图式，夫妻是部分图式，他们与家庭的关系是部分—整体关系，是一个部分—整体图式。因此，离婚被认为是家庭的解散（Lakoff 1987：273）。

3.3.2.3 联系图式（link schema）

前面两种图式能帮助我们理解各种关系，这些关系的稳定需要某种东西连接起来，这种连接手段就是Lakoff讨论的联系图式。例如，家庭中夫妻关系除了精神的纽带还有子女的血缘关系维系，对这种维系关系的隐喻认识同样与身体经历相关。在生活中要固定一个、两个或者多个物体时，可以用绳子把它们拴起来，这种固定物体的方法形成了我们隐喻思维的基础：任何实体之间的稳定关系都需要某种联系，社会关系也是如此。当我们以哲学思维理解世界上万事万物的关联时，也是基于联系图式的隐喻思维方式。

3.3.2.4 起点—路径—终点图式（source-path-goal schema）

起点—路径—终点图式与Johnson（1987）讨论的路径图式相同，它概括了人们最为频繁和普通的身体运动经历。人类的任何运动都会产生一段距离，无论距离长短，每一个移动身体位置的运动都由起点、路径和终点组成。基于这种经历可以借助隐喻理解其他具体和抽象过程。例如，去运动场打球是从宿舍或教室出发，走过一段路程到达目的地；大学毕业是从入学、完成学业、获得知识与相关证明的一个过程；人生是从出生、经历各种事件到生命终结的完整过程。

以上四种基本意象图式较为常见。Papafragou（1998）认为，这四种基本意象图式加上前—后、上—下两个概念结构，是塑造知觉与认知的抽象非命题概念结构，是理想化认知模型（ICM，Idealized Cognitive Model），可以成为各种组合和转化的基础。

3.4 意象图式理论的核心观点

Johnson（1987）和Lakoff（1987）最早将意象图式引入认知语言学，并进行了系统深入的阐释，形成了意象图式理论。经过三十多年的发展，意象图式理论已经成为认知语言学的一个重要组成部分，特别是概念隐喻研究中不能缺失的重要方面，"是认知语言学及其相关学科的中心概念支柱"（Grady 2005：35），成为建构其他概念化理论的基础理论。

意象图式理论主要致力于研究意象和图式在思维、想象和推理等认知功能中的重要作用。在认知语言学中，一个意象图式是我们的感知互动和运动的复现动态模式，该模式使我们的经验具有连贯性和结构性（Johnson 1987：xiv）。我们身体的经历不断重复着相似的活动与事情，心智也在这个过程中与世界互动，形成了相关的知识结构，使得意象图式所表征的某个概念具有了表征对象的一般性特征。实验心理学和发展心理学也为认知语言学的意象图式概念提供了原始依据（Johnson & Rohrer 2007：33）。虽然意象图式源自感知和运动过程，但意象图式本身并不是感觉运动过程（Johnson 1987：30），而是稳定的运动感觉经验的复现形式，我们可以通过这个形式（或概念）理解世界。根据意象图式在概念形成、隐喻思维、语言理解和推理等方面的作用，可以把意象图式理论的主要观点概述如下：

第一，意象图式是隐喻映射的途径，是在具身认知中完成的。

认知语言学的概念化理论丰富了隐喻研究的内容，隐喻不再局限于传统修辞意义上的美化语言功能，而是一种思维现象和手段。在对概念隐喻与思维关系的讨论中，Lakoff和Johnson（1980）关于人类思维具有隐喻性的观点得到普遍认同。绝大多数隐喻思维都来自具身体验。例如，概念隐喻的经典例子LOVE IS A JOURNEY中爱情范畴与旅行范畴中的要素形成映射关系，旅行中的旅行者、交通工具、旅程、旅程中的困难、旅行者的决定、旅行的目的地分别与爱情中的各要素如恋人、恋爱中的事件、进展、经历的障碍、爱情的目标等因素相对应。一段旅程是人们亲自完成的，一段爱情也是恋人自己去经历的，身体的经历和心灵的感受相联系，亲历者发现、感受到了两个范畴的相似之处，自然产生了隐喻映射。例如，在循环图式中，生命是循环的、人生是由时、日、月、年等大大小小的循环组成的。但人的一生每天在一定的时间和地点经历的事件是不同的，Gibbs（1996）认为，这样的身体经历是经验格式塔即意象图式形成的源泉，与Fauconnier（2010：103）关于两个结构的可映射性观点一致：映射中的两个结构如果具有可映射性时，它们通过一个共同的、更加抽象的图式实现。图式是一个功能框架，任何一个映射域中的成分都可以填充到框架中去，所有关联的结构都适合这个框架，并由图式限定映射。爱情中的人和事映射到旅行中的人和事上时，两个相关的图式之间的隐喻联系被纳入了同一个认知框架，于是恋爱就成了旅行。汉语中也有类似的说法：

（9）经过5年的爱情长跑，两位新人走进了婚姻的殿堂。

意象图式作为隐喻映射中的初始范畴，为抽象概念提供了基础。Lakoff和Johnson（1980：15）认为，常规意象图式隐喻都基于人类身体和文化经验。Sinha和Jensen De López（2000）的研究也表明，婴儿在九个月大时就能够理解杯子是容器，说明婴儿在这个阶段通过持续的身体经验已经形成了容器的意象图式。人的身体与现实世界的互动是意象图式产生的源泉，如时间的空间隐喻，the week flew by，the day slowed to a crawl等都是在人的空间时间经历基础上产生的（Lewis & Stickles 2017）。与身体姿势和方向相关的"前""后""上""下"较为充分地表述了这种经历。"前""后"的空间隐喻表征与身体的朝向是一致，视觉能够直接看到的东西在前面，不能看到的在后面。因此，未来可以"展望"（向前看），过去可以"回首"（身体转向，向后看）。"上""下"的隐喻也是如此。人身体的头部在上面，脚在下面，故有"头上"和"脚下"的概念，职位、工资、物价等可以"上升"，也可以"下降"。其他与人体相关的抽象事物表征也有相同的隐喻映射原理，主管思维的大脑在头部、主管运动的手脚在下面，于是有了上级、下级、上司、下属、手下等隐喻，这些表述是身体在现实世界存在和运动的直接反映。因此，在建构概念隐喻理论的过程中，意象图式为隐喻映射提供了具体的经验基础，它作为隐喻映射的实际初始范畴，也是抽象概念的基础（Evans 2007：107）。

第二，作为一个复现的结构，意象图式构成了概念内容，建构了事物的顺序。

在引入意象图式这个概念时，Johnson（1987）和Lakoff（1987）确定了其概念界定的前提就是把意象图式看成一个复现结构。根据Johnson（1987：30，79）对意象图式功能的阐释，建构和构成事物顺序的主要途径依赖意象图式。意象图式虽然表达了丰富的概念内容，但并不是被动收纳海量经验的容器,而是在有机体与环境互动后产生的抽象化实体,是我们的感知互动、身体经验和认知运作的复现结构。作为图式的复现结构承载了对现实世界精炼后的内容,每一个图式结构都是由最能概括概念内容的相对较少数量组成,互相之间有稳定的联系。因此,无论何时某个图式的示例出现在许多不同的经验和意象中,相同的部分和关系就会重复出现。例如,看电影、听演唱会、看话剧和戏剧等活动有诸多相似之处,都有观众或听众、演员、场地等,但这几种活动图式是各自独立的,每一种活动的组成部分形成的整体图式都是唯一的,也就意味着这些图式都只联系各自的图式内容。尽管看电影和听演唱会都涉及观众和演员,同样是观众在场地座位上坐着,演员在台上表演,但看电影涉及的观众与演员之间是稳定接受与输出事先录制好的信息情景,听演唱会涉及的观众与演员之间是现场的直接信息交流方式,后者可能有现场观众参与或与演员互动。活动形式和内容都区分出了不同的图式,无论哪一个活动出现,活动涉及的各种关系都会重复出现。

　　有些复现的意象图式可以完全脱离初始联系图式,只需要从记忆中提取相关信息,有些意象图式会重复与初始图式产生联系。例如,容器意象图式虽然跟身体相关,但对"里""外"的理解可以不与身体图式相联系,表达"理解""接受"意义时是把信息装入身体中的大脑,表达"讲故事""讲述"等意义时是从容器中倒出信息,理解这些图式可以脱离身体图式。而对"发火""哭""笑"等身体发出的信息理解总是需要与身体图式相联系。因此Gibbs(2005:117)认为,一个意象图式形成后,不会完全脱离原先联系的具体图式而独立实现其功能,有些初始图式会一直与某个意象图式产生联系。例如,与身体动作相关的意象图式一般不会脱离相关的身体图式,"拳击""跑步""眺望"等总是与某个身体图式相关。

　　第三,意象图式是概念形成的基础。

　　Gallese和Lakoff(2005:467)认为,图式产生于三个方面:一是身体的自然属性;二是大脑的自然属性;三是我们在现实世界中的生活和物理互动。身体的自然属性形成了与外界互动本来应该呈现的状态,如"上""下"图式就是相对于身体自然直立姿势,而大脑对身体的经历都会自动进行认知处理。

因此，图式不是纯粹内在的，也不是纯粹外部现实的表征。

人类对概念理解也是对意义的理解，而意义的出现借助图式结构（Johnson 1987：19），因此，意象图式是概念和概念化能力形成的基础之一，而概念化能力是基本的认知能力。例如，人类对颜色的理解始于婴儿时期的经历，随着眼睛对光的敏感度增加，看到的颜色种类随之增加，并在这个过程中学会了分辨什么是灰色、红色、绿色、黄色等各种颜色，形成了关于不同颜色的图式并理解了基本的颜色概念。

第四，意象图式在推理中处于中心地位。

意象图式结构是理解感知和运动活动所涉及的各个方面的基础，特别是理解人类空间概念的基础。例如，一个容器的边界、里外决定了它能够把内容容纳其中，像英文中in的概念和中文中"在……里/中"的概念是容器或具有容器功能的概念如圆圈概念限定的（Johnson & Rohrer 2007：33）。

Lakoff（1987：440）认为，意象图式是联系知觉和推理的纽带。因为我们的信息来源主要包括视觉和语言，通过直接感知或由他人告知而感知两种渠道得到的信息都是推理的依据。我们甚至还可以同时使用两种渠道信息进行推理，这就意味着我们可以在一个单一的形式下解构两种信息，这个单一形式就是由意象图式提供的。因此，意象图式在推理中具有中心地位。

意象图式并不是孤立存在于某个推理过程中，它会与其他相关实体产生联系，形成多种自然关系。例如，"返校"的意象图式中，中心是返校的结果，但这个图式会包括过程与路径等图式，这些图式都与"返校"有自然的联系：

(10) a. 他已经<u>返校</u>了。

　　　b. 他<u>乘地铁回学校</u>的。

　　　c. 他<u>乘公交车回学校</u>的。

　　　d. 他<u>爸爸开车送他回学校</u>的。

这种现象被解释为意象图式的转化。Gibbs和Colston（1995）的解释是：意象图式不是单一存在的实体，而是多个图式通过意象图式的转化形成一种自然的联系。Gallese和Lakoff（2005）也认为，意象图式是对概念的识解活动，是普遍存在的，它概括了宽泛的普通推理范式，包括所有形式的致使、空间、基于事件的推理等，也存在于语法语义中。

第五，意象图式是心理结构的重要组成部分。

根据发展心理学家Mandler（1992）的观点，意象图式是自然涌现（emerge）的，因为它是身体的功能，也是与外部世界互动的结果。在儿童的早期发展阶段，通过感知意义的分析过程，身体与生理发展结合，形成了意象图式。例如，运动感觉阶段（根据皮亚杰对认知阶段的划分，0—2岁为运动感觉阶段）被认为没有生活概念，但发展心理学后来的研究证明，像回忆、推理、解决心理问题等许多这样的认知功能在第一年就已经形成：婴儿9个月就能够回忆，11个月就能回忆几个月内的事件顺序。这种现象被Mandler（2005：139—140）称为儿童具有的先天感知分析机制。通过感知意义分析描述的概念就是意象图式。借助这个分析机制，婴儿不仅能够看，而且能够分析他们所看到的东西，因此，意象图式存在于心理结构中。

心理结构中的意象图式把概念意义、词汇意义结合起来，使我们能够通过其中的一个意义或者两个意义的结合来理解事物。例如，当我们有意识地想到什么是"狗"这种动物时，这个概念的意义在思维中的映现可以是具体的意象或者是表征实物的词汇，也可以是二者的结合。因此，Mandler（1992）认为，意象图式是心理结构的主要组成部分，它们不仅用于创造意义，帮助形成具体的例示，而且也是理解词语的重要因素。简而言之，在感知信息的基础上进行感知分析的结果就是意象图式，意象图式又反过来形成概念系统的基础，通过意象或者语言来理解和使用这个系统。

3.5 小结

认知语言学中的概念和理论建构从一开始就与心理学和哲学的图式概念相关。意象图式是一个概念，也是一种理论，鉴于它在建构概念隐喻理论中的作用，故被看成是概念化理论的基石。从意象图式的概念内容、功能作用和基本观点以及基本形式等方面来看，我们的隐喻思维离不开意象图式，隐喻中占绝大多数的常规隐喻都是意象图式隐喻。因此，意象图式不仅全面描述了人类的思维方式，意象图式理论也成为认知语言学的理论基础。经过不断发展，认知语言学的意象图式理论在基础建构和内容上更加完备和成熟，未来的理论和应用研究将更多地从具身认知与经验现实主义视角出发，从心智与思维、空间认知与语言、词汇概念、语义、具身认知与特定文化语境等几大模块讨论意象图式在其中的作用和认知原理。

思考题

1. 根据意象图式的基本类型，对下面图式进行归类：
   （1）One may go a long way toward achieving one's purposes.
   （2）They will come back in two days.
   （3）in a marriage
   （4）It takes place in the open, backed by the authority of the Japanese government.
   （5）Meanwhile, the science exception in the rules allowed whaling to continue outside Japan's economic zones.
   （6）Image schema is a core concept in cognitive linguistics.
   （7）What universities should really focus on is cultivating more talent, he said.
   （8）In Japan, for example, it's down to tradition.
   （9）Now the two companies have merged, shareholders will be laughing all the way to the bank.
   （10）We post articles related to China and around the world as well as a survival Mandarin section to help foreigners improve their Chinese skills.
2. 在price keeps going up这个隐喻中，使用了什么类型的意象图式？
3. 当概念隐喻被分为死隐喻、常规隐喻和新隐喻时，其中多数隐喻都是常规隐喻，常规隐喻也是意象图式隐喻。下列隐喻中，哪些属于意象图式隐喻？
   （1）into the classroom
   （2）Mark Twain — Mirror of America
   （3）out of sight, out of mind
   （4）At the door to the restaurant, a stunning, porcelain-faced woman in traditional costume asked me to remove my shoes.
   （5）Tramp printer, river pilot, Confederate guerrilla, prospector, starry-eyed optimist, acid-tongued cynic.

(6) Railroads began drying up the demand for steam-boat pilots.
(7) We saw how hungry the American people were for this message of unity.
(8) I'll see you at 2 o'clock.
(9) I've been wearing my boots for 9, 10 hours daily with happy feet.
(10) 一个个红石榴小姑娘绽放出可爱的笑脸，躲在树枝间。
(11) 秋天到了，树上金红的果子露出了笑脸，她们正在向着我们点头微笑呢！
(12) 阳春三月，沉睡了一冬的银梨树被蒙蒙细雨淋醒。

推荐阅读书目

Gibbs, R. & H. L. Colston. 1995. The cognitive psychological reality of image-schemas and their transformations. *Cognitive Linguistics, 6*: 347-378.

Grady, J. E. 2005. Image schemas and perception: Refining a definition. In B. Hampe & J. E. Grady (eds.). *From Perception to Meaning: Image Schemas in Cognitive Linguistics* (pp.35-55). Berlin: Mouton de Gruyter.

Rohrer, T. 2005. Image schemata in the brain. In B. Hampe & J. E. Grady (eds.). *From Perception to Meaning: Image Schemas in Cognitive Linguistics* (pp.165-196). Berlin: Mouton de Gruyter.

Johnson, M. 1987. *The Body in the Mind: The Bodily Basis of Meaning, Imagination, and Reason.* Chicago: The University of Chicago Press.

Lakoff, G. 1987. *Women, Fire, and Dangerous Things: What Categories Reveal about the Mind.* Chicago: The University of Chicago Press.

Lakoff, G. 1989. Some empirical results about the nature of concepts. *Mind & Language, 4*: 103-129.

Lakoff, G. 1990. The invariance hypothesis: Is abstract reason based on image schemas? *Cognitive Linguistics, 1*: 39-74.

第四章　概念隐喻

4.1 引言

1980年，Lakoff和Johnson合著的《我们赖以生存的隐喻》（*Metaphors We Live by*）正式出版，它不但彻底改变了人们对隐喻的传统看法，更重要的是，它使人们对语言与心智之间关系的认识发生了革命性的转变。我们都熟悉以下隐喻表达方式：

（1）You're *wasting* my time.

（2）This gadget will *save* you hours.

（3）I don't have the time to *give* you.

（4）I've *invested* a lot of time in her.

（5）He is living on *borrowed* time.（Lakoff & Johnson 1980：7-8）

时间是一个非常抽象的概念，尽管我们都明白时间很重要，但却无法使用感觉器官（视觉、听觉、嗅觉、触觉、味觉）去直接感知时间，继而无法使用语言去直接描述时间和谈论时间。为了解决这一难题，人们唯有借助已有的经验知识作为认知基础来理解既相关又不同的另外一种较为抽象或不熟悉的事物，隐喻表达方式于是就应运而生了。例（1）—（5）都是具体的隐喻表达方式，但它们具有一个共同点，就是都是关于时间的隐喻，都是把时间比作一个人们比较熟悉的较为具体的事物——金钱。金钱可以被浪费（wasting），可以被节省（save），可以给予（give），可以进行投资（invested），可以借入（borrowed）。当我们把各种各样谈论金钱的隐喻表达式汇总在一起以后就会发现，所有这些具体的隐喻表达式都是基于同一个更为抽象的隐喻结构，即"时间是金钱"（TIME IS MONEY）。该隐喻结构是无数关于时间的隐喻表达式的基础，这就是我们所说的概念隐喻（conceptual metaphor）。

再如，人们在辩论时往往会使用如下一些说法：

（6）Your claims are indefensible.

（7）He attacked every weak point in my argument. His criticisms were right on target.

（8）I demolished his argument.

（9）I've never won an argument with him.

（10）You disagree? Okay, shoot!（Lakoff & Johnson 1980: 4）

虽然战争与辩论完全不同，但是彼此之间具有很多的共性，如当时双方存在冲突，冲突过程会比较激烈，任何一方都想取胜等等。当我们把战争域投射到辩论域上时，辩论域就会获得与战争域相同的一些思维方式及表达方式，从而形成"辩论是战争"（ARGUMENT IS WAR）这一概念隐喻。

概念总是抽象的，概念隐喻也是如此。概念隐喻理论坚持以下基本假设：隐喻是从相对具体的概念域向相对抽象的概念域所进行的一种系统性映射；隐喻是一种思维方式和认知手段，是我们对世界进行概念化的一种体现方式；概念结构是通过跨域映射或者不同概念域之间的对应关系来组织的。以"时间是金钱"为例，由于金钱作为始发域与时间这一目标域之间存在某些共同且显著的属性，如"有价值""可利用"等，人们就把围绕金钱进行的各种概念操作映射到时间上，从而获得针对时间的各种相对应的表达方式。如图4.1所示。

概念隐喻理论是认知语义学研究最早的理论框架之一，为语言、心智及具身体验之间关系的研究提供了最早也是最重要的理论支撑。概念隐喻理论的提出使人们第一次意识到，隐喻不但能塑造我们的知觉，也能建构我们的行为方式。隐喻渗透到了语言、思维及生活的方方面面，是我们"赖以生存"的基础。

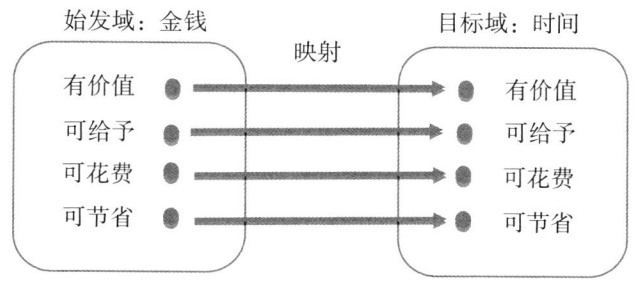

图4.1 概念隐喻"时间是金钱"

4.2 什么是概念隐喻

概念隐喻又称认知隐喻（cognitive metaphor），之所以如此，是因为自20世纪80年代概念隐喻理论诞生以后，在相当长的时间里，认知语言学的研究基本上都是关于隐喻的研究，即便现在，隐喻研究依然占据认知语言学所有研究领域的核心位置。

Lakoff和Johnson（1980）基于对大量隐喻实例的分析后发现，许多看似各不相同的隐喻，往往都是基于某个相同的基础隐喻，如前面所说的"时间是金钱""辩论是战争"，这就是所谓的概念隐喻。概念隐喻以及具体隐喻所反映的不是单纯的语言现象，而是一种思维现象，是人类借助相对具体的概念来理解抽象概念的一种认知机制。因此，隐喻是人类对世界进行概念化的工具。隐喻把始发域的结构、关系、特征、知识等映射到目标域上，两个辖域之间的映射受制于我们的身体、文化与社会的经验，具有系统性、单向性和局部性的特点（Lakoff 1993：245）。

概念隐喻可以分不同的层级，处在较高层级的概念隐喻因为更为抽象，所以数量相对较少，而处在较低层级上的概念隐喻则数量相对较大。

处在较高层级的较为常见的概念隐喻有：方位隐喻（orientational metaphor）、本体隐喻（ontological metaphor）和结构隐喻（structural metaphor）（Lakoff & Johnson 1980）。

方位隐喻是与空间方位有关的隐喻，如上/下（up/down）、进/出（in/out）、前/后（front/back）、附上/脱离（on/off）、深/浅（deep/shallow）、中心/边缘（central/peripheral），等等。方位隐喻使相对抽象的概念具有了方向性特征。例如：

HAPPY IS UP / SAD IS DOWN

（11）I'm feeling up today.

（12）He is feeling high.

（13）I'm feeling down.

（14）He is feeling depressed.

CONSCIOUS IS UP / UNCONSCIOUS IS DOWN

（15）He may wake up later.

（16）I'm up already.

（17）He dropped off to sleep.

（18）He sank into a coma.

CONTROL IS UP / LOSS OF CONTROL IS DOWN

（19）I have control over him.

（20）I am on top of the situation.

（21）He is under my control.

（22）He fell from power.

MORE IS UP / LESS IS DOWN

（23）My income rose last year.

（24）The number of books printed each year keeps going up.

（25）His income fell last year.

（26）If you're too hot, turn the heat down.

GOOD IS UP / BAD IS DOWN

（27）Things are looking up.

（28）We hit a peak last year, but it's been downhill ever since.

（29）Things are at an all-time low.

（Lakoff & Johnson 1980）

本体隐喻是借助人们对物体（objects）及物质（substances）较为直接的体验来认识相对抽象的经验。一旦我们可以把经验视作实体或物质，我们就可以对其进行指称、归类、量化处理，并进行理性推导。例如，通货膨胀是一个经济学领域的概念，是一种抽象的存在；当我们把通货膨胀视作一个实体，即"通货膨胀是实体"（INFLATION IS AN ENTITY），我们就可以用对待实体的某些方式来描述通货膨胀。例如：

（30）If there is much more inflation, we'll never survive. We need to combat inflation.

（31）Inflation is hacking us into a corner.

再如，情感、情绪方面的体验都是非常抽象的，如果把这些体验视作实体，我们就可以对其进行指称、量化。例如：

（32）We are working toward peace.（指称）

（33）It will take a lot of patience to finish this book.（量化）

结构隐喻是指通过把一种概念的结构映射到另一种概念结构上，使得被映射的概念可以使用始发域概念的各种理解和表达方式。一词多义的现象往往由此产生。例如，spend最初是用来与"money"搭配，但后来被用来谈论time，energy，fuel，force等。再如，"时间是资源"（TIME IS RESOURCE）是一个结构隐喻，由于"资源"的概念结构包含如下一些要素：

——是一种物质；

——可以被精确量化；

——每单位的量可以被赋值；

——有目的性；

——使用过程中会逐渐被消耗。

因此，当把"时间"比作"资源"时，"时间"也就具有了上述"资源"的结构特征。也就是说，我们可以使用表达"资源"的方式来表达"时间"。例如：

（34）Give me one minute.（时间是物质，可以被赋值，具有目的性）

（35）We have ten seconds left.（时间可以被精确量化，可以被赋值，具有目的性）

（36）We are running out of time.（时间可以被消耗，具有目的性）

结构隐喻比方位隐喻和本体隐喻更加重要，因为结构隐喻能够更加清晰、丰富、系统地把始发域中的成分及结构特征映射到目标域上，获得对目标域更加全面、细致的理解。

概念隐喻是一种抽象的隐喻认知结构，因抽象程度不同，概念隐喻会有不同的分类方式。前面提到的方位隐喻、本体隐喻和结构隐喻均属于较高层次的概念隐喻，而在每个较高层次概念隐喻之下，也存在一些抽象程度相对较低的概念隐喻，如方位隐喻中的HAPPY IS UP / SAD IS DOWN，CONSCIOUS IS UP / UNCONSCIOUS IS DOWN，CONTROL IS UP / LOSS OF CONTROL IS DOWN，等等。这些隐喻表达方式相对于具体的隐喻实例来说具有一定的概括性和抽象性，因此也可被称作概念隐喻。事实上，我们还可以在较高层次的概念隐喻之上再抽象出一个更具概括性的概念隐喻，即"抽象是具体"（ABSTRACT IS CONCRETE）。人类通过对具体事物的体验来获得经验，通过集体的体验来获得具有共性的经验，这既是儿童认知发展的基础，也是抽象认知发展的必经之路。

4.3 概念隐喻理论的发展

自从Lakoff和Johnson（1980）首次提出概念隐喻理论以来，该理论就引起了学界极大的兴趣，学者们纷纷对隐喻现象、隐喻理论、隐喻机制及隐喻应用等领域展开了广泛而深入的研究，其中尤以对隐喻理论的研究最为引人注目。在最初概念隐喻理论的基础上，Lakoff和Johnson（1999）提出了一个更加复杂的概念隐喻理论模型。该模型是在汲取了多个不同隐喻理论的基础上形成的，包括Johnson（1999）的"混合理论"（Conflation Theory），Grady（1997）的"基础隐喻理论"（Primary Metaphor Theory），Narayanan（1997）的"神经隐喻理论"（The Neural Theory of Metaphor），以及Fauconnier和Turner（1996）的"概念整合理论"（Conceptual Blending Theory）。每个理论各有侧重，涉及隐喻研究的不同方面，即始发域与目标域之间的关系、概念隐喻的层级、隐喻的神经机制、始发域与目标域的深层融合机制，这些理论较为全面地反映了隐喻的认知运作机制。

第一，根据Johnson（1999）的混合理论，隐喻发展由两个阶段构成，一是所谓的混合阶段，即始发域和目标域同时被激活，原因在于在人们的一般经验中这两个概念往往是同时出现的，形成了较为密切的关联。在随后进入的第二阶段中，这两个概念才被区分开来。这一理论可以较好地解释儿童概念系统的发展，例如，当儿童得到母亲深情拥抱的时候，儿童会同时感受到"温情"（affection）和"温暖"（warmth），这种混合感受的状态会伴随着儿童慢慢成长，只有到了较高的认知发展阶段，他才能够区分出什么是"温情"，什么是"温暖"。"温情"与"温暖"这两个辖域之间的关联以某种方式保持下去，成为概念映射的基础，并催生出"温情是温暖"（AFFECTION IS WARMTH）这样的基础隐喻。

第二，Grady（1997）的"基础隐喻理论"认为，较为复杂的隐喻都是由基础隐喻构成的，而基础隐喻是由对不同概念域的经验联想所形成的混合隐喻发展出来的。例如，"爱情是旅程"（LOVE IS A JOURNEY）是一个较为复杂和相对具体的概念隐喻，它基于一个更为一般或基础的概念隐喻："目的是目的地"（PURPOSES ARE DESTINATIONS）。再如，"理论是建筑物"（THEORIES ARE BUILDINGS），也是一个复杂隐喻，它基于更为基本的"机构是物理结构"（ORGANIZATION IS PHYSICAL STRUCTURE）和"坚持是保持直立"（PERSISTING IS REMAINING ERECT）这两种基础隐喻。

基础隐喻理论具有两大优势：一是其概括力比较强，能够把不同的复杂隐喻抽象为较为单一的隐喻，能够发现不同隐喻之间的共性，如在"目的是目的地"这一基础隐喻里，包含着"爱情/商业/事业/任务……是目的地"这样一些复杂隐喻。二是基础隐喻的思想能够触及隐喻的根源，这一根源是现实体验中不同概念的共现特征，这就为心理学以及脑科学对隐喻的研究建立起了直接的关联（Grady & Johnson 2002；Ruiz de Mendoza Ibáñez & Pérez Hernández 2011）。

第三，神经认知理论认为，不同概念域之间的映射与大脑中的神经连接呈对应关系，因为研究者们发现，不同的语言会使用相同的概念隐喻，而这些概念隐喻又是基于相同的运动感知经验（motor-sensory experience）。建立大脑与身体之间的关联对于理解思维及隐喻的本质至关重要。神经理论不仅能够为概念隐喻提供合理而全面的解释，也能为隐喻推理的运作机制、隐喻与整合概念的辨析、基础隐喻与复杂隐喻在理解抽象概念以及词汇、复杂表达结构与语法构式中的作用等方面发挥重要的作用（Gibbs 2011：50）。概念隐喻理论与脑科学、神经科学的联姻具有极为重要的意义，因为早期的隐喻研究往往采用内省、思辨及从一般观察及语料中归纳总结的方式，缺乏脑神经科学及其他科学实验手段的支持，各种隐喻研究假设及结论难以令人信服。

第四，概念整合理论是对早期概念隐喻理论的一项极为重要的发展（参见第六章）。概念隐喻理论强调始发域与目标域之间的二元映射关系，并且认为这种关系具有从始发域到目标域进行映射的单向性，但它无法解释两个概念域之间映射成分与非映射成分之间的关系，以及隐喻形成后新产生要素的来源问题。概念整合理论对映射的方向性做了淡化处理，把始发域和目标域视作两个平等的输入空间："输入空间I"（Input Space I）和"输入空间II"（Input Space II），由于两个输入空间拥有某些共同的特征、属性或关系，表现为"类属空间"（Generic Space），这使得两个输入空间产生了整合效应，最终形成了"合成空间"（Blending Space）。"合成空间"并非"输入空间I"和"输入空间II"某些要素的简单合并，而是在吸收两个输入空间能够产生映射关系的要素的基础上，通过整合效应，还创造出某些不属于任何一个输入空间的全新要素出来，这就是所谓的"层创结构"（Emergent Structure），又称"浮现结构"。

概念整合理论的非单向性结构既可以用来解释从相对具体的始发域到相对抽象的目标域进行映射的常规隐喻结构,也可以解释完全相反的情形。例如:

(37)把暗黄崎岖的牙齿染道红痕,<u>血淋淋得像侦探小说里谋杀案的线索</u>。

(38)眼睛两条斜缝,眉毛高高在上,跟眼睛远隔得彼此要<u>害相思病</u>……(钱锺书《围城》)

上述两个例子都是用抽象的事物("血淋淋……侦探小说里谋杀案的线索""害相思病")来描写具体的事物("牙齿上的红痕""眼睛和眉毛之间的距离"),而非用具体的事物描写抽象的事物。传统的概念隐喻理论只能解释后者,而概念整合理论则可以两者兼顾。

此外,概念整合理论也解决了映射的系统和非系统性问题。概念隐喻只关注始发域到目标域的系统性映射问题,对于映射过程中某些已有要素的丧失和某些新要素的产生缺乏解释力;而在概念整合理论中,结构性映射及具体要素的映射均得到关照,而且把新要素的产生归结于最终的整合效应。

此外,概念隐喻理论本身也在不断发展和完善中。现阶段,隐喻理论主要有以下发展趋势。第一,刻意隐喻理论的相关研究。相关学者认为,隐喻不仅仅是思维和语言问题,而且是交际问题。传统概念隐喻理论(Lakoff & Johnson 1980)认为隐喻的理解是一个自动无意识的认知域映射过程,而这种观点受到了批判。Gentner和Bowdle(2001)通过实验提出,只有常规隐喻才是无意识的,新奇隐喻则需要意识的参与。此外,语料库语言学研究学者运用"隐喻识别程序"(MIP)对语料进行检索发现,语料库中有部分概念隐喻被交际者视为传统意义上的隐喻进行使用(Steen 2008)。基于此,刻意隐喻在对概念隐喻理论发展的基础上诞生并逐渐完善,将交际这一维度融入隐喻的研究中。Steen(2008,2013)认为刻意隐喻是对受话者的一种引导,其目的是引导受话者对目标采取全新的视角,从其他概念域或概念空间(隐喻的始源域）来审视某物或某话题（隐喻的目标域），从而对该目标形成具体的认识判断。刻意隐喻理论弥补了以往隐喻研究交际维度的不足，在多个领域，如心理学、话语分析、语料库语言学、心理语言学等都引起了反响，并取得了不少成果，同时，该理论的成熟还需攻克一系列难题，不断拓展和深化。

第二，扩展概念隐喻理论。Kövecses于2020年出版新书《扩展概念隐喻理论》（Extended Conceptual Metaphor Theory）。在该著作中，Kövecses对"标准概念隐喻理论"（Standard Conceptual Metaphor Theory）进行了完善和扩展，其内容主要有以下三个方面。其一，细化概念隐喻的认知层级，包括四个概念层级，分别为意象图式、认知域、框架及心理空间；其二，强调语境的创造性作用；其三，补充社会—语用对概念内容的功能，从而构建了一个更为完整系统的"扩展概念隐喻理论"主体框架，实现了对标准理论的更新升级，兼顾概念隐喻的经典问题和新兴话题。扩展概念隐喻理论是一个更为立体化的理论框架，其丰富的理论层次能够释放出更大的理论势能，也将推动相关研究的发展。但其理论同样存在一些问题，比如四个概念层次的界定并不十分清晰，其判断标准相对模糊，并且，其相关理论还需通过更多隐喻实例进行验证。总体而言，该理论基于标准概念理论，为现有隐喻研究中突出问题提供了启示，也为未来的研究拓宽了空间。

第三，多模态隐喻研究。在人类众多交际符号中，语言只是其中一种，其他非语言资源如图像、声音、手势等也可以用来表达和构建概念。鉴于此，从20世纪90年代末开始，一些学者将纯语言学领域的概念隐喻研究拓展到跨学科的多模态研究。多模态隐喻是指在多种模态的协同作用下，通过概念映射等来实现的一类隐喻。相关研究重点关注模态本身和模态互动的价值和意义、隐喻和转喻的动态构建过程、隐喻的文体维度、隐喻的体验基础与文化基础等（Forceville 2009）。多模态隐喻研究把概念隐喻研究拓展到更广的符号交际范畴，进一步对语言之外的其他符号系统进行研究，进一步证实隐喻的概念性，即隐喻是一种思维方式。这为"人类隐喻思维"这一论断提供更充实的证据，同时有助于进一步完善和修正概念隐喻理论体系。目前，多模态隐喻研究还处于起步阶段，理论体系还不够系统化，研究方法上还需加入实验和统计类实证研究。在未来的发展过程中，多模态隐喻还可进一步结合多模态符号学、多模态语篇分析的研究成果，从而在探究人类隐喻思维、揭示隐喻构建和解读的认知机制方面做出独特的贡献。

4.4 概念隐喻的应用研究

4.4.1 概念隐喻的研究领域

概念隐喻的诞生彻底颠覆了人们对隐喻与认知甚至语言与认知关系的认识，极大地激发了人们对隐喻作为一种基本思维方式的思考，对人文科学和认知科学领域的相关研究产生了广泛影响（Gibbs 2009）：

首先，概念隐喻理论对语言与认知以及更深层次的语言与体验行为之间的关系进行了深入思考，强调广泛吸收认知及生物学科中的各种实证研究发现来对语言进行理论描述；通过"意象图式"手段具体揭示了语义内涵以及基本抽象概念的本质，对人类的概念结构、身体体验以及语言的交际功能等提供了全面统一的阐释。

其次，概念隐喻理论作为一个理论框架和一种实证研究方法，有助于理解广泛存在于各种认知域及文化语言环境中的隐喻性语言及思维方式；隐喻作为一种基本的思维方式，具有各种各样的认知及社会思维功能（Gibbs 2008）。

再次，概念隐喻理论认为，不同知识领域中相当多的抽象思维都是由隐喻映射驱动的，这一思想彻底改变了学界对思维与语言关系的认识，对于抽象概念的建构以及抽象概念如何影响人类思维和一般语言的使用和理解的方方面面提供了理想的解决方案。

最后，概念隐喻理论极大地促进了Lakoff和Johnson（1999）所说的认知科学的"二次革命"，激发了人们对具身认知（embodied cognition）的广泛兴趣，这使人们充分认识到，只有以身体体验为基础，才能够更好地认识各种抽象思维和行为的动因，认识许多文化现象的形成机制。因此，Gibbs（2009：16）认为，"在所有认知科学的理论视角中，没有一个能够与概念隐喻理论相媲美……概念隐喻理论把隐喻带到了认知科学理论的核心位置，将其推到了最高的理论层次上"。

第一，概念隐喻理论的提出源于对隐喻作为一种语言修辞现象所做的反思，因此早期以及相当数量的应用研究都是围绕语言展开的，如对常规隐喻、新奇隐喻的研究，对词汇语义（尤其是一词多义）、习语、寓言等的研究，等等。第二，与语言直接相关领域的研究，如文学、翻译、教学、跨文化交际等。第三，对非言语行为的研究，如身体语言、手语、多模态等。第四，语言与社会领域的结合研究，如广告、传媒、政治话语、医学话语、经济话语、教育话语、宗教话语等。第五，跨学科研究，其不仅指语言与邻近人文社会学科之间的跨学科研究，也指语言与理工农医等之间的跨学科研究。例如，概念隐喻在医学话语中的研究。Hodgkin（1985）发现，人们在医院里已经习惯了如下两个概念隐喻："医疗是战争"（MEDICINE IS WAR）和"疾病是物体"（DISEASES ARE OBJECTS）。这两个根深蒂固的概念隐喻很大程度上影响着医患及相关人员的行为方式：战争是一种痛苦、乏味、艰苦的行为，要求战士必须长期忍受艰苦的战争环境；当把医疗活动视作战争，医患双方就要在身体上和心理上准备面对各种各样的艰难险阻。这种意识一方面有其积极的作用，可以增强医患双方战胜病魔的决心与信心，但与此同时，也无疑会对相关人员的心理造成很大的压力，不良的感受会比较强烈。此外，当把疾病视作物体，病人就成了容纳物体的容器，而治疗或治愈疾病就是要把物体（疾病）清除出去，但这种思考的一个不良后果就是，病人总是处在一种被动状态，并且与疾病相比，患者似乎并不重要，医患关注的焦点都在疾病本身。为了克服固有的概念隐喻所带来的不良影响（包括对思想、情感及行为的影响），人们可以尝试构建某种具有积极效果的概念隐喻，以此调节和改善医患双方及患者家属的治疗体验，如可以尝试使用"医疗是合作探索"（MEDICINE IS COLLABORATIVE EXPLORATION）这一概念隐喻来代替"医疗是战争"的想法，这样病人的参与和配合治疗的积极性会更高；而使用"身体是生化舞蹈"（BODY IS BIOCHEMICAL DANCE）这种概念隐喻，一定程度上可以克服把疾病视作物体，或把身体视作机器（BODY IS MACHINE）这类概念隐喻所带来的僵硬、冷冰冰的效果，减轻患者对疾病的恐惧（Hodgkin 1985）。

概念隐喻的应用尚有大量未开发的处女地。大凡有语言及非言语交流存在的领域，都有可能开展应用研究。例如，随着人口老龄化速度的不断加快，各种形式的养老机构不断涌现，在这些老年人比较集中的地方，他们之间的沟通方式、话语特征、彼此对生活的态度等等，都可能会以隐喻的方式表达出来；养老机构中的各种设施的设计、布置，各种警示语的多模态表达方式等等，都可能会成为体现机构、管理者对老年人态度的隐喻表达方式。除了人与人之间的交流以外，人与外界事物的交流也会涉及概念隐喻的问题。人并非被动地生活在世界里，人可以通过主观建构某些概念隐喻来获得更好的生活体验。例如，如果你认为周围的世界充满了邪恶和欺诈，"世界是个地狱"（THE WORLD IS A HELL）这类概念隐喻就会影响到你生活的方方面面，你的情绪、态度、行为都会向负面倾斜；如果你总是认为世界是美好的，"世界是乐园"（THE WORLD IS A PARADISE）一类的概念隐喻就会对你的生活产生广泛而积极的影响。而建构怎样的概念隐喻，如何去建构这类隐喻，都是非常值得研究者去深入思考的问题。

4.4.2 概念隐喻的研究方法

任何一个理论的提出都有其较为充分的理由，但与此同时，也不可避免地存在某些局限甚至缺陷，没有任何瑕疵的理论只是人们的一种美好愿望而已。针对概念隐喻理论的批评主要集中在两个方面。首先是语料来源问题。其次，概念隐喻理论被认为缺乏大脑及神经科学证据的支持，缺少令人信服的实验支撑（Reid & Katz 2018：37）。围绕这两大问题以及其他的研究局限，近年来概念隐喻研究取得了一些令人瞩目的新进展。

首先是隐喻研究的语料来源问题。很多隐喻研究，尤其是早期的隐喻研究所使用的语料往往是通过内省或从小规模语篇中随机提取的方式收集的，直接服务于某个预设的理论假设，缺乏系统性、穷尽性和科学性。这的确是一个问题，但是这一状况目前已经有了很大的改善。研究者越来越多地开始使用语料库研究手段，或者在特定的、规模可控的真实文本或话语中穷尽性地提取语料。此外，在隐喻标注及识别方面也已取得了长足的进步，尽管还不能完全摆脱手工辅助识别，但语料库隐喻识别以及计算机隐喻自动识别（如Pragglejaz Group于2007年提出的MIP隐喻识别方法）已经取得了较为显著的成绩（Gibbs 2017）。隐喻识别方法分人工识别和计算机自动识别两种。人工识别可采用关键词提取隐喻表达方式的方法，但这种方法的检索范围比较受限，容易遗漏大量的未使用特定关键词的隐喻表达方式；也可以采用在无语料标注语料库中提取隐喻表达方式的做法；比较新的人工识别手段是在确定词汇基本义的前提下，通过对比基本义和语境义（这两种语义均来自词典中的释义），来确定是否具有隐喻表达的性质，在这方面最有影响的当属"隐喻识别步骤"（MIP）（Pragglejaz Group 2007）以及在此基础上发展出来的"阿姆斯特丹自由大学隐喻识别步骤"（MIPVU）（Steen *et al.* 2010）。这种隐喻识别方法的基本步骤是：

（1）确定词汇单位；

（2）确定每个词汇单位的语境义；

（3）确定词汇单位的基本义；

（4）确定语境义和基本义是否存在冲突，是否可以通过相互比较获得理解；

（5）如存在冲突，且能够理解，则可确定该词汇单位具有隐喻性。

假设语篇中出现这样一句话：She got out of the car and left the engine running，该句的隐喻识别过程如下（武继红 2016：79—80）：

（1）该句可析出的词汇单位有：she/got out/of/the/car/and/left/the/engine/running。

（2）确定每个词汇单位的语境义和基本义。例如get out的语境义是：leave a vehicle，其基本义是：to leave your house and go somewhere, especially to do something enjoyable；run的语境义是：if a machine or engine runs, or if you run it, it is working，其基本义是：to move quickly to a place moving your legs and feet。

（3）确定语境义和基本义是否存在冲突。get out的语境义和基本义大致相同，因而是非隐喻用法，而run的语境义和基本义存在冲突，但可以通过相互比较获得理解，因此，run在此处被确定为隐喻用法。

隐喻的计算机自动识别将成为未来的主要研究方向之一，这也是自然语言处理中的核心话题和难题。自动识别研究大致有两种路径：一是基于规则约束的识别方法，依靠选择限制或偏好来进行；二是基于统计和机器学习的方法。但无论哪种机器识别方法，目前依然需要依靠一定的人工标注，完全的自动识别依然任重而道远（张炜炜 2019）。

其次是隐喻研究缺乏大脑及神经科学证据的问题。近年来基于实证的概念隐喻研究引起了越来越多的关注。实验研究的加强既是为了回应概念隐喻理论缺乏科学实验证据支持这一问题，也顺应了当今对"新文科"强调跨学科、交叉学科的要求，是概念隐喻理论走向"真实"（而非仅仅停留在内省、简单概括的层面）、科学方向的必经之路。心理学、医学等领域中的很多研究手段可以帮助研究者更真实地认识语言与大脑之间的认知机制，揭示具身认知的神经基础，可以更好地修正或夯实概念隐喻假设。目前不少隐喻研究使用心理学及脑神经科学的手段，如眼动、ERP、fMRI等脑成像实验技术，深入了解隐喻及非隐喻表达方式在大脑中的反应状况，据此推断大脑对隐喻表达的认知机制。例如，李子健等（2018）利用ERP技术研究隐喻映射的双向性问题，使用汉族亲属词作为实验材料，考察亲属的重要性与轻重物体之间的关系。他们通过记录下EEG波形进行分析，发现目标域的重要性对重量感判断具有启动效应，大脑对具身经验的激活包含感知觉加工从初级到高级的加工阶段，从而验证了概念知觉经验即时性激活的观点。

4.5 小结

认知语言学认为，隐喻是人类的基本认知方式，是人们谈论抽象概念的认知工具。正如Lakoff和Johnson（1980：3）所言，"隐喻渗透于日常生活中，不但渗透在语言里，也渗透在思维和活动中。我们借以思维和行动的普通概念系统在本质上都是隐喻的"。概念隐喻的传统研究方向是语言及与语言关系比较密切的领域，如语言学、文学、翻译、跨文化交际、语言教学等，但目前已渗透到心理学、认知科学、医学、宗教学、政治学、社会学等领域。就研究领域而言，未来还可以进一步往上述学科的内部进行拓展，也可以向其他全新的领域进行拓展。以医学研究领域为例，医学话语是一个内涵非常丰富的话语体系，涉及医生、患者、家属等之间在不同医疗情景下的沟通方式，如一般门诊对话，涉及重症甚至死亡的交流方式，自闭症、老年痴呆以及脑部损伤患者的语言表达方式等等，在这样一些特殊情景的语言表达方式中，一定包含某些类型的隐喻及概念隐喻，通过研究这些隐喻，一方面可以洞悉患者的心理状态，另一方面有助于更好地建构适切的话语体系，有效促进各方之间的交流和提高治疗效果。

思考题

1. 概念隐喻理论与早期人们对隐喻的认识存在哪些主要区别？
2. 概念隐喻理论的研究范围及应用范围为什么如此广泛？
3. 早期概念隐喻理论与概念整合理论的主要区别是什么？
4. 隐喻映射的单向性是指什么？
5. 多模态隐喻与单模态的语言隐喻的主要区别有哪些？
6. 如何客观认识学界对概念隐喻理论所提出的质疑？
7. 根据概念隐喻的基本特征以及以往研究的内容，设想一下还有哪些比较重要的领域值得开展概念隐喻的应用研究。

推荐阅读书目

Fauconnier, G. & M. Turner. 1996. Blending as a central process in grammar. In A. Goldberg (ed.). *Conceptual Structure, Discourse, and Language* (pp.113-130). Stanford, CA: Cambridge University Press.

Forceville, C. & E. Urios-Aprisi. 2009. *Multimodal Metaphor: Applications of Cognitive Linguistics*. Berlin: Mouton de Gruyter.

Geeraerts, D. (ed.)2006. *Cognitive Linguistics: Basic Readings*. Berlin: Mouton de Gruyter.

Gibbs, R. W. 2009. Why do some people dislike conceptual metaphor theory? *Cognitive Semiotics*, 5 (1-2): 14-36.

Gibbs, R W. 2017. *Metaphor Wars: Conceptual Metaphors in Human Life*. Cambridge: Cambridge University Press.

Kövecses, Z. 2017. Conceptual metaphor theory. In E. Semino & Z. Demjén (eds). *The Routledge Handbook of Metaphor and Language* (pp.13-27). London & New York: Routledge.

Lakoff, G. 2006. Conceptual metaphor: The contemporary theory of metaphor. In D. Geeraerts (ed.).

Cognitive Linguistics: Basic Readings (pp.185-238). Berlin: Mouton de Gruyter.

Lakoff, G. & M. Johnson. 1980. *Metaphors We Live By*. Chicago: The University of Chicago Press.

Reid, N. & A. N. Katz. 2018. Something false about conceptual metaphor. *Metaphor and Symbol, 33* (1): 36-47.

Ruiz de Mendoza Ibáñez, F. J. & L. Pérez Hernández. 2011. The contemporary theory of metaphor: Myths, developments and challenges. *Metaphor and Symbol, 26* (3): 161-185.

第五章 概念转喻

5.1 引言

在中国传统修辞学中，转喻即借代，顾名思义就是借一物来代替另一物。陈望道在《修辞学发凡》（2001：82）中将借代定义为："所说事物纵然同其他事物没有类似点，假使中间还有不可分离的关系时，作者也可借那关系事物的名称，来代替所说的事物。如此借代的，名叫借代辞。"借代辞是根据修辞需要，临时以相关的人或事物代替本来的人或事物的修辞格。其修辞效果可以用十六字概括：以简代繁，以实代虚，以奇代凡，以事代情。例如：

（1）然而圆规很不平，显出鄙夷的神色，仿佛嗤笑法国人不知道拿破仑，美国人不知道华盛顿似的。（鲁迅《故乡》）

（2）把名字刻入石头的，名字比尸首烂得更早。（臧克家《有的人》）

（3）等到惊蛰一犁土的季节，十家已有八户亮了囤底，揭不开锅。（刘绍棠《榆钱饭》）

（4）你们杀死一个李公朴，会有千百万个李公朴站起来！（闻一多《最后一次讲演》）

例（1）则借细脚伶仃的"圆规"来指代身形极瘦的杨二嫂。例（2）借"石头"代纪念碑，含蓄地揭示出与人民为敌的反动统治者想名垂后世的美梦终将破灭。例（3）中的"囤"是装粮食的工具，用"亮了囤底"代指缺了粮；"锅"是做饭的工具，用"揭不开锅"代指没饭吃。例（4）中第二个"李公朴"，代指不怕流血牺牲，为争取民主和平而战斗的人们，即用具有典型性的人或事物的专用名称代替本体事物的名称。

在国外自Aristotle的《诗学》（*Poetics*）和《修辞学》（*Rhetoric*）问世以来，隐喻和转喻成为西方传统修辞学的核心范畴，也成为语言学、诗学、哲学、文化学等研究的重要问题。现代结构主义语言学家Jakobson则另辟蹊径，他借助对失语症的实证研究，首次提出隐喻与相似性、转喻与邻近性之间具有直接的关系，进而将隐喻和转喻这两个修辞格提升为关涉一切符号运作机制的两种最基本的二元模式，并把它们与人类语言行为的两种操作方式（选择和组合）对应起来，以此作为语言学模型和认知学模型，应用于语言艺术（文学）以及非语言符号系统（如电影、原始巫术、精神分析等）的分析实践中。

认知语言学的兴起为转喻研究提供了新的视野。认知语言学一反传统修辞学的语言工具论，从语言本体论的角度考察转喻，认为它是一种普遍的语言现象，语言本质上是转喻性的。与隐喻一样，转喻也是一种认知手段，是人类认知的重要方式，甚至比隐喻更能影响我们的思维和行动（Panther & Radden 1999）。这种思想逐步发展成为认知语言学的核心理论之一——概念转喻理论。

5.2 什么是概念转喻

认知语言学的研究表明，转喻不仅仅是词语之间的替代过程或两个概念之间的转换，还涉及更深层的事物与事物之间意义上的关系。然而，转喻的研究并没有得到足够的重视。20世纪80年代，认知语言学家只是在论述隐喻时顺便提及转喻，转喻的研究相对隐喻而言是非常少的。认知语言学提出转喻是人们认识事物的一种基本认知能力。如果说隐喻是不同认知域之间的映射，那么转喻则是在同一认知域中，一个突显事物替代另一事物，如部分与整体、容器与其功能或内容之间的替代关系。因此可以说，转喻体现的是"邻近"和"突显"的关系。Radden和Kövecses（1999：21）提出了一个广为接受的定义：

转喻是在同一个认知模式里，一个概念实体（始发域），提供另一个概念实体（目标域）的心理可及性。

这一定义与传统的定义相比，突显了转喻作为一种认知机制的特征，强调转喻是一种基本的认知方式，是在同一理想化认知模型下始发域突显或激活目标域的认知过程。例如，

(5) *The piano* is in bad mood.
(6) *The loss* of my wallet put me in a bad mood.

例（5）中，名词piano用来指代演奏钢琴的人，钢琴和演奏钢琴的人之间是一种临时性的意义指称关系，没有概念上的必然性。主语名词词组有这样的转喻解释：钢琴的意义提供了钢琴演奏家的心理可及性。在例（6）中，"丢失"和"非占有"关系是概念上的必要关系，也就是说，这个命题概念预设着指称表达法，蕴涵着"我此时没有钱包了"的关系。再如，

(7) 我们公司来了许多新手。
(8) 四号桌子要一碗雪菜面。

其中词项"手"转指概念"人"，而词项"四号桌子"转指"四号桌子的人"。概念转喻是一种认知操作，其始发域为目标域提供了可及性，但其始发义和目标义之间的关系是偶然性的，并没有概念上的必然性。转喻的目标义是突显的，而始发义是作为背景的。Panther和Thornburg（2003：7）用图5.1来表示转喻的指称关系：

根据图5.1，转喻是在同一个认知域中起作用的，是其内部的概念映射，主要用来指称，本体和喻体之间是一种"替代"（stand for）的关系。转喻的主要认知特征可以概括如下：（1）转喻是人们说话和思考的方式，即在同一认知域里始发域提供通向目标域的可及途径的一种认知运作；（2）始发域与目标域之间的关系是相邻关系，因此是可取消的；（3）始发域是背景，目标域的意义得以突显；（4）转喻在言语行为中具有多种功能；在指称、谓词、命题和言外行为层次上均有所体现；（5）转喻是否能够发生，在很大程度上

有赖于始发域和目标域的概念距离；（6）转喻是一种跨越语义学和语用学界限的概念现象。

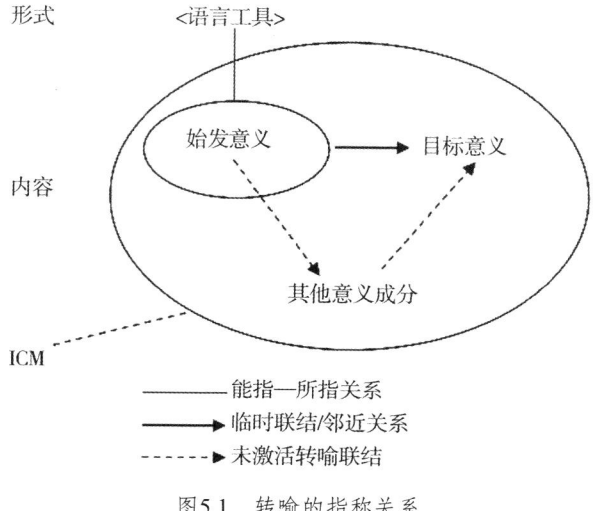

图5.1 转喻的指称关系

5.3 概念转喻的类型

Lakoff和Johnson（1980）认为，转喻就是人们用一事物来指称另一相关的事物。例如：

（9）The *Times* hasn't arrived at the press conference yet.（=the reporter from the *Times*）

（10）Mrs. Grundy frowns on blue jeans.（=The wearing of blue jeans）

Lakoff和Johnson（1980）把转喻分成了以下几种：（1）**以部分代整体**（THE PART FOR WHOLE），如We need some new faces around here。（2）**产品出品人代产品**（PRUDUCER FOR PRODUCT），如I hate to read Heidegger。（3）**使用的物体代替使用者**（OBJECT USED FOR USERS），如The buses are on strike/The sax has the flu today。（4）**控制者代替被控制者**（CONTROLLER FOR CONTROLLED），如Nixon bombed Hanoi/A Mercedes rear-ended me。

（5）**机构代替负责的人**（INSTITUTION FOR PEOPLE RESPONSIBLE），如The Senate thinks abortion is immoral。（6）**地点代替机构**（THE PLACE FOR THE INSTITUTION），如The White House isn't saying anything/Washington is insensitive to the needs of the people。（7）**地点代替事件**（THE PLACE FOR THE EVENT），如Pearl Harbor still has an effect on our foreign policy/Watergate changed our politics。他们认为，转喻与隐喻一样，不是任意的，而是有其理据的。转喻概念允许我们通过与之相关的另一事物来感知一事物。与隐喻一样，转喻概念也主要是根据我们的经验形成的。事实上，转喻概念的认知理据比隐喻概念更为明显，因为转喻通常包含直接的、身体的、有缘由的联想（causal associations）。整体与局部的代替关系构成各种转喻，具体见下表（程琪龙 2010）：

表5.1 整体和局部转喻关系

模型	转喻	例句
（1）整体—局部	整体→局部	埃及→埃及政府
	局部→整体	新手→无经验人员
（2）级阶	级阶→上级	Tom is *speeding* again. →行驶太快
	上级→级阶	How *tall* is she? →高度
（3）组织—成分	客体→材料	I smell *fish*. →鱼的气味
	材料→客体	We entered the *wood*. →森林
（4）事件	整体事件→次事件	Tom *ate* a hairy crab yesterday. →一系列次事件动作
	次事件→整体事件	Tom *speaks* two languages. →听说读写
	现在→习惯	Tim *reads* English newspapers.
	现在→将来	Tim *is leaving* for Beijing.
	事实→潜在	Tim is an *exciting* person.
	潜在→事实	I *can understand* your sentences.
（5）范畴—特征	范畴→确定特征	白痴→傻
	特征→确定范畴	长脚（上海方言）→个子很高的人

近年来，语言学家从多种理论视角对转喻进行了分类研究。Panther和Thornburg（1999）从语用功能的角度，把转喻分为三类：指称转喻（referential metonymy）、谓词转喻（predicational metonymy）和言外转喻（illocutionary metonymy）。

5.3.1 指称转喻

指称转喻是最常见转喻的类型。这类转喻是指称转换（referential shift）现象，转喻与指称行为有密切的关系。

（11）*The hamburger* is at table 5.

这里的The hamburger指的是点这道菜的顾客。《水浒传》里面的人物绰号可以说都是指称转喻的用法。水浒108将是根据上位天罡星三十六星，下位地煞星七十二星来排定，这一百零八人性格各异，各有所长，结局不同，是我国文学史上的经典人物群像。绰号的产生源于多种因素，绰号使得108将富有个性化特征，这些绰号大致根据好汉们的职业、外貌、性格、武艺、兵器以及神怪、飞禽、走兽等进行分类，其中动物类指称转喻有：

（12）玉麒麟卢俊义，入云龙公孙胜，豹子头林冲，青面兽杨志，两头蛇解珍，双尾蝎解宝，混江龙李俊，九纹龙史进，插翅虎雷横，井木犴郝思文，锦毛虎燕顺，锦豹子杨林，矮脚虎王英，独火星孔亮，玉臂匠金大坚，出洞蛟童威，通臂猿侯健，跳涧虎陈达，白花蛇杨春，九尾龟陶宗旺，花项虎龚旺，中箭虎丁得孙，病大虫薛永，金钱豹子汤隆，出林龙邹渊，笑面虎朱富，青眼虎李云，母大虫顾大嫂，母夜叉孙二娘，白日鼠白胜，独角龙邹润，鼓上蚤时迁，金毛犬段景住。

汉语中这样的现象特别普遍。汉语歇后语、谜语、俗语、相声中的抖包袱等可以说都是转喻的体现。因此，有学者甚至声称，汉语是转喻突显的语言。

5.3.2 谓词转喻

Gibbs（1999）认为，转喻大量存在于文学作品、诗歌创作、日常用语，特别是一些普通动词当中。这里要特别说的是，他认为存在数以千计的普通动词是基于人们的转喻性思维的。例如：

（13）The librarian *shelved* the books.

（14）The scientists *eyeballed* the data.

（15）The maid *dusted* the table.

（16）The pilot *dusted* the crops.

Gibbs（1999）也认为，人们不仅可以理解和使用这些词汇，还能够创造类似的新动词，这也与转喻相关。名词动用是最典型的谓词转喻。关于名词动用、转化动词与原生名词间的语义关系，Clark和Clark（1979）分出了9类动词：（1）放置动词（locatum verb）：blanket the bed；（2）处所动词（location verb）：ground the planes；（3）持续动词（duration verb）：summer in France；（4）施事动词（agent verb）：butcher the cow；（5）体验动词（experiencer verb）：witness the accident；（6）目的动词（goal verb）：powder the aspirin；（7）宾源动词（source verb）：word the sentence；（8）工具动词（instrument verb）：pedal the bike；（9）其他动词。再如：

（17）General motors had to stop production.

这里的had to stop production（必须停止生产）实际上唤起了"已经停止生产事件"。Panther和Thornburg（2004）认为，一个潜在的事件（能力，可能和允许做什么事等等）转喻性地与实际发生的事件联系在一起。事件被人们概念化为一个理想化认知模型（ICM），实现ICM的情态已成为ICM的一个子成分。had to stop production就经历了这样一个转喻转换。这个例子说明，转喻分析并不排除语用分析。相反，语用明确义和隐含义的推导在很大程度上依靠转喻进行。类似的例子还有：

（18）I *chocolate* you.

（19）The neons *rainbow* the California night.

（20）The newly married couple *ringed* their fingers each other and then accepted the wishes from others.

（21）It is necessary to *doctor* the victim as quickly as possible after traffic accident.

（22）We need more money to *clothes* children.

（23）The mayor tried to *Richard Nixon* the tapes of meeting.

上面例子中，斜体词语大多数情况下都为名词，但在此都用作了动词，属于名词动用的谓词转喻。汉语中也有类似的例子：

（24）他当过班主任，但只主任了一个班，他觉得没劲儿；现在，他当了系主任，要主任一个系，他觉得这里像回事了。

（25）"友邦人士"一惊诧，我们的国府就怕了，"长此以往，国将不国"了。永远"国"下去一样。（鲁迅《"友邦惊诧"论》）。

（26）我"古今中外"了一点钟。（朱自清《你我"海阔天空"与"古今中外"》）

同英语例子一样，都是名词动用，都是谓词转喻。这说明，转喻提高了现有词汇、句法的使用效率，增强了语言的内涵，丰富了语言的表达形式，使语言更加富于趣味性、审美性、形象性、简洁性和经济性。

5.3.3 言外转喻

Panther等人关于转喻分类的意义在于，转喻并不局限在指称转喻这一类，对转喻的研究应从更广的角度着手，这大大拓展了转喻研究的范围。言外转喻的基本观点是，一个言语行为是一个言语场景（scenario），言语场景可分为若干个组成部分，每个部分都可转喻地代表整个场景或言语行为。

（27）I would like you to close the window.

在这个例子中，就听话人将要"关闭窗子"的行为表示说话人的愿望转喻地唤起"关闭窗子"的要求（Thornburg & Panther 1999）。

（28）—How did you go to the airport yesterday?

—I just waved my hand.

在"坐出租车去机场"的场景中，挥手是该动作、行为的起点，代表了整个场景的信息。转喻不仅仅是具备美学功能的修辞手段，而且也是一种重要的语义突显手段，是一种重要的语用推理。

从以上转喻的几种类型可以看出，概念转喻作为人类重要的认知方式，在语言的词汇、句法、语义、语用和语篇中都发挥着重要的作用，是一种非常普遍的语言与认知现象。

5.4 语法转喻

Langacker（1999）较早注意到语法转喻与语法结构之间的关系，认为语法中的转喻研究有利于促进对转喻本质的认识。Ruiz de Mendoza和Otal（2002）提出了转喻和语法之间的互动关系，认为转喻是一些语法结构修辞的理据，语法转喻是对语用结构产生影响的高层转喻，并定义为对形态和句法结构产生影响的一种高层转喻或类属转喻。Panther和Thornburg（2009）认为，语法转喻是对功能词、语法词素和词类的分布属性产生影响的概念转喻。沈家煊（1999）从"认知语言学"对待转喻的观点出发，论证汉语"的"字结构转指中心语的现象本质上是一种"语法转喻"。他不但对"语法转喻"这一概念和术语给出了富有见解的定义，而且从汉语语法现象出发率先研究了语法转喻的具体问题，他把指称转指和转喻结合起来，并以此来探索语法转喻的本质。吴淑琼（2013）认为，狭义的语法转喻是指句法结构中所体现的概念转喻。具体而言，语法转喻是对句法成分的分布或整体句法结构的形成产生影响的概念转喻，它作为人类的思维方式和认知机制，在语言结构的各个层面（包括音位、词义、语法、语篇、语用等）均有所体现。

作为概念转喻的一个分支，语法转喻具有以下主要特征：（1）语法转喻是一种认知机制，属于概念现象；（2）语法转喻具有语法效应，必定会对语法结构产生影响。除概念转喻的一般功能外，语法转喻有其独特的功能：语法转喻是语法结构意义建构的基本原则；语法转喻是语言创新表达的认知理据；语法转喻是一种句法策略。例如，汉语中"吃食堂"就是一种语法转喻，其中"食堂"并非处所或其他语义类型的宾语，而是受事宾语。"吃食堂"之类的说法能够成立，主要是认知因素在起作用，对此类结构的构造特点及生成理据作出说明，是不能将认知因素摒弃在外的。再如：

（29）He *hammered* the nail into the wall.

Ruiz de Mendoza和Otal（2002）认为，这句话包含一个"工具代行为"的转喻模型，其中hammer"铁锤"为工具，代"铁锤敲打的整个行为"。这句话可以解释为He drove a nail into the wall with a hammer（他用铁锤将钉子钉进墙里）。从语法角度来看，转喻允许名词hammer向动词转换，表达"用铁锤将钉子打进墙里的整个行为"，hammer的词性发生了转换（陈香兰 2013：23）。其实，换一个角度看，是名词动用引起了整个句法结构的变化，原本不能带宾语的名词在此"活用"成了动词，后面也带上了自己的宾语，由于转喻的原因，hammer的词类发生了从名词到动词的转变，从而引起了小句的意义重组。这是一种语法转喻的体现和用法。从根本上说，语法转喻形成的主导条件是概念之间的客观联系及基于这种联系的认知框架的建立。语法转喻研究有助于洞察语法结构内部的认知机制，进一步揭示一般思维方式和语言能力之间的关系。

5.5 转喻与隐喻的区别

在Jakobson看来，隐喻和转喻是关涉一切符号运作机制的两种最基本的二元模式。隐喻是通过相似性将一种事物转换为另一种与之相关的事物。所谓"相似"是指形象的相似，包括事物的语音、色彩、象征或语法位置等，如"她是一个母老虎"，以"母老虎"喻指脾气火爆；另外，所有的对立都是相似，因为对立的两项（互为反义词）是建立在共同的语义基础上的，如"远"和"近"构成隐喻，因为二者都是形容距离的词。转喻则是通过相邻性用一个事物的名称取代另一个事物。所谓"邻近"是指时间、空间或因果逻辑的相近，如"三碗不过冈"，以"碗"喻指其所盛的"酒"。对失语症者来说，隐喻和转喻这两种过程中的某一种受到了抑制或完全受阻；而对于正常的人来说，这两种过程在言语交际中均能发挥作用：话语的展开可以沿着隐喻或转喻两条不同的语义线路来进行，也就是说，一个话题可以通过相似性或相邻性而引向另一个话题。

隐喻和转喻都是语言技巧、修辞手段、思维方式，也是传播模式，更是人类智慧的精髓。很多人容易将隐喻和转喻混淆，但它们之间的区别也是显而易见的。第一，隐喻中两个概念是一种典型的相似关系，可以是真实的相似性，也可以是感知的相似性和经验的相关性，转喻则不同，是基于相邻性。关于相似性和相邻性，Gibbs提出了一个比较好的测试方法，用is like来测试是隐喻还是转喻：

（30）a. *The creampuff* was knocked out in the first round of the fight.（metaphor）

b. We need *a new glove* to play third base.（metonymy）

上例中，用is like来测试，a句可以得出The man is like a creampuff；b句则不可能得出The man is like a glove，用glove代替这个人，是工具代替人的转喻用法。隐喻是一种基于相似性的指称关系，这种相似性是两个不同的认知域的相似关系。这种相似关系甚至可能是矛盾的、两个概念之间毫无关系的一种相似。相似性是相关性的一种，从这个角度看，转喻较之隐喻更为根本。

第二，隐喻是两个认知域之间的映射，而转喻仅仅是在同一个认知域中的映射。一个认知域的一个范畴被用来代替同一个认知域中的另一个范畴。因此，转喻的主要功能是激活一个认知域，来指称同一个认知域中的另一个范畴，突显其特征。例如：

（31）We need a couple of strong *bodies* for our team.

（32）There are a lot of good *heads* in the university.

这里的bodies和heads都是转喻用法。但是，隐喻与转喻有时很难区分，因此有人用Metaphtonymy（隐转喻）这一术语来表达二者难以分割的关系（Ungerer & Schmid 1996：133-36）。对二者关联性的研究使我们对隐喻和转喻的认识愈发清晰，而对两者本质性区别的探索则有助于我们进一步认识认知语言学的运作机制。

5.6 转喻的相关研究

Panther和Thornburg（2003）认为，概念转喻是人类所具有的一种基本认知方式，在某种程度上比概念隐喻更为重要。概念转喻是语言创新运用的一种重要方式，也是语言中词义的引申和扩展的重要理据。下面我们结合一些具体例子来讨论：

（33）<u>移动</u>改变生活。——中国移动广告

（34）让一切自由<u>联通</u>！情系中国结，联通四海心。——中国联通广告

上面的例子中，"移动"一是指"中国移动"的品牌名称，二是指人们移动的能力，巧妙地把"中国移动"的品牌名称与人的移动能力结合在一起了。"让一切自由连通"体现了"中国联通"可以满足人们渴望与外界自由沟通的愿望，联通把自己的标志和品牌名称自然地融入到广告语中，从外表到精神做到了和谐统一，反映了企业的精神理念。

（35）中国会克隆人吗？科技日报谈我国科研伦理<u>"高压线"</u>。

上例中的"高压线"和"伦理"结合在一起，转指"不能触碰、不能违反的事情"。Gibbs（1999）认为，人们不仅可以理解和使用这些词汇，还能够创造类似的新动词，这也和转喻相关。传统修辞格中的"仿拟"，就属于这类情况。

（36）奖牌要<u>"含金量"</u>，更要<u>"含情量"</u>。（《华商报》）

以上例子中的"仿拟"都是转喻的用法。近年来，认知语言学一反传统

修辞学的语言工具论，从语言本体论的角度考察转喻，认为转喻是一种普遍的认知现象。转喻的使用，常常是出于交际的需要，人们有意使用一种有别于常规的表达式，来达到经济、幽默的修辞效果。转喻是一种语言创新运用的重要方式，提高了语言现有词汇的使用效率，增加了语言的内涵，丰富了语言的表达形式，使语言富有创造性、趣味性、审美性、形象性、简洁性和经济性。认知语言学从思维的角度界定转喻，认为转喻是一个概念实体为另一个概念实体提供心理通道的认知操作过程。如果说隐喻是不同认知域之间的投射，那么转喻则是在相接近或相关联的认知域中，一个突显事物替代另一事物，如部分与整体、容器与其功能或内容之间的替代关系。

转喻与其他学科的关系非常密切。Denroche（2015）列举了12个与转喻相关的领域，分别是：（1）批评话语分析；（2）新闻政治语篇的语言分析；（3）方言、语言变体的转喻；（4）语言身份识别；（5）二语习得；（6）复杂理论；（7）社会服务、心理治疗、国际关系发展、跨文化交际、仲裁、冲突解决等；（8）法律；（9）艺术领域；（10）数学领域；（11）自然科学领域；（12）翻译。转喻作为一种认知现象，对人类思维方式、艺术创造、语言使用等影响极其广泛而深刻，体现在文学艺术领域，比如诗歌、绘画、音乐、童话、寓言、戏剧等。

转喻的研究对指称理论和认识论具有重要意义。Lakoff和Johnson（1999：497）认为：概念是通过身体、大脑和对世界的体验而形成的，并只有通过它们才能被理解。概念是通过体验，特别是通过感知和肌肉运动能力而得到的。任何认知都是以体验为基础的，体验是一切认知的前提和基础，概念转喻也概莫能外。

体验哲学认为语言具有体验性，强调意义不是来自于外在客观世界的对应，而是来源于人类的身体体验和社会体验。与隐喻一样，转喻概念不仅仅构建我们的语言，而且也构建我们的思维、态度和行为，根植于我们的经验（Lakoff & Johnson 2003：39）。转喻概念允许我们通过与之相关的另一事物来感知一事物。与隐喻相同，转喻也是基于人们的基本经验，其实质是概念性的，是自发的、无意识的认知过程，是丰富语言的重要手段（Lakoff & Johnson 2003：115）。张辉和卢卫中（2010：2）认为，正是概念转喻起到了这种"桥梁"作用，人们在运用语言时常常把感知、行为和认知紧密地联系起来，形成三者的连锁反应，这也就是我们平常所说的人的想象力。人们使用这些表达方式不是任意的而是有认知理据的，基于经验的概念化并不是杂乱无章的。认知语言学将转喻看作是基于体验哲学的认知方式和思维模式，它以经验为基础，遵循一般和系统的原则，被用于组织人们的思维和行为，是人类基本的认知方式。转喻基于邻近联想，不仅仅是一种修辞格，更是人类感知、认识客观世界以及指称、描述事物的重要手段。日常生活语言中处处存在转喻，转喻的应用越来越广泛，我们可以说："这是一个隐喻的世界"，我们同样也可以说："这是一个转喻的世界"。因此，转喻的研究同样具有十分重要的普通语言学意义和哲学意义。

5.7 小结

自Aristotle的《诗学》和《修辞学》问世以来，隐喻和转喻成为传统修辞学的核心范畴，也成为语言学、诗学、哲学、文化学等研究的重要问题。Lakoff和Johnson（1980）所著《我们赖以生存的隐喻》（*Metaphors We Live by*）出版后，认知语言学界掀起了一场隐喻革命，相比之下，转喻的研究明显冷清得多，直到20世纪90年代末情况才有所改观。实际上，同样作为人类重要认知手段的转喻，其作用和意义远未被发掘出来，我们主张应当重视语言中的转喻现象，在实际的研究过程中把转喻从隐喻中有效地区分出来，给予充分的描写和分析。综观国内外现状，转喻的研究明显缺乏整体性，没有统一的框架，还有很多问题亟待解决。Denroche（2015）提出了转喻学（metonymics）的概念，并指出认知语言学背景下的转喻学研究，就是要分类甄别和深入阐释语言转喻现象、类别、结构及功能，确定其认知基础和涵义，以一个统一的框架来统领概念转喻的研究，丰富和完善概念转喻的研究内容，以进一步推动概念转喻的研究。具体而言，概念转喻研究还要继续聚焦以下内容：在理论方面，进一步丰富概念转喻类别中逻辑转喻、语法转喻的研究，转喻与隐喻的关系及其互动机制的研究，概念转喻的跨语言对比研究，词汇、句法、语篇中的转喻及其互动关系研究以及概念转喻的认知与语篇界面研究等；在应用方面，还需要进一步开展概念转喻的认知机制与神经机制研究，加强概念转喻在外语教学、翻译等诸领域的应用研究。只有这样才能实现定性与定量、理论与实践的有机结合。

思考题

1. 如何定义转喻？转喻有哪些类型？为什么说转喻比隐喻还重要、还基础？
2. 转喻和隐喻有什么区别？是否存在隐喻中夹杂转喻或转喻中夹杂隐喻的现象呢？
3. 传统修辞学对转喻研究的贡献是什么？有什么局限？
4. 英语与汉语中的转喻，有哪些相似点和不同点？
5. 为什么说转喻是基于体验的？
6. 什么是语法转喻？请结合汉语的句法特点进行分析。
7. 汉语是转喻突显的语言吗？如何体现的？
8. 语法隐喻与语法转喻的区别在哪里？功能语法是怎么看待转喻的？

推荐阅读书目

Barcelonai, A., O. Blanco-Carrioni & R. Pannain (eds.). 2018. *Conceptual Metonymy*. Amsterdam: John Benjamins.

Denroche, C. 2015. *Metonymy and Language: A New Theory of Linguistics Processing*. New York & London: Routledge.

Gibbs, R. W. 1999. Speaking and thinking with metonymy. In K.-U. Panther & G. Radden (eds.). *Metonymy in Language and Thought* (pp.61-76). Amsterdam: John Benjamins.

Jakobson, R. 2010. Two aspects of language and two types of aphasic disturbances. In R. Jakobson & M. Halle (eds.). In Volume II *Word and Language* (pp.239-259), Berlin, New York: Mouton de Gruyter.

Panther K.-U. & G. Radden (eds.). 1999. *Metonymy in Language and Thought*. Amsterdam: John Benjamins.

Panther, K.-U. & L. Thornburg. 1999. The potentiality for actuality metonymy in English and Hungarian. In K.-U. Panther & G. Radden (eds.). *Metonymy in Language and Thought* (pp.333-357). Amsterdam: John Benjamins.

Radden, G. & Z. Kövecses. 1999. Towards a theory of metonymy. In K-U. Panther & G. Radden (eds.). *Metonymy in Language and Thought* (pp.17-59). Amsterdam: John Benjamins.

Ruiz de Mendoza, I. F. J. & J. L. Otal. 2002. *Metonymy, Grammar and Communication*. Granda: Comares.

第六章 概念整合理论

6.1 引言

概念隐喻、概念转喻、意象图式等是被默认为存储于长时记忆中的概念结构,其概念化的画面是相对静止的。本章所涉及的概念整合理论(Conceptual Integration/Blending Theory)则是关于语言在线处理过程中如何构建及整合心理空间的理论。概念整合理论是在概念隐喻理论和心理空间理论(Mental Spaces Theory)的基础上发展起来的,其目的是为研究语言运用背后的认知活动构建统一的理论框架(Turner 2014)。Lakoff和Johnson(1980)所著《我们赖以生存的隐喻》一书引发了语言研究中认知论和方法论的革命,认知语言学作为语言学研究的一种重要方法开始受到广泛重视。在概念隐喻理论的影响下,Fauconnier于1985年在《心理空间:自然语言意义建构面面观》(*Mental Spaces: Aspects of Meaning Construction in Natural Language*)一书中首次提出并较为系统地阐释了心理空间理论,从而开启了研究人类思维组织和意义在线构建与理解的新思路。20世纪90年代,随着Fauconnier和Sweetser(1996)、Fauconnier和Turner(1996,1998)等一系列成果的面世,尤其是Fauconnier(1997)的第二部著作《思维和语言中的映射》(*Mapping in Thought and Language*)的出版,心理空间理论完成了向概念整合理论的过渡。Fauconnier在该书中正式提出概念整合理论,并进一步拓展了心理空间理论的研究范式,而Fauconnier和Turner(2002)在《我们的思维方式:概念整合与心智的隐含复杂性》(*The Way We Think: Conceptual Blending and the Mind's Hidden Complexities*)中全面论述了概念整合的内部结构、运作机制和指导原则等。在此过程中,为了揭示人类语言在线处理背后所隐藏的深层次认知模式和规律,Fauconnier及其同事们不懈努力,不断对该理论进行修补完善,使其发展成为一套颇具解释力的理论体系,成为当今认知语言学领域一个重要的研究范式。

概念整合理论源于对概念隐喻理论存在问题的反思。概念隐喻理论不仅在认知语言学界而且在认知科学领域也产生了重大影响。然而,随着研究的不断发展和深入,概念隐喻理论逐渐暴露出理论缺陷和解释力不足等问题,如对一些映射现象,该理论始发域和目标域的双域模式看似简单合理,实则牵强无力。Grady *et al.*(1999)详细讨论了如下推动概念整合理论发展的语言现象:

(1)那个外科医生是个屠夫。

该示例本质上是隐喻的,根据概念隐喻理论对该例句的分析是典型的双域解读模式,从"屠宰"始发域向"治疗"目标域的映射,映射过程中伴有以下一系列相互对应:施事者"屠夫"对应"医生",受事者"动物"对应"病人",方式"宰杀"对应"手术",工具"屠宰刀"对应"柳叶刀",地点"屠宰场"对应"手术室",目的"致死售卖"对应"治病救人"等等。如图6.1所示:

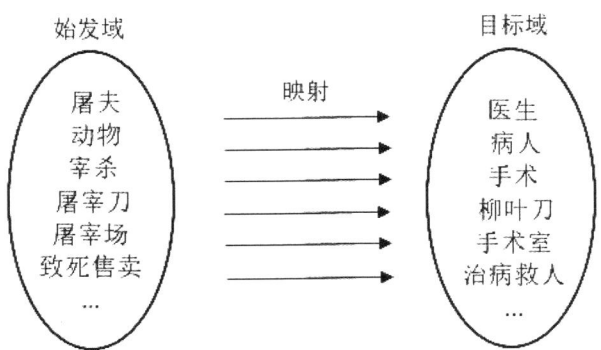

图6.1 概念隐喻映射图(改编自Evans 2019:527)

概念隐喻理论的这种双域模式对于例（1）的解读看似直观易懂，且合乎逻辑，但深入分析之后我们就不难发现其问题所在：例（1）真正想要表达的意义是"这是个草菅人命的外科医生"。但这一负面评价的话语意义究竟是如何构建的？

众所周知，尽管屠宰是一种专业化行为，我们也可以把"外科医生"概念化为"屠夫"，但是无法从始发域到目标域的映射中直接获得"这个医生像屠夫一般对待病人，因而是个不称职的医生"这一负面评价的意义。概念隐喻理论的双域映射理论模式对这个问题束手无策，而概念整合理论则可以做出更好的阐释，该理论正是在这样的背景下诞生的。

6.2 概念整合理论的核心观点

概念整合理论是探索意义构建中信息整合的理论框架，涉及心理空间网络动态认知模型合并的运作过程，其核心思想是将概念整合看作人类一种基本的、普遍的认知方式，涉及人们日常生活、学习、工作等各个方面。概念整合网络是概念整合进行的虚拟场所，即说话人为了实现交流过程中话语意义的构建和理解而整合各种信息和背景知识构建起来的心理空间网络。总的来说，概念整合理论包含以下基本要素和操作步骤。

6.2.1 基本要素和操作步骤

Fauconnier和Turner（2002：48）认为典型的概念整合网络包含以下四个基本空间：输入空间1（Input 1）、输入空间2（Input 2），类属空间（Generic Space）和整合空间（Blending Space），以及一个整合空间里的新创结构（Emergent Structure）。图6.2中的概念整合网络基本示意图说明了概念整合的主要特征：圆圈表示心理空间，实线表示不同输入空间之间的匹配和跨空间映射，虚线表示输入空间与类属空间或整合空间之间的连接，整合空间中的方框代表新创结构。

在概念整合这个动态过程中，两个输入空间1和2进行跨空间映射获取部分相应匹配，匹配得以成功的原因在于两个输入空间具有共享的图式结构，该图式结构投射到第三个新的空间，即类属空间；同时，两个输入空间有选择性地投射到第四个空间，即整合空间。整合空间的信息和结构并非两个输入空间的简单相加，而是在经过组合（composition）、完善（completion）和扩展（elaboration）这三个相互关联的认知操作步骤之后产生的新创结构。两个输入空间、类属空间及整合空间通过投射链彼此连接，形成一个完整的概念整合网络。如图6.2所示：

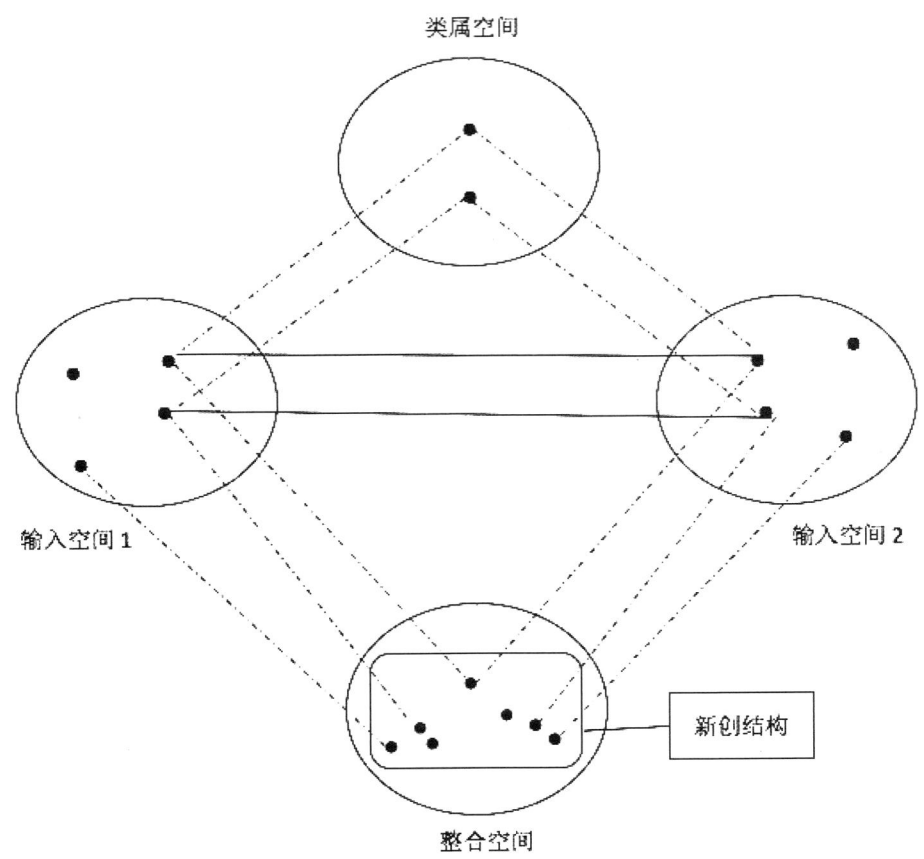

图6.2　概念整合网络基本示意图（Fauconnier 1997：151）

整合输入空间1和输入空间2需要满足以下四个主要条件：

跨空间映射：输入空间1和输入空间2之间对等成分的部分映射。

类属空间：该空间映射到任何一个输入空间，反映的是输入空间共同的、更为抽象的共享结构和组织，并决定空间映射的核心部分。

整合空间：输入空间1和输入空间2被部分地投射到第四个空间，即整合空间。

新创结构：认知运作主要在整合空间的新创结构中进行，整合空间自身的新创结构并非由输入空间直接提供，而是一个其他空间都没有的新生结构，它是概念整合的核心部分，也是概念整合创造性的集中体现。

上文提到，概念整合过程作为核心部分新创结构的产生是通过组合、完善和扩展三个认知操作步骤实现的。

Fauconnier和Turner（1998：144；2002：48-49）对组合、完善和扩展进行了说明，详述如下：

组合：将输入空间的投射元素组合在一起，产生新的关系，这种关系不存在于任何输入空间。融合（fusion）是组合的一种方式，它使对应成分和关系在整合空间里得以有机组合，并作为各自独立的成分而存在。

完善：运用背景框架、认知和文化模型等知识把来自于两个输入空间的组合结构投射到整合空间。根据格式塔完形原理，我们在看到框架的部分时会根据模式来自动完善和补充框架中未显示出来的信息，并一起带入整合空间。"完善"促使空间的整合得以实现，从而使整合空间变为"特定熟悉框架"的范例。完善是承上启下的关键步骤。

扩展：整合空间可以根据其自身的新创逻辑和原则对组合后的结构进行认知扩展加工。这种加工是一种"连续整合"，包括整合中的认知行为。

整合空间内部新建的结构并非来自概念整合网络的任一输入空间，而是将两个输入空间的信息结构进行组合、完善和扩展之后形成的新创结构。

6.2.2 关键关系和压缩

以上所述的组合、完善和扩展这三种认知操作只是概念整合运行机制的基本步骤，并不能代表概念整合运行的全部机制。心理空间之间存在成分和结构的对应性关系，即关键关系（vital relations），这种关系能使人类思维变得有效且具有创造性。这种有效性和创造性最重要的一方面是人们能通过整合进行压缩（compression）。压缩是将心理空间内部或空间之间的成分或关系合并或融合的一种认知操作，压缩与融合集中体现了概念整合中的新创性，而对于整合空间和心理空间之间关键关系的分析则成为概念整合理解的核心。这种关键关系主要有：变化、等同性（identity）、时间、空间、因果（cause-effect）、部分—整体、表征、角色、类比、反类比（disanalogy）、意向性等。详述如下：

变化是将一个（或一组）成分与另一个（或一组）成分连接起来的关系，由于心理空间是动态的，所以当我们感知动作或性质变化时，都能发现心理空间内关系的变化。

等同性是最基本的一种关键关系，它是经过想象在心理空间中建立或分解的事物，这些事物在现实世界中不一定存在。人们可以在想象中将一个人的幼年、少年和成年阶段当成同一个人，而忽略其在生理或心理上的不同。人们还可以将这些等同性与变化、时间、因果等关系联系起来，所以心理空间中等同性的建立可以不考虑事物的同一性或输入空间中的一对一关系。

时间和空间关系是与记忆、变化、连续性、同时性及非同时性相关的核心关系，整合可以经常进行跨时间和跨空间的压缩。

因果是进行整合操作步骤非常重要的关系，人们既能将分散的事件合并，建立一个整体的理解，也能将一个复杂的事件分解为若干小事件，理解事件的因果关系。

部分—整体关系也能建立实体或事件之间的联系。例如，说话人拿着一张面部照片说"这是我女儿"。这其实以部分代替整体的转喻现象，说话人通过照片上人的面部长相来辨别这个人。以整合空间的视角来观察，可以对转喻如何运行做出更清楚的解释。本例的转喻包含两个输入空间，即"女儿"和"面部"。部分—整体的关键关系把两个输入空间中的成分作为对应成分。在整合空间中，"部分—整体"关系被压缩成为"等同性"关系。

表征关系是人们根据事物之间相同、相似或相关的关系，用某一实体或事件来表征另一实体或事件。输入空间中不同的事物，在整合空间中根据表征连接可以整合成为同一事物。

角色是一种把角色与价值联系起来的关键关系。压缩"角色—价值"外部空间关系，也能在整合空间中得到"等同性"。例如，"国王"的角色和"亨利"的价值。在整合空间中，压缩产生了"等同性"，角色和价值也产生了可被称为"亨利国王"的单一实体。

类比是通过上述"角色—价值"压缩而建立起来的关键关系。如在"法国游客说：成都与巴黎很像"这个例句中，有两个分属于不同整合网络的整合空间已经预先存在。其中一个整合空间包含了"省会"这一角色和"成都"这一价值；另一个整合空间包含了"首都"这一角色和"巴黎"这一价值。两个整合空间都通过与四川省会和法国首都相关的同一框架建构起来。跨越了来自不同整合网络中的两个整合空间，通过对角色—价值关键关系进行压缩，从而在巴黎和成都之间建立起类比关键关系。因此，可以说"类比"是存在于不同整合网络的两个整合空间之间的外部空间关键关系。

反类比建立在类比基础之上，当人们在关注不同事物间相似点的同时，也会注意到两者之间的不同点，所以反类比通常被压缩成变化关系。

意向性同样是一种重要关系，因为人们说话、行为和思考都是带有特定的意图。

关键关系连接输入空间之间的对应性成分和结构，建立起外在空间关键关系，再通过压缩这些关系之后又建立起整合空间内部的内在空间关键关系。压缩是人们理解和认知世界的重要途径之一，人们通过对关键关系的压缩来构建意义。概念整合需要对输入空间的各种关键关系的压缩来进行意义构建。整合就是一个最好的压缩工具。有些关键关系如变化、时间、空间、因果、部分—整体和意向性关系形成一个中间有间隔点的链条。关系压缩可以选取关系链条中的一个或几个节点，通过压缩来代表整个关系。由于输入空间的关系并非都能投射到整合空间中，这种投射是有选择性的，所以输入空间的各种关系之间又存在相互竞争。其竞争的结果通常有两种：存在竞争关系的两种成分只有一种被投射到整合空间里；这两种成分作为不同实体都被投射到整合空间中。因此，概念整合是一种通过关键关系的压缩，产生新创结构进而建构意义的基本认知操作过程。

6.3 概念整合网络的基本类型

Fauconnier和Turner（1998）指出概念整合网络是概念整合进行的场所，由两个域或多个域的信息输入空间、抽象结构的类属空间和新建的整合空间之间通过空间映射和投射链接形成。从心理空间组织框架的角度，基本概念整合网络可分为以下四种：简单型网络（Simplex Networks）、镜像型网络（Mirror Networks）、单域型网络（Single-scope Networks）和双域型网络（Double-scope Networks）。

6.3.1 简单型网络

简单型网络，顾名思义是指最简单的一类概念整合网络。在其两个输入空间中，一个包含了缺乏框架结构的元素，而另一个则包含特定的框架结构及其相应的角色。在经过跨空间映射之后，元素与框架结构内的角色进行相互匹配，从而形成了一种最简单的概念整合网络。它之所以能成为一个整合网络是因为它生成了一个整合空间，而这个整合空间所包含的结构并非来自于任何一个输入空间。例如：

（2）京京是成成的姐姐。

如图6.3所示，例（2）的输入空间1是一个"家庭"的框架结构，包含"姐姐""弟弟"两个家庭成员角色和抽象的姐弟血缘关系；输入空间2包含两个相对独立的元素，即"京京"和"成成"，不存在完整人物关系的框架结构。两个输入空间中的"姐姐"和"京京"、"弟弟"和"成成"之间形成了一一对应的映射关系，而作为跨空间映射动因的类属空间包含了"女性"和"男性"两个成分，这些成分识别出两个输入空间中潜在的一一对应成分。根据上述概念整合的运作机制，概念整合在进行组合、完善及扩展这一系列认知操作之后，整合网络把"角色—价值"外部空间关系压缩成"京京"是"姐姐"，"成成"是"弟弟"的"等同性"关系，进而投射到整合空间中。在选择性投射过程中，由于输入空间2不具备完整的人物关系框架结构，仅仅包含独立的元素，因此它和具备完整框架结构的输入空间1之间不存在相互竞争关系，直接将"京京""成成"填入"家庭"框架结构中的姐弟关系中，从而构建出"京京是成成的姐姐"的话语意义。

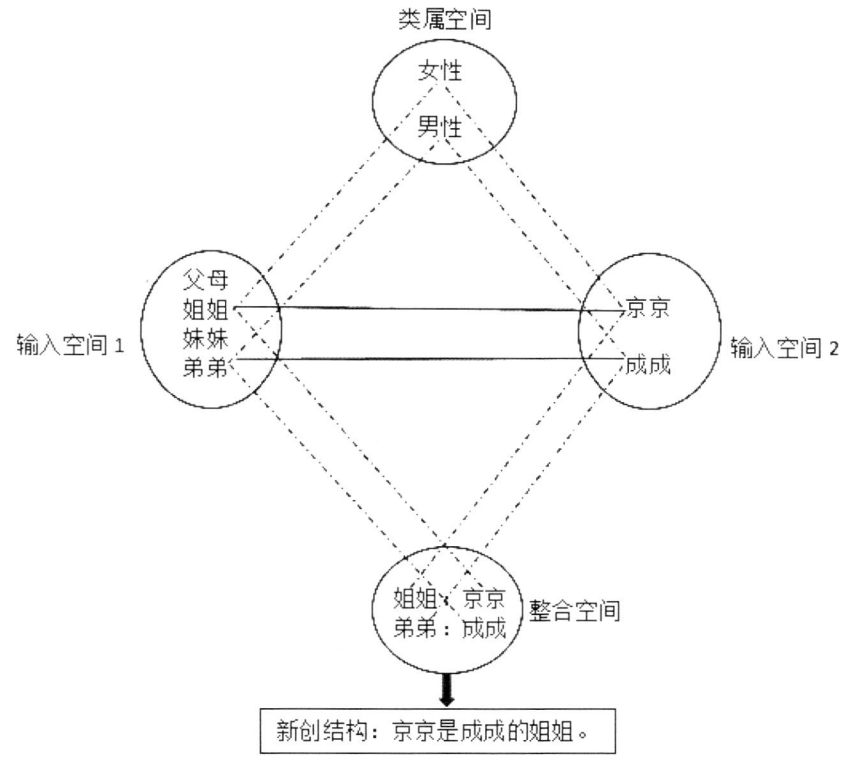

图6.3 简单型网络示意图（改编自Fauconnier & Turner 2002：121）

6.3.2 镜像型网络

镜像型网络是指在该整合网络中所有的空间（包括两个输入空间、类属空间及整合空间）都共享一个框架结构。由于在该类型网络的选择性投射过程中，所有空间的框架结构都是相同的，所以两个输入空间之间不存在竞争关系。例如：

（3）Fauconnier、Turner两位教授与孔子之间的对话。

图6.4是Fauconnier和Turner两位教授在2006年5月13日至15日受邀参加在南

图6.4 Fauconnier（左）和Turner（右）与孔子"对话"中

（图片来源：http://markturner.org/blending.html ［2020-6-13检索］）

京师范大学举办的第四届全国认知语言学研讨会暨中国认知语言学研究会成立大会期间拍摄的。正如图中所示，两位美国认知语言学家正在与我们的至圣先师孔子先生"三人面对面地热情交流，谈笑风生"。如图6.5所示，该网络中的所有空间都包含了一个相同的"对话框架"。整合空间中还有与"对话框架"相联系的附加图式。整合网络中的两个输入空间分别是：输入空间2包含两千多年前的孔子与人交谈的画面，输入空间1包含当代的两位美国语言学家与人对话的情景。类属空间图式结构中包含面对面交谈的信息，从而引起了两个输入空间之间发生信息匹配及跨空间映射。在概念整合过程中，两个输入空间之间产生了对比：距今两千多年的孔子与人交谈的画面和当代著名的美国语言学家与人交流一问一答的情形。当然，在现实生活中没有人会真的以为来自不同时代，不同国家，而且语言不通的人会实现时空穿越进行面对面的交谈。然而，在通过概念整合对上述两种交谈情形的对比和融合之后，可以建构出有价值的意义。详细分析如下：

首先，为实现整合，第一步就是将两个输入空间的部分信息选择性投射到整合空间。在本例中，输入空间2中的孔子、孔子的学术观点及其与他人进行交流时相互问答的情景等会被投射到整合空间，而与其他人交流的时间、地点、语言、孔子已故的事实及孔子根本无法预知两位美国教授的存在等等情况都不会发生映射。

其次，选择性投射到整合空间的图式结构将经过组合、完善和扩展的认知操作过程来产生新创结构。从图6.5中可以看出，在整合空间圆圈的下方增加了新创结构方框。通过组合，三位来自不同时代的人得以实现在同一时间、同一地点用相同的语言、就同一话题进行对话。在完善过程中发生的图式归纳将对话这个概念引入整合空间，激发了人们日常生活中关于对话的框架，即两个或多个参与者通过面对面的方式进行交流，相互之间进行一问一答的交流方式，有提问、回答、讨论甚至争论等环节。

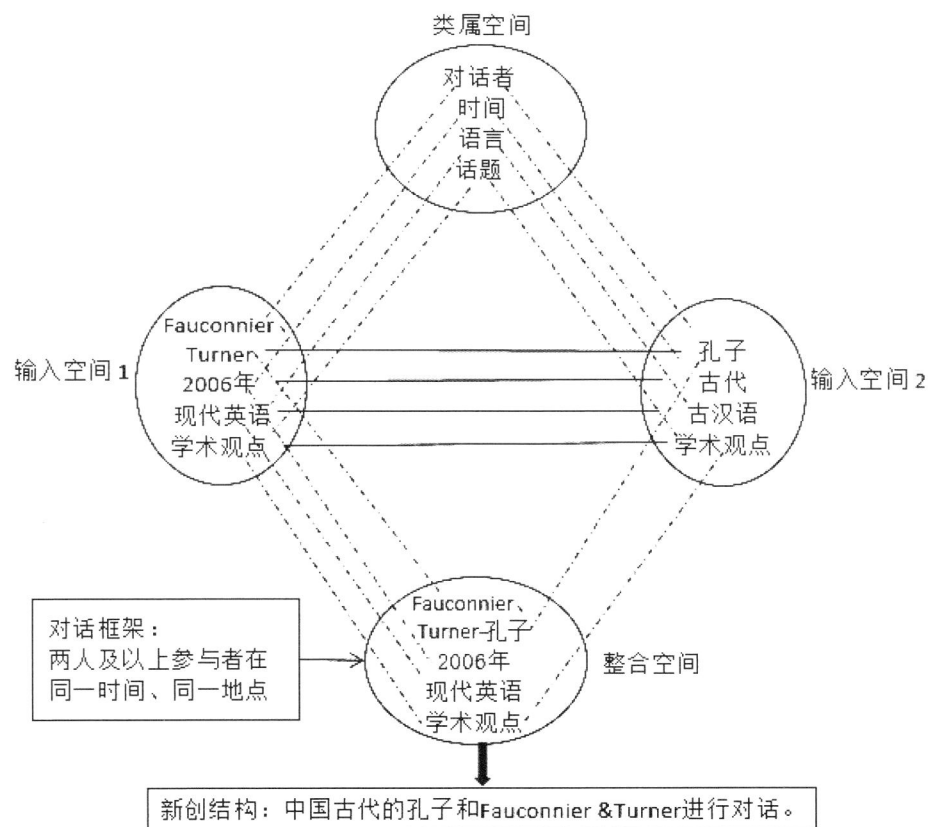

图6.5　镜像型网络示意图（改编自Fauconnier & Turner 2002：62）

通过扩展，新创结构得到了进一步的细化。此时，在新创结构中，经过整合，该对话框架通过两位美国教授面对面地向两千多年前的孔子提出学术观点，而孔子与两位教授在南京师范大学进行现场交流等等来运行，该对话具有相应的时效性、互动性和知识性等特征。至此，"两位当代的美国教授与两千年前的孔子进行对话"的意义构建得以完成。

6.3.3 单域型网络

通过上述分析，我们可以知道简单型网络只有一个输入空间包含框架，且该框架可以直接投射到整合空间中，而另一个输入空间不包含任何框架。在镜像型网络中，所有空间共享一个相同的框架。而在单域型网络中，两个输入空间都含有自己的框架，各不相同，且只有一个输入空间的框架能够投射到整合空间去，并构建起整合空间的框架。例如：

（4）杭州率先弯道超车，成为扛举互联网大旗的城市。（BCC）

弯道超车，原本是赛车竞技运动中的一个专业术语，意为原本在直道上不分上下或落后的赛车手利用赛道转弯部分这一特殊赛段加速赶超竞争对手。现在这一用语已被赋予新的内涵，广泛用于政治、经济、社会生活等各个领域。其中"弯道"被解读为个人或社会发展进程中的某些关键节点，弯道充满了困难和风险，但同样也提供了机遇。

如图6.6所示，在例（4）中的网络框架中，输入空间1是赛车手之间的比赛，其中一名赛车手利用弯道机会实现超车，把其他赛车手甩在身后。在输入空间2中是国内各大城市之间在互联网发展领域的竞争，即"杭州和其他城市"。杭州由于阿里巴巴、海康威视等世界级本地企业及网易等外来巨头的进驻，在全国乃至全世界互联网行业遥遥领先于其他城市，成为世界互联网发展的新高地。在整合空间中，杭州和国内其他城市成为赛车竞技运动中的"赛车手"，杭州利用弯道进行超车将其他城市甩在身后。这种网络类型的不同之处在于只有一个框架投射到整合空间用以构建整合空间的框架。本例中的投射到整合空间的则是"赛车运动"框架，而不是"城市发展"框架。简言之，输入空间1引入赛车手的角色框架,而输入空间2提供相关要素,包括杭州和其他城市的值。

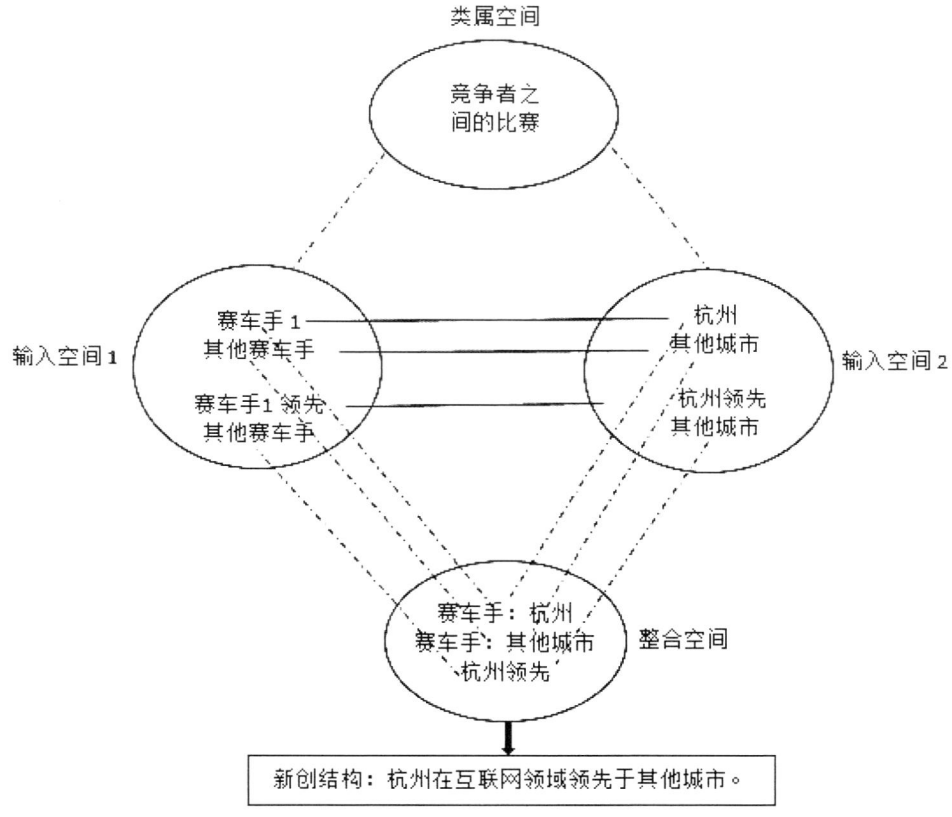

图6.6 单域型网络示意图(改编自Fauconnier & Turner 2002:128)

单域型网络的一个重要功能是利用输入空间1中预先存在的关系压缩,重新整合输入空间2的分散结构。输入空间1本身就是包含一系列内在空间关键关系的整合工具。例如,时空压缩、身份压缩(如赛车手包括职业赛车手和业余赛车手,因身份相同催生了赛车手这个角色),这些关键关系共同作用,被压缩成"赛车运动"框架。在单域型网络中,预先存在的整合空间发挥框架输入功能,输入空间1存在紧压式内在空间关系,包括赛车手、比赛场地、比赛时间、比赛规则等。这种内在空间关系被投射到整合空间后,将整合输入空间2

里被投射的城市发展竞争活动，并构建出一个全新的结构，即杭州和其他城市之间在互联网行业竞争关系的空间。

6.3.4 双域型网络

概念整合网络，尤其与"单域"相对的双域型概念整合网络，是人类必不可少的认知工具。在双域型网络中，两个输入空间都包含不同的框架，但整合空间是通过从两个框架中分别提取结构或元素组织起来的。因此，可能出现的一种结果便是整合空间有时会包含来自两个输入空间的不兼容的结构或元素，因此相互之间可能会产生冲突。这一特点对双域型网络尤为重要，使得这种整合网络具有高度创新性并且可生成新颖的推论。上文例（1）"那个外科医生是个屠夫"就是一个典型的双域型网络。对于例（1）的意义建构和理解的问题，概念整合理论可以做出比概念隐喻理论更好的解读。

如图6.7所示，输入空间1是关于做外科手术的概念域，输入空间2是关于屠宰动物的概念域。这两个输入空间有着各自不同的组织框架：一方面是屠宰工作场景的框架（包含屠夫、动物、屠宰工具等），另一方面是外科手术的框架（包含医生、病人、手术室等）。同时，两个输入空间拥有一些相同的结构并表征在类属空间里：施事、受事、工具、工作场所和工作程序等。而整合空间则是从两个输入空间选择性地提取了部分结构或元素，如整合空间的框架从屠宰工作框架中提取成分，如屠夫、宰杀动物、肢解尸体等，并从外科手术框架中提取成分，如病人、手术室、做手术等，然后整合空间的各元素相互作用形成了新创结构。在整合空间中，不管两个框架及其各自元素是多么地相互冲突，最终都能够以其相容的方式对整合活动做出贡献，如从输入空间1投射来的目的—手段—结果关系和输入空间2的目的—手段—结果关系并不相容。

在输入空间1里，目的是治病救人，手段是用柳叶刀对患者进行外科手术以使其康复；而在输入空间2中，目的是宰杀动物，手段是用屠宰刀对动物进行屠宰、致其死亡并分割以出售。在整合空间里，屠宰致死和手术治疗两者各自的目的、手段、结果之间出现了不协调和冲突的现象，由此让人们意识到让一个屠夫给病人做手术，是草菅人命，无法达到治病救人的目的，从而建构出以下负面评价意义及推论：那个外科医生像屠夫宰杀动物一样对待病人，无法达到治愈目的，是一名不称职的医生。

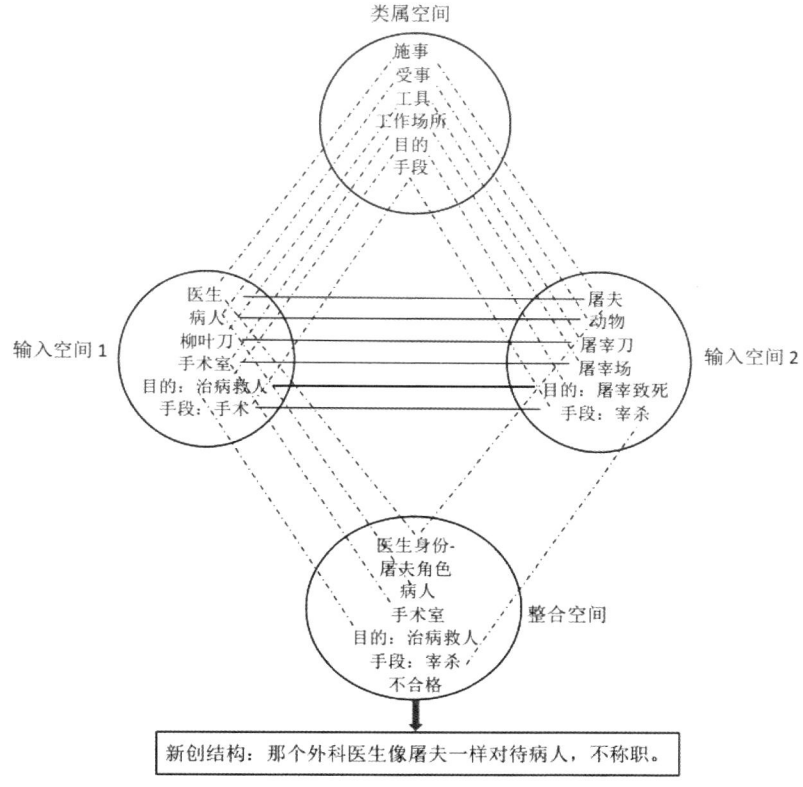

图6.7　双域型网络示意图（改编自Evans 2019：532）

6.3.5 多重整合

上面介绍的这四种是概念整合最基本的网络类型，它们虽然各不相同，但相互之间并没有绝对清晰的界线。经过概念整合之后，各种类型的网络之间并非绝对孤立或互不关联，而是形成一个从简单向复杂渐变或共现的连续体。在这个整合连续体的一端可能是非常简单的简单型网络，另一端有可能是复杂高级的双域型网络。经过一次概念整合而形成的整合空间，有可能会再次成为另一个概念整合的输入空间而进一步被整合、再整合，从而形成多重概念整合，实际上这种多重整合的情况是一种常态。例如：

（5）死神是手拿镰刀的收割者。

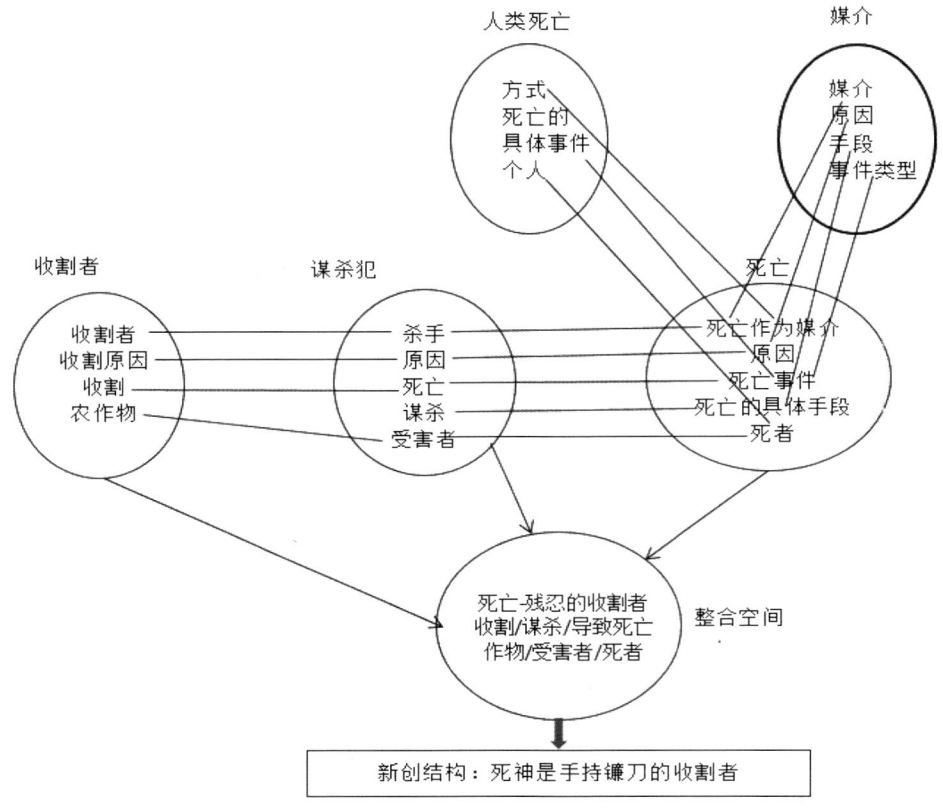

图6.8 多重整合示意图（改编自Fauconnier & Turner 2002：292）

这在西方是一个非常传统的、具有典型文化内涵的多重概念整合模式。在该句中，"死神"被概念化为"手拿镰刀的收割者"。如图6.8所示，这个整合源于一个包括三个输入空间的整合网络，其中一个输入空间本身就是一个整合空间，包含了两个先前的输入空间。在西方，自中世纪起死神就被人们表征为手持镰刀头戴头巾的骷髅形象。如图6.8所示，"死神是手拿镰刀的收割者"的这一意义就是通过多重概念整合之后而得以构建的。

6.4 概念整合遵循的原则

Gibbs（2000）曾经批判概念整合没有解释其具体的限制原则，从而导致其成为一切皆为整合的理论。事实上，为解决这一问题，Fauconnier和Turner（1998）提出在概念整合的具体过程中，除了要遵循上述的跨空间映射、选择性映射、建立类属空间、建立整合空间、发展新创结构等原则之外，还受到以下五条指导原则或优选原则（Governing Principles or Optimality Principles）的限制：整合原则（Integration Principle）、拓扑原则（Topology Principle）、网络原则（Web Principle）、拆解原则（Unpacking Principle）和充分理据原则（Good Reason Principle）。

Fauconnier和Turner（2002）在这五条指导原则基础上对整合原则进行修订补充，进一步弥补了概念整合的"无法预测性"和"万能理论"的缺陷。他们区分了整合原则的构成原则（Constitutive Principles）和指导原则，并提出概念整合的总原则，即人文尺度原则（Human-scale Principles）。构成原则限制整合的基本过程，而指导原则对整合的具体内容进行更为详尽的限制，它是描述新创结构的指导策略。除了以上五条指导原则之外，他们还增补了三条原则，分别为模式完善原则（Pattern Completion）、重要关系最大化原则（Maximization of Vital Relations Principle）和关联原则（Relevance Principle），详述如下：

整合原则是指整合必须由通过严格整合得到的、能作为一个单位被运作的场景构成。

拓扑原则是指投射到复合空间里的成分要与输入空间里的对应成分相匹配，即输入空间中的元素所参与的各种关系，在整合空间中的各对应元素也应该同样适用。

网络原则是指整合空间和输入空间应保持紧密联系，这样某输入空间中的事件才能在整合空间中找到自己的对应成分。各空间中的元素之间都存在对应关系，并非任意取舍。

拆解原则是指理解了整合空间，应该就能拆解合成，理解者能解包或者说是重建这个整合，重构输入空间、跨空间映射、类属空间及其相互之间的连接网络。

充分理据原则是指整合空间所出现的各个元素都应具备存在的充分理由，即与其他空间要有相关的连接并在运行复合空间时有相关的功能。

模式完善原则是指在其他成分相同的情况下，整合空间中完善的成分能被结构化为合并模式中的成分。

重要关系最大化原则将整合网络中的重要关系丰富细化，实现其最大化。

关联原则指强化整合空间的结构、输入空间之间的总体连接及已经具有的重要关系。

以上八条优选原则是处理自然语言、建立有效概念结构和构建积极话语意义的有力机制。正是有了这些机制，许多框架结构才能跨越心理空间进行整合，从而构建起合理的概念整合网络。

6.5 小结

Fauconnier和Turner（2002）提出，概念整合可能是促进依靠复杂表征能力而发展出诸如仪式、艺术、工具的制造和使用等高级人类行为的关键机制。国内外学术界对整合理论最新研究表明概念整合对于人类的思维和想象力至关重要。这一点不管是在人类语言还是非语言活动中都可以找到诸多证据。概念整合理论不仅被用来分析各种语言现象的研究，如汉语造句、情绪表达、广告语、移动非受格构式、英汉虚拟运动表达、翻译等（Fauconnier & Turner 2008；Antovic et al. 2013；Dancygier & Sweetser 2014；Turner et al. 2019；沈家煊 2006；文旭、肖开容 2019），也被广泛应用于文学、数学、音乐、宗教、心理学、人类学，尤其是人工智能计算机科学等学科领域进行非语言现象的研究（Pereira 2007；Cánovas 2011；Woźny 2018；Confalonieri & Kutz 2020）。经过近三十多年的发展，概念整合理论自身日趋成熟的同时也不断吸收借鉴了多个学科的理论研究成果，从而成为认知语言学的重要研究理论。然而，实践是检验真理的唯一标准。刘正光（2002：12）认为概念整合理论假设的可证伪性、理论解释充分性和可操作性等都还有待检验。概念整合理论并非唯一需要证伪的理论，成熟的理论应该解释足量的具体语言事实，对理论预测进行验证。该理论的实例分析所涉及的部分原则还有待进一步细化。概念整合理论目前所面临的最大挑战之一就是未能从根本上解决新创结构的语义增值问题。概念整合理论为我们认识言语解读过程中在线意义的构建提供了很好的理论视角，但若要成为一种真正揭示人类言语解读认知机制的普适性理论，还任重而道远（文旭、肖开容 2019：168）。

思考题

1. 概念整合理论的提出对于人类认知行为有何意义？
2. 请说明概念整合理论与概念隐喻理论和心理空间理论之间的关系。
3. 请阐述概念整合理论的几大关键要素。
4. 如何理解输入空间、类属空间与整合空间的互动关系？
5. 请解释如何通过压缩关键关系实现概念整合。
6. 概念整合网络的基本类型有哪些，它们之间有何异同？
7. 为了解释选择性映射的压制，Fauconnier和Turner提出的"指导原则"分别有哪些？
8. 请运用概念整合理论对以下语言现象进行分析：

"乔丹的纪录片 The Last Dance（《最后之舞》）已经播放两集，无疑成为引爆体坛的'沸点'，尤其是针对时下处于疫情停摆期的体坛，更是一针强心剂。"

——百度体育新闻，2020年4月22日

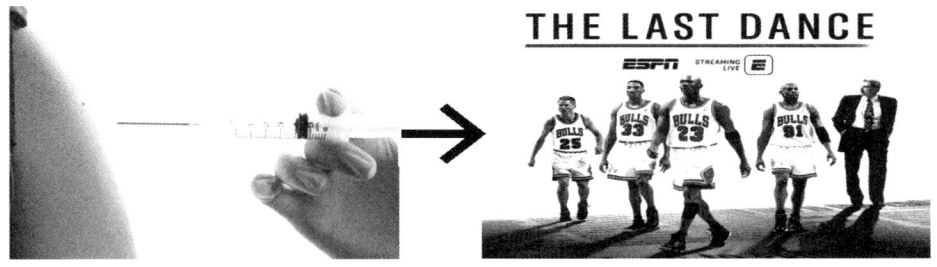

9. 概念整合理论如何应用于除语言以外的其他认知行为？请举例说明。

推荐阅读书目

Fauconnier, G. 1985. *Mental Spaces: Aspects of Meaning Construction in Natural Language*. Cambridge, MA.: The MIT Press.

Fauconnier, G. 1997. *Mappings in Thought and Language*. Cambridge: Cambridge University Press.

Fauconnier, G. & M. Turner. 1995. Conceptual integration and formal expression. *Metaphor and Symbolic Activity, 10*: 183-203.

Fauconnier, G. & M. Turner. 1996. Blending as a central process of grammar. In A. E. Goldberg (ed.). *Conceptual Structure, Discourse, and Language* (pp.113-131). Stanford, CA: CSLI Publications.

Fauconnier, G. & M. Turner. 1998. Conceptual integration networks. *Cognitive Science*, *22*: 133-187.

Fauconnier, G. & M. Turner. 2002. *The Way We Think: Conceptual Blending and Mind's Hidden Complexities*. New York: Basic Books.

Grady, J. 2005. Primary metaphors as inputs to conceptual integration. *Journal of Pragmatics*, 37 (10): 0-1614.

Grady, J., T. Oakley & S. Coulson. 1999. Blending and metaphor. In R. W. Gibbs & G. Steen (eds.). *Metaphor in Cognitive Linguistics* (pp.101-124). Amsterdam: John Benjamins.

Sweetser, E. 1999. Compositionality and blending: Semantic composition, in a cognitively realistic framework. In T. Janssen & G. Redeker (eds.). *Cognitive Linguistics: Foundations, Scope and Methodology* (pp.129-162). Berlin: Mouton de Gruyter.

Turner, M. 2014. *The Origin of Ideas: Blending, Creativity, and the Human Spark*. New York: Oxford University Press.

第七章 象似性

7.1 引言

关于语言符号能指（形式）与所指（意义）关系的讨论最早可追溯至古希腊哲学家对"词"与"物"的争辩以及我国先秦哲学家对"名"与"实"的探讨，这场争辩一直持续至今，可谓历史悠久，源远流长。在此基础上形成了诸多二元对立的观点，如"唯名论"与"唯实论"、"本质论"与"约定论"、"自然派"与"习惯派"等。本章探讨的"任意性"与"象似性"就是这场争辩的延续。

任意性是Saussure在《普通语言学教程》（*Cours de Linguistique Générale*）中首先提出来的。他认为，能指（signifier）与所指（signified）的关系是任意的，或者说是不可论证的（Saussure 1916：67）。这里的能指是指语言符号的声音意象（sound image），所指指的则是语言符号所激活的概念（concept），如图7.1。因此，任意性可以用另外一种方式表述：语言符号的声音意象与其所激活的概念之间没有任何自然的、内在的联系。例如，汉语拼音[shù]与其所指对象"树"之间没有什么必然的联系（如图7.2），并且在不同的语言中"树"还可以用不同的语言符号来指代，如英语中的tree、法语的arbre、西班牙语的árbol、俄语的дерево，等等。因此，索绪尔认为，无论是从语言内部，还是从跨语言的角度来看，能指与所指之间都没有任何必然的联系。

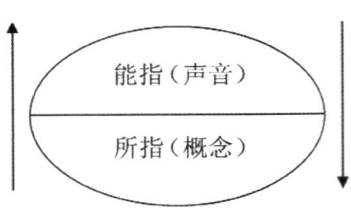
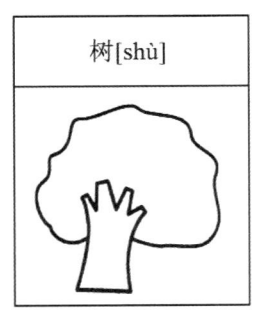

图7.1 语言符号的能指与所指　　图7.2 "树"的能指与所指

任意性是Saussure语言学理论的基石。在Saussure看来，任意性是语言符号的第一特性，是头等重要的。虽然他也注意到了一些有违任意性的例外情况，如拟声词、感叹词等，但是他认为拟声词和感叹词并不是语言系统的有机组成部分，其数量要少得多，不能以此否定任意性的正确性和普遍性。因此，在此后的半个多世纪里，任意性被视为语言符号的基本特性之一，甚至成为了语言学中的金科玉律，支配着整个语言学研究，影响着后来的每一支语言学流派。

20世纪下半叶以来，第二代认知科学得到了长足的发展，语言的认知研究成为认知科学的重要组成部分，并逐渐形成了一种新的语言研究范式——认知语言学。认知语言学聚焦语言、现实与认知之间的关系，探索语言结构、概念系统与身体经验之间的联系，旨在揭示人类语言的共性和人类认知的奥秘。在其影响下，研究者们对语言符号形式与意义之间的关系又有了新的认识。他们发现人类语言在语音、形态、句法等方面都与客观世界以及人类的思维方式、经验结构或概念结构存在一定的联系。Saussure的"任意说"受到了冲击和挑战。

早在19世纪上半叶，德国语言学家Humboldt就提出了"语言与现实同构"的观点。19世纪末，美国符号学家Peirce提出了符号三分法（icon，index，symbol），并主张"每种语言的句法都具有合乎逻辑的象似性"。然而这些观点终究淹没在任意性的思潮之下，未给予足够重视。20世纪60年代，Jacobson在《探索语言的本质》（"Quest for the Essence of Language"）一文中明确指出，语言结构在组合关系上具有象似性：复句中两个分句的排列顺序映照它们表达事件实际发生的先后顺序（Jacobson 1965）。Greenberg（1966）也表达了类似的看法：语言成分的顺序与物理经验的顺序或对事物的认识顺序是平行的。20世纪80年代以来，随着认知语言学的发展，象似性逐渐成为国际语言学研究中的热门话题。Haiman、Givón、Croft、Landsberg、Simone、Hiraga等一批语言学家认为，象似性是人类语言的重要特性之一，在语言中具有支配地位。此后，更全面、系统的研究成果不断涌现，涉及语音、词汇、句法、语篇、共时、历时、文学、非文学、言语交际、非言语交际等多个视角和多个层面。象似性研究的对象和范围逐步确立，理论框架也趋于系统化，应用研究的深度和广度也得到进一步拓展。目前，象似性已成为认知语言学、符号学、历时语言学以及语言类型学研究的重要内容。

7.2 什么是象似性

7.2.1 象似性的由来

象似性概念最早可追溯至美国符号学家Peirce对语言符号的分类。Peirce根据能指与所指的关系，把符号分为象似符（icon）、标志符（index）、象征符（symbol）三类。象似符完全以自然的相似性为基础，用符号自身的特征或属性来表示其所指对象。例如，图7.3中的食物和中间的斜线表示"禁止携带食物"的意义。其他典型的例子还有照片、图像、雕塑、地图等。标志符是指与指称对象存在因果关系的符号，其意义需要在有关成分中做一定的延伸或逻辑推理。例如，图7.4中共有两栏不同的符号，每栏的左边一列与男性的典型特征有关，右边一列则标识女性的典型特征，由此可以推断该图是区分男女洗手间的标志。类似的标志还有骷髅（标识危险）、温度计（温度的升降）、浓烟（着火）等。象征符大致相当于索绪尔所说的符号，它与其所指之间存在任意或规约的关系。例如，我们常常说鸽子是和平的象征（如图7.5），但实际上，鸽子与和平之间本来没有什么必然的联系，鸽子象征和平只是人们规约化的产物。此外，大多数自然语言都属于这种符号。

图7.3　　　　　　图7.4　　　　　　图7.5

　　象似性就是源于以相似性为基础的象似符。Peirce还根据相似度和复杂度的差异，将象似符进一步划分成三类"次象似符"：意象符号（image）、拟象符号（diagram）、隐喻符号（metaphor）。意象符号与其所指对象存在直接的、具体的联系，是客体的直接反应，如照片、写真；拟象符号的组成部分与其所指对象的组成部分之间存在相似性或直接的联系，如地图；在此基础上，Peirce还提出了"拟象象似性"（diagrammatic iconicity）这一概念。他认为拟象符号具有复杂性，表达一个复杂的概念，因此，拟象符号的成分与拟象符号所表达概念的成分之间存在某种对应关系。隐喻符号最为抽象，它指的是符号与其所指对象之间存在一般的类似或类比关系。隐喻符号可以引起人们平行性的联想，"人生是旅途"就是一个隐喻符号。

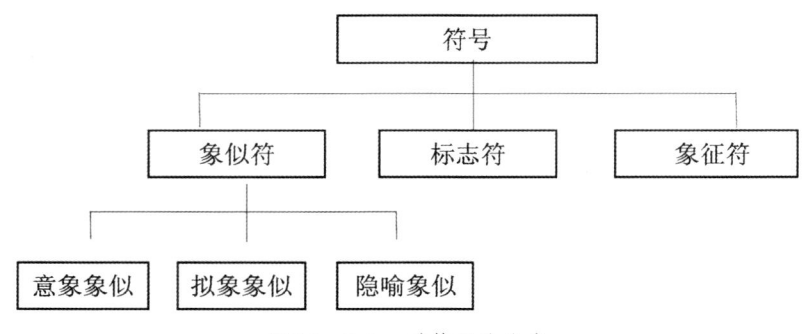

图7.6　Peirce对符号的分类

进入20世纪80年代，象似性逐渐成为认知语言学、符号学、语言类型学研究的热门话题。Jacobson，Greenberg，Haiman，Givón，Croft等人继承了Peirce的衣钵，都在不同程度上发展了象似性理论。相比较而言，Haiman对象似性的研究最为详尽、系统。相关研究成果集中体现在他的两部专著《自然句法——象似性与磨损》（*Natural Syntax: Iconicity and Erosion*）（1985a）和《句法的象似性》（*Iconicity in Syntax*）（1985b）中。Haiman秉承了Peirce的基本观点，认为自然语言的象似符号主要是意象象似和拟象象似，尤其是后者，并从成分象似（isomorphism）和关系象似（motivation）两个方面进一步阐释了拟象象似的基本内涵。简单地说，成分象似指语言结构的成分与经验结构的成分相对应，也就是语言中"一个形式对应于一个意义"的原则。关系象似指语言结构成分之间的关系与经验结构成分之间的关系相对应。此外，他还对关系象似做了进一步分类，如距离象似性、数量象似性、顺序象似性等。总之，Haiman将象似性研究带入了一个新的时期，他自己也成为语言符号象似性研究，尤其是句法结构象似性研究领域最有影响力的学者。

比较而言，国内对象似性的专门研究起步较晚。许国璋（1988）在谈论语言符号的任意性问题时，首次提到了iconicity这一概念，并将其译为"象似性"。其他的译法还有"拟象性""临摹性""相似性"，等等。虽然称呼不同，但都指的是"语言符号能指与所指之间的一种非任意性关系"。

7.2.2 象似性的定义

关于象似性的定义，不同的学者有不同的阐述。早在19世纪中叶，Peirce就指出"每种语言的句法，借助约定俗成的规则，都具有合乎逻辑的象似性"（Peirce 1940：106）。

Haiman是象似性研究的集大成者。他（1985a）首次对象似性进行了明确的界定，认为象似性指的是语言结构与人的经验结构或概念结构之间的一种自然的、内在的联系，语言结构直接反映人的概念结构。Givón（1989）也多次谈及语言的象似性问题。他认为，人类语言的非任意性就是象似性，并提出了"顺序序列原则"，即比较重要的信息和不容易获得或不容易预测的信息往往被优先排序，在线性序列中首先出现。Croft（2003：102）认为，"象似性就是指语言结构与经验结构的相似，语言结构反映经验结构，即世界结构，包括说话人强加给世界的观点"。

由此可见，语言符号的象似性是相对于任意性而言的，它是指语言符号的能指与所指之间的关系不是任意的，而是有理可据的。这里的能指已经不再是索绪尔所说的声音意象，而是语言符号的形式，尤指语言结构形式；所指也进一步扩展为概念结构或者经验结构。因此，象似性可以重新表述为：语言结构与人的经验结构或概念结构之间存在一种自然的联系，语言结构直接反映人的概念结构。对象似性的探讨有助于进一步了解语言符号的本质，揭示人类认知的奥秘。

7.3 象似性的基本类型

语言符号的象似性有不同的类型，可根据不同的标准进行分类。例如，根据抽象程度的差异（由具体到抽象）可以把象似性分成意象象似（imaginal iconicity）、拟象象似（diagrammatic iconicity）和隐喻象似（metaphorical iconicity）三种基本类型。其中，拟象象似又可根据语言结构成分与概念结构成分之间的关系进一步分为成分象似和关系象似两种类型。关系象似在语言结构中更普遍一些。由于语言结构关系可以分成组合关系和聚合关系，因此关系象似也可分为组合关系象似性（syntagmatic iconicity）和聚合关系象似性（paradigmatic iconicity）。实际上，无论哪种类型的象似性，都能够在语言的各个层次（语音、词汇、形态、句法、语篇等）找到大量的实例。相比较而言，句法结构中的象似性表现得更为突出，也是目前学界研究的重点。下文将从语音、词汇、句法等层面举例说明象似性在语言中的表现。

7.3.1 语音层面的象似性

在语音层面，语言范畴的发音与其所指之间存在很多自然的、内在的联系。不同的语言范畴语音象似性的程度不尽相同，同一范畴内部各个成员之间的象似性也存在较大的差异。就词类范畴而言，拟声词和感叹词的象似性整体上要比其他词类范畴高得多。我们以拟声词为例对此进行说明。

拟声词源于对自然界各种声音的模仿。英语中的拟声词大致有两种类型：一是模仿的声音不代表发声物本身，例如，模拟金属撞击声的词语：clash，clang，clank，clink，jingle等；模拟动物叫声的词语：bow-wow，cluck，chirp，hiss，miaow，moo，roar等；还有模拟自然界其他声音的词语：bang，howl，rustle，splash，rumble等。二是模拟的声音就代表了发声物本身，如cuckoo，giggle，hum，knock等。与英语相比，汉语中的拟声词要复杂得多。首先，拟声词是汉语词类的重要组成部分。汉语中的拟声词数量大、种类多，几乎自然界中的所有声音都有对应的汉语拟声词。有模仿爆炸声的，如轰隆、噼里啪啦、轰、嘣等；有模仿动物叫声的，如喵喵、汪汪、哞哞、咩咩、嗷嗷、咯咯、叽叽、咕咕等；有模拟风声的，如呼呼、潇潇、沙沙、瑟瑟、嗖嗖、飒飒等；还有模拟金属碰撞声的，如当当、当啷、丁零、哐啷、噔、嘎吱、砰，等等，类似的例子不胜枚举。其次，拟声词在汉语中具备一定的语法功能和语法意义。汉语中的拟声词既可以作状语、补语，也可以作定语、宾语，有些拟声词甚至还可以独立成句。总之，拟声词是对自然界各种声音的模拟，其音和义之间具有直接的、自然的联系，因而拟声词的形成具有明显的理据性，表现出较强的象似性。

除了拟声词和感叹词外，具体名词和动作动词也有象似性较高的成员。例如，汉语动词"喷、呼、哈、啐"和"拍、撕"等分别用发音动作模拟所指的口腔动作和用语音模拟手部动作发出的声音，表现出很强的语音象似性。音系学研究表明，词语表达的意义还跟发音的部位、发音的方式以及口腔开合的程度等有直接的联系。例如，在汉语中，当我们发"大、开、长、高"等音时，嘴巴需要张大、张圆；相反，当发"小、闭、短、矮"等音时，嘴巴就需要闭合一些。英语中也有类似的例子，在一些表示宣泄情感的词语中，如happy，sad，glad，cry，shout，angry等，这些词重读音节中的元音的开口度都比较大。此外，特定的语音序列似乎还与一定的概念相联系。例如，英语中以gl-开头的词大多都与视觉有关，如glare, glint, gleam, glitter, glossy, glaze等；sn-开头的词多与嘴巴、鼻子有关，如snore, sneer, sniff, sneeze, snarl等；sl-开头的词常与"滑、滑动"有关，如slide，slick，sleek，slip，slope等。当然，这种语音序列与其相关的意义之间并不绝对，只是显示了一种倾向性。

Saussure将拟声词和感叹词视为任意性的例外，很大程度上是因为拟声词和感叹词的形成具有一定的理据性，有违他所说的任意性。但大量语言事实表明，拟声词和感叹词与其所指之间不仅具有高度的象似性，而且还具有跨语言的共性，普遍存在于人类自然语言中。用语音手段表达的象似性也是一种最为直接的象似性。语音象似性中音与义的关联性使人们猜想语言可能起源于对声音的模拟。

7.3.2 词汇层面的象似性

在词汇层面，象似性也是无处不在。不但词的书写形式与其意义之间存在大量象似性现象，而且单个的词或词组与其意义之间也存在一些自然的、内在的联系。

首先，词的书写形式与其意义之间存在内在的联系，这在汉字中表现得尤其明显。汉字源于象形，属于表意文字，往往用字形直接表意，也就是学界常说的"字画同源"。中国古代就有"近取诸身，远取诸物"的说法，象形字可能是我们祖先用"远取诸物"的办法所创造出来的。甲骨文是典型的象形字。甲骨文本身与其所指称对象之间非常相似，是对其指称对象的直接仿拟，一般通过视觉系统便可识别。例如，"山"字的甲骨文 ᗨ 是三座峰峦相接的形状，"水"字的甲骨文 ⑤ 像峭壁上落下的水滴，"人"字的甲骨文 ⑦ 像侧面站立的人的形状（见图7.7）。我国传统的训诂学、语言文字学都十分注重汉字的研究，其中心思想就是找出汉字与其字义之间的理据关系。这一思想在《说文解字》《文心雕龙》等著作中有较明显的体现。例如，与"水"相关的汉字一般都带有"氵"，如河、海、浪、溪等；与"木"相关的汉字一般带有"木"字旁，如桌、椅、柜、橱等；与"金属"相关的汉字则带有"金"字旁，如铜、铁、钢、铝等。

第七章　象似性

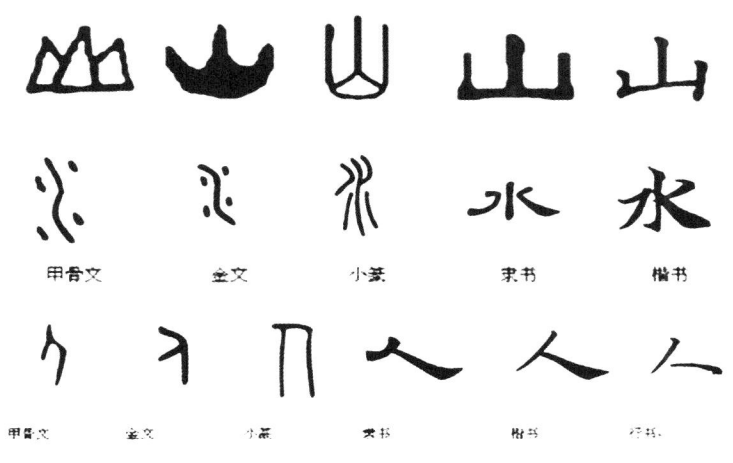

图7.7　汉字"山""水""人"的演变过程

其次，单个词或词组与其表达的意义之间也存在一定的象似性。在信息化时代，网络成了人们沟通的重要渠道，由此孕育了很多网络流行词。这些词的创造都在一定程度上遵循了象似性原则。例如，"囧"（o(╯□╰)o）是网络社群间一种流行的表情符号，也是网络聊天、论坛、博客中使用最频繁的汉字之一。在构词上，"八"像两道因悲伤和沮丧而下垂的眉毛，"口"如因惊愕或无奈、慌张而张大的嘴巴。因此，"囧"字形象生动的模拟了人郁闷、悲伤、无奈、尴尬时的面部表情，表现出了较强的象似性。在词组方面，复合词或派生词的形成也遵循了象似性原则。以动补式复合词为例，动补式复合词一般由两部分组成：一是表示动作的动词成分，二是表示结果或状态的补语成分，如推翻、拆穿、打破、攻占、扑灭、吓跑、敲碎等。两者的排列不是任意的，而是要遵循一定的顺序。一般来说表示动作的成分在前，表示结果或状态的成分在后，由此就构成了一个典型的时间序列概念。

最后再来看凝固词（freezes），凝固词的词序很大程度上反映了象似性原则。这些原则包括：（1）图象序列原则；（2）与说话人接近原则；（3）邻近拟象原则；（4）文化规约拟象原则（此处维持原文对这些原则的称呼，详情参见文旭［2014］）。例如，英语中的凝固词here and there，this and that， these and those，now and then，sooner or later，汉语中的"早晚""这里和那里""这些与那些"等。把这些、这里，here，now等词置于首位，显然是由说话人的视点决定的，即前面的词在时空上与说话人更接近，体现了与说话人接近的原则。

7.3.3 句法层面的象似性

语言符号的象似性在语音、词汇和句法层面皆有体现，在句法层面表现尤为突出。句法层面的象似性是指句法结构与人的经验结构或概念结构之间存在一种自然的联系，句法结构直接反映人的概念结构。归纳起来，句法层面的象似性主要包括顺序象似性、数量象似性、距离象似性等几种类型。

7.3.3.1 顺序象似性

顺序象似性是指句法结构的排序与其所表达事件发生的先后顺序相一致，换言之，语言使用者把自己对世界的感知和识解过程映现在句法结构上，表现出一种"线性顺序"。古代修辞学家把这种线性顺序称为"自然顺序"。这方面的经典例子就是"叙事序列"（narrative sequence），如"他打开门，走进了自己的房间"。"打开门"这一事件发生在"走进房间"这一事件之前，故先叙述，这便是叙事序列。Jacobson（1965）认为，"复句中两个分句的排列顺序映照它们表达的事件实际发生的先后顺序"。有关顺序象似性的例句比比皆是，恺撒的名句"Veni, vidi, vici"（我到，我见，我征服）就是典型的代表。世界上很多语言的基本语序都是"主—谓—宾"（SVO）结构，这实际上也反映了一种思维上的顺序：从施事者开始，发出动作，再到动作所及对象。戴浩一（1988）曾指出，汉语的语序遵循时间顺序原则，具有一定程度的"临摹性"。也就是说，两个句法单位的相对次序决定于它们所表示的概念领域里的状态的时间顺序。例如，"我拿书去图书馆"和"我去图书馆拿书"就是不同动作次序在句法形式上的直接投射。实际上，戴浩一所说的"时间顺序原则"就是我们所讨论的"顺序象似性原则"的一种类型。类似的例子还有很多，例如：

（1）Eye it, try it, buy it.

（2）他吃了半碗饭就吃饱了。

（3）They had a baby and got married.

例（1）的原文是一则广告语，形象地展示了消费者的购物过程，遵循了顺序象似性原则。如果把例（1）翻译成汉语的话（先看，后试，再买），需要加上一些时间连接词，如首先、然后、再、最后等，以与原文的逻辑顺序保持一致。例（2）的句法排序遵循了事件发生的时间顺序，即先有吃了半碗饭的动作行为，再有吃饱了的状态。例（3）的句法排序同样与事件发生的先后顺序相一致，暗示了他们先有了孩子，后结婚的事实。

此外，汉语的句法结构，如连动结构、动词拷贝结构、动补结构、并列结构、顺承结构等都一定程度上证明了顺序象似性原则的存在。例如：

（4）孩子们听了他说的话哈哈大笑起来。

（5）他走进办公室打了那个人一巴掌。

（6）他踢球踢破了一双鞋。

（7）爷爷砍排骨砍钝了两把刀。

（8）等你付了钱，我再给你货。

（9）都11点啦，快上床睡觉。

以上例句的句法排序都遵循了顺序象似性原则。例（4）和例（5）属于连动句式，一般由两个动词小句组成，表示先发生的行为的动词先出现，表示后发生的行为的动词后出现。即是说，这里动词"听"的行为就发生在动词"笑"的行为之前；"走"的行为发生在"打"之前。例（6）和例（7）是动词拷贝句（又称重动句）。动词拷贝句由主语加动宾结构和动补结构组成，一般来说动宾结构在前，动补结构在后。动宾结构叙述一个动作行为，动补结构对前面的动作行为进行描述或说明。在例（6）中，"踢球"导致了"鞋破"的结果；例（7）中"砍排骨"致使"刀钝"。动宾部分和动补部分不能颠倒，必须遵循"先有条件，后有行动；先有原因，后有结果"的顺序象似性原则。例（8）是由时间关联词"再"连接的句子，第一个句子中事件发生的时间总是在第二个句子之前，两者不能调换。类似的关联词还有、就、便、才、接着、跟着、于是等。例（9）中的"上床睡觉"是一个动词词组。当两个谓词短语表示连续的行为动作时，它们之间的次序需要依据概念领域里的时间顺序。要是把"上床睡觉"改成"睡觉上床"，句子显然不合语法。又如：

（10）原文：他从旧金山坐长途公共汽车经过芝加哥到纽约。
译文：He came to New York from San Francisco through Chicago by greyhound bus.

例（10）原文遵循了象似性原则，译文保留原文事件逻辑顺序，做到了"以象似译象似"，实现原文与译文顺序象似性的契合，尽可能再现原文的顺序象似性。

7.3.3.2 距离象似性

距离象似性，也叫做邻近象似性，指的是语言成分之间的距离与它们之间的概念距离相对应，也就是说，在功能、概念以及认知方面靠得越近的实体，在语码层次上也靠得越近。概念距离随语言距离的变化而变化，即语言距离越小，概念距离就越小。英语中限制性定语从句和非限制性定语从句的差异就很能体现这种距离象似性。例如：

（11）Professor Zhou has a son who works in Chongqing.
（12）Professor Zhou has a son, who works in Chongqing.

例（11）是限制性定语从句，其先行词与从句的概念距离较近，从句对先行词起限制、修饰的作用。由于先行词和从句在概念意义上相近，所以两者之间一般不需要用逗号隔开；而例（12）是非限制性定语从句，其作用相当于插入语或者对先行词的解释与说明。从句和先行词之间的关系比较松散，常常需要用逗号隔开。先行词与从句之间的距离差异也造就了限制性定语从句和非限制性定语从句在表意上的差别。如果将其转换成汉语，两者的这种差别就显而易见了。例（11）可以翻译成"周教授有个在重庆工作的儿子"，例（12）则可译为"周教授有一个儿子，他在重庆工作"。很显然，例（11）暗示周教授可能有不止一个儿子，例（12）则说明周教授只有一个儿子。

距离象似性同时也反映概念之间的心理距离，在语言结构中与中心语关系越紧密的词就越靠近中心语。这种距离象似性在形容词修饰名词时形容词的排序上表现得比较明显。在英语中，一个众人皆知的口诀可能是"限冠形龄色国材"，这个口诀说的就是在多个形容词同时修饰名词时，形容词应该按照上述口诀的顺序排序。例如：

（13）a. the famous delicious Italian pepperoni pizza
　　　b. * the Italian delicious famous pepperoni pizza
　　　c. * the famous pepperoni delicious Italian pizza
　　　d. * the pepperoni delicious famous Italian pizza

例（13）的中心语是pizza。它的前面有四个修饰语，按表达顺序只有（13a）可以接受，因为它遵循了距离象似性原则。Pepperoni是披萨的内在成分，也就是上面口诀中"材"，因此必须放在离pizza最近的位置；其次是产地Italian，即口诀中的"国"。而表示其特点的delicious 和对其评价的famous则应远离中心语。汉语中的多项定语与中心语的相对位置也需要遵循距离象似性。例如：

（14）几座漂亮的木头房子。

显然，这里定语与中心语的远近关系反映了概念距离。"木头"是"房子"的质料，是中心语的概念内涵，所以距离中心语最近，而表情状的描绘形容词"漂亮"、数量短语"几座"，它们越来越倾向于概念的外延，所以离中心语越来越远。

此外，语言的距离象似性在句法中还体现在使役结构、领属结构、并列结构等结构的排列顺序上。以领属结构为例，一般来说，领属结构可以分为可让予领属结构（如"我的课本"）和不可让予领属结构（如"我的爸爸"）两类（沈家煊 1993）。例如，在汉语中，我们可以说"我的爸爸"，也可以说"我爸爸"，可以说"我的课本"，但一般不说"我课本"。这是因为"我"和"爸爸"两个概念之间的关系十分紧密，是不可让予的，因此在语言结构上二者的联系也比较紧密，此时"的"可以省去。相比之下，"我"和"课本"的关系较为疏远，所以必须插入"的"。领属结构的这种差异正是距离象似性在句法结构中的体现。

7.3.3.3 数量象似性

数量象似性，又称为复杂象似性，是指语言单位的数量反映它所表示概念的数量和复杂程度。换言之，量大的信息，说话人认为重要的信息，对听话人而言很难预测的信息，表达它们的句法成分也就越多，形式也越复杂。数量象似性强调语言形式的数量与所表达意义的数量之间是一种正相关关系，即形式越复杂，表达的意义越复杂。数量象似性在语言信息结构中表现得尤为明显。众所周知，语言的基本功能是传递信息。信息传递需要依附于一定的信息结构，信息结构数量越多，形式越复杂，传递的信息量可能就越大。在很多语言中，重复使用某个词或使用叠字/词也是突显数量象似性的常用手段。例如：

（15）寻寻觅觅，冷冷清清，凄凄惨惨戚戚。（李清照《声声慢》）

（16）枯藤老树昏鸦，小桥流水人家，古道西风瘦马。夕阳西下，断肠人在天涯。（马致远《天净沙·秋思》）

例（15）连续使用了十四个叠字，将叠字所表现的复杂细腻的感情发展过程，由表及里、由浅入深层层揭开，形象地抒发了作者孤独寂寞的忧郁情绪。例（16）将"枯藤""老树""昏鸦"等9个意象组合成了一幅秋郊夕照图，抒发了一个飘零天涯的游子在秋天思念故乡、倦于漂泊的凄苦愁楚之情。来看许渊冲先生的译文：

（17）Over old trees wreathed with rotten vines fly evening crows; Under a small bridge near a cottage a stream flows; On ancient road in the west wind a lean horse goes. Westward declines the sun; Far, far from home is the heartbroken one.（许渊冲 译）

例（16）的原文有9个意象，体现了数量象似性原则。例（17）的译文结合英语表达习惯将这些意象直接转换为对应的范畴，不仅保留了原文的数量象似性，还很好地再现了原文作者所表达的情感。

此外，类型学研究表明，简单的概念通常由相对简单的形式表达，而相对复杂的概念则普遍由相对复杂的语言结构表达，比如几乎所有语言中的复数形式都要比单数形式更为复杂。英语中复数形式一般是在单数形式的基础上加复数标记"s"，如apples（当然，这并不是绝对的，英语中也有单复同形或单数形式比复数形式还复杂的情况，如water，phenomena等，但这种词的数量要少得多。就大多数语言而言，复数形式要比单数形式更为复杂），汉语中则是在代词的基础上加上"们"构成复数形式，如"我们"。apples比apple形式长，"我们"比"我"形式复杂。复杂的形式表达的概念量也就多一些。

另外，数量象似性还与语言的标记性有关。有标记的语言形式对应于有标记的内容，它通常具有区别性特征，并携带额外的、不易预测的信息。无标记的语言形式对应于无标记的内容，它传递的是更一般化的、可预测的信息。因此，有标记的语言形式往往比无标记的语言形式负载更多的信息。例如，apples是有标记的形式，apple是无标记的。

7.3.4 其他象似性原则

除了上文提到的几类象似性原则外，象似性还有其他的类型，如具身象似性、认知象似性、文化规约象似性、隐喻象似性、范畴化象似性、对称与不对称象似性，甚至还有学者提出了语篇象似性的概念。实际上，这些原则都是从不同的理论视角来探讨语言形式与意义的关系，如具身象似性是基于具身认知的相关理论原则，旨在说明象似性与具身性的互动关系，语言结构和概念结构之间之所以存在象似性，更深层次的原因是两者都源于经验结构，是经验结构的象似。认知象似性则是Langacker（1987，1991）在认知语法理论框架下提出来的，指的是概念空间中象征单位音义两极的距离关系（Wilcox 2004）。如果在概念空间中，语义极和音位极的距离越小，象似性越强，反之，任意性越强。文化规约象似性是将社会文化融合进来，认为语言符号本身也是一种社会文化符号，语言结构的排序与社会文化规约之间存在一定的象似关系，等等。虽然这些原则之间或多或少地存在一些重叠之处，但都在一定程度上说明了语言形式与意义之间的关系，推动了语言符号的象似性研究。

7.4 小结

象似性理论在语言教学、语言习得、翻译研究等领域已经得到了广泛的应用，不仅成为推动语言教学和语言习得的重要手段，也是指导翻译实践的有效原则之一。儿童在习得语言时，往往会存在过度概括（overgeneralization）或者概括不足（undergeneralization）两种情况。简单来说，过度概括就是指当儿童习得某种词汇或者语法规则后，他们会将该词汇或者规则迁移至其他类似的情形中，比如，把英语复数标记"s"迁移至strawberrys，flys，babys等；概括不足正好与之相反。成人在习得一门新语言时也存在类似的情况。实际上，概括不足或过度概括是对语言符号任意性的一种抵制。如果语言符号形式与意义之间的关系是任意的，那么在习得语言时就无规律性可循，无理据可依，这也是以往有些老师强调"死记硬背"和"惯用法"的原因。这样的教学方式不仅导致学生学习效率低下，而且还加重了老师的教学负担。如果老师能够掌握象似性原则，将语言形式与所表意义之间的内在联系描述清楚，分析语言形式与意义之间的理据性，如发音理据、构词理据、句法理据等，不仅让学生知其然，还能知其所以然，并以此制定有效的教学策略和教学方法，那么老师和学生教与学的效果也将事半功倍。

在翻译领域，象似性已成为指导翻译实践的重要原则之一。在翻译过程中采用象似性的视角和切入点有助于语言形式的翻译，有助于形式附加义或示意效果的再现与传递（卢卫中 2003）。在具体的翻译实践中，译者需要具备一定的象似性意识，对源语和目标语进行分析，尽可能地挖掘文字背后隐藏的语言象似性特征，做到对源语象似性的忠实，以达到"以形传神""形神皆似"的理想翻译效果（文旭、司卫国 2020）。

除了上述领域外，象似性还被广泛应用于文学、文体学、文化研究等领域，甚至还被应用于言语交际中的非语言交际材料，如多模态、手势语、肢体语言等。

第七章　象似性

　　进入21世纪，认知语言学内部逐渐呈现"量化转向"和"社会转向"的趋势。在这一背景下，象似性在理论和应用研究方面又有了新的进展。在理论方面，象似性研究的理论框架逐渐趋于系统化和体系化，不仅加强了与认知语言学相关理论的融合，象似性的跨学科研究、交叉学科研究以及类型学研究也取得了新的突破。在应用研究方面，除了语言教学、语言习得、翻译研究等传统领域外，象似性在跨学科、跨领域中的应用价值也日益彰显。跨学科的象似性研究不仅能拓宽象似性研究的视野，增强象似性理论的解释力，还能扩大其应用范围，使之辐射到其他学科的研究之中。

思考题

1. 有学者认为象似性是对索绪尔任意性原则的否定与批判，也有学者认为象似性是对任意性的补充与完善，你是如何看待象似性与任意性的关系的呢？
2. 有学者认为象似性就是理据性，两者虽然称呼不同，但其本质相同。你是如何看待上述观点的呢？
3. 象似性可以理解为语言结构直接反映人的概念结构，而语言结构和概念结构的形成离不开具身认知，也就是说，基于体验加工形成的语言结构和概念结构是具身的。因此，从这个角度来看，象似性也是具身的。结合上述观点，说说你是如何看待象似性与具身性的关系的。
4. 象似性在句法结构中表现得尤为明显，你能举例说明在句法结构中都有哪些象似性原则吗？
5. 很多网络流行词的创造都在一定程度上遵循了象似性原则，你能举例对此进行说明吗？
6. 下列句子中，a与b两句在表意上有何不同？c又为何不符合语法？它们分别与哪种象似性有关？

    (a) I give him a gift.

    (b) I give a gift to him.

    *(c) I give a gift him.

7. 有人认为下列句子违反了象似性原则，但为什么这些句子却是可接受的呢？

    (a) I will follow your advice and see my doctor as soon as I am back at home.

    (b) 在来这里之前，我做好了一切准备。

8. 汉语和英语的词序或语序都在一定程度上体现了象似性原则，但两者又有明显的区别，你能举例说明并对汉语和英语中语序的差异做出解释吗？
9. 象似性对语言教学、语言习得及翻译实践等有何指导作用？你能举例说明吗？

推荐阅读书目

Angelika, Z. *et al.* 2017. *Dimensions of Iconicity*. Amsterdam: John Benjamins.

Croft, W. 2003. *Typology and Universals* (2nd ed.). Cambridge: Cambridge University Press.

Haiman, J. 1985a. *Natural Syntax: Iconicity and Erosion*. Cambridge: Cambridge University Press.

Haiman, J. 1985b. *Iconicity in Syntax*. Amsterdam: John Benjamins.

Hiraga, M. K. 2005. *Metaphor and Iconicity: A Cognitive Approach to Analyzing Texts*. New York: Palgrave Macmillan.

Landsberg, M. E. 1995. *Syntactic Iconicity and Linguistic Freezes: The Human Dimension*. Berlin: Gruyter de Mouton.

Nänny, M. & O. Fischer. 1999. *Form Miming Meaning: Iconicity in Language and Literature*. Amsterdam: John Benjamins.

Simone, R. 1995. *Iconicity in Language*. Amsterdam: John Benjamins.

Taub, F. S. 2001. *Language from the Body: Iconicity and Metaphor in American Sign Language*. Cambridge: Cambridge University Press.

Willems, K. & L. De Cuypere. 2008. *Naturalness and Iconicity in Language*. Amsterdam: John Benjamins.

第八章 框架语义学

8.1 引言

也许不少人观看过由郭冬临、魏积安等表演的2012年央视春晚小品《面试》。看后我们都忍俊不禁，为小品中店长对面试者因误会而产生的幽默和悬念而暗自发笑。其实，在现实生活中小偷和搬运工原本属于完全不同类型的角色，可谓"风马牛不相及"。小偷的主要特征是偷偷摸摸、盗窃他人财物，属于违法行为；搬运工的主要特征是身强力壮、动作麻利，靠替单位或个人搬运货物、家具等挣得合法收入。

这些主要特征实际上就构成了认知语言学中所说的"框架"（frame）。在小偷框架中，行为是偷盗财物、可能会踩点、得手或者失手，关系是同伙，结果是被抓、治罪，属于犯罪行为、令人不齿。在搬运工的框架中，行为是搬运物品、体力活、动作快、需要技术，关系是同乡、伙伴，结果是合法的劳动报酬，属于诚实劳动、值得尊重。但是在上述小品中，小偷和搬运工被置于搬运工面试这一特定场景下，二者虽仍有相当大的差异，却出现"惊人的"交叉重叠之处。小偷与搬运工外貌一致：都穿运动服、带斜挎包、黄头发；行为相似：干活麻利、搬得快、都是老手；关系接近：同乡还有伙伴（同伙）；还有面试环节中的"通知"与"通缉"谐音，面试者姓名"郝德寿"与"好得手"谐音。面试场景中小偷和搬运工框架的重叠情况如下图所示：

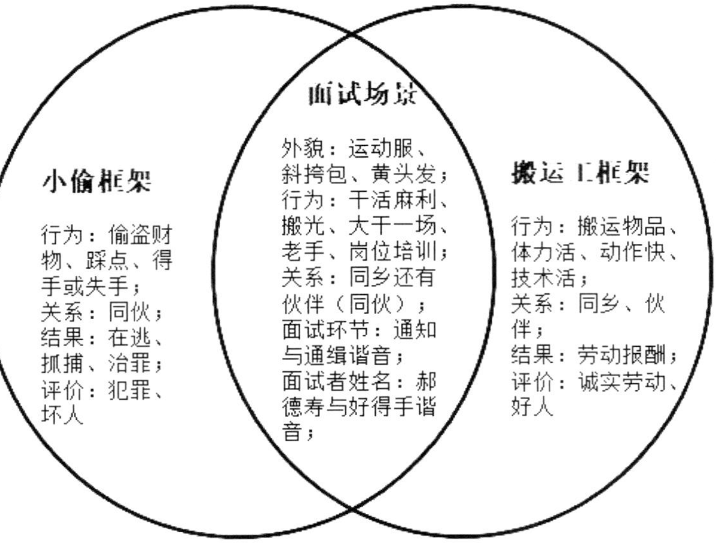

面试场景
外貌：运动服、斜挎包、黄头发；
行为：干活麻利、搬光、大干一场、老手、岗位培训；
关系：同乡还有伙伴（同伙）；
面试环节：通知与通缉谐音；
面试者姓名：郝德寿与好得手谐音；

小偷框架
行为：偷盗财物、踩点、得手或失手；
关系：同伙；
结果：在逃、抓捕、治罪；
评价：犯罪、坏人

搬运工框架
行为：搬运物品、体力活、动作快、技术活；
关系：同乡、伙伴；
结果：劳动报酬；
评价：诚实劳动、好人

图8.1 面试场景中小偷和搬运工框架的重叠

8.2 框架

8.2.1 框架的不同定义

关于框架的定义最有代表性的有四种，分别来自人工智能、社会学、语言学和认知语言学领域。

第一种定义是由Minsky给出的。Minsky是美国从事人工智能研究的认知科学家，主要从人工智能的视角研究框架。他认为，框架是我们关于世界知识的一种心理表征，是存在于人类记忆之中、必要时可供选择和检索的数据结构（data-structure），这个结构包括充满节点和关系的网络（Minsky 1974：1-2）。例如，在"生日聚会"这一框架中，有礼物、食物、生日蛋糕、许愿等多个槽位，这些元素虽然是生日聚会中的必要特征，但是还需要针对具体情景对槽位进行填充。例如，在"许愿"这一槽位中，往往需要生日蜡烛、愿望、生日祝福歌等来填充。

第二种定义是由Goffman给出的。Goffman是加拿大裔美国社会学家、符号互动理论的代表人物、"拟剧论"（Dramaturgy）的倡导人。Goffman主要从社会学的视角研究框架。他认为，框架在建构人类与世界互动的方式中发挥关键作用，因为它们提供了一个解释性的支架，说话人和听话人依赖这个支架去制造和解释交际意义（Goffman 1974：8）。框架是指一组人们借以处理与组织互动情境的诠释性的图式（schemata of interpretation）（Ibid.：21），它不仅塑造我们对过去发生事情的理解，而且还指导我们对既定互动中将会发生的事情进行预测（Ibid.：255）。Goffman研究了医院和赌场等社会机构，以及约会和购物等传统社会行为。他发现，社会机构和情境被框架塑造，并决定我们在这些机构和情境中的行为（Lakoff 2006a：25）。以医院为例，医院框架中的角色有固定的关系和层级结构，这是国际上普遍的逻辑。比如医生比护士级别高，医生向护士传达口令。医院框架也排除了一般情况下不会发生的行为，如后勤人员做手术，外科医生负责测量血压等。这些场景均遵照一定的逻辑和线性顺序。

第三种定义来自Fillmore。Fillmore是美国语言学家，被誉为"框架语义学之父"。他将"框架"这一概念引入认知语言学领域。他认为框架相当于脚本（script）、场景（scenario）、观念脚手架（ideational scaffolding）、认知模型（cognitive model）、民俗理论（folk theory）等（Fillmore 1975：111）。框架是指系统的概念结构，我们的思维大多是通过无意识的概念框架进行组织的，因此概念框架可以看成是组织人类思维的心理结构（Ibid.：123-131）。在"框架语义学"（Frame Semantics）一文中，Fillmore认为框架是由概念组成的系统，系统中的概念相互连通，理解其中任何一个都必须以理解整个系统结构为前提（Fillmore 1982：111）。随后，Fillmore又将框架视为"具体统一的知识构架，或经验的整体图式化"（coherent schematizations）（Fillmore 1985：223）以及"认知结构"。总体而言，框架在图式化的形式中编码一定量的"真实世界的知识"。例如，"商业事件"图式场景中的元素包括对买者、卖者、商品、钱等元素（Fillmore 1982：116）。当然，除了商品交易的视角还有金钱交易、买、卖等不同视角的框架。如果不了解"商业事件"情景的细节，就无法真正理解这些词汇的意义。如果商业事件中的某个词汇出现在文本或对话中时，与之相关的其他所有方面则会被激活。当然，框架是因文化而异的。例如，"周末"这个框架，它传递了日历是一周七天，五天工作，两天休息。如果在某些文化中是工作三天，休息四天，那么我们虽然仍使用周末这个框架，但实际上它的概念结构和意义就有所不同。

第四种定义来自Lakoff。Lakoff是美国认知语言学家，被《纽约时报》誉为"框定理论（Framing）之父"。Lakoff主要是从认知语言学和政治学的视角研究框架。Lakoff（2006b）认为，框架是人们用来理解现实，并建构我们以为是现实的心理结构，它影响我们的感知和行为。

上述四个领域的框架概念看似彼此独立，但实际上具有内在的逻辑性和一致性。四者均强调结构化表征的重要性，Minsky和Goffman的框架侧重情境化的视角，Minsky和Fillmore的框架侧重知识表征，Fillmore和Goffman的框架均关注人类经验（袁红梅、汪少华 2017：19），Lakoff 则是集大成者，他融合了Minsky、Goffman和Fillmore的理论。

总体看来，框架均具有系统性、整体性、场景性、结构性和多层次性等特征。框架的系统性是指理解一个词语必须放到系统之中；框架的整体性是指框架不仅涉及语言层面，而且涉及价值观层面和道德层面；框架的场景性是指框架包含语言的具体场景和社会文化语境；框架的结构性是指框架具有一些基本的要素，如角色、角色之间的关系和场景，角色之间的关系具有内在的结构性；框架的层级性则是指框架可以分为表层框架、深层框架等。

在语言学领域中与框架类似的术语还有不少，比如域、意象图式和心理空间等，那么框架与域、框架、心理空间究竟有何异同呢？综合Kövecses，Fauconnier以及Turner，Johnson，Langacker和Fillmore的观点，可以看出，意象图式、域、框架、心理空间均指说话人用来组织自己体验的一种概念结构。但是四者在图式化等级（schematic hierarchies，缩略为SH）上程度有所不同。意象图式的图式化程度最高，心理空间的图式化程度最低，概念也最为丰富，域和框架则介于二者之间。

Johnson（1987）认为，意象图式是一种动态的范式，它既不是固定不变的，也不是有着特定内容的。这种高度的灵活性使得我们在很多不同的语境下运用同样的意象图式来进行思维和推理。意象图式是一种动态的感知抽象，使得人们的思维能将空间和身体体验方面的结构映射到概念结构上（汪少华 2005：42）。

心理空间是人们在进行思考交谈时为了达到局部理解与行动之目的而构建的小概念包（conceptual packet）（Fauconnier & Turner 1996：113）。心理空间可建立起一系列的概念，如时间、信念、愿望、可能性、虚拟位置、现实等。我们在思考和交谈时不断建立心理空间。心理空间的建立要受到语法语境和文化的制约（汪少华 2001：38）。例如：

（1）Tom has lived abroad.

（2）If Jack were older, his gray hair would inspire confidence.

（3）Maybe the tortoise is really a hare.

以上三个句子分别建立了三个心理空间。例（1）建立了一个过去事件空间；例（2）建立了一个虚拟空间；例（3）建立了一个可能性空间。

域是一种反映语义单位特征有关的概念化的连贯性区域。与意象图式不同的是，域并不是与体验相似的意象性范式，而在本质上是命题性的、高度图式化的（Langacker 1987：488）。框架是比域的图式化程度更低的概念结构（Fillmore 1982）。框架将域矩阵（domain matrix）中的某些方面进行详尽阐述，因此是域内的高层级概念。

四者的具体关系如图8.2所示。

心理空间与语境相连，储存在工作记忆之中。意象图式、域和框架均储存在长时记忆之中。意象图式属于类似性结构，域、框架和心理空间是非类似性结构。四者之间是包含关系：意象图式包含域矩阵，域矩阵包含框架，框架包含心理空间。例如：

（4）他可能处在人生的十字路口。

这句话建构了一个可能性空间，描述他可能面临人生的抉择。其中包含了"人生抉择"和"道路"两个框架，包含了"人生"和"旅程"两个域以及

"人生即旅程"的隐喻，两个"十字"图式和"路径"图式（起点—路径—终点）。

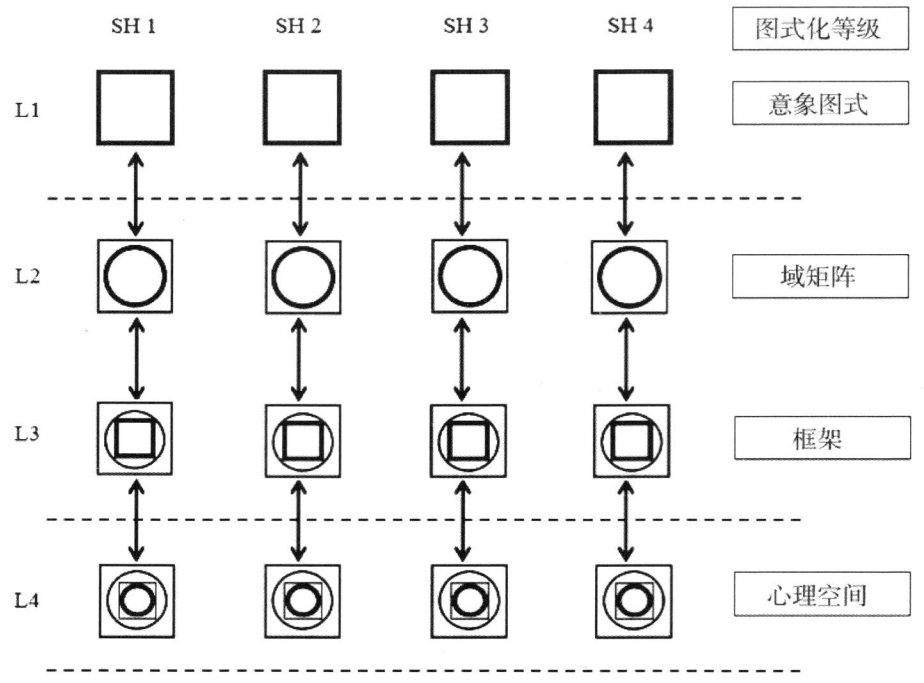

图8.2　四种不同层次心理结构的图式化等级（Kövecses 2017：327）

需要说明的是，在认知语言学中，只涉及一个域就相当于框架；如果涉及两个框架及两个域之间的映射，就构成隐喻；如果涉及两个以上域或框架就构成了多重隐喻、概念整合或者框架整合。

8.2.2 框架的发展历程

框架的研究至今已有近90年的历史，呈现出多领域、跨学科的发展趋势。框架最早的研究来自英国心理学家Bartlett。Bartlett于1932年首次提出"框架"概念，20世纪70年代中期，社会学家Goffman将框架概念引入社会学领域，系统地阐释了框架分析的理论和方法。20世纪70年代末，社会学和心理学的框架理论逐步渗透到新闻传播学领域，成为传播学的主流理论。20世纪80年代初，语言学家Fillmore创立了框架语义学。20世纪90年代以来，Lakoff又将认知语言学、社会学和传播学中的框架概念引入政治学领域，创立了框定理论。

语言学领域对框架的研究贡献最大的当属美国语言学家Fillmore。Fillmore的框架思想经历了格框架、语言框架、认知框架、框架网络（FrameNet）四个发展阶段。

Fillmore的"框架"观念是逐渐发展而成熟起来的（Fillmore 1982：111）。20世纪60年代，Fillmore创立了格语法（Case Grammar）。格框架（case frame）是格语法的重要概念。格框架属于句子的语义深层结构，是句子提供的格环境或特别的格序列（Fillmore 2003a：48-49）。所谓的格语法并不是语法，而是一种语义模式，它旨在描述小句内部语义结构及其与句法的关系。格框架作为句子深层结构中的命题扩展而来，是句中所有格关系的组合（Fillmore 1968：27）。在《"格"辨》（*The Case for Case*）（Fillmore 1968）中，Fillmore提出了"作为'概念框架'来理解的格体系"。他指出，有两个基本特征跟动词在句子中的分布相关：第一是"格框架"，即底层结构配价；第二是"框架特征"，即具体动词的规则特征（Fillmore 1968：34-40）。"配价"是指框架中词元与框架元素（即语义角色）的各种不同的语义—句法配位模式以及模式中使这些语义角色得以实现的词组类型和句法功能。他的1971模式中一共有九个格。九个格按主语选择等级排序为：施事格（Agentive）、经验格（Experiencer）、工具格（Instrumental）、宾格（Objective）、原点格（Source）、终点格（Goal）、位置格（Location）、时间格（Time）和受益格（Benefactive）。后来又增加了与格（Dative）、路径格（Path）、伴随格（Comitative）、永存格/转变格（Essive/Translative）。

20世纪70年代中期，Fillmore开始较多关注语言的意义问题，提出了意义研究的场景—框架范式（Scenes-and-Frames Paradigm）。场景包括视觉场景和由文化、社会机构、身体意象及人类信念、行动和经验界定的标准化场景，框架则被用来指代与典型性场景相联系的任何语言选择（词语组合、语法规则或语言范畴）的系统（Fillmore 1975：124）。该时期的框架被称为"语言框架"。20世纪70年代后期，Fillmore逐渐创立了框架语义学理论。框架语义学强调语言和人类经验之间的连续性，其核心思想是词义的描述必须与语义框架相联系。在第二节中我们提到，Fillmore将框架定义为一个相互关联的概念系统，是"具体统一的知识框架或经验的连贯图式"（Fillmore 1985：223）和"信仰、实践、制度、意象等模式和概念结构的图式化表征"（Fillmore 2003b：235）。

Fillmore于1997年在美国加州大学伯克利分校发起了一项名为"框架网络"（FrameNet）的研究课题，旨在发掘语义框架，构建一个在线的词汇语义资源库。该项研究影响深远，拓展了框架语义的研究领域。与WordNet、VerbNet等词典相比，FrameNet语义关系更为丰富。该项目选择具有特定意义的词元，描写词元意义背后的框架或概念结构。具体步骤如下：在大型现代英语语料库中检索含有这些词元的句子及其表达框架信息的方式，产生的数据库列出并定义所需要的框架，提供标注的例句，逐条概括每个词元的语义特征和组合特征。比如，我们在框架数据库（FrameNet Data）搜索"borrowing"就可以得到其定义和框架元素等详细信息，如图8.3：

FrameNet项目的主页提供了一个带有搜索引擎的框架数据库和标注例句集，免费为用户提供框架列表、词汇单元列表、全文标注等数据信息。例如，borrowing一词在FrameNet数据库可查询其框架图及其与transfer、receiving、lending等框架之间的关系，如图8.4：

20世纪90年代以来，认知语言学家Lakoff将概念隐喻理论应用到政治领域，提出了美国共和党的"严父模式"（The Strict Father Model）和民主党的"慈亲模式"（The Nurturant Parent Model）（Lakoff 1996，2002），并将社会学（Goffman 1974）和框架语义学（Fillmore 1985）中的"框架"概念引入政治学，创立框定理论（Lakoff 2004，2006a，2006b，2008）来分析美国的两党政治和总统竞选。该理论整合了政治学和认知科学的前沿理论，具有动态性和可操作性，更适合于分析政治话语（汪少华、袁红梅 2016：48）。

Lakoff（2004，2008）认为框架是一种有关世界运作的、根深蒂固的认知结构。例如，我们在了解一桩谋杀案时，我们会激活"谋杀"框架：谋杀者、受害者、从犯、嫌疑犯、谋杀动机等。框架存在于我们的大脑之中，反映我们

Borrowing

Lexical Unit Index

Definition:

The Borrower takes possession of a Theme with the knowledge that the Borrower will have to give the Theme back to the Lender after a Duration of time. This frame differs from the Lending frame in that this frame profiles the Borrower in active sentences, whereas the Lending frame profiles the Lender.

For the time being, this frame includes both the transfer event itself and the end state of the event, as shown in the first two examples following:

I am BORROWING the book about modal particles from the professor.

I BORROWED the book from him and returned it a long time ago.

Not only did I have to BORROW a gown, but I was also lent a jacket!

The girl BORROWED the car from her sister for a couple days.

Along with other ways of temporarily taking possession (e.g. "putting something in your pocket for a while"), this frame is used non-literally to refer to Stealing. In this use, the Borrower is a thief, the Lender is a Victim, and the Theme is the Goods:

Were n't nobody lookin' so I BORROWED it off her.

FEs:

Core:

Borrower [Borr]   The person who receives the Theme from the Lender for a Duration.
                   Tracy BORROWED that book from Leonard last week.

Lender [Lend]   The person or institution who gives the Theme to the Borrower for a Duration.
Semantic Type: Source   Tracy BORROWED that book from Leonard last week.

Theme [Th]   The object that the Borrower receives from the Lender for a Duration.

Non-Core:

Duration [Dur]   The amount of time for which the Borrower has possession of the Theme.
Semantic Type: Duration

Manner [Man]   The way in which the Borrower gains possession of the Theme from the Lender.
Semantic Type: Manner   I hastily BORROWED the keys from his belt.

Means_of_transfer [Means]   The means by which the transfer of the Theme took place.
                   I BORROWED money from my dad via Western Union.

Place [Pla]   The location in which the Borrower gets the Theme from the Lender.
                   I am BORROWING his car at the airport.

Purpose [Purp]   The aim of the Borrower which they believe will be accomplished by possessing the Theme.

Time [Time]   When the borrowing even occurs.

图8.3　框架数据库中"borrowing"的定义和框架元素

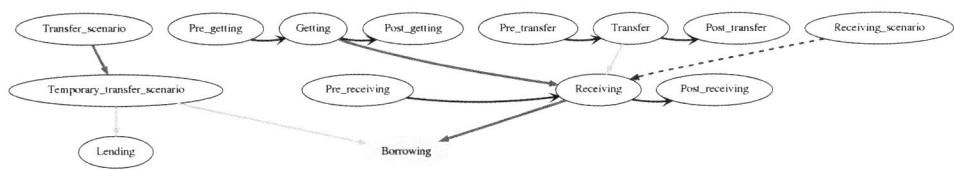

图8.4　"borrowing"的框架图

的价值取向。框架建构了我们的观念和概念，决定了我们推理的方式，甚至影响了我们的感知和行动。我们在思考和交际过程中通常会激活框架，并且我们在大多数情况下都是自动地和无意识地使用框架。

框架可分为表层框架和深层框架：由词语激活的心理结构为表层框架，深层框架则指构成道德世界观和政治哲学的、最为根本的框架。表层框架又分为隐喻性的表层框架和非隐喻性的表层框架，隐喻性表层框架是指含有隐喻思维的框架，非隐喻性表层框架是指不含隐喻的框架。例如，"大学"是非隐喻性框架，其中包含教师、学生、管理人员、教学大楼、实验室、图书馆。教师又包括教授、副教授、讲师、助教等不同职称级别的教师。如果我们说"这所大学是文凭工厂"，其中既有隐喻性的表层框架又有非隐喻性的表层框架。非隐喻性的表层框架仍然是大学，"大学即文凭工厂"为隐喻性的表层框架，用工厂来描述大学，表明这所大学只顾生产同样规格的产品，即培养毫无创造力的大学生。

复杂的框架由几个简单的框架组合而成。Lakoff（2004：73）指出，认知科学的一个基本发现是：人们是以框架和隐喻（正如我们描述的概念结构）来思考的，框架存在于我们大脑的神经元的触处，以神经电路图的形式出现。当事实与框架吻合时，框架就得以保存下来，而事实往往被忽视。

从认知的生物学机制来看，框架存在于我们大脑的突触中，其表现形式是神经回路，神经回路一旦被建立，不会很快或很容易被改变。当一个词或短语在长时间内被重复多次时，推断其意义的神经回路也会多次在人们脑中被激活。当回路中的神经元被激活时，在回路中连接神经元的突触会更加强大，回路最终会成为永恒，这一过程发生在人们对任何单词的学习中。学习一个单词会在物理上改变人的大脑，单词的意义会在人的脑中变得身体实例化。例如，如果单词"自由"（freedom）多次与激进的保守主题相联系，那么我们可能就不会与传统进步意义联系而学习，而是有了一种激进的保守意义，也即"自由"由大脑重新定义了（汪少华、梁婧玉 2017：27）。

再如，同样是减税问题，美国的共和党和民主党采用了不同的框定方式。美国共和党运用了tax relief，民主党运用了tax break。tax relief是2001年Bush在政治演讲中常用的表达之一，税收被框定为痛苦的负担，减轻痛苦的人是英雄，如果人们试图阻挠英雄的行为，那么这些人会被认为是阻止减轻痛苦的坏人，因此该框架的接受度较高。但是，如果民主党也使用tax relief，则对自己党派不利，应予以重新框定（reframing）。Obama在主张为2%的富人停止减税时，用到tax break。break除了有减税的意思外，还能激活"破坏"框架。破坏往往是不好的，具有消极意义，而Obama说要停止减税，则激活了停止"破坏"框架，这就赋予停止为富人减税以积极的意义，因此，这一再框定能够赢得富人对其税制改革的支持。

2000年以来，美国共和党一直将遗产税（inheritance tax）重新框定为"死亡税"（death tax），产生了截然不同的反响。民意调查结果为：为数不多的美国人支持减少所谓的"房地产遗产税"（estate tax），稍多的人支持减少"遗产税"，超过70%的人主张废除死亡税。究其原因，主要是由于"死亡税"将税收和"死亡"这个词联系起来，激活了去甲肾上腺素回路，激发了厌恶的情感，且在死亡时征税往往被视为不道德。共和党花十年来力推death tax一词，操纵了"税收"这一概念，到2011年绝大多数人都支持废除该税赋。

8.2.3 框架的应用研究

框架的应用研究主要体现在语言学、认知科学和跨文化交际与教学研究以及话语研究四个方面。

8.2.3.1 语言学研究

其一，基于框架语义学的框架网络应采取更加丰富的框架表征方式，以便于其构造体系的后续扩展和句法语义接口理论的最终创立。我们认为，框架网络的后续研究应集实证数据和框架结构的构想于一体，其框架表征必须系统地考虑事件的内在结构和参与者特征，借此从本质上把握框架间的结构关系，从而创立具有实证依据的句法语义接口理论。

其二，基于框架语义学并参照Fillmore的框架网络建立的汉语框架网络（Chinese FrameNet，简称CFN），可促进中文信息处理技术如机器翻译、信息抽取和句子相似度计算的开发应用。计算机可利用CFN句法结构和框架元素的对应关系激活目标词所在句子的配价模式，以进行多义词的歧义自动排除和语义识别，可基于CFN以文本的语义特征进行信息抽取，还可基于CFN的语义资源通过多框架语义分析等步骤以实现句子语义的相似度量，从而提高机器翻译、人工智能以及信息抽取和句子语义相似度量的准确率。

其三，Fillmore（1976：25）的互动框架概念可为说话人与听话人如何组织语言交际的语用学研究提供新的理论视角。互动框架是对人际互动中可区分的交际情境的分类。人际交往中，交际双方先区分不同的交际情境，然后选择相对应的框架进行语言组织和表达。

其四，框架能为语篇分析提供借鉴。框架语义学可以分析语篇中词语和框架以及和框架中其他词语间的关联如何有助于主题识别、建立语篇连贯；框架理论可分析政治语篇中框架使用的认知策略和话语的接受度（汪少华2011：53-56）。

其五，框架充分考虑了情境，对语义研究具有开创性的作用。框架语义学突破了传统语义研究只注重语言形式的局限，促使我们从语言使用者与客观世界互动的认知视角来考察语义，极大地拓展了语义研究的视野。例如，shore和coast两个词都表示海岸，但是shore指的是从水的视角来看陆地和水的界限，coast指的是从陆地的视角来看陆地和水的界限（Fillmore 1982：119）。我们对这些细微差别的感知源于我们对两个词语所表现出的识解世界方式的差异。

8.2.3.2 认知科学研究

一方面，框架语义学理论将对人工智能关键问题的解决——知识库的建设上起到理论支撑作用。人脑以语义框架和情景知识为连接并行扩散式地激活语义信息，而电脑则通过符号识别与转换对信息进行线性加工。因此，为了有效模拟人脑的语义信息加工，人工智能专家应在电脑中置入必备的语义框架和情景的知识库并将其转换为电脑可以操作的符号。另一方面，框定理论在认知科学领域将从理论研究转向实际操作。框定理论注重评价政策话语的成败缘由，考察政策话语的全过程——政治主体的表述、受众的认知及话语的接受度，并提供科学政策策划、咨询和增强政策话语效果的指导性策略。

8.2.3.3 跨文化交际和教学研究

框定理论可为我国对外宣传活动提供理论指导。例如，我们中方要想陈述我们的外交政策与事实能被国外公众理解并接受，宣传中应充分考虑外国受众的视角和情感，将政策与事实置于公众深层道德价值观的框架之中。譬如，"一带一路"倡议的外宣活动中，我们应基于"丝绸之路"经济带中东和中亚段位于民族冲突、宗教重叠地带的特点，对不同的国家和不同的受众，以符合其道德价值观的语言和内容进行差异化和精准化传播。

框架理论可为跨文化外语教学提供指导。比如，要理解catch a tiger by the toe，靠查词典无法解决问题，靠语义成分分析法也无法揣测其意义。我们必须探究其场景，这其实是一种儿童游戏：英美儿童玩游戏时，大家围坐成圆圈，需要分边或者选人时，要唱这首童谣，当最后一个音节指向某人时他（她）会被选上，其他的孩子站起来散开。这种游戏相当于中国的"点兵点将……"具体歌词是：

（5）Eeny, meeny, miny, moe.
Catch a tiger by the toe.
If he hollers let him go,
Eeny, meeny, miny, moe.
My mother says that you are IT!

8.2.3.4 话语研究

国内话语研究大多侧重话语本身的结构和功能，很少从受众的视角、从认知和社会两个维度来动态地研究话语，也鲜有学者对中国话语体系进行认知构建。框架理论可用于分析话语中的框定和重新框定，分析话语中的框架模式，为批评"后真相"时代的话语提供工具，为中外交流提供策略，为中国话语体系的建构研究提供借鉴。

例如，通过对2017年1月习近平总书记在达沃斯世界经济论坛开幕式和联合国日内瓦总部发表主旨演讲的框架分析，可以归纳出这两场演讲的框架模式为：慈亲价值观→共情、帮助、慈爱→"集体主义价值观、共赢"的深层框架和"国家即家""人类是家庭"等概念隐喻→"我为人人，人人为我""大道之行，天下为公"等激活的"合作、包容"等表层框架与"全球经济蛋糕不容易做大"等隐喻表达→"支持全球化"的推论→"共担责任、共建命运共同体"叙事角色（汪少华、张薇 2017：151）。

8.3 框架语义学

框架语义学是Fillmore在20世纪70年代提出的一种理解和描写词项意义和语法意义的方法，属于经验主义语义学范畴。它强调语言与经验之间的连续性，主张对语言意义的理解需要激活与该语言单位相关的概念系统——框架，而激活框架中的一个概念，也会激活整个框架。

8.3.1 框架语义学的产生背景

第一，对形式语义学的批判。框架语义学兴起之初，语言学研究的主流理论是形式语言学，Fillmore也是在形式语义学的理论背景下着手框架语义研究的，但随着研究的深入，Fillmore开始发现形式语义学存在以下不足：

（i）"意义清单"理论（checklist theories of meaning）。作为当时词汇语义学最典型的研究方法，"意义清单"理论提出意义是由一系列语义特征来表征的，只有当所有条件都满足时，形式所表达的意义才能确定。但Fillmore认为，意义之间的地位并不相等，并且意义之间本身也存在联系，但这些均无法通过意义清单准确体现。他主张以语言使用者经验的图式化表征来界定词汇的意义。于是，1975年Fillmore在《意义清单理论的替代方案》（"An Alternative to Checklist Theories of Meaning"）一文中提出了场景—框架范式（scenes-and-frames paradigm），引入了"典型"和"框架"概念，探讨了两个概念和语义理论的密切关系。场景—框架范式的提出可以看作是框架语义学的开端。

（ii）真值语义学。真值语义学认为，语义需要通过判断话语真值条件来确定。Fillmore则认为语境以及人类的世界经验等因素会影响话语的理解。而框架语义学为人们提供了一种观察词义乃至文本（包括话语）意义的特别方式

（Fillmore 1982：111），提出语义框架（或语境）在理解词语或文本过程中发挥着重要作用，阐明了如何通过词语背后潜藏的框架来理解词语乃至文本的意义。

（iii）语义场理论。语义场理论认为，词汇的意义取决于该词语与其他同类词汇的关系，而框架语义学认为词汇的意义取决于该词汇的背景框架，与其他的词汇无关。另一方面，语义场理论认为词汇的意义依赖于其他语义相关的词汇，而框架语义学认为词汇的意义依赖于自身的概念基础及其恰当运用所必需的知识。通过与以上三个形式语义理论观点的交锋，Fillmore的"框架语义学理论"应运而生。

第二，对人工智能和认知心理学框架研究的参考与借鉴。随着人工智能与认知心理学科学研究的迅猛发展，该领域对"框架"的研究取得了重要进展，尤其是前文所述Minsky（1974）的研究最具影响力，他不仅将框架定义成"表征模式化情境的数据结构"，还区分了不同类型的框架，包括Fillmore在内的一些语言学家开始将其运用于相关研究中（Petruck 1996），并开始关注语言与"框架""场景"等概念的联系，以探索语言意义的表征与理解，为框架语义学的诞生奠定了理论基础。

第三，以格语法的研究为直接来源。格语法对框架语义学的产生，有十分重要的意义。框架语义学的框架理论是在早期格语法框架理论的基础上发展起来的。如前文所述，从格语法到框架语义学，历经了三个阶段。Fillmore在20世纪60年代提出的"格框架"和"格框架特征"分别描述底层结构配价和规则特征，前者涉及某个动词的实际句子结构，后者涉及哪类动词可进入某个格框架（Fillmore 1968）。由此，Fillmore形成了格语法理论中的框架概念。在格语法中，格框架是用以表达小的抽象情景的语言形式。在格语法的发展过程中，越来越多格框架与句式复杂关系的出现使得格的数目及类别变得难以确定，格框架对语义的描写力越显不足。因此，Fillmore开始寻找更大的能提供新语义角色概念层的认知结构，以实现在这个结构中对词汇域中所有词汇都能进行描述和解释的目的。借助当时人工智能和认知心理学的框架理论，Fillmore提出了场景—框架范式，"场景"与"框架"此时仍属不同的概念，"场景"是情景的图式化，而"框架"则是与场景相关的语言选择（Fillmore

1975）。到了20世纪70年代后期，Fillmore（1985）扩大了"框架"的概念，将它从语言框架层面拓展至认知框架层面，用以指"具体的知识系统，或图式化的连贯的经验"，他认为框架相当于脚本、场景、概念脚手架、认知模型、民俗理论等（Fillmore 1975：111）。后来，他进一步将框架概念界定为"认知结构，词汇编码概念"（Fillmore & Atkins 1992：75）。

至此，Fillmore的框架思想实现了从格框架、语言框架等语言结构向表征人类经验的认知结构的转变。框架语义学的主要观点是，解释词义仅仅依靠语言结构本身远远不够，还需要参考概念框架或图式。

8.3.2 框架语义学的核心概念

框架语义学将"框架"与激活性语境（motivating context）、典型、视角、装配功能（configuration function）、"唤起"（evoke）和"援引"（invoke）等重要概念联系起来，从认知视角探讨语言的生成和理解。

激活性语境可以简单地理解为"背景知识"。"框架"就是与一个激活性语境相一致的结构化的范畴系统。通过激活性语境，我们可以理解一个范畴形成的原因。比如，一周有七天，前五天为工作日，后两天为休息日，这是符合人们常规认识的百科知识，是基于生活体验的背景知识。因此，当我们看到weekend时，大脑中便会激活这个常规语境，从而实现对词义的理解。

典型概念是范畴化的重要概念，话语中的范畴、背景、语境都需要通过典型进行理解。Fillmore（1982）认为"典型"是定义和理解词义的框架和背景。以"早餐"范畴为例，要理解"早餐"，我们就必须知道"早餐"所处的文化背景，比如人们一天吃三顿饭，且分布在不同的时段，而早餐就是人们在睡觉之后早晨吃的那顿饭，吃的东西较之其余两顿有所差异。通过这一典型背景，人们就能理解"早餐"的意义。然而在不同的情景中，"早餐"的内涵也存在差异，有的人通宵工作，早晨吃了些鸡蛋、土司，喝了咖啡和橙汁，他将它称为"早餐"；有的人清晨才开始睡觉，一觉睡到下午三点，起床吃了点鸡蛋、土司，喝了咖啡和橙汁等，也可能将它称为"早餐"；

有的人早晨起床，吃的是巧克力派，喝的是白菜汤，同样称之为"早餐"。这些不同场景下的"早餐"，都是"早餐"范畴中的不同成员，只不过突显的是其典型的不同方面，但同样能够为人们所接受。又如英文bill和check意思相近，但在美国我们说"Bill，please"激活的是在宾馆住宿付账离开的场景，而"Check，please"激活的是在餐馆吃饭吃完付账的场景。把"框架"和"典型"结合起来定义词汇，可以为语言范畴的边界问题提供更好的解释。

视角是指同一情景的不同识解方式，主要体现在词汇选择上。在同一语义框架内，不同的词汇选择体现了不同的视角。比如，land和ground都指的是"陆地"，但land激活的是"与大海相对的陆地"框架，而ground激活的是"与天空相对的陆地"框架。因此，在理解spends its life on land和spends its life on the ground时，我们就会将前者理解为"在陆地上生活，从不在水里生活的鸟"，而将后者理解为"只在地面活动，不会飞的鸟儿"（Fillmore 2006：382）。又如，以下从不同视角描述了同一个商品交易过程：

（6）他花了二十元钱买了一个西瓜。

（7）我卖给他一个西瓜，挣了二十元钱。

句子（6）的视角是买者；句子（7）的视角是卖者。两句分别从"买、卖"两种相对应的行为来概念化"交易"行为。

装配功能是指在分析句子的语义时，若要完整描述句子的语义，需将词汇框架和语法框架结合起来，其中词汇框架提供"内容"，语法框架在此基础上进行装配。Fillmore以she had been running为例，解释了这一过程。在理解过程中，动词run框架首先提供了具体的身体活动意象，然后将这些意象内容装配到语法框架中。由于此句的语法框架是过去完成体和进行体的混合形式，前者表示事件发生在过去某时已完成，后者表示一段时间内动作的持续发生，它们分别以普遍和抽象的方式形成了奔跑意象。

"唤起"和"援引"是Fillmore在运用框架对语篇词汇进行分析时提到的两个概念。"唤起"是在语篇中某些词汇或语法材料会激活人们头脑中的相关框架;"援引"指的是针对不容易理解的语篇,解读者可能通过"援引"某一特定的"解读框架"(interpretive frame)使语篇变得容易理解(Fillmore 2006: 385-386)。被"援引"的框架往往是当前语篇或不断展开的语篇之外的一般知识。Fillmore举了一个日本私人信件的例子:他们的私人信件在正文前要有一句评论当前季节的话,而只有熟悉这一传统的人,才能体会得到这些评论语句的相关性,而这就属于文本之外的解读。

8.3.3 框架语义学的应用研究

早期框架语义学的研究集中在词汇和语篇等研究问题上,后来开始应用于词典编纂、语言习得、外语教学、翻译等领域,以下对此进行简要介绍。

Fillmore于1982年发表的《框架语义学》一文对基于框架的词汇语义研究进行了深入讨论。框架语义学认为,词义依靠激活框架进行识解,通过激活的框架形成语义背景,促使人们可以在特定的语义框架中理解词义。比如,我们之所以能够理解vegetarian这个词汇是因为它激活了一个"大多数人都吃肉食,吃素者因为少则很突出,并且吃素者是有意不食荤腥"的框架背景。如果缺乏一定的背景信息,则可能会导致理解失败。

框架语义学常常被用于语篇研究,其主要功能体现在两个方面:一是通过语篇中的一些词语唤起对框架的整体认知;二是解读者通过"援引"独立于文本之外的解释框架进行理解。比如,Fillmore(1985:232)提到,在句子We never open our presents until the morning中,若解读者头脑中没有关于"圣诞节"的文化背景,则会将其理解为一个简单陈述句,表达一个"拆礼物"的事件,但若要准确理解此句的含义,则需要援引"圣诞节"这一解释框架才能明白这句话谈论的是"拆圣诞节礼物"。而如果将present换成Christmas present,则会直接唤起"圣诞节"背景,达到准确理解。

20世纪90年代,Fillmore和Atkins(1992)通过描述RISK及其相邻词语的语义,论述了RISK框架的构建,并初次提出了构建"基于框架的词典"的设想。紧接着以Fillmore为首的一些语言学家提倡改变了以词条为核心的词典编纂模式,探索运用框架元素进行描述的在线框架网的建构。Baker *et al.*（1998）详细总结了自1997年发起的在线FrameNet项目，提出了FrameNet架构图。在此之后，框架语义学的研究开始更多开始关注FrameNet数据库的应用，并产出了大量的成果，包括词典编纂（Fillmore *et al.* 2003）、NLP项目中的信息提取（IE）（Gildea & Jurafsky 2002）、自然语言理解（NLU）（Mohit & Narayanan 2003）、核心依存图研究（KDG）（Fillmore *et al.* 2002，2004）、语义学研究中的文本理解（Fillmore & Baker 2001）、多义词（如Boas 2001）、支撑动词和名词（如Dodge & Wright 2002；Fillmore *et al.* 2004）、事件抽取研究（Fillmore *et al.* 2006）、框架支撑词的配价研究（Fillmore 2007）等。随着Fillmore等人倡导的"统一构式语法"（Unification Construction Grammar）的提出，框架语义学的研究开始关注构式在FrameNet构建方面的作用（Fillmore 2008，2009），并完成了基于FrameNet的英语构式库（Fillmore *et al.* 2011）。

近年来，框架语义学在语言习得、外语教学和翻译等领域的研究也取得了重要突破。早在框架语义学提出之初，Fillmore就提出框架语义学的研究方法有利于儿童对范畴标志的习得（Fillmore 1975），之后又基于框架语义学间接为外语课堂中的词汇教学提供了新的方案（Fillmore 1985：223-224）。其后，不少学者在语言习得、外语教学领域开展了大量研究，如汪立荣（2011）阐述了二语词汇学习的两个阶段，探索了如何帮助学习者将一语框架调整为二语框架；Boas和Dux（2013）通过实证研究论述了在线德语词典（G-FOL）在外语教学中的可行性。框架语义学在翻译领域的研究始于20世纪80年代，以Vannerem和Snell-Hornby（1986）的研究为代表，之后主要集中于应用框架语义学进行翻译实践的研究，具体涉及词义翻译、文化因素翻译与幽默翻译、时间范畴翻译、隐喻翻译、中国古诗英译、多语平行词典构建等。

8.4 小结

框架与框架语义学都属于多领域、跨学科的理论，各学科领域的研究彼此交织，互相碰撞，推陈出新。框架在各个领域的发展看似彼此独立，但实际上它们之间具备较强的内在逻辑性与一致性。首先，Goffman和Minsky的框架概念均采用了情境化的视角。Goffman的框架是个人在特定社会生活情境下的经验结构，人际交往中个人处于此情境中时，可能使用已有的框架来判断形势、解决问题并协调与他人的互动；Minsky的框架是人类记忆中表征模式化情境的数据结构，个体身处某具体情境中时，会从记忆中提取相关框架来预期这一情境。其次，Minsky和Fillmore的框架概念在"知识表征"上是统一的。Minsky将框架看成是人类关于世界的知识表征，Fillmore视框架为"具体统一的知识框架或经验的连贯图式化"，即表征人类经验的知识结构。最后，Fillmore和Goffman的框架思想都关注"人类经验"。Fillmore视框架为源于人类生活经验的认知概念结构，Goffman关注个人在社会生活不同时刻所拥有的经验结构。虽然对框架的研究在国内仍存在系统性不强、整合性研究偏少、动态研究和应用性研究不足等问题，但是框架在认知语言学、语用学和跨文化交际与教学以及话语研究等领域仍有着较为广阔的应用前景。

框架语义学的研究内容从词汇、语篇延伸至词典编纂、框架网络建构、外语教学与翻译研究等领域，已取得了丰硕成果。框架语义学的应用性比较强，尤其是FrameNet数据库，它不仅可以用于语言的理论与实践研究，还可以为计算机、机器翻译、自然语言处理、心理学等研究领域提供词汇知识库，为研究人类的概念系统提供数据支撑。在未来的发展上，框架语义学可在FrameNet数据库、翻译研究、语篇分析、定量与实证研究方面继续深耕，一方面深化和推进对框架语义学理论的反思，另一方面，重视研究的多元分析与实证证据，使研究结果更具客观性与普适性，为探索人类语言与认知的共性提供更多有力证据。

思考题

1. 运用框架语义学理论区分下列词汇的意义：
   buy, sell, pay, spend, cost, charge
2. 试分析下图句子中delighted的框架语义。

3. 请问下面对话中医生与患者用同一个词local激活了哪两种不同的框架？达到了何种幽默效果？

   Doctor: Before the surgical operation, you would be given a *local* anesthetic.

   Patient: Doctor, don't give me the *local* one. I want the best. An imported one.

4. 试分析下列对话中两种不同的框架及其各自对应的语义。

   在电视剧《铁齿铜牙纪晓岚》中，和珅与纪晓岚斗嘴，看见一条狗，两人有这么一段对白：

   和珅：是狼（侍郎）是狗？

   纪晓岚：垂尾是狼，上竖（尚书）是狗。

5. 试分析下句中的言语幽默，并阐释幽默产生的认知机制。

   When I asked the bartender for something cold and full of rum, he recommended his wife.

6. 移民问题成为美国2019年的热点话题。美国前总统特朗普将通过亲属移民美国的方式称之为"链式移民"（chain migration），请联系其文化内涵，分析这一框架中隐含的歧视。

7. 参照Fillmore的FrameNet画出"舅妈"的框架图。

8. 试分析下句中的认知语用幽默：

   By the time Mary had had her fourteenth child, she'd finally run out of names to call her husband.

推荐阅读书目

Fauconnier, G. & M. Turner. 2002. *The Way We Think: Conceptual Blending and the Mind's Hidden Complexities*. New York: Basic Books.

Fillmore, C. J. 1982. Frame semantics. In the Linguistic Society of Korea (ed.). *Linguistics in the Morning Calm* (pp.111-137). Seoul: Hanshin Publishing Co.

Fillmore, C. J. & B. Atkins. 1992. Towards a frame-based lexicon: The semantics of RISK and its neighbors. In A. Lehrer & E. Kittay (eds.). *Frames, Fields, and Contrasts: New Essays in Semantic and Lexical Organization* (pp.75-102). Hillsdale: Lawrence Erlbaum.

Fillmore, C. J. & C. Baker. 2010. A frames approach to semantic analysis. B. Heine & H. Narrog (eds.). *The Oxford Handbook of Linguistic Analysis* (pp.313-340). Oxford: Oxford University

Press.

Goffman, E. 1974. *Frame Analysis: An Essay on the Organization of Experience*. Boston: Northeastern University Press.

Lakoff, G. 2004. *Don't Think of an Elephant! Know Your Values and Frame the Debate*. Hartford: Chelsea Green Publishing.

第九章 认知语法

9.1 引言

首先来思考一下：multiple choice exercise等不等于"多项选择题"？显然，这二者是不对等的。"多项选择"是要选择多个选项，着眼于"选择"动作之后。而multiple choice指有多个选项可供选择，着眼于"选择"动作之前。如何较好地描述和解释这二者的区别呢？这涉及"识解"（construal）等概念。"识解"正是本章所讨论的认知语法的主要内容之一。

"认知语法"有广义和狭义之分。认知语言学视角下的语法研究都是广义上的认知语法，而狭义上的认知语法专指Langacker自1976年开始创建，并经过四十多年不断发展完善的一个语言学理论体系。Langacker最初把这个语法体系称为"空间语法"（space grammar），1986年更名为"认知语法"。期间他调整了一些术语，也澄清了一些概念，但认知语法最初的框架和基本观点并没有太大的改变。本章主要介绍狭义认知语法的基本概念和核心主张。

生成语法认为，语言是一个自足的认知系统，语言能力独立于人的其他认知能力。生成语法秉持模块说，认为句法是自足的形式系统，独立于词汇和语义，注重抽象语言系统及其规则，忽略了语义的研究，也忽略了在语义形成过程中认知主体的主观性和具身识解。为寻求语言研究的新进路，恢复语义在语言研究中的中心地位，功能主义应运而生。认知语法就是在这样的背景下产生的。

认知语法属于功能主义传统，注重语言的符号功能（即通过声音和手势表达意义）和互动功能（即通过文化语境中的语言使用来实现社会互动）。作为认知语言学研究范式中的一个研究取向，认知语法不仅同样秉承认知语言学的"概括的承诺"和"认知的承诺"，在其框架中融入了认知语言学的各种理论构件，如范畴化、完型结构、概念隐喻、概念转喻、意象图式、力动态、象似性、主观化等，也认同认知语言学的如下研究假设：（i）语言不是自足的系统，而是人的认知能力的一部分，与人类其他认知能力密不可分。对语言的描述必须参照人的一般认知规律和认知能力，不参照认知处理过程就无法对语言进行描述；（ii）句法不是自足的，不是独立于语义和词汇的模块。认知语法还更进一步认为，语法在本质上是象征性的（symbolic），即音系层（语言形式）和象征语义层（概念内容）。词汇、形态和句法构成一个象征单位的连续统，从词汇到句法，结构的复杂性和图式性逐渐增强；（iii）语义具有百科知识的特征，语义结构是相对于开放的知识系统来定义的，不能单靠基于真值条件的形式逻辑来描写，而要参照开放的、无限度的知识系统。

9.2 认知语法的基本概念

9.2.1 基底和侧面

语言结构具有不对称性，具体体现为结构中各要素的突显（prominence）程度不同。突显是指相对辖域或场景参与者而言的注意的焦点。认知语法主要讨论了与突显相关的两组概念：射体（trajector）与界标（landmark），以及基底（base）与侧面（profile）。相对辖域而言的突显关系一般分析为"基底/侧面"关系，相对参与者而言的突显关系则分析为"射体/界标"关系。

在认知语法中，基底是指一个语义结构在相关认知域中的覆盖范围，是所激活的概念内涵。基底一般包括最大辖域（maximal scope）和直接辖域（immediate scope）两种类型，尽管两者有时候是同样大小的。最大辖域是理解一个表达式所需要参照的最大范围的概念域；直接辖域是一个表达式激活的、与对其理解直接相关的那部分概念域。相比最大辖域，直接辖域是相对突显的，通常也被称作舞台表演区（onstage region）。例如，elbow的直接辖域是arm，最大辖域是body；而body既是arm的直接辖域又是arm的最大辖域；elbow和hand的直接辖域虽然都是arm，但它们的侧面却不同，所以语义不同。侧面指突显为注意焦点的那部分基底，即词语所标示或指向的那一部分内容。例如，"斜边"（hypotenuse）一词以整个直角三角形为基底，以直角三角形的斜边为语义指向，如图9.1黑体部分所示：

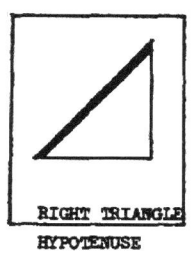

图9.1　直角三角形的斜边

词语的意义是由基底和侧面结合起来描写的。基底是侧面描写的出发点，侧面是对基底内容的聚焦。一个词语的意义既不完全取决于基底，也不完全取决于侧面，而在于两者的结合。以"叔叔"（uncle）为例，对这个词的语义刻画离不开以说话人为中心的（一部分）亲戚关系网络，以此为基底，突显了图9.2中黑体三角形位置所标示的亲戚角色：

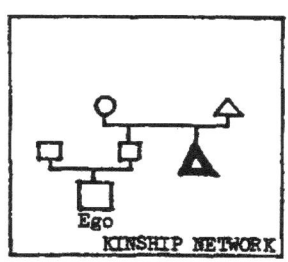

图9.2　uncle的突显关系

基底和侧面的不同安排体现了认知主体对相同概念内涵的不同识解，从而标示了相应语言表达的语义差别。例如：

（1）a. the glass with water in it

b. the water in the glass

c. The glass is half-full.

d. The glass is half-empty.

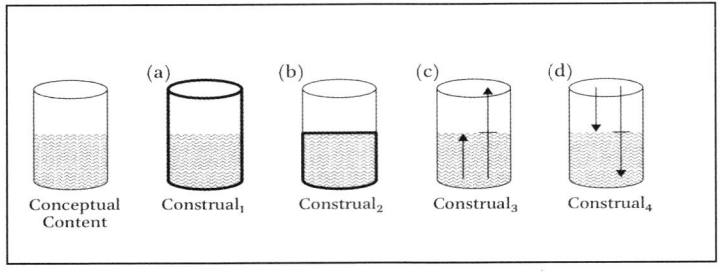

图9.3 对"杯中有水"的不同识解

例（1）中每个表达式都是基于图9.3最左边一个图所标示的概念内涵，具有相同的基底。但是，它们之间的语义差异可以分别用图（a）—（d）来标示。短语the glass with water in it突显的是装着水的杯子；the water in the glass突显的是杯子里的水。句子The glass is half-full突显的是杯子装着水的那部分；而句子The glass is half-empty突显的是杯子空的那部分。

9.2.2 射体和界标

一个表达式所突显的侧面可以是事体（thing），也可以是关系（relationship）。突显一种关系时，该关系的参与者也会得到突显，但不同参与者的突显度是不一样的。通常作为主要焦点而被定位、评价或描述的参与者是射体，在小句中通常出现在主语的位置。另外一个次要参与者（如果有的话）则是界标，在小句中通常出现在宾语等位置。例如，在The lamp is above the table中，the lamp是射体，the table是界标；而在The table is below the lamp中，the table是射体，the lamp是界标，如图9.4所示：

把射体与界标及基底与侧面结合起来可以精确地区分一些意义相近或相关的表达式。例如，parent，child，have a parent和have a child四个表达的基底相同，如图9.5所示。（a）和（b）的侧面都是事体，但勾勒的是基底中的不

144

同要素或部分。(c)和(d)的侧面都是关系,而且是同一个关系,但对应的射体和界标却有所不同。

图9.4　lamp和table与射体和界标

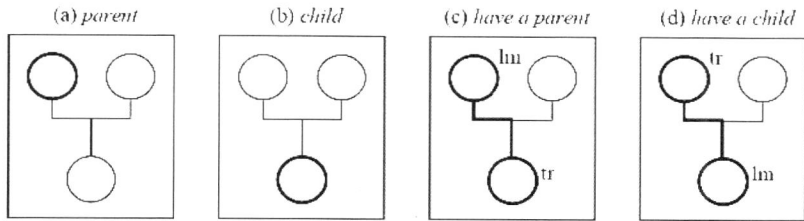

图9.5　parent和child的突显关系

再来看choose,chooser和choice三个词之间的区别。choose是动词,勾勒的是一个时间性的关系,即一个过程,如图9.6(a)所示。"选择"这个过程涉及"选择者"(射体,tr)和"被选者"(界标,lm)之间的心理关系,由虚线线头标示。既然是"选择",备选的对象肯定不止一个,这些对象构成一个集合,用垂直的双向箭头标示。对过程的勾勒也顺带激活了过程的参与者。

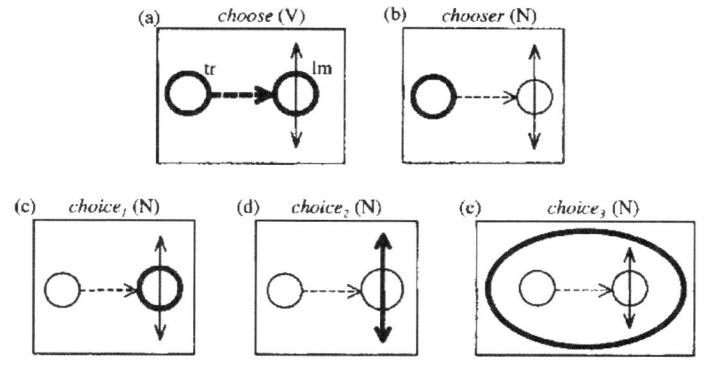

图9.6　choose,chooser和choice不同的突显内容

由choose派生而来的名词chooser和choice都以动词choose所激活的过程为基底。chooser的侧面是射体，即"选择"动作的发出者，见图9.6（b）。choice有三个意义，具体用法见例（2）中的三个例句，分别对应于图9.6（c）—（e）。例（2a）中的choice勾勒的是"被选者"；（2b）中的choice勾勒的是由供选择的对象构成的集合，即选择的范围；（2c）中的choice勾勒的是"选择"这一过程本身。

（2）a. Unfortunately their top *choice* proved incapable of doing the job.

b. They offer a wide *choice* of investment options.

c. She made her *choice* in just seconds.

本章开头提到的multiple choice中的choice对应的是图9.6（d），而"多项选择"中的"选择"对应的是图9.6（c）。

9.2.3 整体扫描和顺序扫描

事物存在于空间中，事件存在于时间中。事件是在时间中发生和发展变化的，即时间是事件的例示域（domain of instantiation）。每当对事件进行概念化的时候，我们不仅对事件本身进行感知，同时也对事件发生和发展所在及所花的时间进行感知，因为时间是事件不能分割的一个维度或要素。这时，时间也是我们所概念化的对象。这个作为我们概念化对象的时间，认知语法称之为感知时间（conceived time），即事件时间，在图9.7中用小写t表示。另一方面，概念化本身是一种心理事件，也需要在一定的时间中进行，具有时间延续性。这时，时间就是概念化的媒介，概念化在这个时间中发生和进行。这个作为概念化的媒介的时间，认知语法称之为加工时间（processing time），即观察时间，在图9.7中用大写T表示。每一个时间点对应事件的一个状态，在图9.7中用大长方形标示。这样的长方形认知语法称之为构型（configuration）。每一个构型描述的是一个时间点和与其对应的视窗（用小长方形标示）之间的关系。所有的构型一起展示了事件的发展演变，构成了整个事件的全部。总而言之，被感知的事件发生在感知时间中，是客观轴上的时间；概念化事件本身是发生在加工时间中的，是主观轴上的时间。

当我们看一个皮球沿着斜坡滚落时，观察时间中的每一个时间点都和事件时间中的相应时间点重合。在每一个时间点上，球都处于一个新的位置，由此可以人为地把整个事件根据时间点而分割为很多个构型，这些构型是按照它们出现的时间顺序排列的，因此也只能按照时间顺序次第提取，这就是顺序扫描（sequential scanning）。顺序扫描是我们对事件进行实时观察时用到的主要体验模式。

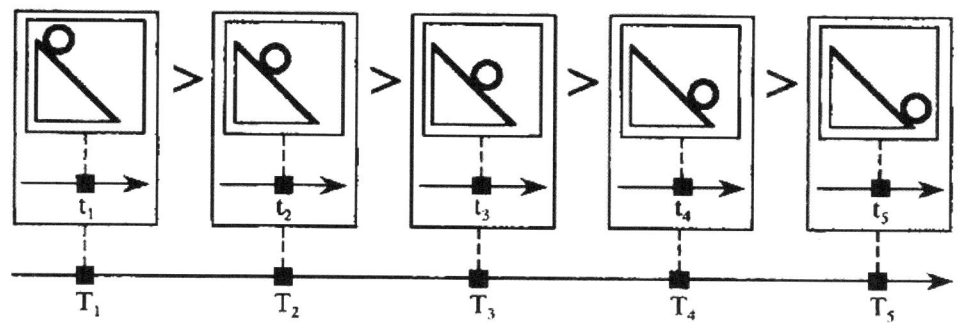

图9.7　顺序扫描

当我们观察皮球的滚落、黄金价格的下跌、候鸟的迁移、台风的移动、房价的上涨等现象时，我们可以通过线条来标示这些事件或变化发生的轨迹。例如，在观察皮球下落时，我们可以用线条把皮球在各个构型中的位置连接起来，从而使皮球的运动能够在一个构型中得到视觉表征，如图9.8所示。这就相当于把所有的构型都重叠起来，这样在一个时间点上我们就可以完整地看到皮球运动的整个轨迹。也就是说，不同时间点所对应的各个构型因为被压缩

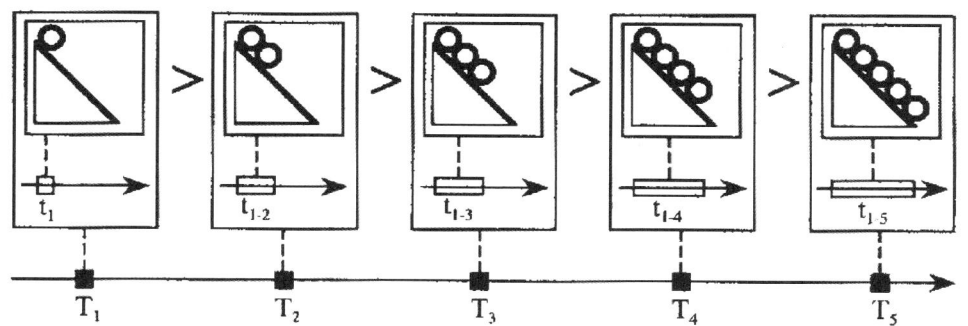

图9.8　整体扫描

了一个构型之中，因而可以在一个时间点上被全部提取，具有完型或格式塔的性质。把连续动态出现的构型放在一个静态的图框中呈现，这就是整体扫描（summary scanning）。

在顺序扫描中，每一个时间点和与其相应的每一个构型都得到了保留和呈现，时间的侧面得到了彰显（见每一个构型中的实心方块），因此顺序扫描对应于时间性（temporality）。相反，在整体扫描中，时间点和构型遭到压缩（见每一个构型中横向的空心长方形），时间性侧面被最小化，因此，整体扫描与非时间性（atemporality）对应。顺序扫描和整体扫描不是相互排斥的，而是构成一个连续统；与之相应，时间性和非时间性也不是相互排斥的，而是处于一个连续统的两端。在一个复杂的结构中，两者可能同时存在，关键在于哪一个相对来说更为突显。根据认知语法，动词勾勒的是一个时间性的关系，这涉及两个方面：（i）该关系是被感知为随着客观时间的变化而变化和发展的；（ii）在对这一关系进行提取时，概念化者采用的是顺序扫描。前者讲的是时间性关系的客观存在基础，后者讲的是它的主观基础。

只有在现实的实时感知中，感知时间和加工时间才会基本一致。在语言表述中，由于语言不是现实的镜像，而是对应于人的概念化，感知时间和加工时间总是不一致的。这是因为，语言表达的意义是概念内涵和人的主观识解的函数。在对客观情形进行主观识解时，概念化者经常要对其进行重塑，或者根据该情形与其他情形的关系而赋予其不同的突显度，即将其前景化或背景化等。因此，客观情形在概念化中总是或多或少被扭曲了的，这也导致了感知时间和加工时间的不一致。

这种不一致主要体现在加工时间侧面能够推翻感知时间侧面，表现为时间化（temporalization）和去时间化（atemporalization）。时间化能够赋予空间关系或现实中的非时间性关系以时间性的侧面，从而使其可以充当谓语。例如，小山和河流之间的空间关系通常是静止的，但我们可以通过顺序扫描来对这种静态的空间关系进行动态识解，从而使这种关系带有时间性侧面。这时，加工时间是真实存在的（factive），而语言表述所反映的关系中的感知时间却是虚拟的（fictive），也就是说，加工时间和感知时间的性质是不一样的。

如果说时间化是把一个时间点拉长为一根时间线条，或者说是将上述由时间点连成的线条还原到一个一个的时间点去，那么去时间化就是将一根时间线条压缩为一个时间点，即通过整体扫描，在一个时间点上提取一个事件中与所有时间点对应的构型，将所有构型重叠在一起。这样，事件整体得到了突显，时间性侧面被隐入了背景之中。例如，例（3a）中动词walk勾勒的是一个时间性的侧面，充当谓语。不定式符号to能够剥除过程的时间性侧面，这时to walk勾勒的是一个非时间性的关系，见例（3b）。例（3c）中的名词walk勾勒的是一个事体，即通过"时间是空间"以及"时间中的过程是空间中的实体"这两个概念隐喻，将一个动作过程概念化为一个事体，语言中体现为动词的名词化。这三个walk之间的区别见图9.9。

（3）a. He *walked* along the road from the house to the bank.

b. He wanted *to walk* home.

c. He took *a walk* yesterday.

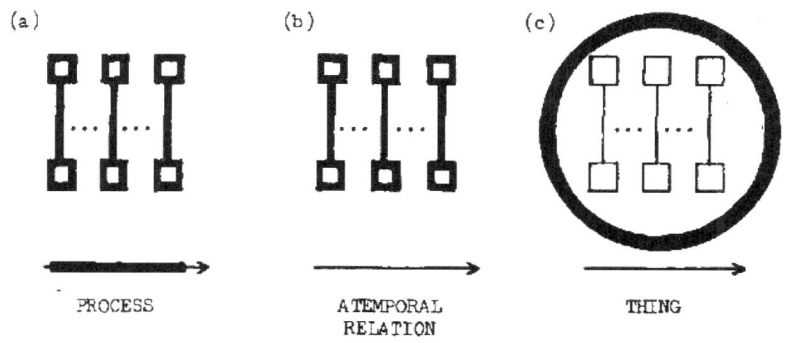

图9.9　过程、时间性关系与事体

9.2.4 概念参照点

概念参照点（conceptual reference point）也叫认知参照点，最早由心理学家Rosch在研究典型范畴时提出，后来由Langacker进一步阐述和发展，主要用于解释领属结构、转喻、代词回指、语篇连贯、话题结构等现象。

参照点能力主要涉及概念化者或认知主体（conceptualizer）、参照点

（reference point）、目标（target）、辖域（dominion）和心理路径（mental path）这几个概念，如图9.10所示。

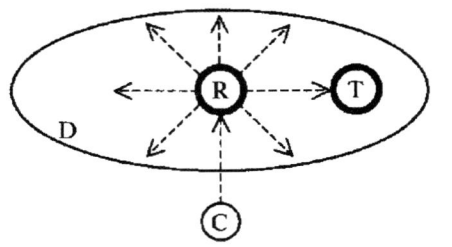

图9.10　概念参照点

所谓"概念参照点"实际上是指最先被概念化者所感知的某一辖域内最为显著、最为活跃的实体。通过这一实体，辖域内的其他实体得以定位或解释。辖域在此指含有一系列可感知实体的概念结构。这体现的是人类在认知新的事物时，总是会借助已知的事物，即参照已知去认识未知的能力。具体而言，就是把一个实体概念激活，以此与另一个实体概念建立心理接触，使后者成为注意的焦点。

运用认知参照点认知事物的大致过程为：概念化者为了对目标实体进行概念化，首先运用参照点能力选取在认知上处于突显地位的实体作为参照点，以此在参照点所属的认知辖域内沿着心理路径，完成对既定目标的概念化或识解。

认知参照点的选取不是任意的，而是受到突显程度的制约。一般而言，事物之间的突显性程度体现以下差异：人类>非人类；整体>部分；具体>抽象；可见的>不可见的。人类一般通过激活左边的事物作为参照点来认识右边的事物。

概念参照点理论可以用来解释很多语言现象。例如，典型可以被看作是判断一个成员是否属于某个范畴的认知参照点。换句话说，我们总是激活一个范畴的典型成员作为参照点来判断某个实体是否属于该范畴。该理论还可以用来分析句子层面上的照应现象以及汉语中的双主语现象。在例（4）中，"小明"是外主语（outer subject），"脾气"是内主语（inner subject），整个小句[NP₁[NP₂ VP]]是一种双主语结构。NP₁是整个小句的认知参照点，为目标"脾气"的概念化过程提供心理通道。

（4）小明脾气不好。

Van Hoek（1995）等学者还将概念参照点理论与可及性理论结合起来解释句内照应现象。"可及性"是指认知主体达及或提取某一指称对象的难易程度。可及性高说明认知主体更容易达及某个指称对象。一般而言，可及性体现出以下等级差异：

John Smith, the president > John Smith > HE > he > himself > zero（全名+修饰语 > 全名 > 重读代词 > 代词 > 反身代词 > 零代词）

可及性从左往右依次提高。Van Hoek认为，在辖域内当参照点以高可及性标志词出现时，如果辖域内另一个指称对象以低可及性标志词出现，那么这个指称对象不可能与概念参照点共指。这说明要么例（5）中的Peter和he没有共指，要么是一个不合格的句子：

（5）*In *Peter*'s kitchen, *he* cooks the most exotic dishes.

主语通常是理解一个句子时的起点，因此通常是句子主要的概念参照点。例（5）的主语是he，它要求其辖域内与它共指的照应词可及性要高于它本身。Peter是专有名词，其可及性低于he，所以无法与he共指。

9.3 认知语法的核心观点

9.3.1 语法是由规约化象征单位组成的结构化清单

认知语法认为，语法是由规约化的象征单位（音义配对体）组成的结构化清单。这一观点包含四点内容：（i）对于语言的符号功能而言，语言中只需三类结构：语义结构、音位结构以及这两者组成的象征结构，除此之外没有别的单位。象征单位是双极的，可表示为[[语义]/[语音]]。（ii）词汇和语法结构都是象征单位，都有语义极和音位极，差别仅在复杂性、图式性和规约性的程度上。一般的词汇音位极和语义极都是具体的。语法标记、助词、主谓一致标记、词缀等，其音位极具体，但语义极是抽象的。而像"词类"这样高度抽象的语法范畴，认知语法也将其视为象征单位，只不过其语义极和音位极都是图式性的。（iii）词汇、词法、句法构成一个连续统，很多语法现象都是一个程度的问题，具有非离散性。例如，on a X day这个结构语义既未足够具体到可以划分为词项，也未足够抽象到可以归类为语法，而是介于二者之间。（iv）语法是有意义的。即便是像介词、助词、限定词这样抽象的语法词/功能词也是有意义的。传统语法所说的"语法规则"，其实是将象征结构组合成更复杂象征单位的图式性范型。

既然词类是有意义的，我们就可以描绘它们在意义上的差异。认知语法就是运用侧面、时间性以及关系参与者的数量和性质等概念来刻画英语词类的，具体如图9.11所示。

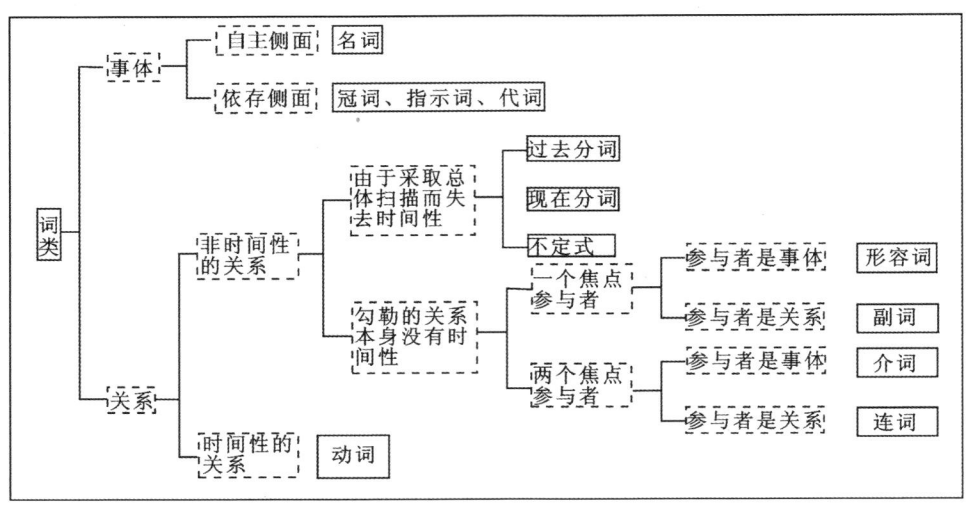

图9.11 认知语法的词类划分

名词的侧面是事体；代词用于指代名词，也勾勒事体。冠词、指示词和数量词是限定词，是名词短语的背景设置成分或入场成分（grounding element），勾勒的也是事体。只不过它们的侧面在概念上是依存性的，而名词勾勒的是一个在概念上自主的侧面。动词的侧面是时间性的关系。不管是在名词短语还是在动词短语中,背景设置成分的侧面与受其背景设置的成分侧面是一致的。如在this dog中,this和dog都勾勒事体,在she jumped中,过去时语素-ed与动词jump都勾勒过程,其区别在图式性或抽象性的程度上。

形容词和副词因其界标隐藏在语义结构中,只突显射体,勾勒的都是只有一个焦点参与者的非时间性关系,其区别是:形容词的参与者是事体,副词的参与者是关系。介词和连词勾勒的是有两个焦点参与者的非时间性关系,射体和界标都是显性的,其区别是:介词的参与者是事体,连词的参与者是关系。标补词、不定式标记to、-ing、过去分词语素-ed等勾勒的是高度图式性的非时间性关系,它们是所附结构的侧面决定体,可以把其所附加的动词词干的侧面由时间性关系转化为非时间性关系,即通过整体扫描的方式将一个过程去时间化。

事体和关系统称为实体(entity)。实体、事体、静态关系、非时间性关系和过程(即时间性关系)分别图示如下(时间性关系带有时间性侧面,用带有粗线条的右向箭头标示):

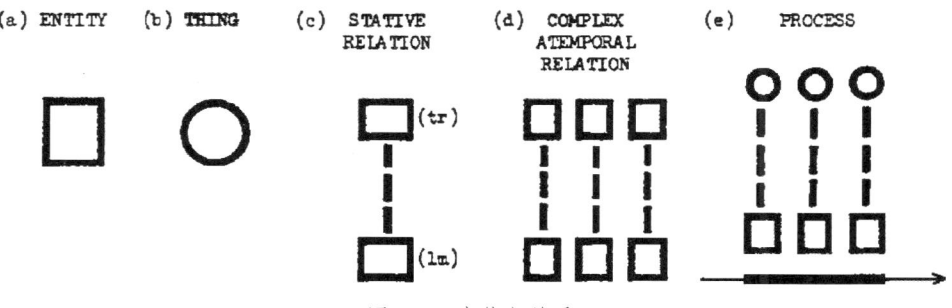

图9.12 事体与关系

把语义视为约定俗成的主观意象,从概念上对词类进行定义,这就打破了词法和句法的界限,把二者统一到一个连续统上。这是从真值条件出发难以做到的。也只有从概念出发对语言范畴进行界定,才能满足认知语言学"概括的承诺"和"认知的承诺"。

不仅词类是有意义的,抽象的构式也有意义。例(6a)是与格结构,(6b)是双宾结构,这两个结构的基底一样,但侧面不同,如图9.13所示。

（6）a. Bill sent a wallet to Joyce.

b. Bill sent Joyce a wallet.

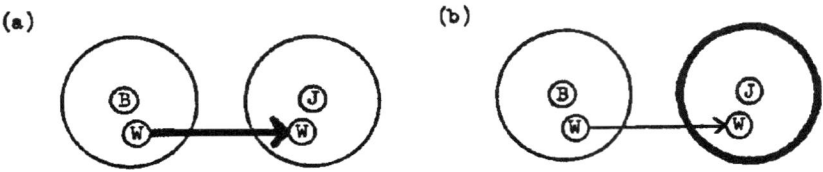

图9.13　与格结构与双宾结构的图式

与格结构突显的是"赠送"的过程，双宾结构突显的是"赠送"的结果，即仅有后者具有"Joyce已经收到Bill送的钱包"这样的语用含义。所以，在与格结构中这样的语用含义可以取消，而在双宾结构中则不能取消，否则不合乎语法。

（7）a. Bill sent a wallet to Joyce, but she didn't receive it.

b. *Bill sent Joyce a wallet, but she didn't receive it.

9.3.2 意义就是概念化

认知语法以观察活动类比概念化活动，将意义等同于概念化，即认知主体对客观场景的识解。这一观点涉及三个方面的内容：（i）概念化强调了认知主体的主观能动性。语言反映的是人的概念化，而不是镜像地反映客观现实。语言活动总是带有认知主体的主观色彩，这就有别于传统的真值语义观。每一个认知主体都可以从不同角度对同一个情景进行识解，从而产生不同的表达。同一表达也可能会因解读视角的差异而得到不同的理解。构式只不过是对识解方式的一种规约性符号化。（ii）概念化强调了语义产生的动态性。语义产生于认知主体对客观场景的动态识解，带有过程性。识解作为一种认知活动，受到人类认知能力的制约。（iii）概念化强调背景知识对识解的影响。认知主体是从个体的角度，根据自己的经验和认识来识解客观世界的，受到百科知识的影响。

概念化不是命题性的，而是意象性的（imagistic），涉及的是构型性的概念（如"接触"等）和概念雏形（conceptual archetype，如"物体在空中移动"等）。所以，词项不仅仅是"盖房子的砖块"，仅用于组合成表述复杂意义的构式，而是提供或激活了达及相关开放性知识域的通道。例如，The beach is safe和The child is safe结构相同，但意义迥异：前者中主语the beach类似施事，后者中主语the child却是受事。这个意义上的差别不单单是通过语法结构的解码得到的，还需要激活相关的"海岸""小孩""危险性"等概念知识。知识域类似"心理空间"（mental space）或"框架"，对某一特定概念而言体现出不同的突显性和被激活的可能性，呈现出相互交叉的网络分布。类比于舞台模型的话，有些知识域与所聚焦的事体或事件直接相关，处于直接辖域之内，其他的则处于最大辖域甚至舞台之下。这些知识域的安排涉及概念化者的识解。

一个语言表达式的意义包含两方面的内容：一是概念内容；二是理解与建构这一概念内容的识解方式。包含相同概念内容的语言表达式也会因为对事物的识解方式不同而导致语义上的差别。识解包括六个维度：基底与侧面；情景识解所处的详略层级（level of specificity）；比例（scale）和述义的辖域（scope of predication）；述义结构的相对突显；背景假设与期待；视角（perspective）。识解在这些方面的差异会引起意义上的差异。例如，在词语层面，cross和across述义的基底相同，但侧面不同，即前者的侧面是时间性的关系，后者的侧面是非时间性的关系；move和walk对情景描写的详略度不同；island和peninsula激活的辖域不同；close和quite close表达的比例不同；stingy和thrifty所持的背景假设不同；pork和pig meat的组合方式（或突显度）不同；above和below的视角定位不同等。在短语层面，假设"一个杯子中有半杯牛奶"，这是相同的客观场景和概念内涵，但识解方式不同便会产生不同的表达：可以说It's half empty，也可以说It's half full；可以说"只有半杯"，也可以说"还有半杯"；可以说"喝了半杯"，也可以说"剩了半杯"。

9.3.3 名词短语和动词短语具有平行的背景设置

对事物的认识，首要关注的不是其存在，而是其识别，所以讨论事物时需要把注意力指向合格候选者中的特定所指。但光杆名词表述的仅是一类事物，要使其所指成为话语双方能共同识别的对象，需要将其与"认知场景"建立起联系，即进行"背景设置"（grounding）。认知语法中的认知场景，包括言语事件的参与者（即说话人和听话人）、言语事件本身、发生的时间地点、当时的情景语境、先前的话语以及参与者双方共有的知识等。

谈论一个事件时，因事件的本质是发生，所以首要的问题是存在，而不是识别确认。事件的存在离不开其所发生的时间，因为事件总是在一定的时间点或时间段内发生的。对事件存在状态的描述也离不开说话人对其发生与否及发生潜在性的评估，即需要对其进行认识性的判别，将其置于说话人当前对现实的感知中。但一个骨架小句（skeletal clause）所勾勒的只是一类过程，要对其进行时间和认识性的确定，也需要将其与认知场景建立起联系，即进行背景设置。

可见，一般简单名词和动词都仅仅是明确事物或事件的类，具有虚拟的性质，即其表述的只是一个虚拟的、在想象空间中存在的事物或事件。类是对与其对应的所有例示的抽象和概括，向处于例层面（例示域）的具体个例进行投射，但不占有例示域的任何位置。一个简单名词和动词只有经过背景设置才能表述该类中的一个或一些例。例如，简单名词dog与完全名词短语a dog、this dog、the dog的差别不在于其侧面，它们的侧面都是一样的，都勾勒一个事体。它们之间的差异在于，前者表述一个类，而后者表述的是这一类中的一个例。

名词和动词的背景设置都包括"有定"和"量化"两个维度，具有平行的结构。在英语中，名词的有定背景设置成分包括指示词（this，that，these，those）和冠词（a，an，the，弱读的some）；量化背景设置成分包括相对量词（all，most，some，no，every，each，any）和绝对量词（many，few，little，a few，a little及数词等）。需要注意的是，只有处于整个名词短语的最左边时绝对量词才成为背景设置成分。

小句表述的时间性过程通常需要明确三个成分：参与者、事件类、事件的存在情况。这三个成分分别叫做类具体化（type specification，明确动词涉及的内容）、类精细化（type elaboration，明确过程的参与者）和背景设置（明确动作的实现情况）。对这些成分的明确通常通过词汇语法的手段，如在John broke the vase中，类具体化由动词break实现，类精细化由主语和宾语实现，背景设置由过去时语素和缺场的情态实现。所以，动词的背景设置成分是时态和情态。小句的有定性由无情态动词的谓语表示，并具有近指和远指的对立，体现为现在时和过去时的选择。小句量化背景设置成分是情态，也具有近距离和远距离的对立。只有通过时态和情态的背景设置，才能将其具体化为这一类中的某个例，这样受话者才能够明确说话人谈论的到底是哪一个具体的过程。

对这三个成分的明确也可以通过专门的句式来实现：

类具体化：What John did yesterday was *break* the vase.（假拟分裂构式）

类精细化：Breaking the vase yesterday was *John*.（分词倒装构式）

背景设置：Break the vase he *did/has*.（动词前置构式）

背景设置成分也是背景中的成分，但并不是背景中的所有成分都能成为背景设置成分。背景设置成分必须具有以下特征：

（i）直指性。一个背景设置成分必须能够明确所表述事体或过程与背景某一方面之间的关系，必须参照话语参与者的知识系统，所以具有直指性。

（ii）最大限度的主观性。一个背景设置成分只能是处于舞台之下的隐含的参照点，不能登上舞台表演区成为表述的焦点。也就是说，尽管背景设置成分以某种方式调用认知场景，但所调用的背景成分是被高度主观识解的，不能被言表或突显。这是因为，背景设置成分只突显被背景设置的成分所勾勒的实体，并未突显"背景设置"这一过程/关系本身。因此，虽然下例中的this和near me都可以表示"离说话人近"这一相同的概念内涵，并且都调动了说话人这一背景作为参照。但因为near必须将me作为界标，所以不能成为背景设置成分；而this可以。

(8) a. *The culprit is *this*.

b. The culprit is *near me*.

（iii）拓扑性。背景设置建立起语言成分所表述的事体和过程与背景之间的联系。这种联系是拓扑性质的，具有相对性，这样才能确保每一个听话人都能够得到相同的字面理解。

（iv）图式性。背景设置成分的语义是高度抽象的，具有图式性。名词的背景设置成分本身就勾勒一个抽象的事体。动词的背景设置成分其侧面本来就是一个时间性的关系。所以，背景设置成分的侧面要么是事体，要么是时间性的关系，不能是非时间性的关系。因此，形容词、介词和分词都不能充当背景设置成分。

背景设置成分的语义高度抽象，它主要体现在两个方面：其一，可以充当代词形式。代词的语义基本为空，需要参照所指代的词项或小句进行理解。其二，不能出现在动词be后面充当表语。这是因为be所表示的也是抽象的关系，需要其后的词项对其语义空位进行精细化，而语义同样高度抽象的背景设置成分显然不能满足这一要求。例如：

（9）a. That they will ultimately prevail *is* possible（*may）.

b. Probably the filing deadline *was* before now（*-ed）.

（v）低灵活性。非背景设置成分虽然也可能会以背景中的某些方面作为参照，但这些方面是可变换的。例如，短语across the street在（10a）中以说话人为参照，而在（10b）中则是以句子主语Jennifer为参照的。相比之下，背景设置成分所参照的背景成分一般是固定的、缺省的，不能随意更换。例如（10c）中的this始终是以说话人为参照的。

（10）a. The shop *across the street* is going to close immediately.

b. *Jennifer* noticed that the shop across the street was going to close immediately.

c. Jennifer noticed that *this* wall needs a new coat of paint.

（vi）不可或缺性。要构成一个完全名词短语或一个限定小句，背景设置成分是不可或缺的。因此，像dog near me and known to us all还不是完全名词短语，还需要进行背景设置，否则不能单独充当句子成分。

9.3.4 构式组成成分的组合顺序具有灵活性

认知语法与Goldberg等学者的构式语法具有较高的相似度，也可以说认知语法就是一种构式语法。它们在以下观点上是一致的：语言描写的首要对象不是规则，而是构式；词汇和语法不是孤立的，而是构成了一个连续统；构式之间通过继承网络和范畴化关系连接（参见第8章）。但认知语法更加重视人的识解因素，更多地从概念的角度对语法进行刻画，并认为构式必须是由两个或者两个以上的元素构成的配对体，而不是语言中任何意义和形式的配对体。例如，boys是两个象征结构（名词boy和复数语素-s）的组合，所以也是一个构式。

根据认知语法，构式组成成分之间的组合顺序是灵活的，没有严格固定的顺序。以the cat under the table为例，如果忽略定冠词与名词的组合不计，其构式组合顺序的一种可能性见图9.14：

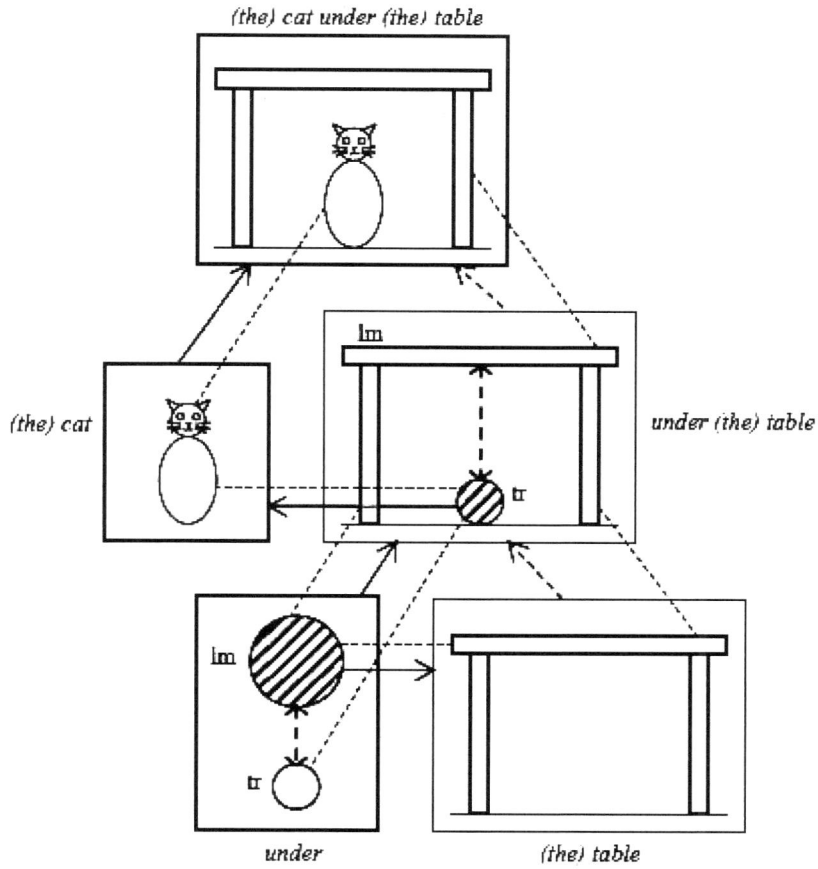

图9.14　the cat under the table的构式组合

成分的组合是以概念重叠为基础的，体现为一种对应关系，图示中用虚线标示。如果一个结构本身未含有精细化空位（elaboration site，即其中一个组合成分还没有被具体化，图示中用阴影标示），这个结构就是自主的，否则便是依存性的。从半抽象构式under X发展为under the table，这是精细化或范畴化（图示中用实线箭头标示），从table变为under the table，这是拓展（图示中用虚线箭头标示）。

在图9.14的底层，under勾勒的是有两个参与者的空间关系，其界标由the table精细化。二者组合成介词短语，图示为第二层右边的方框。under the table也是勾勒一个非时间性的空间关系，即组合结构的侧面继承了底层中介词under的界面。把侧面继承给合成结构的成分是侧面决定体（profile determinant），也是合成结构的中心词，用粗线框标示。

如果一个成分是对中心成分中的一个次结构进行精细化，则该成分是补足语。如果一个成分中含有的精细化空位需要中心成分来具体化，则该成分是修饰语。以图9.14为例，在底层中，the table对中心成分under的界标进行精细化，所以the table是补足语。在第二层中，中心成分是the cat，因为上层的合成结构the cat under the table继承了其侧面。the cat用于对under the table中的射体空位进行精细化，所以，在这一层中，under the table是一个修饰语。可见，补足语是概念自主的，修饰语是概念依存的，中心语则既可能是概念自主的，也可能是概念依存的。补足语和中心语都对修饰语中的空位进行精细化，其区别是：前者是侧面决定体，后者不是。

由上可见，认知语法对中心成分的界定有别于传统语法。传统语法是根据一个成分是否与它所构成的结构同属一个语法类别来判断该成分是否是中心成分。例如，在名词短语the beautiful girl和动词词串has been being beaten中，传统语法将girl和beaten分别认定为中心，其他成分都是通过附着于中心成分而得到扩展的。但根据认知语法，背景设置成分才是侧面决定体，所以在上面两个短语中，冠词the及时态所附着的第一个助词has才是中心成分。在领属结构John's中，中心成分是's而不是John。另外，在传统语法中，动宾结构、主谓短语、介词短语，如beat the bush, he jumped, under the table等，都是离心结构，没有中心成分。但根据认知语法，这些结构是有中心成分的，分别是beat，jumped和under。

当认定成分组合是一种概念组合时，其顺序就可以是灵活的。不管是主谓结构还是动宾结构，侧面中心成分都是动词，所以先与主语组合还是先与宾语组合都是可以的。前者符合语言线性加工的顺序，后者符合整体或模块加工的特点。同样在"NP_1+介词+NP_2"中，介词可以先与NP_2组合构成介宾短语再用来修饰NP_1，如图9.14所示，也可以先和NP_1组合再与NP_2组合，或者三者在一个层次上同时组合。

认知语法用侧面决定体来界定结构中心，认为组合的顺序是灵活的，这有几点好处：第一，不必再设置转换和移位的规则。像The claim was dismissed that she was a spy这样的句子，不需要再认为是通过句子The claim that she was a spy was dismissed中的that从句向右移位生成，这不过是语言概念组合的灵活性而已。第二，这能够解释包含多个助词的复杂谓语中侧面的交替和组合情况。例如，在I may very well have been being followed这个句子中，侧面的交替和组合可以抽象为：（have($PERF_4$(be_1(-ing(be_2($PERF_3$(V))))))）。第三，可以解释主从句侧面的竞争，体现为渐进性和可逆性。以（11）为例：

（11）a. Is evolution only conjecture? Well, the president has definitely decided that it is.

b. Bush has conclusively demonstrated that evolution is only conjecture.

c. I suspect that evolution is only conjecture.

d. Evolution is only conjecture, I think.

（11a）中的第二句是常见的包含谓补从句的复合句。谓补分句that it is的内容在上文中已经出现过，属于旧信息，其信息度不高。整个谓补从句就像是主句的一个论元，其侧面被主句侧面所压倒（override），从句发生了较高程度的去时间化，这对应于图9.15（a）。

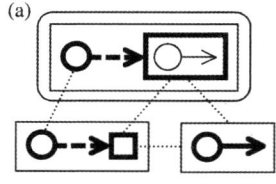 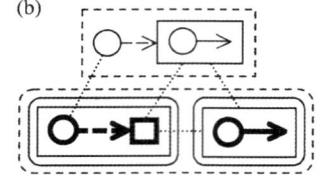 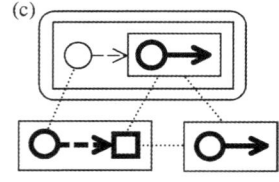

图9.15 主句与从句的侧面

（11b）中的主句和从句在侧面突显度上平分秋色，都表述具有一定信息度的命题，它们分属两个不同的注意视窗，这对应图9.15（b）。自（11c）起，主句侧面的突显度开始下降，谓补从句的侧面突显度开始增加。到了（11d），主句I think已经发生了较高程度的去时间化，think表述的动作过程已不再突显，整个主句仅用于传达背景信息，表达谓补分句的信息来源等。这时，主句的侧面已经被从句侧面所压倒，语法化为一个认识性插入语，所以可以移到句子的中间或末尾。即整个句子只有一个侧面，而侧面决定体是从句，见图9.15（c）。可见，主从句的侧面是相对突显的，主从句的关系以及主句从句的地位都不是一成不变的。

9.3.5 主观化是客观轴和主观轴上的关系交替淡化和突显的过程

与Traugott不同，Langacker的主观化并不是指原先不具有主观意义的表达式在历时的过程中由于语用含义规约化而获得主观性，即表述说话人主观认识、情感和态度的用法通过语义化而固定为表达式的义项，而是指语言表达式所涉及的客观轴和主观轴上的关系交替淡化和突显的过程（参见第11章）。

根据认知语法，每一个小句都涉及两种关系或过程，分别对应于图9.16中的X和Y，以句（12）为例：

（12）*The boy* kicked *the ball* across the street.

Y是表述射体the boy和界标the ball之间能量互动的关系，也即得到语言表述的、以主语为参照点并受其控制的关系；X是由概念化者的主观心理扫描建立起来的概念参照点关系，隐匿于被客观识解的关系Y中，以射体为参照点，以界标为目标。它们之间的区别是：Y是句子主语控制的物理运动，X是概念

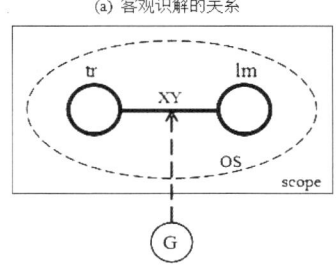 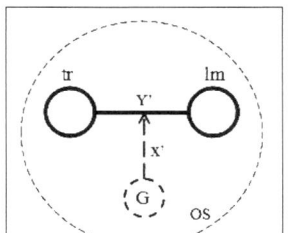 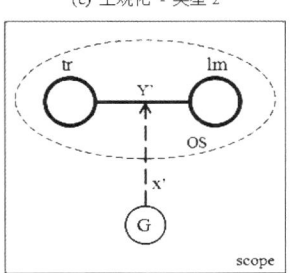

图9.16　客观识解和主观识解

化者控制的心理扫描活动；Y在客观轴上，是客观存在的关系，X可在客观轴上也可在主观轴上（在客观轴上时与Y重叠，以主语为参照点；在主观轴上时与Y分离，以概念化者为参照点）；Y是具有具体概念内涵的客观关系，X是抽象的、类化的主观关系；Y是小句主要勾勒的显性的时间性关系，X表述概念化者的识解活动，是隐性的非时间性关系，不是小句主要勾勒的关系。在特定语境下，伴随着主语控制力的弱化，客观轴上的关系不断淡化直至完全缺席，主观轴上的关系便不断得到突显，主观化程度也不断增加。

这两个关系有着密切的联系：Y是X的基础和动因，正是因为Y的客观存在，概念化者才能对其进行感知并建立起概念参照点关系，而正是因为概念化者从自己的角度出发进行了识解，Y才得以言表和锚定。两者通常是重合的：小孩从街道这边移动到对面的路径，也是概念化者心理扫描的路径。

通常所说的主观化是图9.16（b）对应的主观化，即概念化者通过主观心理扫描产生的概念参照点关系突显性逐渐增强并最终成为小句勾画的主要关系的过程。主观化引起了关系Y和关系X的变化：从重合变为分离；小句勾勒的时间性关系从关系Y换为关系X。这是Langacker所讨论的第一种主观化，但这并不是主观化的终点。主观轴上的概念参照点关系还可以继续去时间化，新的客观轴上的关系成为小句勾勒的主要关系，概念化者退出舞台区域，见图9.16（c）。这是Langacker所讨论的第二种主观化。这两种主观化对应于语法化的两个阶段，语法化的极致是相关成分演变为背景设置成分，具有完全的透明性，下面以have为例进行说明（见Langacker 1990）：

(13) a. He *has* a knife!
   b. We *have* a lot of skunks in Chicago.

实义动词have表示"拥有"，由于拥有者和拥有物之间的不对称性，总是把拥有者确定为射体和参照点，把拥有物确定为界标和目标。这时对拥有关系的识解是最为客观的，关系Y和X重叠。但在（13b）中，这样的不对称性已基本上消失，也不再有能量的互动。have构式现在的意义在于将主语/射体确定为空间参照点，用于对目标进行定位，具体表现在（见Langacker 1991：213）：首先，主语we指的是居住在Chicago的全体人（因此，也可以用表示通称的you或they来代替we，见例[14]），而不是具体的某一个人，因此，不能用（15）表示相同的意义。（15）表示的是一种具体的物理意义上的控制关系。其次，表示处所的介词短语或地点状语从句是不可或缺的，见（13b）和（14）。如果没有了这些成分，have表述的将是一种具体的物理意义上的控制或拥有关系。介词短语或地点状语从句是用于明确以主语为参照点的空间辖域。

(14) Do you/they *have* skunks where you/they live?
(15) Peggy and I *have* a lot of skunks around here.

这样，主语被识解为一个空间性的实体，用于建立起一个以该实体为参照点的辖域，目标潜在地可能出现在该辖域之内，这就是潜在关联。可见，实义动词have有两个功能。一是空间定位：以射体为空间参照点，对目标进行定位，目标为实体。二是表示潜在关联：目标/界标对射体具有潜在关联。伴随着have获得小句时间性侧面，其意象图式从空间域映射到时间域，用于对过去分词所表述的非时间性关系进行时间定位，如例（16）：

(16) They *have* finished their homework.

可见，由于语义滞留，助动词have继承了实义动词have的两个功能。一是（由空间定位变为）时间定位：射体并非时间参照点，目标为一个非时间性关系，由过去分词表达。二是（由潜在关联变为）现时关联（current relevance）：现时关联的对象不一定是射体。这个过程就是have语法化为完成体助词的过程。

就例（16）而言，have将"完成作业"这一关系进行时间定位。它激活了一个参照点，并将界标中的关系定位在这个时间参照点的辖域中，但却未指示该关系是先于还是后于参照点。完成该指示的是过去分词语素和不定式符号to：前者将事件定位于参照点之前，后者将事件定位于参照点之后，比较have left 与have to leave。这个参照时间是概念化者G的说话时间，即定位于说话之前，同时蕴含的是该动作与现在存在现实关联。所以，概念化者虽然没有被言表而成为被客观识解的对象，但也不像例（12）中一样完全处于背景之中得到最大程度的主观识解，见图9.16（b）。可见，在这个过程中概念化主体得到进一步突显，具体表现是：将自身（所处的时间）作为参照点关系的参照点，也作为现时关联关系的对象。而在空间域时，主语才既是概念参照点关系的参照点，也是潜在关联关系的射体。

进一步的主观化与这一主观轴上的概念参照点关系被继续去时间化有关。其结果是：完成体构式在有些语言中演变为背景设置成分。完成体构式要演变为背景设置成分，需要满足三个条件：第一，现实关联关系完全消失，只剩下参照点的时间定位关系。第二，概念参照点必须和概念化主体G的说话时间等同。第三，由于第二点，概念参照点关系以及概念参照点的选择被规约化，成为该构式的一种规约会话隐含。规约化促使概念参照点关系被背景化，隐退到基底之中，见图9.16（c）。背景化使概念参照点关系逐渐去时间化，并将时间性侧面转移到界标中的关系（即原来过去分词表述的关系）上。也就是说，界标中原来被去时间化的关系现在重新获得了小句时间性关系侧面，成为小句勾勒的关系。

英语中的完成体构式都不能满足上述三个条件，所以还停留在图9.16（b）所示阶段。法语、西班牙语和德语满足了第一个条件，但没有满足后两个条件，所以也都还没有演变为背景设置成分。

9.4 小结

Langacker对认知语法的研究分为两个阶段。2000年以前是第一阶段，主要致力于证明词汇和句法的符号性质，论证语法是有意义的，寻求语言结构内部解释的一致性。2000年后为第二阶段，主要寻求对语言结构、认知加工和语篇进行更广泛的整合解释，用相同的理论构件对这些方面进行统一的分析，寻求语言结构外部解释的一致性。

认知语法的三个基本特征（即语义的中心地位，语法是有意义的，及语言基于使用的性质）决定了其可以成为语言教学的基础，所以当前已逐渐被应用于语言教学与研究。除此之外，认知语法还被广泛应用于具体语言现象的研究、语言对比研究、文学研究、语篇分析以及翻译研究等领域。

思考题

1. 请以be going to为例，分析Langacker和Traugott在主观化方面的区别。
2. 怎样运用概念参照点结构分析汉语语篇中的代词回指现象？
3. 结合下面的例子和图示，从基底和侧面的角度分析一下in，inside，entrance，enter和entry之间的区别。

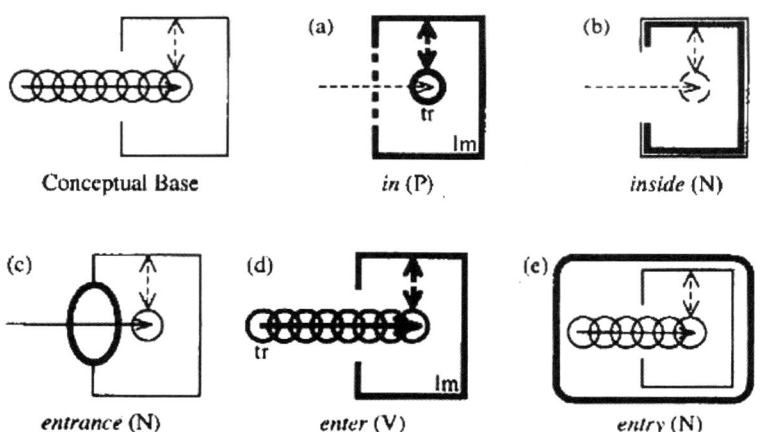

(a) The anthropologist is now *in* the tomb.
(b) The *inside* of the tomb was elaborately decorated.
(c) The *entrance* to the tomb is narrow.

(d) He reluctantly *entered* the tomb.

(e) His *entry* into the tomb took only a few seconds.

4. 在I may very well have been being followed这个句子中，侧面的交替和组合可以抽象为：(have(PERF$_4$(be$_1$(-ing(be$_2$(PERF$_3$(V))))))）。请对其中时间性和非时间性侧面的更替情况进行描述和解释。
5. 请用认知语法分析汉语"得"字或"要"字的语法化。
6. 请分析一下认知语法的符号观及其理论意义。
7. 请思考我们可以运用认知语法解释哪些英、汉语的差异。请举一两个现象并进行分析和论证。

推荐阅读书目

Harrison, C., L. Nuttall, P. Stockwell & W. Yuan (eds.). 2014. *Cognitive Grammar in Literature*. Amsterdam: John Benjamins.

Kumashiro, T. 2016. *A Cognitive Grammar of Japanese Clause Structure*. New York: John Benjamins.

Langacker, R. W. 1987. *Foundations of Cognitive Grammar (Vol. I): Theoretical Prerequisite*s. Stanford: Stanford University Press.

Langacker, R. W. 1990. *Concept, Image and Symbol: The Cognitive Basis of Grammar*. Berlin: Mouton de Gruyter.

Langacker, R. W. 1991. *Foundations of Cognitive Grammar (Vol. II): Descriptive Applications*. Stanford: Stanford University Press.

Langacker, R. W. 1999. *Grammar and Conceptualization*. Berlin: Mouton de Gruyter.

Langacker, R. W. 2008. *Cognitive Grammar: A Basic Introduction*. New York: Oxford University Press.

Langacker, R. W. 2009. *Investigations in Cognitive Grammar*. Berlin: Mouton de Gruyter.

Langacker, R. W. 2013. *Essentials of Cognitive Grammar: A Basic Introduction*. New York: Oxford University Press.

Taylor, J. R. 1996. *Possessives in English: An Exploration in Cognitive Grammar*. Oxford: Oxford University Press.

Taylor, J. R. 2002. *Cognitive Grammar*. Oxford: Oxford University Press.

Van Hoek, K. 1995. Conceptual reference points: A cognitive grammar account of pronominal anaphora constraints. *Language, 71* (2): 310-340.

高航，2009，《认知语法与汉语转类问题》。上海：上海交通大学出版社。

高原，2003，《照应词的认知分析》。北京：外语教学与研究出版社。

莫启扬，2016，《语言中的去时间化研究》。北京：科学出版社。

文旭，2008，汉语双主语构式的认知语法观，《外语教学》，（4）：6-11。

第十章 构式语法

10.1 引言

生成语言学认为，语言知识就是"词汇（词库）"和"规则（语法）"的知识。按照弗雷格的"语言合成观"——一个语言表达式的意义就是其组成成分的词汇意义和组构规则的函数，即词汇为一个表达提供丰富的意义，而规则管束这些词汇的组合方式。"词汇+规则"决定了句子的意义。例如，在Chris knocked at the door和Jack loves Mary中，对应的"词汇"决定了句子所表达的具体意义，而"规则"管束这些词汇的特定组合方式，透过它们所表达的字面意义就可以直接理解说话人意欲传递的语义内容。然而，这只是理想的情况。现实生活中的许多语言表达式，根本无法通过词汇和规则进行解释。以习语kick the bucket为例，即便我们知道kick和the bucket分别表达的意义，也了解动宾短语的组合规则，但也无法推导出kick the bucket所表达"死"的这一层含义。汉语中也有很多类似的表达，如"香消玉殒、驾鹤西归、命染黄沙、呜呼哀哉"，同样表达了"死"的含义，但都背离了它们的字面意义。

这并不是个别现象，语言中还存在着大量类似"语义增值"的情形。Kay和Fillmore（1999）讨论过英语中一种特殊的句法结构What's X doing Y。例如：

（1）A：Waiter, what's the fly doing in my soup?

B: Madam, I believe that's the backstroke.

上例有两种解读方式：一是字面意义的解读"苍蝇在我的汤里做什么？"。二是作为What's X doing Y构式的解读"苍蝇怎么会在我的汤里？"，表达的是"对描述场景存在不一致情形的一种质问"。What's X doing Y构式所表达的"质问"的含义，是不能从其字面意义推导出来的，它是语境信息的规约化。如此看来，把一个语言表达式的意义完全归结于"词汇"和"规则"是不合理的。

对于kick the bucket和What's X doing Y这类不规则的表达式，它们表达的意义不是词汇意义的组合，而是句法、语义、语用和语篇，乃至历史、文化和认知等多种因素作用的结果。这就是我们常说的语言中的"1+1≠2"现象，Goldberg（1995）称之为语言的"不可预测性"。

语言的"不可预测性"给形式语言学倡导的"词汇+规则"和"语言合成观"带来了挑战。为了规避习语等不规则的语言表达式，生成语法提出语言结构有核心成分和边缘成分之分，语法研究应着眼于可用规则推导出的"核心成分"，习语等不规则用法属于"边缘成分"，可直接放入词库或作为语法的附录处理。然而，这种处理方式的弊端显而易见。一方面，作为不规则表达的"附录"容量很大，而且结构性和能产性很强，如果均不作处理，明显违背了乔姆斯基所倡导语言研究应遵循的"观察充分性、描写充分性和解释充分性"原则；另一方面，这些不规则表达式源于真实的语言使用，它们源于规则，又偏离规则，正好可以揭示语言变异和变化的规律。Fillmore et al.（1988）以let alone为例，探讨不规则语言结构的规则性和习语性，揭开了构式语法研究的序幕。他们提出语言研究要描述语言中所有的规则和不规则结构，并对这些结构做出解释。随后，涌现出一大批有关语法构式的个案研究，包括Brugman（1988）、Lambrecht（1990）、Fillmore和Kay（1993）等。Goldberg（1991，1992a，1992b，1995）基于Lakoff（1977，1987）提出的"语言格式塔（linguistic gestalts）"思想，把构式语法研究拓展到相对规则的论元结构构式，她所著的《构式：论元结构的构式语法研究》（*Constructions: A*

Construction Grammar Approach to Argument Structure)(1995)一书更是掀起了构式语法研究的热潮。从此，构式语法作为一种新的语言学理论得到学界越来越多的关注和认可。

10.2 什么是构式

有关"构式"的提法早已有之。古斯多葛学派的学者已经开始把"构式"视作形式和意义的配对体，并作为语法研究的一个重要部分（Goldberg 2006）。结构主义语言学、生成语言学等语言学派都对构式有过讨论，但它们所谓的"构式"主要是指具有一定形态的语言结构或字符串（strings），与当前主流构式语法所讲的"构式"概念不完全相同。构式语法所说的"构式"是一种具有心理现实性的、已固化的语言单位，它可以是SVO_1O_2这种具有能产性的图式构式，也可以是let alone，kick the bucket这类没有任何能产性的习语。换句话说，构式语法所说的"构式"是一种"认知"现象，它通过大量语言实际表达概括出来，并作为一个个知识片段储存于人类大脑之中（Hilpert 2014）。那么，如何证明这种作为认知或心理现象的构式的存在？这种构式的内涵和外延又是什么？

10.2.1 构式的存在

构式语法认为，构式是规约化的形式和意义/功能的配对体。如果说构式具有独立的形式无可厚非，但是构式义是否具有心理现实性，还需要更多的证据。为此，Goldberg（1995）做了一个实验。她随意编造了一个动词topamase，然后放入双宾结构She topamased him something中，请10位受试猜测topamased在句中的意义。其中有6位受试认为，topamased表达的意义与give相关，其他人也认为它表达了类似"转移"的意义。由于topamased是一个并不存在的动词，这10位受试也未曾见过，那么它的意义从何而来？Goldberg认为，这是受到了双宾结构所表达的"转移义"的影响。Kaschak和Glenberg（2000）做了一个类似的实验，观察一个名词创新性地作为动词使用时，是否受到构式的影响。他们以crutch为例，测试该词汇在不同句子结构中活用为动词时，受试对词汇意义的解读是否存在差异。结果表明，当crutch用于双宾构式She crutched him the ball时，受试倾向于解读为"用拐杖转移某物"；当crutch 用于一般及物构式She crutched him时，受试倾向于解读为"用拐杖打"。这表明受试对crutch活用为动词这一新颖用法的解读受到构式的影响。

后来，为了避免具体词汇给句子意义解读带来的影响，Johnson和Goldberg（2013）把构式重要"槽位"（slot）的词汇都换成"无意义的词"，观察这种情况下构式是否会影响动词意义的解读。例如：

（2）a. He *daxed* her the *norp*.（双宾构式）
　　b. She *jorped* it *miggy*.（动结构式）
　　c. He *lorped* it on the *molp*.（致使—移动构式）

其中（2a）中的daxed和norp，（2b）中的jorped和miggy以及（2c）中的lorped和molp都是自撰的无意义的词。研究结果表明，受试倾向于把daxed，jorped和lorped的意义与经常出现于这三个构式中的常见动词相联系，比如认为daxed与gave，handed，transferred相关，jorped与made，turned，transformed相关，而lorped与put，placed，decorated相关，这说明受试意识到作为整体的、抽象的构式及其构式义的存在。

10.2.2 构式的内涵与外延

构式语法认为，构式是形式和意义/功能的配对体。但是，其形式、意义/功能究竟指的是什么？这种"配对体"的外延又是什么？不同构式语法学者的看法不尽相同。Fillmore et al.（1988：501）把构式定义为"语言中的任何一个句法型式（syntactic pattern），它被赋予一个或多个规约性的功能，并对其所在结构的意义或用法产生规约性的影响"。在他们看来，构式仅限于句法层面的型式，如let alone，what's X doing Y等。Langacker的早期研究也认为构式是由两个或两个以上的单位组成，这与Fillmore等人的观点具有相似之处。Langacker（1987：82）认为，"语法构式是象征复合体，即包括两个或两个以上的象征结构作为构成成分"。Taylor（2004：51）进一步提出"构式就是一个具有内部复杂性的语言结构，它可以被分析为若干组成成分"。后来，Langacker（2007：94）对构式的界定有所变化，认为："构式可以是任何长度的表达式，其中包括词素、词、短语、分句和句子。它们是从具体表达中抽象出来的，既可以是具体的表达，也可以是图式"。Taylor（2012：124）的定义更加宽泛，认为"构式可以是任何一个语言形式，只要它们可以被分解为部分"。这样一来，语音形式也可以看成是语音构式。比如[siŋ]就是一个语音构式，因为它可以被分析为三个语音片段或一个节首和一个韵尾成分。

Lakoff（1987：467）把构式定义为"形式和意义的配对体，其中形式是指一组句法和音位条件，意义是指一组意义和用法条件"。Goldberg（1995）基本沿袭了Lakoff的观点。但是，她对构式的定义经历了两个阶段。Goldberg（1995：4）认为"C是一个构式当且仅当C是一个形式—意义的配对体<Fi，Si>，而且C的形式（Fi）或意义（Si）的某些方面不能从C的构成成分或其他业已存在的构式中得到完全预测"。由此，是否具有不可预测性成为判定构式的一个重要标准。然而，这一标准受到了许多学者的质疑。比如，Langacker（2005：101）认为，"不可预测性"不能作为判定构式的主要标准，"心理固化程度"和"规约化程度"才是鉴别构式的关键。后来，她也认识到这一定义太过狭窄，作为语言知识的构式网络不仅包括具有"不可预测性"的不规则构式，也应包括语义相对明确的规则表达式。因此，Goldberg（2006：6）接受学界的批评，把构式的定义调整为：

> 任何一个语言型式都可以看成构式，只要其形式或功能的某些方面不能从其构成成分或业已存在的其他构式中严格地预测出来。此外，尽管一些语言型式完全具有可预测性，只要它们有较高的出现频率，也可以作为构式储存。

以上定义使"不可预测性"成为检验构式的一个充分但不必要的条件。这一界定与语言习得、心理学、神经科学等领域的有关研究相吻合。研究表明，即使是完全有规则和完全可预测的单位，只要达到充分的出现频率，也会成为大脑的一个储存单位（参见Pinker & Jackendoff 2005；Schmid 2017）。Goldberg（2006）对构式定义的修订符合Lakoff（1977）有关"语言格式塔"的思想，也完全符合认知语法对"单位"（unit）的定义。一个语言结构的每一次使用都会对其固化程度产生积极的影响，而长时间不使用则会对其产生消极的影响。经过重复使用，一个新的语言结构将逐渐被固化，成为一个语言单位（Langacker 1987，2008b）。因此，构式与认知语法所讲的"单位"概念基本相同，因为单位特征强调的正是构式的整体性和完型性，当一个语言形式具有单位特征并作为一个整体进行提取时，它就是一个构式。

那么，构式作为形式和意义/功能的配对体，其"形式—意义/功能"究竟指的是什么？Croft（2001：18）提出"构式同词汇一样作为形式与意义的配对体至少具有部分任意性……其形式包括句法、形态和语音特征；意义包括语义、语用和语篇功能特征"。这一界定与Goldberg的认识基本一致。但是，Langacker（1987，2005）持不同观点，他认为构式的"形式"就是这一象征单位的"音位极"（phonological pole）或音位结构，包括姿势（gesture）和书写形式等，但不包括语法形式。而Goldberg和Croft认为语法形式是构式"形式"的重要内容。Goldberg（2013：15）把构式扼要地定义为"具有不同复杂性和抽象程度的规约化的、学得的形式—功能配对体"，从而进一步减少了同其他构式语法理论在"构式"定义上的分歧。

以上是构式语法内部对构式内涵的界定。那么，什么样的语言单位才可以称为"构式"？Goldberg（2006）认为，构式范畴构成了一个从"不可预测性"到"可预测性"的连续统，见表10.1。

表10.1 构式范畴例示图（转引自Goldberg 2006：5）

构式类型	具体例示
词素构式	如*pre-, -ing*
词汇构式	如*avocado, anaconda, and*
复杂词汇构式	如*daredevil, shoot-in*
复杂词汇构式	如[N-s]（复数）

续表

构式类型	具体例示
习语构式	如 going great guns, give the devil his due
习语构式	如 jog<someone's>memory, send<someone>to the cleaners
共变条件构式	The X-er the Y-er
双宾构式	Subj V Obj_1 Obj_2
被动构式	Subj aux VPpp

由表10.1可见，从词素到词和短语，再到小句乃至更复杂的结构，都可以是构式。句法构式同词汇一样具有相同的单位特征，它们构成一个相互联系的知识网络，并储存于我们的"高维概念空间"（hyper-dimensional conceptual space）（Goldberg 2019：7）。构式语法基于"不可预测性"和"频率"这两条标准，把构式的外延拓展到语言的各个单位，从而为构式语法实现"描写的充分性"奠定了基础。

10.3 构式语法的核心观点

纵观构式语法的发展历程，自Fillmore等人在20世纪80年代明确提出构式语法的概念以来，至今已有四十多年的历史，构式语法理论不断完善，已形成了两大派系：基于形式主义的构式语法理论和基于使用模型的构式语法理论。前者包括Fillmore等的"统一构式语法"（Unification Construction Grammar）和Sag、Michaelis等的"基于符号的构式语法"（Sign-based Construction Grammar）。虽然它们赞成基于使用模型的构式语法研究的核心观点，但是其研究主要还是在形式主义的理论框架下进行，其主要目标是解释语言的概括性——一种没有"冗余"的概括性（即可为图式推导的具体表达式不是语言心理表征的一部分）。后者包括Lakoff和Goldberg的"认知构式语法"（Cognitive Construction Grammar）、Langacker的"认知语法"和Croft的"激进构式语法"（Radical Construction Grammar）等。这些研究主要在狭义认知语言学的理论框架下进行，其主要目标是为语言知识的表征提供解释，并将其理论应用于语言处理、语言习得、语言演化、心理学等交叉领域。与形式主义的构式语法理论的最大不同之处在于，基于使用模型的构式语法认为，作为心理表征的语言知识既包括概括性的知识，也包括具体表达；构式作为一种心理表征是通过基于个例（item-based）的、自下而上的方法习得的。

但是，无论是基于使用模型的构式语法，还是形式主义的构式语法，都承认"语言的语法知识就是构式的知识，它们通过构式网络得以组织"：

（i）无论是规则的语言结构，还是习语等不规则的语言结构，都是人类语言不可或缺的内容，因此对不规则结构的研究同样重要。

（ii）构式无论是简单的、还是复杂的，都是学得的"形—义"配对体；它们不是与生俱来的，而是通过后天学得的，这与转换生成语法的"天赋观"直接对立。

（iii）语法结构不是通过"转换"或"派生"而来的，语义直接与表层形式相联系。

（iv）不同层次、不同抽象程度的构式在构式网络中占据不同的节点，并形成相互联系的层级网络。

（v）构式具有跨语言的概括性和多样性，其概括性或普遍性可以通过人类的一般认知过程或构式的功能来解释。

基于使用模型的构式语法理论还坚持以下观点（Goldberg 2013：12）：

（i）语义是基于说话人对场景的"识解"，而不是客观的真值条件。

（ii）语义、语用和信息结构相互联系，并整合于人类概念系统之中，而不是独立的模块成分。

（iii）范畴化并不是基于充分必要条件，而是基于对典型个例和规约化扩展的概括。

（iv）语言的主要功能是传递信息。

（v）社会认知和具身体验对解释语言习得和语言表达的意义至关重要。

毋庸讳言，以Goldberg（1995，2006，2019）为代表的认知构式语法理论是当今最成熟，也是最广为接受的构式语法理论。因此本章对词汇和构式的语义、词汇与构式的互动、构式与构式的互动等问题的讨论主要采用Goldberg的观点。

10.4 动词和构式的语义

构式语法研究得益于Fillmore（1977）对框架语义学的研究。框架语义学是一种有关词汇语义的理论，其基本观点是：一个词汇激活的语义框架是理解词汇意义的关键。框架是一种概念结构，是人们对反复出现的真实场景的抽象化，是一种规约性的意象图式或认知完型。因此，理解一个概念结构中的任何概念，需要以理解对应的框架作为前提（Fillmore 1977；牛保义 2011）。构式语法认为，词汇的语义包含了丰富的框架语义，构式是日常生活中反复出现的真实场景的图式化，因此是对场景意义的编码。据此，构式语法把词汇和构式的语义本质都归结于它们的"体验性"和"百科性"，从而把认知语言学的"意义百科观"充分地体现了出来。

10.4.1 动词的语义

构式会对进入其中的词汇的意义产生影响，这正好印证了框架语义学的基本思想"意义是相对场景而言的"（详见第八章）。换句话说，对词汇意义的界定，常常需要参照相关的背景框架。例如，定义"单身汉"（bachelor）一词，需要基于一定的文化背景框架——通常男人到了一定的年龄就应当结婚生子。按照这样的背景框架，到了一定年龄不结婚的男子就是单身汉。但是，我们很自然地不会把这一背景框架延展到"教皇""和尚""男同性恋"等概念，因此不会把他们称为单身汉。另外，有些近义词的语义差别也在于它们激活了不同的背景框架，如汉语中的"节约"和"吝啬"，表达的都是"花钱少"。但前者激活的背景框架是"适度地花钱、不浪费是一种美德"，而后者对应的背景框架是"该花钱而舍不得花是一种不好的行为"。正是因为激活了这样包含不同价值观的背景框架，所以即便两个词表达了相同的真值意义，但是它们所突显的语义内容（如情感意义）却大不相同。

动词同样包含了丰富的框架语义知识。Goldberg（1995）以rob（抢）和

steal（盗）为例，说明框架语义知识对动词语义解读的重要性。rob（抢）和steal（盗）都涉及三个基本的框架语义成分：盗贼（thief）、受害者（target）和丢失物（goods）。但是，两个动词突出的框架语义成分有所不同（见图10.1）。

图10.1 "rob"和"steal"突出的不同框架语义成分（Goldberg 1995：47）

rob突显的是盗贼和受害者，而steal突显的是盗贼和丢失物。所以，我们可以接受（3），却不能接受（4）。

（3）a. Jesse *robbed* the rich (of all their money).

b. Jesse *stole* money (from the rich).

（4）a. *Jesse *robbed* a million dollars (from the rich).

b. *Jesse *stole* the rich (of money).

—— Goldberg（1995：45）

rob和steal激活了相同的语义框架，其不同之处仅在于二者突显的语义角色不同。构式语法把rob和steal两个动词不同的语义突显归结于构式，因为构式作为"场景"的编码，为动词的动态语义识解提供背景语义框架。再如：

（5）a. Monica *staggered* into the bedroom slowly.

b. * Monica *bounced* into the bedroom slowly.

stagger和bounce两个运动动词激活了不同的语义框架，表征了不同的运动方式：stagger"蹒跚"涉及"缓慢移动"，而bounce"跳"蕴含"快速移动"，因此stagger可以与slowly搭配，而bounce则不可以。

10.4.2 构式的语义

如果说动词本身包含框架语义信息，那么构式则是具体映现动词框架语义的语言场景。构式义不是词汇义的简单相加，而是一种"语义增值"或"意义涌现"。那么，究竟什么是构式义？Lakoff（1977）的"语言格式塔"思想认为语言格式塔源于其组成成分，但又不能完全分解为组成成分。事实上，语言格式塔来自反复出现的经验活动，它是人类经验场景的抽象化，是对反复出现的人类活动的语言表征化。Goldberg（1995：39）进一步提出"场景编码假设"：

> 与句子基本类型对应的构式把与人类经验有关的基本事件类型编码为它们的中心意义。

根据"场景编码假设"，与句子基本类型对应的构式的中心义是对人类经验中最基本的事件类型的编码。这里"与句子基本类型对应的构式"是指"论元结构构式"（argument structure construction），而那些反复出现的"与人类经验有关的基本事件类型"则包括"某人有意将某物转移给某人""某人导致某物的移动或状态的改变""某人经历某事""某物的移动"等（Goldberg 1995，2006）。这些基本的经验场景投射到语言中，就形成了对应的论元结构构式：双宾构式（X致使Y收到Z）、使动构式（X致使Y移动到Z）、动结构式（X致使Y成为Z）、及物移动构式（X直接致使Y经历了状态的改变）、不及物移动构式（X移动到Y）等。这些构式义作为相应构式的中心义，表征的是最基本的语义类型。基于这些构式的中心意义又可以产生不同的语义延伸，从而形成同词汇一样的构式多义网络。例如（Evans 2019：687-688）：

(6) a. Monica *gave* her husband a kiss.

b. Susan *knitted* him a sweater.

c. John *owes* Susan ten euros.

例（6）是双宾构式的不同例示。（6a）中give例示了典型的双宾构式，蕴含"成功的转移"（丈夫成功收到妻子的吻）；（6b）仅仅表达"有意的转移"（intended transfer），没有蕴含接受者是否已收到sweater。（6c）同样也不蕴含Susan是否收到ten euros，甚至John有无还钱的打算都不得而知。这样的多义延伸促成了构式的多义连接（具体讨论见第10.6小节）。

10.5 动词与构式的互动

构式语法提出构式决定一个句子的形式和意义，但这并不意味着构式语法要取消词在句子意义构建中的重要作用。相反，构式语法强调动词与构式的互动，认为正是两者的互动决定了句子意义和构式意义。

10.5.1 从词汇中心到构式中心

无论是传统的配价语法，还是生成语法的"词汇投射原则"，都认为动词是一个句子的中心，它决定句子所有潜在的参与者角色的数量（包括论元、补语和限定语等），并为名词短语指派参与者角色。因此，主要动词决定着一个句子的形式和意义。例如：

（7）a. Chris *gave* Mary a kiss.

b. Pat *made* Chris happy.

give作为一个典型的三价动词，正好可以为句中的三个名词短语Chris（施事）、Mary（受事）和a kiss（接受物）指派三个论元角色。make作为一个二价动词，带了Pat和Chris两个论元，以及一个表示"结果"的补语。这完全符合give和make典型的词汇语义，也与人类一般的经验场景相一致。因此，可以说（7a）和（7b）句中的主要动词决定了句子的意义。然而，这只是理想的情况。在实际语言使用中"动词中心论"常常会遇到以下难题。

首先，不是所有的动词在句子中都具有相应的指派能力。例如：

（8）a. He *sneezed* the napkin off the table.

b. She *baked* him a cake.

c. Dan *talked* himself blue in the face.

——Goldberg（1995：9）

　　sneeze是一个典型的一价动词，而在（8a）中带了三个论元（"X通过打喷嚏的方式致使Y移动到Z"）。（8b）和（8c）中，bake和talk所指派的论元数目也与它们常规的用法不一致：talk是一价动词，bake是二价动词，但都带了三个论元。因此，很难说（8a—c）的论元指派是由动词决定的。倘若要解释这样的句子，只能给sneeze，bake和talk分别设置一个新的义项，而这些意义只是针对特定语境的"临时用法"。这显然违背了语言的经济性原则。

　　其次，一个动词可以同时出现在多个论元结构构式中，所表达的语义、论元指派数量却各不相同。例如：

　　（9）a. He *typed* for 3 hours.（不及物构式）

　　　　b. She *typed* a letter.（及物构式）

　　　　c. She *typed* her fingers raw.（动结式）

　　　　d. He *typed* 40 characters onto the page.（使动构式）

　　　　e. He *typed* her way a promotion.（way构式）

——Goldberg（1999：198）

　　同样是type作主要动词，但在不同构式中其解读方式和意义各不相同。有人可能把它归结于type的多义性，因为很多动词都可能表达多种意义或功能。但问题是，一个动词可能出现在几十、几百甚至无穷尽的句法环境中，如果每一个新的用法都需要设置一个对应的义项，那么这将会给词典编纂带来相当大的困难。

　　构式语法主张把动词的多种用法直接归结于作为"整体"的构式，而不是动词本身。因此只需要为一个动词确定少量的几个基本义项，其多义解读可通过所在的构式来实现，上述两个难题就迎刃而解了。

10.5.2 动词和构式的角色互动

动词和构式的角色互动主要体现在两个方面：一是论元结构由构式决定，而不是通过句子的主要动词投射出来的；二是句子意义取决于动词义与构式义二者的互动。为了更好地说明动词和构式的角色互动，Goldberg（1995）区分了动词提供的"参与者角色"和构式提供的"论元角色"。动词的"参与者角色"是一个动词的语义框架所包含的角色，具体是指与动词相关的某个事件发生过程中涉及的参与者；而构式的论元角色是指一般意义上的语义角色，包括施事、受事等。所以，动词与构式的互动归根结底是动词的参与者角色与构式的论元角色之间的互动。Goldberg（1995：50-51）认为，"如果一个动词是某一构式所允准的动词中的一个成员，那么该动词的参与者角色在语义上可以与这一构式的论元角色相融合"，而"参与者角色"与"论元角色"的融合取决于两个原则：语义一致原则（The Semantic Coherence Principle）和对应原则（The Correspondence Principle）。

（i）语义一致原则：动词的参与者角色与构式的论元角色在语义上应当是一致的，即动词参与者角色可以看成是构式论元角色的一个实例。

按照语义一致原则，只有那些语义上相一致或能够保持一致的参与者角色才能够与论元角色融合在一起（参见牛保义 2011：86-87）。例如：

（10）Chris *brought* Mary a cake.

brought之所以可以进入双宾构式，是因为动词bring的语义框架里的参与者Chris作为动作发出者与双宾构式里的施事论元一致，二者可以融合。换句话说，Chris作为动作的发出者可以识解为双宾构式施事论元的一个实例。当然，一个角色能否被识解为另一个角色的实例，这需要符合一般范畴化原则，即Chris作为动词发出者可以范畴化为施事范畴的一个次类。

（ii）对应原则：动词突显的参与者角色需要与构式所突显的论元角色相融合，并且动词突显的参与者角色应当由构式突显的论元来编码。

(11) She *cried* bitterly.

不及物构式只突显构式的施事论元，而动词cry典型的语义框架也只突显一个参与者crier（哭者）。根据对应原则，在例（11）中，crier作为突显的参与者与不及物构式突显的施事论元融合。

然而，动词的参与者角色与构式的论元角色并不总是一一对应的。当两者的角色不完全对应时，构式需要"自上而下"发挥它对动词参与者角色的限制与选择功能，给动词增添一个或多个参与者角色，压制动词的某些参与者角色，或将动词的两个参与者角色合并为一个。具体涉及以下几种情形（参见Goldberg 1995：53-66；牛保义 2011：86-90）：

第一，动词突显的参与者角色与构式突显的论元角色不一致时，动词突显的参与者角色需要与未被突显的构式的论元角色融合。例如：

(12) He *put* the bottle on the desk.

动词put突显三个参与者角色（放置者putter、放置物puttee和放置处put-place）。使动构式虽然可以提供三个论元角色（致使者、目标和客体），但它突显的只有致使者和客体两个论元角色。此时，动词涉及的"放置处"角色便可与使动构式中未被突显的目标角色相融合。

第二，当构式的论元数目多于动词参与者角色的数目时，构式会对动词进行增容——为动词增添新的参与者角色。例如：

(13) He *sneezed* the napkin off the table.

使动构式涉及致使者、目标和客体三个论元角色，动词sneeze只能提供"致使者"（打喷嚏者）这一参与者角色，没有"客体"和"目标"两个角色。此时，sneeze可以通过与使动构式的融合，获得客体和目标两个角色。如图10.2：

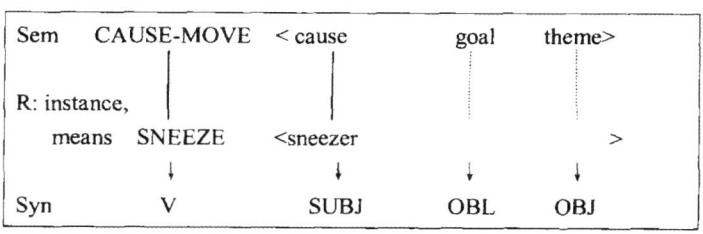

图10.2 动词sneeze与使动构式的融合

第三，构式可通过遮蔽（shading）的方式，把某些动词参与者角色置于非突显的地位。例如，英语中的被动构式就可以遮蔽一个动词最突显的参与者角色。例如：

（14）*Tom* was hit by *Pat*.

施事Pat以附加语的形式被遮蔽，而将被施事影响的受事Tom置于焦点位置。

第四，当动词的参与者角色数目多于构式的论元角色数目时，构式可以对动词参与者角色进行剪切（cutting），只保留能与构式兼容的参与者角色。例如：

（15）This kind of shirt *washes* easily.

中动构式表示客体在动作过程中具有"易发性、便捷性和适意性"等特征，并不突显施事对受事的作用，即中动构式只突显一个论元——受事。（15）中，动词wash涉及施事（洗衣者）与受事（所洗对象）两个参与者角色，但中动构式只能突显对象，即this kind of shirt，作为施事的参与者角色被剪切。

第五，构式可以将动词的一个参与者角色与另一个参与者角色合并（role merging），而只与其中一个角色融合。这种情形主要体现在反身构式中。例如：

（16）Peter dressed himself, washed himself, and shaved himself.

动词前后两个参与者角色可以经过合并变为"Peter dressed, washed and shaved"。此时两个参与者角色在形式上只与"施事"角色融合，但在语义上则同时体现为施事与受事。

第六，动词的词汇意义规定某个参与者角色在句法上可以不必得到表达，这种现象被称为"零补"（null complements）。"零补"又可以分为不定指零补和定指零补。不定指零补是指受事有很多不确定的解释。例如，After the operation, Pat ate and drank all evening句中，动词ate与drank省略了受事宾语，因为宾语指称的是不确定的或是与话题无关的内容。定指零补是指省略的受事根据上下文语境可以得到明确的解释。比如，Lee found out一句中，found out省略了受事宾语，但是交谈双方在特定语境下可以还原未被表达的论元。

10.5.3 构式对动词的语义限制

构式与动词的角色互动主要体现的是构式对动词的"自上而下"的句法限制，同时作为整体的构式，还会对进入其中的动词产生一定的语义限制。有关二语习得的研究表明（如Gropen *et al.* 1989；Tomasello 2003；Goldberg 2006，2019），儿童一旦学会一种句法规则，也会学到相应的语义限制条件。这种"语义限制"会作为一种内在的标准决定一个表达的可接受程度。例如：

（17）a. * Sally burned Joe some rice.

b. * The hammer broke the vase onto the floor.

c. * She shot him killed.

——Goldberg（1995：141-195）

（17a）之所以不能接受，是因为双宾构式要求第一宾语是一个受益者或一个自愿的接受者，Joe作为"烧焦的米饭"的接受对象，很难理解为一个受益者，因为正常情况下没有人愿意吃烧焦的米饭。使动构式要求致使者是施事或者自然力，而不能是工具，所以（17b）不能接受。动结构式要求结果补语不能是现在分词或过去分词派生的形容词，可以接受She shot him dead，却不能接受（17c）（Goldberg 1995）。

当然，构式对进入其中的词汇的限制也不是绝对的。有时，有些看似"不合理"的用法，可以通过"压制"（coercion）进入构式。这里的"压制"指的是构式可强制词汇产生系统的相关的意义（Goldberg 1995；Michaelis 2003）。具体而言，"压制"是指动词不具有或不明显含有构式的全部论元角色，或出现其语义和用法与构式"不兼容"或"冲突"的情形时构式占主导地位，可能赋予动词额外的角色，或改变其用法类型或意义。例如：

（18）a. Mia *kicked* the ball into the stands.
b. He *sneezed* the napkin off the table.

Langacker（2005）认为，kick和sneeze两个动词都可以进入使动构式。不同的是，kick表示"引起移动"是一种规约化的用法，正是这样的意义才实现了into the stands的路径图式。sneeze用以表达"引起移动"的意义并不是一种习惯性的用法，所以它很可能是通过构式压制获得的。

另外，构式与动词的互动关系还体现为，构式是基于一定动词的使用事件的抽象化。Ninio（1999）的研究表明，句法形式源于对特定动词使用的概括。Goldberg（2006）也认为，构式可能源于对特定语言形式中词汇项的概括，构式的知识是通过对一组具有相同特征的词汇的概括来实现的。构式的意义概括也主要来自用于其中的典型动词。比如，出现于双宾构式的最典型的动词是give，tell，take，get和make等，那么对双宾构式的构式义和语义限制的概括则可能参照了它们的用法。因为它们体现了最基本、最常见的双宾构式的使用场景。

综上所述，动词和构式的互动关系，既是"自下而上"的，也是"自上而下"的。"自下而上"的互动是指构式的句法和语义源自对典型动词的概括，而"自上而下"是指构式一旦形成便会对进入其中的词汇产生一定的句法和语义制约。构式与动词这种"自下而上"和"自上而下"的互动关系体现了认知语言学有关"语言知识来自语言使用"这一基本假设。

10.6 构式与构式的互动

构式作为一种心理表征，在人类大脑中的储存并不是任意的，而是构成了一个有组织、有理据的复杂层级网络。构式与构式之间通过一定的继承关系实现连接，这就是所谓"构式的理据性"。Lakoff（1987）认为，如果一个构式的结构是从语言中其他构式继承而来，则表明该构式的存在具有理据性。Goldberg（1995：67-69）根据以上观点，提出"最大理据性原则"（The Principle of Maximized Motivation）：

> 如果构式A和构式B在形式上相关，那么在语义上构式A也在一定程度上和构式B相关。

Taylor（2004：57）也认为：

> 当一个语言结构在一定程度上与语言中的其他结构相联系时，它就是有理据的。语言中的所有结构都在一定程度上具有理据性。

Goldberg（2006）认为，构式语法的研究目标是致力于为每一个被确认存在的构式提供理据，解释为什么一个特定形式—意义/功能的配对体在特定的语言中出现是可能的。构式语法所说的"理据性"不同于"预测性"。"承认某个构式的存在具有理据并不意味着一个构式必须存在于某种语言或任何一种语言中。它仅仅解释了为什么这一构式是有意义的或者是自然的"（Goldberg 2006：217）。由此看来，构式的产生具有或然性，而不是必然性。除语言本身以外，社会因素、心理因素以及使用频率等都可能会对构式的形成产生影响。

构式语法认为，构式并不是孤立地存在于语言之中，它们构成了一个复杂的、结构化的分类层级网络。在层级网络中，不同构式处于不同的节点位置，习语等具有特异性的构式作为独立节点得以表征。Goldberg（1995）认为构式的继承关系主要通过多义、子部分（Subpart）、实例和隐喻扩展四种连接方式得以实现。

多义连接：构式的某个特定意义和以该意义为基础的扩展意义之间

的语义关系。

(19) a. Joe gave Sally the ball.（双宾构式的中心义："X 致使Y收到Z"）

b. Joe promised Bob a car.（多义扩展1：条件允许蕴含"X 致使Y收到Z"）

c. Joe permitted Chris an apple.（多义扩展2："X 致使Y能够收到Z"）

d. Joe refused Bob a cookie.（多义扩展3："X 致使Y收不到Z"）

e. Joe bequeathed Bob a fortune.（多义扩展4："X 致使Y在未来某个时间收到Z"）

(19a)例示的是双宾构式的中心义，(19b—d)都是基于该中心义的多义延伸，从而构成一个基于"中心意义"的典型范畴。这些多义扩展都是基于主要动词的，也正是动词的多样性使双宾构式表达了丰富的语义。

子部分连接：当一个构式是另一个构式固有的一个部分并且独立存在时，我们把该连接称为子部分连接。

不及物运动构式与使动构式就属于子部分连接，其中不及物运动构式的句法语义是使动构式的句法语义的一个子部分。例如：

(20) a. He kicked the ball into the net.（使动构式）

b. The ball rolled into the net.（不及物运动构式）

(20a)中的宾语the ball对应于(20b)中的主语，但是，the ball二者都属于受事；(20a)与(20b)具有相同的表示位置移动的方位短语into the net，作为句法成分中的"旁格"（oblique）。同理，及物致使构式（He kicked the ball）与使动构式也属于子部分连接。此时，二者具有相同的施事he、表示"致使方式"的kick以及受事the ball。唯一不同的是，及物致使构式He kicked the ball没有表明移动的方向。

实例连接：当一个具体构式是另一个构式的特殊实例时，这种连接就叫做实例连接。

例如：

（21）a. Chris gave Mary a kiss.

b. Sally baked Mary a cake.

（21a）和（21b）都是双宾构式的实例，因此它们与双宾构式处于实例连接。作为双宾构式的实例，它们也必须在词汇上继承该构式的句法语义特征以及相关的语义限制。直接或间接地表达"一个自愿的施事和一个自愿的受事之间的成功（直接或隐喻的）转移"。

隐喻扩展连接：当两个构式通过一个隐喻映射相连时，这种连接被称为隐喻连接。

换句话说，一个构式所表达的语义是另一个构式通过隐喻拓展的方式延伸而来的。动结构式是使动构式的隐喻延伸，其相关隐喻为"表示状态变化的补足成分被比喻为一种实际的方位变化"（牛保义 2011：95）。例如：

（22）a. Pat *threw* the metal off the table.

b. Pat *hammered* the metal flat.

（22a）表达的语义是"施事Pat通过throw（扔）的方式致使受事the metal移动到桌子下面"，表达的是一种物理位置的变化，而（22b）表达的语义是"施事Pat通过hammer（用锤子敲击）的方式致使受事the metal从一种状态到另外一种状态flat（平的）的变化"。此时，"状态的变化"被隐喻为"物理位置的变化"，成为一种合理的语义延伸。

Goldberg用以上四种连接关系来描述论元结构构式之间的内部关系。Taylor（2012：123）则认为，语言作为一个规约化的清单，主要通过以下三种方式进行连接：

部分—整体关系（the part-whole relation）：一个单位可能是更大单位的组成部分。相反地，一个复杂的单位可以被分解为成分单位。

图式—例示关系（the schema-instance relation）：这涉及一个单位的抽象性，一个单位可能对于在某个细节更具体的单位具有图式性。相反，一个单位也可能是图式性更强的单位的例示。

基础关系（the base-on relation）：一个单位的建构可能基于与另一个单位的相似性。

"部分—整体关系"可对应于Goldberg所说的"子部分连接"，而Taylor所讲的"图式—例示关系"则类似于Goldberg所说的"实例连接"。Taylor所讲的"基础关系"考虑了两个结构之间基于"相似性"的类比关系，这一点与Bybee（2010）的看法一致。Bybee（2010：846）明确指出"新的构式的产生源于已有构式的具体例示"。事实上，Israel（1996：217）也注意到构式知识建构和组织的类比关系，并提出了构式的"产生原则"（The Production Principle）。这一原则就是针对"类比使用"而言的，它要求一个表达应当听起来像说话人以前听到过的一样。这充分地反映了人类思维的"保守性"和"经济性"特征，人类喜欢以他们熟悉的方式谈论事物。构式之间的相互参照揭示了人类的"类比思维"，它在构式的创新和扩展使用中发挥着重要作用。从这个意义上讲，Goldberg（1995）所讲的多义连接和隐喻扩展连接都属于类比连接。

10.7 小结

构式语法作为一种新的语言学研究方法，已得到学界越来越多的关注。近年来有关构式语法的研究主要聚焦于以下几个方面：一是基于构式语法理论的跨语言研究（如Fried & Östman 2004；Boas 2010），主要目标在于揭示"构式跨语言的概括性和多样性"[1]。研究发现，构式既具有跨语言的普遍性

---

[1] 大多数研究沿用Goldberg对论元结构构式的研究程序，具体步骤如下：（1）甄别一个结构语义或句法的某些方面具有一定程度的不可预测性；（2）分析构式的中心意义及句法框架；（3）明确构式的论元角色与主要动词的参与者角色的映射情况；（4）分析构式对不同"槽位"的语义限制；（5）探讨构式的继承连接问题，尤其是多义连接和隐喻连接。

（如双宾构式、动结构式等），也表现出跨语言的多样性。比如，表示"消失"或者内部致使变化的动词（如giggle，laugh）不能作为"致使动词"使用（如*He disappeared the rabbit.），但与之对应的动词在南岛语和玛雅语中则可以接受（Goldberg 2019）。汉语中的"死"可以用于"王冕死了父亲"这类结构中，但英语中却没有对应的表达（*He died his father.）。Croft（2001：9-12）认为，"构式因为语言的不同而不同，不同语言有不同的构式，即便在不同语言中表达相同功能的构式在结构上仍然会具有明显的差异"。二是构式的语言习得研究（如Tomasello 2003；Goldberg 2006，2019）。构式语法认为，语言的知识就是构式的知识，因此语言学习就是构式的学习。一个研究的难题是"学习者如何习得这种具有部分能产性的构式知识？"比如，我们可以说explain something to me和tell something to me，同样可以说tell me this，却不能接受*explain me this。构式语法把构式的部分能产性归结为"覆盖范围"（coverage）和"数据占先"（statistical preemption）。比如，任何一个学习者都存在"过度概括"的倾向，当他学会一种规则后则可能扩展到其他类似的表达中，比如把-ed这一后缀迁移到hitted，hurted等动词中。但是，当学习者发现其他人表达相同内容并不会使用hitted和hurted，而是会选择hit和hurt这样的表达时，他们会认为hitted和hurted是不能接受的，从而纠正自己的"过度概括"。三是构式的演化研究（如Traugott & Trousdale 2013；文旭、杨坤 2015）。构式语法理论与语法化、词汇化等理论的结合催生了一个新的理论模型——历时构式语法。该理论的研究有两大目标：一是将构式语法理论应用于语言演化研究，二是透过语言演化研究来完善和发展构式语法理论。Traugott和Trousdale（2013）提出的"构式化理论"为实现这两大目标作出了重要贡献。一方面，通过区分词汇构式化、语法构式化和构式演化，把语法化、词汇化、去词汇化、语用化以及习语化等传统研究中的演化理论都统一纳入构式语法的理论框架中。另一方面，确立了构式化的三个诊断性标准（图式性、能产性和组构性），并区分了宏观构式（macro-construction）、中观构式（meso-construction）和微观构式（micro-construction）三个构式层级，为解决构式标准以及构式层级的内部互动问题提供了新的方案。

构式语法作为一种新兴的语言学理论，自诞生之日起便争议不断，甚至构式语法内部在某些问题上都存在分歧，但是这并没有影响构式语法理论作为一种新的理论视野的纵深发展。近年来构式语法与语用学、语言习得、历史语言学、心理语言学以及神经科学等学科的结合产出了大量富有影响的研究成果，这一方面证明了构式语法具有广阔前景与生命力，同时也为构式语法理论的发展带来了新的机遇和挑战。

思考题

1. 构式语法是如何体现"语义百科观"的？
2. 如何证明构式具有独立的构式意义？
3. 举例说明当构式的论元角色与动词的参与者角色发生冲突时，构式是如何发挥整体的调节功能的。
4. 如何理解动词与构式的"自上而下"和"自下而上"的互动关系？
5. 有人认为Goldberg（2006）对构式外延的修订反而削弱了构式语法的解释力，你如何看待这一定义的修订？
6. 形式主义的构式语法理论与基于使用模型的构式语法理论有何不同？
7. 构式的多义连接与隐喻连接均涉及语义延伸，举例说明二者的区别。
8. 构式语法应用于语言演化研究有何优势？

推荐阅读书目

Croft, W. 2001. *Radical Construction Grammar: Syntactic Theory in Typological Perspective*. Oxford: Oxford University Press.

Fried, M. & J. O. Östman. 2004. *Construction Grammar in a Cross-language Perspective*. Amsterdam: John Benjamins.

Goldberg, A. E. 1995. *Constructions: A Construction Grammar Approach to Argument Structure*. Chicago: The University of Chicago Press.

Goldberg, A. E. 2006. *Constructions at Work: The Nature of Generalization in Language*. Oxford: Oxford University Press.

Goldberg, A. E. 2019. *Explain Me This: Creativity, Competition, and the Partial Productivity of Constructions*. Princeton: Princeton University Press.

Hilpert, M. 2014. *Construction Grammar and its Application to English*. Edinburgh: Edinburgh University Press.

Langacker, R. W. 2008. *Cognitive Grammar: A Basic Introduction*. Oxford: Oxford University Press.

Perek, F. 2015. *Argument Structure in Usage-Based Construction Grammar*. Amsterdam: John Benjamins.

Tomasello, M. 2003. *Constructing a Language: A Usage-based Theory of Language Acquisition*. Cambridge, MA: Harvard University Press.

Traugott, E. C. & G. Trousdale. 2013. *Constructionalization and Constructional Changes*. Oxford: Oxford University Press.

第十一章 语法化

11.1 引言

语言是人类在漫长进化过程中逐渐形成和发展的。从历史的角度来看，它始终处在动态变化之中，这种变化不仅是旧词的淘汰与新词的产生，还涉及语言形态、语音、语义甚至语法系统的变化。例如（1）中，（a）为公元7世纪英国历史学家Bede所使用的英语，属于古英语；（b）和（c）分别是它在现代英语中的逐字翻译和意译。对比（a）与（b）和（c）可以发现，现代英语在形态和语音方面发生了巨大的变化，而且语法也有所不同，最明显之处表现在主语he与谓语动词asked的位置关系上。

（1）a. Đa   fregn   he   mec   hwæðer   ic wiste hwa ðæt wære

　　 b. then   asked   he   me   whether   I knew who that were-SUBJ

　　 c. "then he asked me if I knew who it was"

语言形态、语音、词汇、语义、语法等的历时变化统称为语言演变。语言演变中有一类非常重要的现象，如：

（2）a. Wilt ðu, gif þu most, wesan usser   her aldordema,

    will you if you able:are be-INF our army leader
    leodum   lareow?
    people-DAT   teacher

   "Are you willing, if you are able, to be the leader of the army, the teacher of the people?"

     （8th century, Genesis, 2482 [Traugott & Dasher 2002: 122]）

  b. Ac ðanne   hit is Þin wille ðat ic
    but then   it is thy will that I
    ðe loc ofrin   mote.
    thee sacrifice offer   must

   "But then it is Thy will that I must offer Thee a sacrifice."

     （c. 1200 Vices and Virtues 85.5 [Warner 1993: 175]）

（3）a. 风行而著（<u>着</u>）于土。（春秋时期，《左传》）

  b. 一个人能呆呆的坐<u>着</u>，等时间的过去吗？（现代，《莎菲女士的日记》）

  例（2b）中，中世纪英语的情态助动词mote（即现代英语的must）是由古英语时期表示"能力，允准"的动词mot（（2a）中的most为mot的第二人称单数现在式）演变而来。类似地，例（3）中，现代汉语的体标记"着"是由上古汉语时期表示"附着"的动词"着"（（3a）中"著"同"着"）演变而来。这类语言演变被称为语法化（Grammaticalization）。

  那么，如何界定语法化，发生语法化的语言单位经历了什么样的演变过程，又如何解释其演变？本章我们主要就这些问题对语法化进行系统介绍。

11.2 什么是语法化

  "语法化"这一术语最早由法国语言学家Meillet于1912年提出，虽然目前尚未有非常统一的界定，但一般认为典型的语法化指的是词汇语素获得语法功能，或者业已存在的语法语素进一步演变出其他语法功能的过程。词汇语素主要是名词、动词、形容词等开放类的词汇词（也称作实词），而语法语素不仅包括代词、介词、连词、冠词、助词等封闭类的语法词（也称作功能词、虚词、形式词、结构词等），还有屈折语素，如部分标记格、时态、体、情态、语气等的语法标记。（2a）中古英语时期的mot和（3a）中上古汉语时期的"著"（着）都是具有实在意义的词汇语素，它们向语法范畴，即现代英语情态动词和现代汉语体标记的演变正是典型的词汇语素的语法化。实际上，mot和"著"（着）的演变都经历了两个步骤：实义动词mot和"著"（着）首先分别演变为表示"道义，义务"的道义情态动词（如（2b））和持续体标记（如（3b））；然后再由道义情态动词must和持续体标记"著"（着）分别演变出表示"认识"的认识情态动词（如（4a））和进行体标记（如（4b））。第二步骤的演变表明业已存在的语法语素可以进一步语法化。Hopper和Traugott（1993/2003）认为，语法词通常是由词汇词演变而来。

(4) a. For yf that schrewednesse makith wrecches, than mot he nedes ben moost wrecchide that lengest is a schrewe.

"For if depravity makes men wretched, then he must necessarily be most wretched that is wicked longest."

(c. 1380 Chaucer, Boece, p. 447, l.47 [Traugott & Dasher 2002: 129])
b.一个编<u>着</u>黑辫子的高个儿女孩正敲<u>着</u>手鼓。

实际上，不仅仅是词汇语素或者语法语素，语法结构同样可能发生演变，获得语法功能。例如，be going to最初只表达空间移动之义，后来演变为表达将来义的助动词性结构。换言之，语法结构获得语法功能的过程同样可以视为语法化。Hopper和Traugott（1993/2003：4）甚至认为，通常情况下发生语法化的不是某个词汇词，而是该词汇词构成的整个结构。

综上所述，语法化可以定义为：词汇词演变出语法功能，或者业已存在的语法词或结构进一步演变出其他语法功能的过程。

语法化的一个重要特征是遵循单向性（Unidirectionality）原则，即语言的演变从弱语法性到强语法性演变，而很少有相反的演变过程。这一规律不仅仅表现在某一种语言中，还具有跨语言的普遍性。语法化的单向性建立在语言单位有语法性强弱之分的条件下。就语法性的强弱而言，一个较为普遍的认识是，词汇构式的语法性弱于语法构式，而语法构式中语法词的语法性弱于附着语素（如he's, I'm, you'll中的's, 'm, 'll），附着语素的语法性弱于屈折语素，屈折语素的语法性弱于零形式（Hopper & Traugott 1993/2003）。语法化正是沿着语法性由弱到强的方向单向进行的，如（5）所示。

（5）词汇词→语法词→附着语素→屈折语素→（零形式）

从语言自身的形式和语义演变来看，语法化的单向性还可以理解为：语义由具体向抽象、客观向主观等的单向演变；形式由自由向黏着/依存、完整语音形式向弱化语音形式等的单向演变。构式形式和语义的演变我们在下文再详细说明。需要特别指出的是，语法化的单向性只是一个倾向性的规律，而非强制性的原则，它存在反例。例如，-ism是派生词缀（如behavior*ism*），但在（6）中它已演变为名词，这一过程被称为词汇化（详见第11.5节）。

（6）Surely everyone knows the fatal errors of all those *isms*.（BNC）

11.3 语法化过程

构式语法认为，构式是语言的基本单位，词汇和语法没有严格的界限，二者构成一个连续统。发生语法化的无论是词汇词、语法词还是语法结构，本质上都是构式。因此，语法化的单位就是构式。构式是形式和意义的配对体，那么在语法化过程中构式的形式和意义分别经历了什么样的变化呢？本节我们将从形式和意义演变的角度探讨语法化过程。

11.3.1 语义的演变

语法化的一个非常关键的特征是语义的演变，即构式失去原来的语义特征，由具体实在的语义演变出抽象空泛的语义，这一过程被称为语义漂白或语义淡化（semantic bleaching），或者语义磨损（semantic attrition）、语义虚化（semantic attenuation）、去语义化（desemanticization）。例如，back本义为身体的部分，是具体的，而在复杂介词构式in/at the back of的演变过程中，它失去了原来的语义特征，表达抽象的空间关系。同样，古英语mot和上古汉语"著"（着）之类的行为动词，表达的是具体实在的语义，而在演变为情态动词和体标记的过程中，它们失去了原来的题元结构，语义也变得抽象空泛。因此，语法化过程中的语义演变是一个"减"的过程。

但是，语义的演变是渐进性的。一个词汇构式不可能突然之间演变成语法构式，同样一个语法构式也不可能陡然之间演变成另一个语法构式。由词汇范畴向语法范畴或者由一个语法范畴向另一个语法范畴的演变有一个过渡阶段。在某个构式语法化过程中，如果将该构式最初的语义视为A，其演变的语法功能视为B，那么在A演变为B的过程中必然经历A和B共存的阶段（如（7）所示）。A与B的共存可能会持续很长一段时期，如back的身体部分义与空间关系义，be going to 的空间移动义和将来义。也有可能随着B义的固化，A义逐渐消失，如must在古英语时期的能力或允准义，"著"（着）在上古汉语时期的附着义。

（7）A $\rightarrow \left\{ \begin{array}{c} A \\ B \end{array} \right\} \rightarrow$ B

从语义演变的渐进性来看，语法化的早期阶段涉及义项的增加，可视为多义化的过程（Evans 2019）。Bybee et al.（1994）等学者还指出，在语法化过程中，诱发语法化的语用含义也逐渐演变成新的语法功能的一部分。换言之，词汇义虚化的同时也意味着语法义的增加。因此，语法化过程中的语义演变既可以视为"减"的过程，也可视为"增"的过程。

11.3.2 形式的演变

除了语义的演变，语法化往往还伴随着构式形式的演变。构式形式的演变主要包括以下四方面的内容：书写形式的合并（coalesce）、语音的损蚀

（phonological erosion）、去范畴化（decategorization）和搭配范围扩张。

书写形式的合并有两种情况：语法化构式内部成分的合并和语法化构式与其他构式的合并。第一种情况是就复杂构式而言的，可能只涉及部分成分，也可能涉及所有成分。例如，be going to合并为be gonna只涉及going与to，而古英语时期的短语Þa hwile Þe（"that time that"）演变为表时间和让步的主从连词while则是所有成分合并的结果。第二种情况是就简单构式而言的，本质上是自由语素向附着语素的演变，如助动词will与句子主语合并为she'll之类的形式。书写形式的合并往往同时意味着语音的损蚀。根据Heine和Narrog的研究（2010：408），语音的损蚀包括四种情形：

a. 语音段的丢失，包括完整音节；

b. 重读、音调、语调等超音段特征的丢失；

c. 失去语音的自主性来适应邻近的语音单位；

d. 语音的简化。

去范畴化指语法化构式失去与新语法功能无关的形态和句法特征的过程，它主要包括（Heine & Narrog 2010：407）：

a. 失去屈折变化的能力；

b. 失去派生能力；

c. 不能再被修饰语修饰；

d. 失去独立性而对其他成分的依存性增强；

e. 失去句法的自由性；

f. 无法作为回指的对象；

g. 失去作为原范畴成员的身份。

例如，名词演变为介词后就不能再与表示数量、性、格等的屈折语素以及派生语素结合，也不能被形容词、限定词等修辞，还失去了句法独立性而必须与其他名词结合，在语篇中也不能像名词那样被回指。类似地，动词演变为情态动词后也不能与表示时态、体、否定等的屈折语素结合，还失去了形态派生能力，不能再被副词修饰，失去了句法独立性而必须与其他动词结合。而无论是名词还是动词的语法化，都使得它们失去作为开放类范畴成员的地位，成为封闭类的语法构式。

搭配范围的扩张从微观层面讲指的是与语法化构式共现的同一语类的成员增多。例如，be going to最初只与地点名词共现，表示空间移动，而后开始与行为动词共现，发生语法化，演变出将来义，直到后来扩展至与静态心理动词like，know，want等共现，实现完全语法化。从宏观层面讲，搭配范围的扩张指的是语法化构式的句法扩张，即它能够出现在更多的句法环境中，如表将来时的be going to向提升构式（例如，There is going to be an election.）的扩张。

综上所述，语法化过程中的形式演变与语义演变类似，既有"减"的过程，即书写形式的合并、语音的损蚀、去范畴化，也有"增"的过程，即搭配范围的扩张。

11.4 语法化的认知解释

通过上节对语法化过程的描述不难看出，语法化本质上是构式形式和意义共同演变的结果。

那么，如何解释这种形式和语义的演变过程呢？学界已经从不同的理论视角给出了不少答案。本节我们主要聚焦认知语言学的解释。

11.4.1 新分析

新分析（neoanalysis），以往研究称为重新分析（reanalysis），是语法化研究关注的焦点之一。Traugott和Trousdale（2013）认为重新分析的说法存在两个问题。一是术语本身的问题。如果一个语言使用者没有习得某个构式，而在接触到该构式时采用了不同于习得它的语言使用者的分析，那么他的分析只能说是不同于一般分析的新分析，而不能称之为重新分析。也就是说，我们不能对一个未习得的构式进行重新分析。二是重新分析的说法是后验的，因为我们只有在新的分析在语言使用中表现出来之后，才知道原来的构式发生了重新分析。我们赞同Traugott和Trousdale（2013）的观点，沿用新分析这一术语。

根据Langacker（1977），新分析是构式成分、内部层级结构、语类以及语法关系等形态句法方面的变化，它并不改变构式固有的表层形式。Traugott和Trousdale（2013）称之为微幅变化（micro-step change）。这种微幅变化最终可能诱发构式形式的演变。例如，虽然语法化前后be going to的表层形式未有任何变化，但其形态句法上却发生了新分析。表示空间移动的be going to由"be+主动词（go）+进行体（-ing）+目的介词（to）"成分构成，内部层级结构分析为[[be going] to]，是一个动词—介词短语，不同成分的句法自由度比较高，语法关系松散；但是在语法化过程中，它被分析为一个整体即[be going to]，内部不能再做成分切分和层级结构分析，因此也就不存在内部语法关系，整体上它是标记将来时的助动词。be going to形态句法的新分析是其形式演变的前提，这就解释了为什么将来时标记be going to合并为be gonna可以接受，而空间移动义的be going to合并为be gonna不能接受，如（8a）和（8b）。

（8）a. I'*m gonna* be a rock star when I grow up.

　　　b. *I'*m gonna* the cinema.

Langacker强调的是形态句法的新分析，侧重构式的形式，而语法化过程中构式语义的演变同样可以用新分析解释。以数量构式a lot/lots of N的语法化为例，lot在19世纪之前是表示"部分"的名词，因此a lot/lots of N的语义就是"N的（一）部分"，如（9a）。而19世纪起，a lot/lots of N出现的句法环境发生变化，如（9b）。在（9b）中a lot of语义上已经不能再解释为"货物的一部分"，因为下文代词用的是复数形式的them。换言之，a lot of语义上发生了新分析。Traugott和Trousdale（2013）认为，新分析的过程是由"部分"义衍推的"量大"的语用含义被分析为a lot of/lots of的语义。而语义的新分析则导致了a lot/lots of N构式义的演变。除了语义的新分析，a lot/lots of N形式上也发生了新分析：[a [lot [of N]]]→[[a lot of] N]（[lots [of N]]→[[lots of] N]）。

（9）a. You must tell Edward that my father gives 25s. a piece to Seward for his last *lot of* sheep, and, in return for this news, my father wishes to receive some of Edward's pigs.

（1798 Austen, Letter to her sister [Traugott & Trousdale 2013:24]）

b. I have *a lot of* goods to sell, and you wish to purchase *them*.

（1852 Arthur, True Riches [Traugott & Trousdale 2013:25]）

（10）Mrs. Furnish at St. James's has ordered *Lots of* Fans, and China, and India Pictures to be set by for her, 'till she can borrow Mony to pay for' em.

（1708 Baker, *Fine Lady Airs* [Traugott & Trousdale 2013:25]）

新分析的发生与语境的模糊性有关，一些语境允许某个构式产生不同的形式和语义分析（Hopper & Traugott 1993/2003）。例如，根据Traugott和Trousdale（2013），（10）中的lots of虽然指的是要出售的部分，但也可以分析为"大量"。

11.4.2 类比思维

类比思维指的是语言使用者根据业已存在的构式建立新的形式/语义关联的认知能力。与之密切相关的是以往语法化研究强调的类比。Hopper和Traugott（1993/2003）把类比定义为，业已存在的构式对现有形式的吸引。也就是说，类比是语言层面的，而类比思维是认知层面的，前者是后者的具体体现和直接结果。以往语法化研究侧重语言层面，把类比视为语法化的一个重要动因，而认知语言学重视语言层面背后的认知因素，因此从认知语言学的角度看，类比思维才是语法化的根源所在。

类比思维引发的类比有两类：基于范例的类比（exemplar-based analogy）和最佳拟合类比（best-fit analogy）。基于范例的类比内涵上与Hopper和Traugott（1993/2003）的定义一致，也是以往学界关注的焦点。具体而言，语言使用过程中，语言使用者会对具体的语言使用例示进行概括，然后把这种概括当作范例通过类比思维进行扩展，产生创新用法。例如，be going to语法化之初，语言使用者会根据已经接触到的例示概括出"be going to+动词"的规律，虽然最初只允准少数行为动词，但通过类比思维越来越多的行为动词都可以进入其中，直到最后扩展到静态心理动词。再如，现代汉语中新被动构式的语法化（如（11a）），它就是以业已存在的被动构式（如（11b））为范例进行类比扩展的结果。这就解释了语法化过程中构式搭配范围的扩张问题。

（11）a. 老人去领高龄补贴时，却突然发现自己"被死亡"了。
（2017年11月29日，《人民日报》）

b. 一切细菌，只要煮沸到一百二十度蒸汽温度就可以被杀死。

（12）Safroun　　&　　a　　gode　　dele　　Salt.
　　　Safroun　　and　　a　　large　　amount　salt

（c1430 Two Cookery Books 15 [Traugott & Trousdale 2013:56]）

（13）Jesu Maria what a deal of brine hath washed thy sallow cheeks for Rosaline!

（1595-6 Shakespeare, Romeo and Juliet II.iii.69 [Traugott & Trousdale 2013:56]）

基于范例的类比前提是范例的存在，或者是业已存在的构式，或者是语法化进行到一定程度时基于具体例示的概括。如果在语法化刚开始时不存在这样的范例，类比思维又是如何运作，或者说如何进行类比呢？答案是最佳拟合类比。Traugott和Trousdale（2013）认为，基于构式网络的特征来识解语义是类比思维的核心，而且我们会为临时例示寻找最佳拟合。以数量构式（如a deal/lot/heap/bit of等）的语法化为例。Traugott和Trousdale（2013）认为，（12）中表达"部分"的名词dele吸收了语境中度量形容词gode的度量语义，使得a gode dele整体具有了表达数量功能的潜势，这一过程涉及"（整体的）部分具有度量功能"这样的类比思维。a gode dele数量功能的解释为（13）中不带修饰语great或good的a deal of以及同一时期的a lot/heap/bit of等其他类似构式的语义提供了类比依据，是这些构式语义的最佳拟合对象，使得这些构式即使不被度量形容词修饰仍然具有表达数量功能的潜势，而这种语义潜势最终语法化为这些构式的构式义。

11.4.3 概念隐喻

认知语言学认为，隐喻不仅仅是语言现象，还是一种思维方式。基于这种认识，认知语言学家提出并发展了概念隐喻理论。根据概念隐喻理论，隐喻是通过一个概念域（即始发域）理解另一个概念域（目标域）的认知过程。它反映了不同概念域之间的跨域概念映射关系。概念隐喻作为基本的认知方式，在语法化中尤其是语义的演变中扮演者重要的角色。

概念隐喻的研究表明，人们总是倾向于通过具体的概念域去理解抽象的概念域。Heine *et al.*（1991）发现，发生语法化的概念绝大多数都表征具体的物体、过程或者方位，涉及的语言表达包括身体部分的词汇（如back）、表物理状态或过程的动词（如sit，lie或go）、表核心活动的动词（如make，do，have和say）等。他们指出，为了表达抽象的功能，语言使用者会借助具体范畴，也就是说需要诉诸概念隐喻。具体范畴隐喻的抽象功能一旦规约化，它就发生了语法化。因此，概念隐喻是语法化的一个重要驱动因素。他们还根据隐喻关系构建了语法化概念始发域的层级关系，如（14）所示。位于层级左侧的概念域可以隐喻其右侧的概念域，即右侧的概念域比左侧的概念域更为抽象，Heine *et al.*（1991）称之为隐喻抽象性。语法化总是倾向由位于层级左侧概念域中的概念向位于其右侧概念域中的概念演变，这就解释了语法化的单项性问题。

（14）PERSON > OBJECT > ACTIVITY > SPACE > TIME > QUALITY

例如，Heine *et al.*（1991）通过对125种非洲语言的研究总结出了一个语言类型学的共性特征：身体部分的词汇向空间介词演变。同样，英语也存在类似现象，如back向复杂介词构式in/at the back of的演变。他们认为，这类语法化反映的是物体概念域向空间概念域的演变，语法化初期概念隐喻"空间是物体"起到了关键作用。再如be going to的语法化反映的就是空间域向时间域的演变。具体而言，语法化初期be going to通过概念隐喻"时间是空间"隐喻将来时，而这一隐喻义逐渐规约化，促成了它的语法化。

11.4.4 主观化

关于主观化，学界存在着两种主流观点，分别以Traugott（1989，1995）

和Langacker（1999a，1999b）为代表（参见第12章）。但无论是Traugott还是Langacker，他们都认为主观化在语法化中起着非常重要的作用。

Traugott（1989，1995）把主观化定义为这样的语用—语义过程：语义演变出越来越多的、基于说话人对命题（即说话人所说内容）主观信念状态/态度的特征，即语义所蕴含的说话人的主观性越来越强。Traugott和Dasher（2002）区分了客观性表达和主观性表达。客观性表达不带有明显的说话人的主观印记，而主观性表达则反映了说话人的视角及主观态度，二者分别具有如下特征（见表11.1）：

表11.1　客观性表达与主观性表达的特征

客观性表达	主观性表达
最低程度的情态标记	显性的空间/时间指示标记
所有参与者都得到表达	显性的情态标记
最低程度的指示标记	显性语篇指示标记
以（语用原则）数量原则为主导	以（语用原则）关联原则为主导

主观化是渐进性的，因为主观性/客观性具有梯度性，即语义包含的主观性特征越多越明显，其主观性就越强，客观性越弱；反之则客观性越强，主观性越弱。受主观化驱动，语法化由编码客观性的构式向编码主观性的构式演变。这也是语法化单向性的重要体现。Traugott（1989，1995）借助主观化系统考察了情态动词、指示语等的语法化问题。这里我们以情态动词must的语法化为例加以说明。must的语法化经历了三个阶段：第一阶段（古英语时期），must为表"能力；允准"的实义动词（见（2a））；第二阶段（古英语后期至中世纪英语早期），must演变为表"道义、义务"的道义情态动词（见（2b））；第三阶段（中世纪英语至现代英语），must演变为表"认识"的认识情态动词（见（4a））。这一语义演变过程可以通过主观化解释。具体而言，第一阶段must的语义反映的是事件参与者（如（2a）中的you）内在的行为，它存在于说话人之外，不带有说话人的任何印记，是客观性的。第二阶段

道义情态的must反映的是说话人自身的态度，如（2b）中说话人（即I）对所说内容offer Thee a sacrifice（为您献祭）的态度，因此它是主观的。但must的道义情态义主观性不是很强，因为这种道义大都是外部权威力量强加给说话人的，如皇权、神权等，（2b）中说话人对献祭的道义即是因为对"上帝"的信仰。第三阶段认识情态动词的must反映的是说话人主观的信念状态，如（4a）中说话人对命题"堕落最久的人受苦最多"的认识，其主观性最强。must语义由"能力；允准"义演变为"道义、义务"义再演变为"认识"义本质上是主观性逐渐增强的过程，即其语法化是主观化的结果。

与Traugott的观点不同，Langacker（1999a，1999b）认为主观化与识解有关。识解有客观识解与主观识解之别。若事件及事件参与者本身被置于"台上"，并作为注意的焦点被勾勒，而言语事件及其参与者（说话人、听话人）被置于"台下"，作为背景不被勾勒，则识解的客观性最强，是为客观识解；否则为主观识解。但是，无论是客观识解还是主观识解，识解过程都隐藏着说话人心理扫描的视角。因此，Langacker（1999a，1999b）认为，主观识解为客观识解所固有。以（15）为例，（15a）和（15b）编码的是相同的识解过程，即"概念化主体追踪某个射体沿特定路径到达某个地点"的心理扫描。二者的差别在于（15a）是客观性最强的识解，或者说客观识解，因为它涉及Monica的真实运动过程，勾勒的是运动事件本身，说话人或听话人位于"台下"；而（15b）则是主观识解，因为perfume boutique是静态的，不可能发生运动，across勾勒的是概念化主体即说话人的心理扫描，说话人位于"台上"。

（15）a. Monica went *across* the street.

b. There is a perfume boutique *across* the street.

根据Langacker（1999a，1999b）的观点，主观化是客观性衰减的过程，即客观识解向主观识解的转变，它导致了语法化。例如，be going to的语法化就可以通过主观化解释。具体而言，be going to最初表"空间移动"，编码的是客观识解：射体沿空间路径运动到某个地点。但这个客观识解本身蕴含着主观扫描过程：概念化主体追踪射体沿着特定径运动到某个地点，而这一心理扫描过程需要时间，且射体最终到达的位置在扫描的时间轴上位于将来。be going to的语法化源于它客观性的衰减和主观识解的出现，即说话人被置于"台上"，其心理扫描得到勾勒。Langacker（1999a，1999b）还指出，主观化的衰减是一个渐进的过程，因此主客观识解可能同时存在，这也解释了语法化过程中新旧语义共存的现象。

11.4.5 招请推理

Traugott和Dasher（2002）认为，语法化源自具体的语言使用，与语境密切相关。具体而言，由于语言使用者的创新使用，一个构式可能会出现在不同以往的新语境中，而新的语境诱发或招请认知推理，产生基于具体语境的、临时的关联语用义。Traugott和Dasher（2002）称之为招请推理（invited inferencing）。如果认知推理催生的临时语用义被广泛使用，它就有可能被分析为该构式语义的一部分，规约为构式的编码义，因此导致该构式的语法化。

上一小节我们从主观化的角度解释了must的语法化，但主观化未能很好地阐释must是如何由"能力；允准"义演变为"道义、义务"进而演变出"认识"义的，这还需要诉诸认知推理。根据Traugott和Dasher（2002），古英语后期至中世纪英语早期must开始出现在否定语境中，否定语境会诱发这样的招请推理：不被允准的即为道义上不可为的。同时，（2b）之类的语境，即有外在权威存在的情况下，给予允准并非出自受允准者自己的意愿或者受允准者并不欢迎这样的允准，这种语境会诱发这样的招请推理：（外在）权威允准即道义。认知推理导致must在上述语境中产生了"道义、义务"的语用义，而这种语用义在中世纪英语中广泛使用，并规约化为must的编码义，导致了道义情态动词must的语法化。中世纪英语时期must在与说话人相关的语境中使用增多，且常常与necessarily共现。这种语境，即说话人明确声明某个事件道义上或被迫将要必然发生，会招请认知推理：道义上将要发生的必然性即为现在的可能性。也就是说，这种语境中must产生了"认识"的语用义，而这层语用义的广泛使用使之规约化为must的编码义，导致了认识情态的语法化。

语法化过程中构式形式/语义的演变不是任意性的，而是有理可据的。学界已经为此提供了不同的解释方案。在本节我们聚焦认知语言学历时研究的方法，主要介绍了新分析、类比思维、概念隐喻、主观化、招请推理五个方面内容。需要指出的是，这些方法不是排他性的，而是相互关联的，它们侧重语法化的不同阶段和不同层面，为构式形式/语义的演变提供解释。

11.5 词汇化

词汇化常常被视为语法化的反例，与语法化的逆向过程——去语法化（degrammaticalization）相提并论。但Brinton和Traugott（2005）认为，词汇化不完全是去语法化，还包括多语素序列或复杂的句法结构演变为词汇构式的过程。因此，他们将之宽泛地定义为词汇构式产生的过程。本节采用Brinton和Traugott（2005）的观点，聚焦词汇化涉及的三种主要过程：去语法化、单词化和习语化。

11.5.1 去语法化

去语法化最早由Lehmann（1982/1995）提出，用来指语法化的逆向过程，但其本人否认这种演变的存在。近年来越来越多的跨语言研究表明去语法化确实存在，不过尚未发现语法化的镜像过程，即（5）的逆向过程。换言之，去语法化不是严格意义上的语法化逆向过程，它只是大致反映了构式由语法性向词汇性的逆向演变。Norde（2009）将之解释为复合演变过程，即语法构式在特定语境下在不止一个语言层面（语义、形态、句法或语音）增加自主性或实质性的语义特质（词汇义）。

虽然人们常常将词汇化与去语法化混为一谈，但二者并不完全等同。Norde（2009）区分了去语法化的三种类型：去语法性（degrammation）、去屈折化（deinflectionalization）、去黏着性（debonding）。去语法性侧重语义内容层面，指语法词在特定的语境中语义由语法性向词汇性的演变；去屈折化侧重语义—句法层面，指屈折词缀在特定语境下获得新的功能，向附着性较弱的附着语素的演变；去黏着性侧重形态句法层面，指黏着语素在特定语境下向自由语素的演变。

去语法性可以视为词汇化。以"得"的演变为例，道义情态动词"得"（如（16b））是由上古汉语实义动词"得"（如（16a））语法化而来，但是现代汉语中"得"也可用作实义动词，如（16c）。Ziegeler（2004）认为现代汉语中实义动词"得"是由（16b）的道义情态动词演变而来。也就是说，在（16c）的语境下（直接与数量短语或名词短语连用），"得"失去了道义情态的语义，演变为词汇词。

（16）a. 唐叔得禾，异亩同颖，献诸天子。（《尚书》）
　　　b. 我得吃些东西了。
　　　c. 工兵笑嘻嘻地问："你需要多少条狗呢？""得几十条狗。"

去屈折化的产物是附着语素，如瑞典语中s-所有格（类似英语的's所有格the boy's toy）即是经由去屈折化演变而来（"单词屈折标记形式→短语屈折标记形式→附着形式"），因此它并不是词汇化。去黏着性的情况最为复杂，也是去语法化研究讨论最多的一种类型。例（6）中派生词缀-ism向名词ism的演变就是典型的去黏合性过程，也是词汇化研究关注的重点。类似的现象还包括ology（zoology）、onomy（economy）、ocracy（aristocracy）、ex（ex-husband）、teen（teenager）等的演变。但是，并非所有的去黏着性都是词汇化，如不定式标记（英语中to即是由附着形式演变而来）的演变、附着形式向小品词的演变、动词后缀向代词的演变等（Norde 2009），其产物仍是语法词。

综上所述，词汇化并不完全等同于去语法化，它只包括能够产生词汇词的去语法化，如去语法性以及部分去黏着性现象。

11.5.2 单词化和习语化

除了去语法化，词汇化涉及的另外两个主要过程是单词化和习语化。单词化（univerbation）指由短语或句法结构演变为简单词的过程。根据短语或句法结构内部形态、语音的演变，单词化有两种情况。第一，短语或句法结构的内部成分虽然融合为一个词，但依然可以辨别，如hand in the cap向handicap、古英语hab ne-hab（have not-have）向hab nab再向hobnob等之类的演变，以及古英语had（state，rank of person）向派生词缀-hood之类的演变。因此，此类单词化在形态和语义上通常是透明的。第二，短语或句法结构的内部成分融合为一个词，且融合的非常彻底以至于无法辨别，如古英语hus（house）+wif（wife）向hussy、古英语on+wacan向awake等之类的演变。此类单词化的形态和语义是不透明的。

习语化由句法结构演变为习语的过程，如shoot the breeze（gossip）、run of the mill（ordinary）、kick the bucket（die）等习语的演变。除此之外，习语化还包括nod off，fall down，shoot up，cut NP out，grind NP down，write NP up之类短语动词以及curry favor with，raise an objection to，cast doubt on，lay claim to，pay attention to之类复合谓词的演化等。通常习语化会伴随着构式形式和语义的演变。具体而言，原句法结构在习语化过程中语义的组构性降低，如run of the mill表达的"普通的"语义并不能从其组成成分推知；句法的变异性减少甚至失去句法变异性，如不能被被动化*the breeze was shot，不能被否定*didn't shoot the breeze或者不能被话题化*the breeze he shot等；以及成分的可替换性降低，如把kick the bucket替换为hit the bucket则失去了习语要表达的整体意义。

综上所述，词汇化所涉及的演变过程可以概括为（见图11.1）：

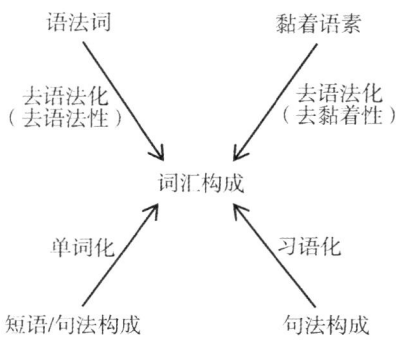

图11.1 词汇化的演变过程

11.6 小结

本章聚焦语法化,从认知语言学角度为它提供了新的定义,分析了语法化的单向性,考察了语法化过程中语义和形式的演变,并对语义演变过程即语义的漂白与渐变性以及形式的演变过程即书写形式合并、语音损蚀、去范畴化与搭配范围扩张进行了系统描写,然后着重阐述了认知语言学的历时研究对语法化的解释,具体关照了新分析、类比思维、概念隐喻、主观化和认知推理五个方面的内容,提出这五个方面侧重语法化的不同阶段和不同层面,它们合力促成了构式形式/语义的演变。最后,我们还讨论常被视为语法化逆向过程的词汇化,分析了它的三种类型:去语法化、单词化和习语化,指出词汇化不能完全等同于去语法化。

思考题

1. 什么是语法化?它具有什么样的性质?
2. 语法化过程中构式形式和语义演变的特点是什么?
3. 如何解释语法化过程中的构式形式演变?
4. 构式语义从客观到主观的演变反映了语法化的什么性质?如何解释这种演变?
5. 将来时标记be going to的语法化可以通过哪些方法解释?试着对比不同的方法。
6. 如何理解词汇化?其具体过程是什么?
7. 词汇化是语法化的逆向过程吗?可否等同于去语法化?为什么?

推荐阅读书目

Brinton, L. J. & E. C. Traugott. 2005. *Lexicalization and Language Change*. Cambridge: Cambridge University Press.

Bybee, J. L., R. Perkins & W. Pagliuca. 1994. *The Evolution of Grammar: Tense, Aspect and Modality in the Languages of the World*. Chicago: The University of Chicago Press.

Evans, V. 2019. *Cognitive Linguistics: A Complete Guide*. Edinburgh: Edinburgh University Press.

Heine, B. & H. Narrog. 2010. Grammaticalization and linguistic analysis. In B. Heine & H. Narrog (eds.). *The Oxford Handbook of Linguistic Analysis* (pp.401-423). Oxford: Oxford University Press.

Heine, B., U. Claudi & F. Hünnemeyer. 1991. *Grammaticalization: A Conceptual Framework*.

Chicago: The University of Chicago Press.

Hopper, P. J. & E. C. Traugott. 2003[1993]. *Grammaticalization*. Cambridge: Cambridge University Press.

Langacker, R. W. 1999. Losing control: Grammaticization, subjectification and transparency. In A. Blank & P. Koch (eds.). *Historical Semantics and Cognition* (pp.147-175). Berlin: Mouton de Gruyter.

Lehmann, C. 1982/1995. *Thoughts on Grammaticalization*. Munich: Lincom Europa.

Norde, M. 2009. *Degrammaticalization*. Oxford: Oxford University Press.

Traugott, E. C. 1995. Subjectification in grammaticalisation. In D. Stein & S. Wright (eds.). *Subjectivity and Subjectivisation: Linguistic Perspectives* (pp.31-54). Cambridge: Cambridge University Press.

Traugott, E. C. & R. B. Dasher. 2002. *Regularity in Semantic Change*. Cambridge: Cambridge University Press.

Traugott, E. C. & G. Trousdale. 2013. *Constructionalization and Constructional Change*. Oxford: Oxford University Press.

第十二章　主观性和主观化

12.1 引言

在探求和解释人类语言普遍现象的过程中，出现了形式主义和功能主义两大思潮。形式主义注重从语言内部对语言结构进行描写，而功能主义则主张从语言外部探究语言事实。作为一种语言研究的新范式，认知语言学为功能主义注入了新鲜血液。认知语言学强调概念化的重要作用，认为意义是概念内容和以特定方式对该内容进行识解的结果。既然是识解，必然涉及作为概念化主体的人的视角、认识、情感等方面的因素，语言则是在这些因素作用下的有关特定内容的符号输出。换句话说，语言并不是对客观世界的直接反映，而是人类概念化的结果。因此，对语言的研究不能置于真空中形式化、规则化，而是要考虑影响语言使用的认知主体——人的因素以及人所处的社会文化语境等因素。

"主观性"（subjectivity）就是与作为认知主体的人紧密相关的一个概念，它是人类语言不可避免的一种现象。Finegan（1995）认为，主观性就是说话人（言者主语）的印记，与话语中说话人自我的表达以及说话人视角或者观点的表现形式有关。Smith（2003：183）也曾说过："当句子表达一种观点，或者对情景采取某种视角时，句子就带有了主观性。"目前国内普遍采用的主观性定义是沈家煊在《语言的"主观性"和"主观化"》一文中的定义：

"主观性是指语言的这样一种特性,即在话语中多多少少总是含有说话人'自我'的表现成分。也就是说,说话人在说出一段话的同时表明自己对这段话的立场、态度和感情,从而在话语中留下自我的印记"(沈家煊 2001:268)。

例如,在"她们两个是不会和好如初的"一句中,"不会"表达了说话人对"她们"两人之间关系发展趋势的看法,是说话人对命题所表达内容的一种主观认识——一种可能性。又如,句子"Obviously, he is telling a lie"中说话人不但向听话人传递了"他在撒谎"这一命题内容,同时也向听话人表达了自己对这一命题内容的态度,即"他在撒谎"这一情况是显而易见,是很容易看出来的。通过传递这一态度,说话人实现了自我表达。也就是说,主观性关注的是语言使用中的自我表达。

主观化关注的是主观性的形成过程,指的是"在实现主观性的语言表达中语言演化的结构和策略"或者"语言演化的相关过程本身"(Finegan 1995:1)。主观性是主观化的结果。

人类认识世界的过程是一个从外部客体世界向内部主体世界转移的过程,具有自我意识是人类区别于其他动物的重要标志。随着语言学研究中"人本主义"的复苏,尤其是随着强调语言使用的语用学、强调语言功能的功能语法以及强调人类认知的认知语言学的兴起,语言"主观性"越来越受到关注。人们从最开始的思考语言与外部世界的简单对应关系转向了思考人类作为认知主体在语言中所起的作用。因此,结构主义语言学和形式语言学所提出的"语言是用来表达客观命题的""语言是逻辑命题的表征形式""话语中不存在'自我'的成分"等论断越来越受到质疑。主观性之所以一度在语言研究中不被重视,除了与形式语言学的主张有关外,也有其自身原因。Finegan(1995)曾指出包括英语在内的许多语言标记主观性的方式不明显且很复杂,很难解释清楚。在主观性受到广泛关注之前,对它的研究基本上集中在文学领域,主要是自由间接文体(free indirect style)所体现的叙事主体性(narrated subjectivity);从语种来看,主要集中在日语,这与日语注重说话人对听话人态度,即注重说话人表达个人声音的特性紧密相关。Maynard(1993)认为这种字里行间隐含的表达个人声音的情感交流构成了交际的中心。可以说,学者们对语言本质的深入思考使主观性逐渐进入了人们的视野，主观性研究也受到了应有的重视。

Bréal和Bühler是较早谈及主观性的学者，但真正推动语言主观性研究长足发展的是法国语言学家Benveniste。Benveniste在《语言中的主观性》（"Subjectivity in Language"）（1971）一文中对语言与语言使用者之间关系、语言主观性的普遍性问题等的精辟论述为后来主观性的研究提供了基础，尤其是他关于语言主观性普遍性的论述："语言带有的主观性印记是如此之深，以至于人们可以发问，语言如果不是这样构造的话究竟还能不能叫做语言"（Ibid：225）。自此，学者们开始了对语言构造中主观性成分的挖掘。

虽然主观性是语言固有的特性，但不同语言表征主观性的形式却不尽相同，词序、形态、语调等等都可能会成为语言用来标记主观性的手段。正因为如此，学者们对主观性的研究涉及小品词、情态副词、指示词、形容词、反身代词、连接词、完成时、进行体、倒装句、自由间接文体等不同语言范畴和层面。Finegan（1995）总结了主观性和主观化研究的三个主要领域：言语主体的视角、言语主体对命题的情感表达、言语主体对命题的情态或认知状态表达。例如，句子Mary is sitting across the table与句子Mary is sitting across the table from me体现的是言者主体不同的观察视角；句子If only I had taken his advice中的if only表达了说话人的态度，属于附加在命题上的情感表达；句子Obviously, flowers will wither in this condition中情态副词obviously帮助实现了说话人对命题认知状态的评价。

对语言主观性研究最有代表性的学者是Langacker和Traugott，他们分别从共时和历时的角度对主观性和主观化展开了研究。

12.2 Langacker的共时研究

Langacker对主观性的研究是在他所建立的认知语法框架内进行的。认知语法反对传统语言学将形式与意义分离，认为语言研究必须要考虑意义问题，而意义是人脑对外部世界概念化的结果。也就是说，语言不是对外部世界的直接反映，而是概念化的表征形式。Langacker认为语言表达式的意义是由概念内容和以特定方式对该内容进行识解构成的。识解是Langacker认知语法理论中非常重要的一个概念，指的是我们用不同方式设想和描述相同情景的能力（参见第7章）。例如：

（1）The bike is in front of the tree.

（2）The tree is behind the bike.

这种对同一情景的不同识解是由观察者大脑中的不同意象造成的，涉及几个参数。Langacker（1987）提到了三个参数：选择、视角和抽象，主观性就是视角参数中讨论的话题。Langacker认为每一个语言表达式的语义极都代表说话人以不同意象对情景的组织。在这个过程中，说话人与情景之间建立起一种识解关系。Langacker（1985，1987，1990）依据人类对事物的视觉感知阐释主、客观意义，区分了最优观察设置（optimal viewing arrangement）和自我中心观察设置（egocentric viewing arrangement）两种观察设置方式，分别由图12.1和图12.2表示（Langacker 1987：129）：

图12.1　最优观察设置　　　图12.2　自我中心观察设置

（S=viewer/self 观察者/自我　O=object being observed/other 被观察事物/他人）

Langacker认为观察者（说话人）与被观察的事物之间存在着内在的不对称性，因为观察者可以观察事物，但事物却不能对观察者进行观察。最大程度体现这种不对称性的是最优观察设置，其中观察者与被观察事物之间的位置关系，借用Langacker本人的比喻，就像观众与舞台上的表演者之间的位置关系，观众全身心地投入所观看的表演中，甚至忘记了自我的存在。在这样一种设置中，观众处于感知域之外，注意力完全集中于被感知的对象，因此对他/她的识解体现出最大程度的主观性，而对被感知对象的识解体现出最大程度的客观性。这样的观察设置在语言中得到了体现。例如，句子There is snow all around中观察者对周围事物进行观察，注意力完全集中于被感知的对象——snow，没有意识到自我的存在，这种感知关系体现在句子中是涉及观察者自我的成分不出现。而句子There is snow all around me体现的感知关系就不一样了，句子中"我"的宾格形式me反映的是观察者的自我意识，即观察者和被感知对象一起被"放到"了舞台上，成为了被观察的对象，体现出最大程度的客观性。

可以看出，Langacker的主观性指的是观察者作为一种隐性存在（舞台上被观察到的对象的存在隐含了观察者的存在），在观察事物、组织情景时没有意识到自我的存在，观察者处于舞台之下。当观察者意识到自我并将自我和被观察对象一同"放到"舞台之上时，体现客观性。Langacker将这种客观性和主观性类比为：当我们取下戴着的眼镜看眼镜时，眼镜处在我们的意识之中并被最大化地勾勒出轮廓，而当我们戴着眼镜并没有注意到它的存在时眼镜便淡出我们的意识。Langacker的主观性研究是一种共时平面上的研究，涉及言语事件参与者的主观或客观识解，是与说话人是否以明确的语言形式被编码在表达式中有关。因此，在他的术语中，"客观性"并不是我们通常意义上所说的"与说话人无关"的意思，而是说话人成了被观察的对象，以显性的语言形式出现在表达式中。例如：

（3）Mary is sitting across the table *from me*.

（4）Mary is sitting across the table.

例（3）中说话人自我以明确的人称代词宾格形式me被编码，from me是表达客观性的成分。而例（4）中完全没有自我意识的说话人自我在句子中没有被提及，因此在意义识解上具有主观性。

因为Langacker的研究焦点是说话人对客观情景的识解，他的主观性还体现在说话人对客观情景识解过程中发生的心理上的主观运动。例如：

（5）*He ran* up the hill.

（6）*The road runs* from the valley floor to the mountain ridge, where the temple is situated.

这两句话中都使用了动词run，这两个run的不同之处在于说话人是否参与到了句子所描述的事件当中。例（5）中句子主语he沿着某一空间轨迹做"跑"的客观运动，而例（6）中的句子主语the road本身并没有做"跑"的客观运动，运动的是说话人，即说话人沿着the road的轨迹做出了心理上的主观运动——心理扫描。这两个句子中的动词run折射出句子主语和言者主语的区别：言者主语不仅可以承担事件描述者的角色，如例（5），还可以承担事件参与者的角色，如例（6）。

此外，Langacker还指出表达式在从词汇元素向语法元素发展（语法化）的过程中会发生主观化，这是一个语义淡化（semantic bleaching）的演变过程。表示将来意义的go就是一个非常典型的例子。

（7）She was *going* to visit her uncle.
（8）It is *going* to snow.

如果例（7）中的go不是用于表达将来意义，那么它表示的就是句子主语she的一种由近及远的空间移动，移动的目的是visit her uncle。例（8）中的go表示的则不是句子主语的空间运动，而是言者主语的心理扫描。例（7）和例（8）说明动词go从表示词汇意义发展到了表示语法意义，即经历了语法化。语法化了的动词go表示的是言者主语的主观心理运动，即主观化了。在后期著作中，Langacker（1999，2006）认为主观识解成分与客观识解成分同时存在于表达式的语义当中，当客观识解成分消褪时，主观识解成分便会显露出来。因此，主观化最好被看作是一种语义淡化。

12.3 Traugott的历时研究

Traugott从历时角度研究话语意义是如何越来越依赖于说话人对所表达

命题的主观信念状态或态度，即主观化问题。Traugott（1989）通过研究情态动词、断言型言语行为动词（assertive speech act verbs）和情态副词的语义演化，揭示了语义变化的一种普遍倾向：意义越来越倾向于与说话人对命题的主观信念状态或态度有关。这就是语义演化中的主观化现象，它是一个渐进的过程。例如：

（9）You *must* be very careful.

例（9）中情态动词must的用法可以用下面四个句子来解释（Traugott 1989：36）：

（10）You are required to be very careful.

（11）I require you to be very careful.

（12）It is obvious from evidence that you are very careful.

（13）I conclude that you are very careful.

其中，例（10）和例（11）是must的道义用法，例（12）和例（13）是must的认识用法。这两组解释中的前一个句子都表示较弱的主观性，后一个句子都表示较强的主观性。Traugott通过历时考察发现，must的语义变化经历了三个阶段：第一阶段为表示"允许"义的主动词（及物或者不及物）阶段；第二阶段为表示言语行为动词义的道义阶段；第三阶段是基于说话人信念和知识状态的内部世界的认识义阶段。Traugott指出，情态动词的道义义出现在认识义之前，且认识义经历了从弱到强的发展过程。

Traugott（1995）进一步完善了她之前有关主观化的思想，集中讨论了语法化中的主观化特性，涉及的例子包括构式be going to，let us，let alone，I think，rather than；情态动词must，will；级差小品词even；表示时间义和让步义的while；立场副词actually，generally，really等；程度修饰语very，pretty，awfully等。这些表达式的语义变化遵循单向性假设——早期语法化中的语义变化是单向的，即意义越来越基于说话人对命题的主观信念状态或态度，也就是越来越主观化了。主观化是促成Traugott提出单向性假设的一个因素。她认为语法化中的主观化可以在多个维度上展开，包括从命题功能到话语功能、从客观意义到主观意义、从非认识情态到认识情态、从非句法主语到句法主语、从句法主语到言者主语等。下面我们以Traugott（1995：36-37）所给有关let us的例子说明语法化中的主观化特性：

（14）*Let us* go.
（15）*Let's* go.
（16）*Let's* take our pills now, George.
（17）*Let's* see now, what was I going to say?

例（14）到例（17）中let us的语义变化代表了构式let us的语义演化过程。例（14）中的let us为主动词构式，表示祈使义，句子主语是省略了的第二人称代词you，you允许we发出go的动作，we属于排他性用法（exclusive we），即不包括听话人在内的we。例（15）中的let us表示劝告义，动词let和go的主语是容他性we（inclusive we），即包括听话人在内的we。例（16）仍然表示劝告义，但其主要功能是表达说话人对听话人的一种支持，Traugott称之为说话人的"俯就支持体"（condescending support-style）。例（17）中的let's几乎不涉及听话人，是说话人说给自己的话，用于表示说话人知道听话人的存在，会接过话轮做出回应。此句中的let's see具有话语标记语作用，标注一个话语单位，发挥的是语篇和元语言功能。可以看出，let us的语义从最开始的主要与听话人有关向着主要与说话人有关的方向发展。这种越来越依赖说话人主观信念状态或态度的语义演化过程就是主观化。

Traugott认为主观化在很大程度上与早期语法化相关，语法化的过程可以看作是一种语用加强的过程，具体来说就是说话人的主观立场得到了加强。她在Halliday和Hasan的语言三大功能（概念功能、语篇功能、人际功能）基础之上提出了这样的假设：早期语法化中的语义变化是单向性的，意义是沿着从"命题性的"（propositional）到"表达性的"（expressive）的路线发展的。也就是说，话语的意义越来越依赖说话人的主观信念状态或态度，即越来越主观化了。Traugott（2003，2010，2012）的研究同时表明，在主观化基础之上有些表达式会进一步发展出表示说话人关注听话人认知立场和社会身份的交互主观性（intersubjectivity）意义。她进而将表达式的意义变化总结为一个从"无/较少主观性"到"主观性"再到"交互主观性"的连续统，认为主观化了的表达式可能进一步发展出交互主观性意义。也就是说，自然语言不仅为言语主体提供了表达自我的方式，还为他们提供了关注听话人态度、信念，尤其是关注他们"脸面"与"自我形象"的方式（Traugott 2010）。交互主观性就是以语言形式显性编码的说话人对听话人"自我"的关注，具体涉及两个方面：说话人对听话人"认识"自我的关注和说话人对听话人"社会"自我（脸面、形象需要等）的关注。下面两句话中的Actually和Well分别体现了说话人对听话人认识自我和社会自我（形象）的关注：

（18）*Actually*，I will drive you to the dentist.（Traugott 2004：129）

（19）*Tom*: Yes, you must keep a Maid, but it is not fit she should know of her Master's privacies. I say you must do these things yourself.

Ione: *Well*, if it must be so, it must.（Cited from Traugott, 2005：176）

　　Traugott关于主观化演变路径的假设得到了广泛的实证和跨语言研究支持。例如，高莉（2013）有关现代汉语中"不过"的语义变化研究就是一个例子。"过"在古代汉语中是谓词性成分，表示"时间、空间距离上的经过"，突显客观义。"不过"是否定词"不"与"过"构成的否定结构，前后属状中关系。在语言使用过程中，"不过"发生了词汇化，由"不超过某一限制"引申出"仅仅""只"等表示说话人态度、情感的主观义。在前后小句语义方向不一致的语境中，"不过"衍推出转折义，由副词转变为连词，是说话人用以调控听话人认知状态的语言手段，体现了交互主观性。从否定结构到副词再到连词，"不过"经历了一个主观性与交互主观性建构的过程。

　　虽然都是对语言主观性的研究，Langacker和Traugott的研究却非常不同。Traugott和Dasher（2002）详细比较了两者关于主观性的观点。Traugott认为，事件结构，尤其是句法主语的选择是Langacker的主观化观点的核心，

Langacker关注的是去情境化的（decontextualized）概念结构中主观性的表现形式和功能，而语境在她自己的研究中却扮演了非常重要的角色。她的研究是基于语篇视角，关注的语言现象并不局限于事件结构，也包括诸如指示词、情态动词等一系列语言表达式。Langacker（2006）也指出语言学者们使用主观性和主观化这两个术语的方式不同且有时不够精确，需要清晰地理解不同术语的使用方式。他进而指出虽然自己的主观性/主观化与Traugott的有共性——都与意义变化的重要方面相关，但不能混淆。Traugott关注的是概念内容而他自己关注的是识解，因此，他自己的研究只关注在整个情景中某个特定元素（如概念化者）的状态，而不涉及意义的主观性程度，因为表达式的意义总是包含主观性和客观性识解成分。总之，不同于Traugott，Langacker认为语言表达式本身并没有主、客观之分，主观性和客观性不过是揭示了说话人的不同概念化方式。也正因为Langacker对主观性的研究总是与说话人识解客观情景时的视角有关，他的研究在Traugott看来都具有主观性。换句话说，Langacker并不关注Traugott的所谓与说话人无关的客观义问题。

12.4 其他学者的主观性研究

除了Langacker和Traugott之外，还有其他很多学者也对语言主观性进行过研究。

Lyons（2000）认为形式语义学只强调语言是表达客观命题的工具，而没能给予主观性现象应有的重视。他区分了主观道义情态（subjective deontic modality）和客观道义情态（objective deontic modality）、主观认识情态（subjective epistemic modality）和客观认识情态（objective epistemic modality）。例如，Lyons（2000：329-330）认为句子He may not come可以表达以下两种命题内容：

（20）I think it possible that he will not come.

（21）Relative to what is known, it is possible that he will not come.

其中例（20）是主观认识情态义，例（21）是客观认识情态义。

Nuyts（2001）从信息来源入手，关注认识情态表达中主观性的理解问题。他认为主观性可以与客观性相对，也可以与交互主观性相对。前一组概念与说话人做出某一认识评价的证据的质量有关：如果说话人提供的证据是确定无疑的或者说是可靠的，就具有客观性；如果说话人提供的是直觉性的、模糊的证据，则体现主观性。后一组概念与证据的状态有关：如果说话人表明唯独他/她自己享有证据，并在此基础上得出结论，体现主观性；如果说话人表明所提供证据为一群人所共知，由此得出的结论为这群人所共享，则体现交互主观性。

Verhagen（2005）认为人类有体验自我并认识他人是和自己一样的心理主体的能力，这是主观性概念的基础。主观性是个复杂的概念：一方面，主体对客体的概念化与客体相区分，在这个意义上，主观性与客观性相对，体现了人类的思维与信念可能不同于现实世界的观点，主观性即"非客观性"；另一方面，一种观点可能有别于其他观点，在这个意义上，主观性是观点与观点间的不同，主观性即"个人性""非共享性"。自然语言中有些表达式的意义就是协调说话人与听话人之间的这种不同观点，以促成双方对概念化客体的识解平衡。例如：

（22）Mary is not happy. On the contrary, she is feeling really depressed.

句子（22）可能会让听话人产生这样的疑问：on the contrary之前和之后的小句都表示"玛丽不高兴"的意思，为什么还要用表示转折意义的on the contrary来连接？理解的关键在于Mary is not happy中的否定词not向听话人开启了另一个心理空间Mary is happy，与she is feeling really depressed相反的恰恰就是Mary is happy这一空间。也就是说，句子否定的功能是协调听话人的认知识解，以促成概念化主体间的认知平衡。

Ikegami（2005）从自我中心视角出发探讨了识解的主观性问题，认为一方面可以把说话人看作是与听话人交换语言信息的"言语主体"(locutionary subject),另一方面可以把说话人看作是在言语行为之前施行识解行为的"认知主体"(cognizing subject)。前者是言语行为参与者与非言语行为参与者相对所体现的主观性("第一/第二人称"对"第三人称"),后者是自我与他人相对所体现的主观性("第一人称"对"第二/第三人称")。例如,日语中表示个人心理状态与过程的心理谓词,如表示心理感情的"高兴""悲伤"等,表示感知觉的"看得见的""听得见的"等,在正常语境中只能与第一人称连用,而不能与第二、三人称连用,这充分体现了"自我"与"他人"相对的主观性。

Smet和Verstraete(2006)建议区分语用主观性(pragmatic subjectivity)、概念主观性(ideational subjectivity)和人际主观性(interpersonal subjectivity),后两种主观性又统称为语义主观性(semantic subjectivity)。Smet和Verstraete(2006)认为"语用主观性"独立于具体表达式的语义之外,是语言使用固有的特征。例如,说某人漂亮总是会涉及使用"漂亮"这一表达式的说话人的视角,即涉及说话人的主观性;"语义主观性"独立于说话人对表达式的使用及其使用动因,是表达式内在的意义,例如,当荷兰语中的形容词leuk与dom分别表示pleasant与bloody或cursed之义时,它们描述的是说话人内部态度,从概念意义上讲都是具有主观性的,但它们却在名词短语中扮演了不同的角色:leuk与名词连用时产生该名词的次范畴,如leuke mensen(pleasant people),但dom与名词连用时却不能产生该名词的一种特殊类型范畴,它只是起加强说话人对名词这一范畴中某一个例子的主观立场,如domme toeristen(bloody tourists),即dom体现了"人际主观性"。

Iwasaki(2010)提出了三种与语法有关的主观性类型:视角化主观性(perspectivising subjectivity)、体验主观性(experiential subjectivity)和认识主观性(epistemic subjectivity)。视角化主观性使说话人处于一个自我、当前时间、当前位置的三维空间;体验主观性指说话人对自身感知、感觉、情感、意志等的意识;认识主观性包含了情态、言据、信心等一系列现象。视角化主观性通常以词汇手段编码,人称代词、指示词、运动动词、赠予动词等都属于这类主观性；日语与韩语中有说话人自身体验与他人体验的区别，这种区别对语言的影响是，有些词如表示thirsty，hungry等意义的词只能用于说话人自身的体验，而不能用于他人的体验，这种体验主观性多以词缀手段编码；认识主观性以各种方式限定说话人有关命题的陈述，句子He may have gone to Beijing中情态助动词may就是一种限定方式。

Glynn和Sjölin（2014）通过"文本"这条主线，将有关主观性和认识立场研究的三个传统领域——文学研究、语篇分析和语料库语言学关联起来，理解语言如何表达主观性和说话人（作者）的知识和信念。

Hoshi（2017）将立场表达拓展至二语教学领域。他的实验研究发现经过课堂明确教授后，学生在会话中使用日语互动小品词ne，yo和yone以实现与会话伙伴间立场共建和交互主观性的互动能力增强。

Samonte和Scontras（2019）对比了塔加洛语和英语中形容词的排序问题，证实了基于主观性的形容词排序偏好——主观性越弱的形容词距离它所修饰的名词越近，如英语中人们更倾向于big red apple而不是red big apple的表述。

12.5 交互主观性

Traugott对主观性的历时研究表明，主观化了的表达式有可能进一步发展出交互主观性意义——对听话人（言语场景中作为交际参与者的听话人）自我的关注。自此，交互主观性进入语言研究者们的视野，他们要么关注语义演化过程中交互主观性与主观性的关系问题，要么对交互主观性做出更加细致的分类。

Ghesquiere et al.（2012）认为López-Couso在她2010年的综述性文章中频繁使用(inter) subjectivity的形式暗示主观性与交互主观性的概念在某种程度上可以合并。他们进而指出语言具有模糊性，非主观性、主观性和交互主观性相互融合，它们之间没有清晰的界线。

大致而言，与他人交际的事实本身蕴含交互主观性，但Traugott（2010）

明确指出这种交互主观性不是她关注的重点，她关心的是标记主观性与交互主观性的标记词和表达式以及它们的产生问题，即Traugott强调区分"语用交互主观性"和"语义交互主观性"。她还指出她的交互主观性与Verhagen（2005）的有所不同，与Nuyts（2014）的完全不同。对语篇意义与主观性、交互主观性关系的探讨促使一些学者对交互主观性做出了进一步的分类。Ghesquière（2014）认为Traugott（2012）提到的两类交互主观性语言功能分别与礼貌（编码说话人对听话人社会地位的欣赏与认可）和特定的元话语功能（如话轮转换、应答的引出）有关，前者可以称为"态度交互主观性"（attitudinal intersubjectivity），后者可以称为"元话语或应答交互主观性"（metadiscursive or responsive intersubjectivity）。例如，Ghesquière（2014：63）认为下面（23）这组对话中的right一词主要不是编码说话人对听话人"社会自我"的关注，而是引出听话人的一个特定行为，以推动会话的继续进行，因此属于元话语或应答交互主观性。

（23）A: I've seen your name in the paper ... that diplomat who's been sentenced to death, *right*?
B: Yeah.

Ghesquière（2010）还提到过一种交互主观性——语篇交互主观性（textual intersubjectivity），如名词短语the main task中的限定词main就属于此类型，因为"它帮助说话人创建清晰、连贯的语篇，从而使听话人或者读者能够与所谈论的指称对象建立心理接触"（Ghesquière 2010：280）。

12.6 小结

自Benveniste指出语言使用中句子主语和言者主语的区别以来，学者们围绕主观性/主观化展开了一系列研究，涉及语言的不同层次和方面，代表性成果主要包括Langacker在认知语法框架内的研究和Traugott在历史语用学视角下的研究。学者们的研究并不是非此即彼，而是各有侧重、相互补充。因为主观性与说话人和说话人的态度、信念、认识等有关,主观性/主观化研究涉及视角、情态、言据、立场、情感等多个领域,可以说是个复杂的语言现象,同时又是语言使用不可避免的现象。随着时代的发展,学者们的研究更趋于精细化,基于语料库以及跨学科、跨语言的主观性/主观化研究,人们对这一语言现象有了更为深入和系统的认识。

思考题

1. 举例说明主观性和主观化研究的三个主要领域,即言语主体的视角、言语主体对命题的情感表达、言语主体对命题的情态或认识状态表达。
2. 请以下面三组句子为例阐释Langacker有关语言主观性研究涵盖的重要方面。
   (1) Mary is sitting across the table from me.
       Mary is sitting across the table.
   (2) He ran up the hill.
       The road runs from the valley floor to the mountain ridge, where the temple is situated.
   (3) She was going to visit her uncle.
       It is going to snow.
3. 沈家煊认为汉语中的把字句表达一种主观处置义而非客观处置义,因此具有主观性。试分析下面三个把字句的主观性。
   (1) 这是书误了他,可惜他也把书糟蹋了。(《红楼梦》)
   (2) 后来他丈人家没了人啦,把几块地也归他种啦。(《白话聊斋》)
   (3) 谁听说过把个抱来的闺女娇惯得像个娘娘似的。(《四世同堂》)
4. 比较Langacker和Traugott关于主观性/主观化研究的异同点。
5. 请以be going to为例阐释语法化中的主观化现象。
6. Traugott提出的语义变化路线与句法成分之间是否存在对应关系?或者说表达主观性、交互主观性意义的语法单位在句子中的位置是否遵循一定的规律?请举例说明你的观点。
7. 分析下列句子中 I mean 的意义,并从历时视角分析他们的语法化过程。
   (1) I didn't *mean to be* rude last Wednesday.
   (2) How many ... *I mean*,how long is it since you got the first of these?
   (3) *I mean*, it's humiliating to be beaten by someone who doesn't even walk properly.
   (4) Don't you think it's time you put that thing away. *I mean*, look at it, it's antique; you could hurt yourself with it.

推荐阅读书目

Athanasiadou, A., C. Canakis & B. Cornillie (eds.). 2006. *Subjectification: Various Paths to Subjectivity*. Berlin: Mouton de Gruyter.

Benveniste, E. 1971. *Problems in General Linguistics* (M. E. Meek Trans.). Coral Gables, FL: University of Miami Press.

Davidse, K., L. Vandelanotte & H. Cuyckens (eds.). 2010. *Subjectification, Intersubjectification and Grammaticalization*. Berlin: Mouton de Gruyter.

Glynn, D. & M. Sjölin (eds.). 2014. *Subjectivity and Epistemicity: Corpus, Discourse, and Literary Approaches to Stance*. Lund: Lund University.

Iwasaki, S. 1993. *Subjectivity in Grammar and Discourse: Theoretical Considerations and a Case Study of Japanese Spoken Discourse*. Amsterdam: John Benjamins.

Langacker, R. W. 1999. *Grammar and Conceptualization*. Berlin: Mouton de Gruyter.

Langacker, R. W. 2008. *Cognitive Grammar: A Basic Introduction*. Oxford: Oxford University Press.

Stein, D. & S. Wright (eds.). 1995. *Subjectivity and Subjectivisation: Linguistic Perspectives*. Cambridge: Cambridge University Press.

Traugott, E. C. 1989. On the rise of epistemic meanings in English: An example of subjectification in semantic change. *Language, 65* (1): 31-55.

Traugott, E. C. & R. B. Dasher. 2005. *Regularity in Semantic Change*. Cambridge: Cambridge University Press.

Verhagen, A. 2005. *Constructions of Intersubjectivity: Discourse, Syntax, and Cognition*. Oxford: Oxford University Press.

第十三章 认知语用学

13.1 引言

认知语用学是在认知科学以及认知神经科学的方法和理论框架内,对语言使用的语用知识系统、交际语境中语言的心理结构和认知过程进行研究的一门学科。认知语用学试图解释听话人是如何推导出说话人的真正意图,尤其是话语字面意义与说话人真实意图不一致的情形。例如:

(1) 你踩着我的脚了,真是太感谢你了!

(2) Professor John gave us a one-hour lecture on how to boil water. That was terrific!

为了理解以上具有讽刺意义的话语,听话人必须在话语字面意义以及认知语境等信息的帮助下,推导说话人的真实意图。为了揭示话语交际这一属性,语用学研究开始借鉴相邻学科(如认知语言学、认知心理学、心理语言学等)的理论和方法,最终促使了语用学研究的认知转向,即认知语用学的形成。

究竟什么是认知语用学?Kasher(1991)认为,认知语用学就是根据认知科学的方法和理论对语言的语用问题,尤其对话语理解等相关问题进行阐释和论证。Bara(2008)认为认知语用学是对交际中人的心理状态的研究。虽然对于认知语用学的定义和研究范围等问题,学界至今尚未形成一致的看法,但不可否认的是，认知语用学已成为语言使用相关研究中最重要的话题之一。认知语用学根据不同的理论取向、研究对象和方法，可大致分为传统认知语用学和新认知语用学。

13.2 传统认知语用学

传统认知语用学的主要代表人物有Sperber，Wilson，Krasher，Carston等。其研究思路、范式主要是基于宏观、笼统的关联假设，因此，也有学者将传统认知语用学称为宏观认知语用学。传统认知语用学的核心理论框架是Sperber和Wilson（1986）提出的关联理论（Relevance Theory）。但是在谈关联理论之前，有必要对Grice的语用观进行简单的介绍，以更好地理解关联理论的内涵。

13.2.1 Grice的意图和会话含义

Grice（1957，1989）提出了"推理交际"（inferential communication）和"交际意图"（communicative intention）的概念。这两个概念与Grice语用理论中的"意图"和"会话含义"（implicature）密切相关。意图可以分为信息意图和交际意图。例如，假设A想要B知道p，但是A又不希望B知道他有这样的想法，此处只涉及信息意图，不涉及交际意图。根据Grice的合作原则，真实言语交际中，说话人不仅需要听话人识别出信息意图，也需要他能够意识到交际意图的存在。换句话说，说话人必须足够"合作"，以产生符合交际目的的合适交际行为。认知科学把说话人的交际行为看成是"联合行动"（joint action）的一个部分，在这一联合行动中，说话人和听话人成为朝着共同目标努力的合作体。

再来看Grice是如何定义"会话含义"的。Grice（1957）认为，绝大多数言语交际中，说话人在特定语境中想要传达的真实意图不同于其话语的字面意义（即"直言"）。例如：

（3）Father: Who's at the door?

Daughter: I'm working on my course paper.

对于女儿的回答，听话人显然能够借助语境做出正确的理解：说话人（女儿）目前无法对敲门做出任何回应。很明显，这一理解已经超出了说话人话语的字面常规意义。因此，Grice（1957）对会话含义作如下定义：当话语的直接意义与合作原则（四准则）不相容的情形下，话语理解需要借助语用推理，从而产生一种间接或含蓄的意义。

总的来说，Grice通过四条会话准则来分析说话人的合作态度，而合作原则是对会话含义进行解释的核心理论。Grice的语用理论主要是在20世纪50年代至80年代发展起来的，而这一时期也是认知科学兴起并逐渐壮大的时期，以认知为导向的语言学研究成为一个重要的研究领域，语用学研究也不例外。

13.2.2 关联理论

20世纪七八十年代，认知科学的崛起为语用学的认知转向提供了条件。以色列哲学家、语言学家Kasher（1991；1994）率先使用了"认知语用学"这一术语，并系统地阐释了如何为语用学研究提供一个基于模块观和生成语言学的研究范式。但是，认知语用学研究中第一本具有里程碑意义的专著是Sperber和Wilson（1986）合著的《关联理论——交际与认知》（*Relevance: Communication and Cognition*）。Sperber和Wilson在书中提出的关联理论，为认知语用学研究奠定了理论基础。这一理论一方面继承了Grice理论中意图与会话含义等相关概念，同时又超越了Grice等语用学家的语码交际模式，使"交际"与"认知"有机地结合起来。

13.2.2.1 明示推理交际行为

关联理论认为，言语交际实质上是一种"明示—推理的交际行为"。Sperber和Wilson（1986）这样界定"明示—推理"："对说话人而言，交际是一种明示过程，说话人通过语言的或非语言的明示刺激行为把自己的信息意图明白无误地传递给听话人；对于听话人而言，交际又是一个推理过程，即根据说话人的明示行为，结合认知语境及相关信息进行推理，获得交际意图，达到交际目的。"

在这一理论中,"明示"与"推理"实则是言语交际的两个不同方面。对说话人而言,交际就是一个明确传达交际意图的过程,而对听话人来讲,交际就是一种语用推理的过程。具体而言,明示可以概括为说话人通过一定的显明的方式向听话人传递、表达交际意图,即说话人明确地向听话人表示交际意图的行为。推理则是听话人依据说话人提供的信息进行解码,并通过解码获得的信息结合自身所具有的相关知识(认知语境),按照一定的方式、方向进行语用推理,从而获得对明示行为的正确理解。

那么,什么样的行为可以称之为明示行为呢?例如,在广东喝早茶,如果食客发现茶水不够了需要续添,只需将茶壶盖倒扣在茶壶上。此处,"倒扣茶壶盖"的行为就是一种明示刺激信号,通过这一信号引起服务生的注意,并传递自己的意图。服务生看到这一行为(接收到刺激信号),并结合自己对广东早茶传统习俗的了解以及自己的培训知识,就可以推导出食客的真实意图。再来看一个例子,假设有人问你:

(4)你如何回家?

你可以用双手比划出驾驶汽车方向盘的动作。这就是一种明示行为,因为它传递了交际者明确的交际意图:

(5)我是开车回家。

然而,听话人能够做出以上推导,还需要满足两个前提:听话人知道汽车一般是如何驾驶的,且说话人认为听话人具有这样的知识储备。这就是Sperber和Wilson在关联理论中提到的相互认知环境(mutual cognitive environment),即共享知识(common ground)。再看另一个例子:

(6)晚会上,希望与同伴离开,你抬起手表,对着你的同伴轻拍手表表面。

这也是一种明示行为,它清楚地传递了你的交际意图。那么什么是非明示(non-ostensive)行为呢?例如,当你独自一人时,抬起手,用手轻拍手表,这样的行为就是非明示行为。因为它既没有传递任何明示的交际意图,也没有接受对象。

13.2.2.2 关联

什么是关联？假设你此时一边驾车一边收听车载收音机中的音乐。你通过听觉、视觉等接收到各种信息，既有语言的，也有非语言的。此时，没有哪一类信息具有明显的关联或突显性。然而，假如你知道车子最近出了状况，情况则可能不同。你可能不会注意收音机中的音乐，而更加关注汽车发动机传出的声音，然后将听到的发动机声与你所掌握的汽车知识进行对比，以推断出汽车的工作状态。此时，汽车发动机的声音就比收音机中的音乐更具关联性。

在Grice的语用理论中，"关联"只是合作原则四准则之一。但在Sperber和Wilson的关联理论中，其核心问题则是交际与关联。它不以规则为基础（rule based），也不以准则为标准（maxim based）。相反，关联理论认为，交际过程中双方无须关注合作问题，而"关联"也不再是交际者能够选择遵循与否的理性规范，而是听话人在话语理解中依赖的唯一认知原则。换句话说，在Sperber和Wilson看来，言语交际就是寻求关联的过程，或者说，交际就是以关联为取向的。

言语交际中，话语的内容、语境和各种暗含信息使听话人可能对话语产生不同的理解。但听话人不一定在任何场合下都能理解话语所表达的全部意义，通常情况下他只会用一个单一的、普通的标准去理解话语。这个标准足以使听话人认定一种唯一可行的理解，而这就是关联性。Sperber和Wilson将关联定义为某一命题同一系列语境假设之间的关系，即言语交际中，某一话语同上下文之间以及认知语境之间的联系。而听话人在对话语进行理解时，通常会选择与自己的认知语境（相关知识储备）有关的理解方式。例如：

（7）Oh, Marry just bought the *Times* for me.

对于这句话，通常的理解是Marry帮我买了一份泰晤士报，而不是买下整个泰晤士报业集团（参见第五章）。假设某天新闻中出现：

（8）Jeff Bezos has just bought the *Times*.

Jeff Bezos是美国Amazon公司的CEO，也是2020年全球首富，那么像Jeff Bezos买下报业集团，这样的理解似乎与头脑中关于Jeff Bezos的相关知识更具关联性。

13.2.2.3 关联强度

在关联理论中，关联性可以看作是从输入到认知过程中，话语、行为等的一种特性。话语在听话人的语境假设中可产生语境效果，且值得听话人付出努力进行加工处理时，它就具有关联性。不过，关联也有强弱之分。请看下面一组例子：

（9）a. The next train to Lancaster leaves at 3: 15 p.m.

b. The next train to Lancaster leaves sometime after 3 p.m.

c. The next train to Lancaster leaves 300 seconds before 3: 20 p.m.

上述三个例子中，从a到c，听话人付出的认知加工努力呈递增趋势，而关联度逐渐降低。再比较下面的例子：

（10）a. We're serving drinks.

b. We're serving beer.

在餐厅这一语境中，听话人对（10b）所付出的认知加工努力要低于（10a），且语境效果递增，因此，例（10b）关联度更高。话语理解过程中的认知加工努力可以理解为认知语境中所消耗的脑力。总的来说，话语越直接，认知加工所付出的努力越小，关联性越强；而话语越隐晦，消耗的脑力越大，则关联性越弱。

但是，认知加工努力并非决定关联的唯一因素，因为话语理解本质上是寻求关联的心理过程。要想使话语所提供的信息具有关联性，该信息必须和认知语境发生某种关系，即产生一定的语境效果或语境效应（contextual effects）。关联理论中，话语提供的信息所具有的语境效果，是指认知语境中新信息（即话语所提供的信息）与旧信息（即听话人已经具有或掌握的信息）相互作用形成的语境含义。每个交际者头脑中都存在着潜在语境（potential context），用于存储各种信息。话语交际会改变交际者的既有认知语境。话语是否具有语境效果是关联的充分必要条件。Sperber和Wilson（1986）认为，新信息与听话人已掌握的旧信息（语境假设）之间，可以通过以下三种方式产生语境效果，从而使话语具有关联性：

（11）a. 新信息与旧信息相结合，产生新的语境含义；
　　　b. 新信息能够加强现有旧信息；
　　　c. 新信息与旧信息之间相互矛盾，并保持旧信息。

话语所具有的语境效果和处理话语时所做的加工努力是确定关联强度的两个因素，三者之间的关系可以简单概括如下：

（12）关联强度=语境效果/认知加工努力

也就是说，语境效果越大，关联性越强；处理话语的努力越大，关联性就越弱。此外，需要注意的是，关联与否还依赖于语境，依赖于交际主体的认知能力和认知环境，所以关联有强弱之分。关联的强弱程度只能用一些粗略的判断加以比较和描述，而很难进行绝对的量化分析。

13.2.2.4 关联的两条原则

关联理论以关联性和关联原则为基础，对言语交际中的话语进行分析。对于话语理解，关联理论试图回答这样一些问题：为何交际参与者能识别对方的谈话意图？为何交际过程能够如此自然、顺畅地进行？为何把关联作为"最佳的认知模式"，认为人类交际与认知都是对最佳关联的寻求？为此，Sperber和Wilson区分了两种关联原则：关联的认知原则（cognitive principle of relevance）和关联的交际原则（communicative principle of relevance）。关联的认知原则（也称关联的第一原则）指出人类的认知机制趋向于获得最大程度的关联，以此获得最大的语境效应。我们在任何时候都是置身于各种各样的感官刺激之下，但是人类无法对所有的刺激都进行认知加工，因此人类的认知机制必须能够发现具有最大关联性的刺激。而言语交际的不同之处在于，人类的认知系统不再是面对着众多繁杂无序的偶然刺激，而是说话人在交际意图驱动下，为听话人刻意"打造"的话语。这也就是为何Sperber和Wilson制定了第二条关联原则：关联的交际原则（关联的第二原则），即每一个话语或明示的交际行为都应设想为该话语或行为本身具有最佳关联（Wilson & Sperber 2002：256）。依据这一原则，人类话语交际的关键是产生一种关于最佳关联的期望，即（1）每一个明示性言语交际具有足够的关联性而值得听话人的认知加工努力，而听话人希望能以最小的加工努力产生足够的语境效果；（2）在考虑到交际者能力与偏好的前提下，该言语是最相关的。

换言之，在言语交际中，听话人会认为明示—推理交际行为具有关联，并搜寻最佳关联的解释。最大关联性就是话语理解时付出尽可能小的努力而获得最大的语境效果；而最佳关联性就是话语理解时付出有效的努力之后所获得的足够的语境效果。交际原则建立在认知原则的基础之上，但是只涉及最佳关联，而非最大关联，因为我们不仅要考虑到听话人的利益，还需顾及说话人的利益。例如：

（13）钟表匠：修好你这块表要花点钱。

很明显，找人维修任何手表都要花费一定的金钱，也就是说例（13）从字面意义来看，没有传递任何有用的信息。Sperber和Wilson指出，我们对话语具有关联性的设想促使我们朝着一个更加合理的解释方向努力。假设听话人知道，通常修好一块表需要100元左右，那么对于钟表匠提到维修费的更合理的解释，应该是修好这块表可能需要比100元更多的费用。由此可见，明示交际所具有的最佳关联可以理解为：（1）明示刺激（ostensive stimulus）即所传递的信息具有足够的关联性，值得听话人付出努力进行加工处理；（2）明示刺激与说话人的能力和偏爱相一致，因而具有最佳关联性。

13.2.2.5 关联的推理与隐含

关联理论认为交际的过程是一个推理的过程。该理论试图解释人们大脑中的信息处理机制在言语交际中所起的作用。而话语只是一种媒介，因此该理论的解释范畴实则是大脑机制。这也是为何关联理论能够成为认知语用学的核心。依据这一理论，交际是一种明示—推理行为，语用推理是以认知语境为手段,而推理以关联原则和最佳关联假设为基础。

对于话语理解,关联理论区分了显义(explicature)与隐含(implicature)这一对概念。根据"语义欠明"(semantic underdetermincy)假设,即言语交际中的话语,其自身的语义是不完备的,或者说不能表达一个真正完整的命题。听话人需要依据话语交际存在的语境和编码信息,通过语用推导,才能准确地获得话语的完整命题意义。关联理论中,显义则是依据这一假设提出的。该理论将"显义"定义为"从话语编码的不完整概念表征之一,通过推导扩展而得到的以明示方式传递的假设"(Carston 2002)。简而言之,显义可以理解为话语语义经过语用充实的结果。而这一语用充实,在关联理论中,至少包括解歧(disambiguation)、指称指派(reference assignment)和语义充实(semantic enrichment)三个方面。

解歧具体指话语理解中可能具有歧义表达式的明晰过程:

(14) The child left the *straw* in the *glass*.

这句话的"显义"是:

(15) The child left a *drinking tube* in the *glass*.

此处,straw具有歧义:"吸管"还是"稻草"?因此,听话人要推导出这一话语包含的显义,首先需要解歧。此时听话人的百科知识可以派上用场:通常straw与glass共现的场景中,绝大可能是指"吸管"而非"稻草"。

指称指派主要是指对代词或名词等自由变项确定指称:

(16) Here comes the bus, but *he* didn't stop.

此处,he就是指公共汽车司机,但是说话人没有明说,因此只能通过语用推导结合语境获得。

(17) *She* put *it* on the table.

在例(17)中,听话人要获得完整的命题意义,必须先搞清楚she和it所

指,而这一过程需依赖语境和语用推导。再比如:

(18) *Jack* told me that *his* kiwi were too hard to taste.

对于上例的显义内容,听话人必须经过指派指称(确定是关于哪个Jack以及his是否指Jack)和解歧(确定kiwi是指水果还是一种鸟类)后才能获得:

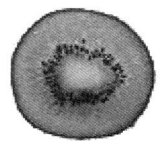

图13.1　kiwifruit vs. great spotted kiwi

语义充实是指对话语中所包含的语义不完整词或语法结构进行充实的过程:

(19) a. Green tea is better. [than what?] →

　　　b. Green tea is better than jasmine tea.

(20) a. 我不会喝。[喝什么?] →

　　　b. 我不会喝酒。

由上可见,尽管关联理论的"显义"与Grice语用理论中的"直言"(what is said)密切相关,但两者也存在着显著差异。直言属于语义范畴,而显义则超出了语义的管辖。因为,显义的获得也需要语用推导的参与,同样受制于交际原则。此外,除了表示话语命题,显义还可包括言语行为类型和命题态度等信息。

那么,关联理论下的隐含又是指什么?它又是如何产生的?隐含与显义是相对的。后者依据关联性,通过增强语境效果成为前者的基础。隐含这一概念来自Grice的会话含义理论,相当于传统意义上的语用意义或者说话人意义(speaker meaning),是话语理解在语境中在线生成的,是对说话人交际意图的间接表达。例如:

(21) Max: How was the party? Did it go well?

　　　Amy: There was enough drink and everyone left early.

很明显，Amy真正想表达的是The party did not go well，但Amy并未明确说出该内容，而是间接回答了Max的问题。这就是关联理论所说的隐含。

严格说来，关联理论只用于明示—推理交际，或明示交际：交际者发出一个刺激（话语），目的在于使交际意图在交际双方互明；更为重要的是，该刺激使得听话人明确一套假设集合。这一假设集合是通过在语境中的语用推理实现的，由交际者对关联性的寻求来驱动的。关联理论认为，从显义到隐含的推导，一般需要经过两个步骤：从显义到隐含前提（implicated premise），再到隐含结论（implicated conclusion）。例如：

（22）A：你喜欢《潜伏》这部电视剧吗？
　　　B：我一般不看谍战片。

A要想理解B的话语，必须形成两个基本的假设：基本假定（basic assumption）和预期性假设（anticipatory hypothesis）：

基本假定：B的回答具有最佳关联性。

预期性假设：B的回答能够提供A所需求的信息。

在形成这两条假设之后，A首先恢复B话语中的隐含前提，即"《潜伏》是一部谍战片"，进而在此基础上推导出B所欲表达的隐含结论，即："B不喜欢看《潜伏》这部电视剧。"

一般而言，话语的关联度越小，隐含义越强。

13.3 新认知语用学

正如Sperber和Wilson（1995）在《关联理论——交际与认知》（*Relevance: Communication and Cognition*）一书的封底上所言，他们提出关联理论的宗旨是为认知语用学的建立奠定理论基础。确实，这一理论对语用学研究产生了广泛的影响。它不仅对Grice的语用学理论进行了修正和补充，也为话语交际的语用阐释提供了一个统一的理论框架。该理论不仅进一步完善和推动了认知语用学的发展，还为认知和语用研究提供了广阔空间，吸引了越来越多的学者对认知与语用之间的关系进行探讨。也正是在这样的背景下，新认知语用学逐渐兴起，并为学界所重视。新认知语用学基于认知语言学理论与方法，对言语交际展开研究，又可称为微观认知语用学，主要代表人物有Thornburg，Panther，Marmaridon，Hernandez，Mendoza，Kecskes等。新认知语用学主张采用认知语言学所倡导的各种不同的理论、方法来分析言语交际等语言使用，如突显、框架、视角、范畴化、意象图式、认知场景、社会认知取向等。限于篇幅，我们在此以突显、视角、框架、认知场景和社会认知取向为例加以说明。

13.3.1 突显

以突显为例，具有代表性的认知语用学理论视角有Giora（1999，2003）提出的（非直义）语言处理假说：等级突显义假设（the Graded Salience Hypothesis）。该理论主要关注字面意义和修辞性语言（如隐喻、惯用语、反语、幽默等）所涉及的不同的推理机制等心智过程，认为词义的提取由该意义的突显程度决定，即突显性等级越高，意义就越容易被提取，显性意义总是首先通达。Giora认为人类有两种不同的信息处理机制，一类用于处理语言（字面）信息，另一类则是用于处理和语境相关的信息。两种处理机制的对象、范围虽不同，却是同时进行，而优先权是给予突显意义的处理。那么什么是突显意义呢？仍以例（1）为例，此处编号为（23）：

（23）你踩着我的脚了，真是太感谢你了！

此处，对于"真是太感谢你了"，究竟是讽刺意义还是直义更具突显性，取决于前半句以及具体的语境信息。首先，前半句"你踩着我的脚了"更容易激活讽刺意义。其次，"真是太感谢你了"的字面意义显然与语境不相容。也就是说讽刺意义具有突显性。再看一例：

（24）He: It's a *lovely* day for hiking!

(Then they went hiking and it rained.)

She: What's a *lovely* day for hiking!

此处，lovely的字面意义为nice，而其讽刺意义为bad。显然，nice义与语境不相容，那么其讽刺意义就具有了突显性，听话人会自动放弃与语境不相容的字面意义。突显意义往往编码于语言使用者的心理词汇中，并非简单的有还是没有，而是具有明显的程度性。突显意义与非突显意义构成连续统的两极，意义的突显程度由词汇使用的频率、典型性、规约性和熟悉度等决定。下面的例子就涉及规约性和熟悉度：

（25）A Korean student: I would like you to help me with filling in this form.
Clerk: *Come again*...?
A Korean student: Why should I? I am here now.

对于这名韩国留学生，come again最突显的意义是其字面意义，而Clerk作为一名英语母语者，最突显的意义是其比喻义。很明显，这名韩国留学生对于come again的比喻义还不够熟悉，未能达到如母语者一般的突显意义，这也解释了上例交际失败的根本原因。分级突显意义假说在考察话语意义时，依据突显程度来确定意义的激活时间、处理过程等，避免了将话语区分为直义与非直义这一简单的二分法以及字面语势假说（Literal Force Hypothesis）带来的理论与操作难题，为大量处于直义与非直义中间地带的话语现象提供了解释空间。

13.3.2 视角

视角就是人们观察问题的角度。认知视角关注的是话语理解的心理过程，如记忆、感知、思考和解决问题等，以及它们与行为的关系。视角作为"观察者"与"被观察者"之间的关系，是影响识解的一个重要因素。请看下面两个例子：

（26）The path falls steeply into the valley.
（27）The path climbs steeply out of the valley.

这两个句子描述了"同样的场景"，然而，它们却表达不同的意义。这一意义上的区别就与认知视角有关。在例（26）中，说话人是俯视山谷的人，而在例（27）中说话人的视角发生了改变，是从谷底向上看的人。由此可见，视角不同，造成了语言使用者对同一事物或场景的识解发生偏离，进而影响语言的产出。

再看另一组例子：

(28) Did you see *a* hedgedog?

(29) Did you see *the* hedgedog?

语用研究中，共享知识是指交际双方所共享的，或者说话人认为双方所共享的知识、信念、态度等。共享知识可以看做是在言语交际中定位说话人与听话人的"认识视角"（epistemic perspective）。认识视角在语言使用中的典型例子就包括对定冠词和不定冠词的使用。例（28）中，说话人所选用的视角是认为 hedgedog 是听话人之前不知道的信息，而例（29）则反映出说话人的另一种视角：认为 hedgedog 是双方所共享的信息。可见，说话人选取不同的视角直接导致了语言表达方式的差异。

13.3.3 框架

"框架"是 Fillmore 在格语法的基础上提出的（参见第8章）。Fillmore 和 Atkins（1992）认为意义的确定必须参照一定的背景知识体系，该体系反映了理解者的经历、信念和实践等。这一意义的参照体系即为"框架"。认知语言学认为框架是人脑中存储经验和知识的结构，是关于某一事物所涉及的多个认知域的知识网络，为语言使用、理解提供相关背景知识。每个框架都由一组框架元素构成。框架元素作为框架的参与者，是呈现图式化情景的角色，它们通过词与语义框架的联系，表达词语的句法特征。例如，Fillmore 经常引用的"商业交易框架"就由买者、卖者、商品和货币等重要元素构成。Talmy 在框架理论的基础上，进一步提出了"事件框架"（event-frames）的概念，并将事件框架分为运动事件框架（motion event-frames）、因果事件框架（causal event-frames）、循环事件框架（cyclic event-frames）、参与者事件框架和相互关系事件框架（interrelationship event-frames）。在此，我们以运动事件框架为例来说明框架与语用意义之间的关系。

请对比以下两个例子：

(30) 小明先来到小张家，然后他们又一同去了小刘家。

(31) *小明先来到小张家，然后他们又一同来了小刘家。

从认知角度看，说话人要对运动事件进行描写，就必须选择一个恰当的参照点。"来是come，去是go"就能很好地说明参照点的不同，动词的选择也会不一样。除此之外，说话人还需考虑以下语用因素（文旭2007）：

（32）a. 说话人是否是运动事件的参与者（是否在认知辖域内）。
　　　b. 图形是人还是其他实体。
　　　c. 如果图形是人，那么是说话人还是听话人或第三者？
　　　d. 说话人、听话人或第三者与源点或目标之间的关系。
　　　e. 说话时间、图形开始运动的时间以及到达目标的时间。

例（31）之所以不可接受，是因为说话人对描写运动事件所必须的参照点和认知辖域产生了错误的理解，即说话人没有考虑自己并非运动事件的参与者这一事实，也没有考虑到图形是第三者。

话语交际的动态过程中，交际双方的认知框架不再是静态的、不变的。交际参与者需要依据交际需要，不断对认知框架进行调整，以满足交际目的的需要。例如：

（33）A: Why is the *river* so *rich*?
　　　B: Because it has two *banks*.

在这个例子中，第一句话中的river与rich看似不相容，且不符合常理，听话者要正确理解这个对话的幽默之处，就必须依靠第二句中bank所能激活的两个框架（"金融机构"与"河堤"），并在两个框架之间进行动态切换。类似的中文例子也有：

（34）A：为何河流如此富有？
　　　B：因为它总是向"前"流。

13.3.4 认知场景

"场景"可以看做是语言使用者的动态知识架构，它有助于对会话理解的分析。传统语用学研究，无论是言语行为理论，还是Grice的会话含义理论，亦或是关联理论，都认为言语交际过程中，听话人需要一定的语用推导才能正确理解说话人的交际意图。但是这一传统的语用推导观存在两个不足：一方面不能对话语理解的不同速度做出解释，另一方面也不能揭示语用推导模式的概念属性。正是基于这样的考虑，语言学家Thornburg和Panther（1997）提出采用语言行为场景与概念转喻理论结合的手段对话语理解做出解释，认为言语交际场景内部各个部分与部分之间，以及部分与整体之间构成转喻关系，这就是所谓的"言语行为转喻"（speech act metonymy）。例如：

（35）Would you lend me your note of today's lecture?

例（35）是英语中最典型的表示请求的间接言语行为，所表达的语义大致等同于lend me your note。例（35）之所以能"代表"请求的言语行为，是因为H will perform A是请求场景的组成部分。试比较：

（36）Oh, What's a terrible day! I missed today's lecture and do you know what the professor talked about today?

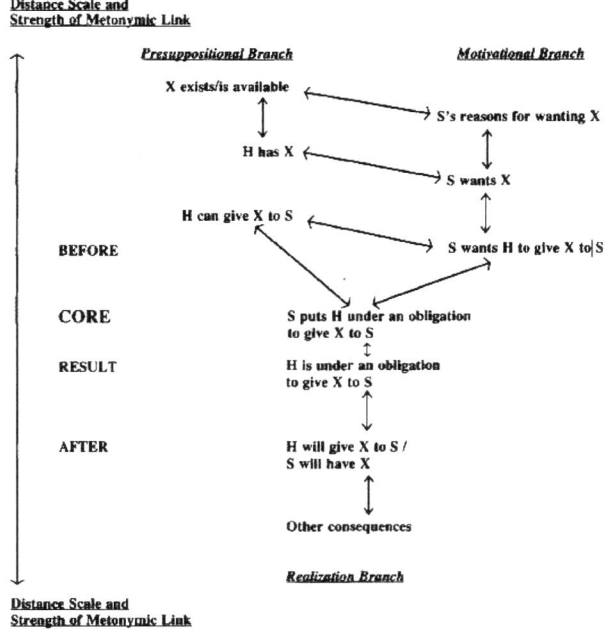

图13.2　请求的典型认知场景

很明显，对于听话人而言，理解例（36）的时间要长于例（35）。这是为什么呢？图13.2是表示请求的典型认知场景（Panther & Thornburg 1997）：

此处，X = Lend me your note。在场景理论中，例（36）只能算作"指向"（point to）而非"代表"请求的言语行为，因为它已经处于表请求的场景之外了。例（35）与例（36）之间的区别也很明显：表请求的标记please可以插入例（35）中，却不能用于例（36）：

（35′）Would you *please* lend me your note of today's lecture?

（36′）* Oh, What's a terrible day! I missed today's lecture, and do you *please* know what the professor talked about today?

当然，经过一定的认知努力，听话人也能将例（36）理解为"说话人让听话人借笔记的动机，即想弄清楚教授今天上课究竟讲了什么"。从图13.2可知，距离场景中的核心成分（The CORE）的距离越远，所需语用推导时间越长，反之距离越近，则推导时间越短。据此，"You have an interesting book"与"May I borrow your book?"，虽然都是表达请求，前者所需语用推导时间肯定长于后者，因为前者处于请求场景之外，只能指向请求，而后者因处于场景内，可以通过转喻关系而指代请求。

13.3.5 社会认知取向

当前语用研究的社会认知取向（socio-cognitive approach）成为新认知语用学研究的热点，其代表人物是Kecskes。以Grice为代表的会话含义理论以及其后的新格莱斯语用理论过多强调说话人的作用，而以Sperber和Wilson提出的关联理论又过于突出听话人的地位。Kecskes（2010）认为，言语交际过程涉及"社会"与"认知"两种因素的共同参与，提出在认知语用学的基础上，进一步考量社会、文化等因素对语言使用的影响。社会—认知视角下的语用研究坚持"说话人"与"听话人"平等的中心地位，这在一定程度上摆脱了以往语用研究中单一以"说话人"或"听话人"为中心的弊端。Kecskes（2010）对言语交际所涉及的"社会"和"认知"因素做出了进一步划分，认为"社会因素"包括意向（intentions）、实际情景经历、合作和关联，而"认知因素"则包括注意力、个人经历、自我中心（egocentrism）和突显。交际可以视作意图与注意力互动的结果，而这一互动受到言语交际参与者个人的社会文化背景、双方的实际情景经历等因素共同影响。请看下例：

（37）（Bill is speaking to Mary who is standing on a desk.）
Mary! Jump quickly! *The desk* is collapsing!

正是由于实际情景中出现的desk（很好地解释了为何Bill使用了定冠词the）以及Mary所站的desk要垮了，且认识到可能会对Mary造成危险，使得Bill产生了要提醒Mary的这种意向。

由此可见，语言的使用不仅仅局限于传统意义上的"语境"这一单一维度，而是社会、认知等多种因素参与的结果。语言的使用受到人类认知的驱动，而社会、文化等因素也会对语言使用的频率、意义、形式等构成潜移默化的影响。对社会、认知等因素的关注，有助于真正实现对单个语言使用者个体特征及不同语用因素的综合考量。而这正是关联理论不能实现的。这也解释了为什么基于关联理论的传统认知语用研究被称为宏观认知语用学，而基于认知语言学的新认知语用学被称为微观认知语用学。

13.4 小结

无论是基于关联理论的传统认知语用学，还是基于认知语言学的新认知语用学，都实现了对传统语用学研究的突破，体现了认知、社会和语用三者的融合。这与21世纪科学研究中的跨学科研究趋势不谋而合。在这一趋势中，各学科为取得真正的科学突破，都争先向邻近的学科渗透、寻求合作。可喜的是，认知语用学在这一趋势的影响下，已经取得了长足的进展，如将语用失误、语用能力损伤与神经科学、脑科学研究的结合，形成了临床语用学（clinical pragmatics），并将研究成果运用到实际临床治疗中，帮助大脑损伤患者的治疗与恢复等。近年来，Bara（2010）等还开创了神经语用学

（neuropragmatics）这一研究领域，实现了神经科学与语用学的融合。随着跨学科研究方法的不断渗透，认知语用学的学科界定将更加清晰，研究视野也会越来越广阔。

思考题

1. 什么是Implicature？Grice会话含义理论与关联理论对这一概念的定义有何不同？
2. 请评价关联理论的优势与不足。
3. 请仔细分析以下例句，试比较它们在阅读速度与语用推导难度上的区别。

   （1）Joey's big brother punched him again and again.

   The next day his body was covered in bruises.

   （2）Racing down the hill Joey fell off his bike.

   The next day his body was covered in bruises.

   （3）Joey's crazy mother became furiously angry with him.

   The next day his body was covered in bruises.

   （4）Joey went to a neighbor's house to play.

   The next day his body was covered in bruises.

4. 如何理解语言学家Rachel Giora下面两段论述？

   （1）Salient interpretation has unconditional priority over less salient interpretation: The most salient meaning of a word or an utterance is always activated.

   （2）A novel interpretation of a salient meaning involves a sequential process, whereby the salient meaning is rejected as the intended meaning and reinterpreted. The more salient the reinterpreted language, the more difficult it is to reject as the intended meaning.

5. 请使用认知语用学理论解释下列例句中黑体部分。

   （1）Do you want to go to the **BANK-bank**? [*as opposed to an ATM*]

   （2）What's the difference between brain-dead and **DEAD-dead**?

   （3）People don't love movie stars because they **KNOW-them-know-them**.

   （4）Don't think virgin Madonna, think **MaDONna-Madonna**.

6. 请给出下列话语的显义。

   （1）（When asked how the party was）

   There was enough drink and everyone left early.

   （2）Mother (to child crying over a cut on his knee): You're not going to die.

   （3）It's snowing.

推荐阅读书目

Bara, B. G. 2010. *Cognitive Pragmatics: The Mental Processes of Communication.* Cambridge, MA.: The MIT Press.

Carston, R. 2002. Linguistic meaning, communicated meaning and cognitive pragmatics. *Mind & Language, 17*(1-2): 127-148.

Cummings, L. 2009. *Clinical Pragmatics.* Cambridge: Cambridge University Press.

Giora, R. 2003. *On Our Mind: Salience, Context and Figurative Language.* New York: Oxford University Press.

Levinson, S. C. 2000. *Presumptive Meanings: The Theory of the Generalized Conversational Implicature.* Cambridge, MA.: The MIT Press.

Marmaridou, S. S. A. 2000. *Pragmatic Meaning and Cognition.* Amsterdam: John Benjamins.

Novek, I. 2018. *Experimental Pragmatics: The Making of a Cognitive Science.* Cambridge: Cambridge University Press.

Schmid, H.-J. (ed.). 2012. *Cognitive Pragmatics.* New York: Mouton de Gruyter.

Sperber, D. & D. Wilson. 1995. *Relevance: Communication and Cognition (2nd ed.).* Oxford & Cambridge: Blackwell Publishers.

Sperber, D. & D. Wilson. 2015. Beyond speaker's meaning. *Croatian Journal of Philosophy, 15* (44): 117-149.

Wilson, D. & D. Sperber. 2012. *Meaning and Relevance.* Cambridge: Cambridge University Press.

第十四章 认知诗学

14.1 引言

20世纪70年代认知科学的兴起和发展触发了文学研究的"认知转向",催生了认知诗学这一新学科。认知诗学是认知科学和文学研究的交叉学科,就学科属性而言,它属于文学科学范畴,其本质上是文学的科学研究。简单来说,认知诗学是关于文学阅读理解或文学文本阐释的认知研究,旨在探究文学审美效果和普遍认知之间的关系。从广义上来说,任何从认知视角出发或者借助认知科学模型作为阐释或描述框架来研究文学的方法都可以称为认知诗学。

认知诗学本质上是一种全新的、而非补充性的文学思考方式,其理论目的不是为传统文学研究添砖加瓦,而是试图通过重新理解或界定所有那些与文学阅读理解或文学文本分析有关的概念范畴来重新思考文学,以实现对文学活动的重新评估。认知诗学的基本主张是:文学文本解读或阐释必须诉诸于语言和认知处理的人类普遍性原则。下面我们以一则笑话为例来看文学视角下的文本阐释和认知语言学视角下的文本阐释有何不同:

(1) A:你一天在家干啥呢?干待着啊?
　　B:不是,有时也喝点水。(《读者》,2020年第10期:36)。

从文学视角出发,上面这则笑话的"笑点"主要源自答者对问句的语义理解出现偏差。问句的缺省性或者说一般性理解是:"你一天在家干啥呢?干待着啊？"问句中"干"字不是意指其字面义"无水的"，而是意指其衍生义"白白地；徒劳无效地"；"干待着"的意思不是指"（在家）待着的过程中不接触水"，而是指"白白地/徒劳无效地度过（在家）待着的时间"。考虑到大家一般认为白白浪费时间是一件不太好甚至有点让人不齿的事情，因此，问者预期的缺省性或者一般性回答多半是否定的，且回答的具体内容多半与一些有意义的休闲活动有关，如看看书、写写字、思考一些问题或做一些与工作有关的事情等等。但是，出于某种原因，答者却把"干待着"错误地理解为"（在家）待着的过程中不接触水"，因而给出一个出其不意的回答："不是，有时也喝点水"，从而产生了意想不到的幽默效果！

　　从认知诗学的角度出发，上面这则笑话的"笑点"则主要在于答者在回答问题时调用了错误的认知框架。"你一天在家干啥呢？干待着啊？"这个问题所激活的缺省性框架是"度日"框架下辖的次框架——无意义或者无聊的休闲度日。在现代社会，最常见的"度日"方式主要有两种：工作度日和休闲度日。其中，休闲度日可以简单区分为：积极休闲度日和消极休闲度日，前者主要指有意义的休闲度日，而后者则主要指无意义或者无聊的休闲度日。考虑到大家一般认为无意义或者无聊的休闲度日是一件不太好甚至有点让人不齿的事情，因此，若要得体地回答问题，答者多半会先给予否定回答，然后再调用与"无意义或者无聊的休闲度日"框架相对立的框架——"有意义的休闲度日"框架来构建具体的答话内容。基于"有意义的休闲度日"框架，得体的回答可以围绕有意义的休闲活动展开，如看看书、写写字或者做些与工作有关的事情等等。但是，出于各种原因，"你一天在家干啥呢？干待着啊？"这个问题在答者的概念系统中所激活的并非是预期的缺省性框架，而是另一个由"干待着"的字面义所激活的框架："无水度日"。有鉴于一个人在家待一天不可能不接触水，故答者调用与"无水度日"相对立的框架"有水度日"作为回答依据，并给出一个出其不意的回答："不是，有时也喝点水"，从而产生了意想不到的幽默效果。基于以上分析可以看到，认知诗学引入了一种全新的文学思考方式，即文学的认知思考方式。

　　国内外认知诗学研究方兴未艾，取得了不少令人瞩目的研究成果。有鉴于认知诗学对于文学研究的独特理论贡献及其强大的理论解释力，我们有必要对其学术发展简史、基本理论主张、基本研究内容和方法论以及未来发展和挑战有基本了解，以期在文学阅读、欣赏和评论的时候，能够自觉地以认知诗学作为理论工具对文学文本进行认知重估：一方面提高我们的文学欣赏能力，另一方面提升我们的文学研究素养。

14.2 认知诗学的兴起和发展

14.2.1 认知诗学理论溯源

文学的认知研究最早可以上溯到Aristotle（1951）的《诗学》。在《诗学》第七章中，Aristotle指出，审美不是一个纯粹的客观行为，而是受到某种"量值"（magnitude）的制约。他举例说，任何一个美的客体，不管是一张生物体的图像，还是一个由各部分所组成的整体，组成整体之各部分的排列方式不但必须具有秩序，而且必须具有一定的量值；因为美取决于量值和秩序。Aristotle进一步举例说明审美还取决于视野（vision）范围：一张极其微小的图像看起来不可能是美丽的，因为它看起来模糊不清。同样，一张巨大无比的图像看起来也不可能是美丽的，因为眼睛不能一下子把它们全部纳入到视野范围之内，观看者因此无法把控图像的整体性或整体意义。在《诗学》中，Aristotle首次把审美看成是"秩序"这一客观因素与"量值"和"视野"这两个主观认知因素共同作用的结果。另外，他还指出戏剧理解受制于认知器官本身的局限性。虽然我们在《诗学》一书中可以窥见文学批评研究的认知萌芽，但它本质上是一部探讨文学技巧之作。《诗学》之后，学界提出了"诗学能力"（poetic competence）的概念，即人类产出诗学结构并理解其效果的能力。"诗学能力"本质上是一种认知能力。从时间上看，"诗学能力"概念的提出基本上与认知科学的发轫在同一时期。

认知诗学的先驱是以色列特拉维夫大学的Tsur教授，早在20世纪70年代初期，他就开始尝试把认知科学的有关发现应用于研究文学结构和效果之间的关系中。后来，Turner（1987）把概念隐喻理论应用于文学研究。Lakoff和

Turner（1989）也对诗学隐喻（poetic metaphor）进行了更全面的阐述。Turner（1987，1991，1996）的研究则开启了认知语言学视角下的认知修辞学研究，其后发展为认知诗学。1992年，Tsur出版《走向认知诗学理论》（*Toward a Theory of Cognitive Poetics*）一书，标志着认知诗学的正式诞生。此后，Stockwell（2002）的《认知诗学导论》（*Introduction to Cognitive Poetics*）是认知诗学领域的第一本入门性书籍。此后，Steen和Gavins（2003）、Gavins和Steen（2003）、Harrison和Stockwell（2014）和Tsur（2008，2017）的研究进一步推动了认知诗学的发展。

14.2.2 认知科学和诗学的关系

要深刻理解认知科学和诗学的关系，有必要先阐释清楚"认知"和"诗学"两个术语的理论内涵。随着科学研究范式的历时嬗变，"认知"这一术语的理论内涵也经历了较大变化。早期，"认知"主要指心理生活的理性方面，有别于心理生活的情感和冲动等。后来，"认知"用以泛指大脑的所有信息处理活动，涵盖从瞬时信息的分析到主观经验的组织等所有大脑相关活动。在心理学中，"认知"包括感觉、感知、情感、记忆、注意力、联想、社会态度、完形能力、意象和图式等心理过程和现象。Lakoff和Johnson（1999：5）提出："在认知科学中，认知这一术语被用于指任何一种能用精确术语加以研究的心理操作或者结构。"

"诗学"这一术语源于Aristotle于公元前4世纪创作的《诗学》，意为"论诗的技艺或艺术"。"诗"的原意是"制作"，"诗人"的原意是"制作者"，而"诗学"的原意为"制作的技艺或艺术"。Aristotle强调作为诗人的"制作者"和通常意义上的手工制作者不同：诗人是致力于通过性格、情感或者行动来"制作"生活的副本或复制品。由此，Aristotle把"诗"宽泛地界定为一种试图表征或者复制生活的"模仿"媒介或艺术：不但包括史诗、悲剧、喜剧和颂酒神诗[①]（dithyrambic poetry），甚至还包括某些类型的音乐。由于

[①] 有关dithyrambic的翻译存在争议。罗念生（1962：6）把dithyramb译为"酒神颂"。基于此，我们把dithyrambic poetry翻译为"颂酒神诗"。

Aristotle对"诗"的界定十分宽泛,基本涵盖了文学艺术的所有类型,故《诗学》既被看成是西方世界中第一部重要的文学批评著作,也被看成是西方学术史上第一部系统的美学著作。随着文学批评范式的历时嬗变,"诗学"的理论内涵也发生了相应的变化。虽然"诗学"与"诗"具有内在关联性,但在现代文学理论中,"诗学"指的是对诗歌的科学研究,即一个系统性的文学理论或文学研究系统。

从诗学的学术发展史来看,诗学研究与语言学范式的嬗变息息相关。20世纪初期,受结构主义的影响,结构主义批评法一度在文学研究领域大行其道,并发展成为"结构主义诗学"。"结构"指的是各构成成分组合、复合或者整合之后所构成的整体构型所呈现出的规律性、体系性或模型化特征。结构主义批评家善于描述文学文本结构,但忽视文本外的因素,尤其是人类认知因素之于结构的影响,更不考虑文本结构和认知结构之间的关联。结构主义之后,随着社会语言学、生成语言学、功能语言学和心理语言学等语言学分支学科的兴起和发展,一方面,文学研究者开始关注文学文本的社会、形式、功能和心理效果;另一方面,他们开始关注文学结构和社会结构、形式结构、功能结构和心理结构之间的理论关联性。但是直到认知科学兴起之前,文学研究并不真正关注文本的感知或识解效果,也不关注文本结构与感知/识解效果之间的理论关联性。

20世纪70年代认知科学的诞生开创了文学研究新思路和新方法,从而催生了认知诗学这一文学研究新范式。认知科学之所以得以与文学成功联姻,主要原因有二:一是"长期以来,文学研究领域一直遭受着一种方法论身份危机。几十年来,受到强烈动因驱使的研究者们一直在艰难奋战,想通过文学的经验研究解决危机"(Louwerse & Van Peer 2009:423),而认知科学正好为文学的经验研究提供了方法论和理论工具。二是文学研究的传统论题,如隐喻、叙事、格式塔、图形、背景、主观意义和主观化等,同样是认知科学尤其是认知心理学和认知语言学的主要研究论题。所不同的是,借助认知工具,认知科学完全颠覆了传统文学研究对这些论题的基本观点和看法。不过,直到20世纪90年代中期,认知诗学的学科地位才逐渐得以确立。

14.3 认知诗学的重要理论主张

基于认知科学的一些基本理论，认知诗学假设：经验、认知和文学文本之间关系密切。体验性经验解释概念结构，概念结构解释文学文本结构。基于此，认知诗学的重要理论主张可概括如下：

首先，文学意义来源于人类的体验性审美经验。基于认知语言学最为重要的理论假设之一——意义源于人类身体与其所处环境之间的互动，认知诗学最为重要的理论假设之一是：文学意义源于人类身体与其所处环境之间的审美性互动。文学不仅仅是单纯的语言、修辞或者文体问题，在本质上更是一个认知体验问题，即文学是人类认知体验的一部分。认知诗学主张文学研究应该根植于人类的认知体验，而不应仅仅诉诸文本形式、结构、功能或者文体等非体验性因素。

下面以著名诗人Dylan Thomas于1952年发表的名作《不要温和地走进那个良夜》（"Do Not Go Gentle into That Good Night"）中的第一节为例，来说明文学意义如何源于人类的体验性经验。该诗被认为是20世纪最著名的诗作之一，因其两次出现在2014年上映的欧美科幻大片《星际穿越》（*Interstellar*）中而名声大噪。

（2）**Do Not Go Gentle into That Good Night**

Do not go gentle into that good night,

Old age should burn and rave at close of day.

Rage, rage against the dying of the light.

该诗主要是探讨死亡，确切地说，是探讨生命和死亡之间的角力。该诗中的"死亡"意象被隐喻为"良夜"；"生命"意象则被隐喻为"光"。这两个创新性意象的构建主要是源自人类身体与黑夜和白昼之间的审美性互动。"良夜"既是日暮时光，也是我们向人道晚安的时候，还是人们进入梦乡的时候，故"死亡"被隐喻为"良夜"。"光"既代表白日，也代表生机，还是世间万物赖以生存的给养，故"生命"被隐喻为"光"。可见，文学意象来源于人类的体验性审美经验。

  其次，文学是一种特殊的认知形式。从不同的学科视角出发，我们对文学本质的理解有所不同。从修辞学视角出发，文学是一种修辞活动；从文学本身的视角出发，文学是一种精神消遣、愉悦或者娱乐活动；从文化学视角出发，文学是一种文化现象；从社会学视角出发，文学是一种社会现象；从诗学视角出发，文学是一种技艺或艺术活动；从传统文学批评视角出发，文学是一种审美活动。而从认知诗学视角出发，文学是一种认知审美活动。文学能力则是一种特殊的人类普遍认知能力。文学不但反映社会文化现实，而且参与社会文化现实的构建并对其具有塑形作用，即其本质上是一种促进社会现实改变或者改善的重要精神力量。此外，文学本质上不是反映性的，而是象征性的：象征着植根于人类日常经验中的审美体验。也可以这么说，文学是人类日常经验的一种特殊形式。

  我们还是以Dylan Thomas的名作《不要温和地走进那个良夜》为例来说明文学缘何是一种特殊的认知形式。通过把"死亡"意象隐喻为"良夜"，把"生命"意象隐喻为"光"，该诗构建了一个关于死亡和生命角力的认知框架：生命是对死亡的抗争。这一认知框架更新了我们对生命和死亡的看法：人们在任何时候都不应该被动地接受死亡，哪怕是垂死之人，在面对死亡的时候，也应该与之抗争或者战斗到底。虽然最终人类不能战胜死亡，但是，以抗争的方式面对死亡比不做任何抵抗地堕入死亡的深渊要好。由此可见，文学能力本质上是一种认知能力。

  再次，文学审美机制依附于普遍的认知过程。基于认知科学的理论假设"认知过程具有普遍性"和认知语言学的理论假设"语言没有独立的语言机制"，认知诗学认为文学没有独立的审美机制：文学审美机制依附于语言和认知处理的一般过程或普遍原则。受制于人类认知的经济性，人类大脑在审美体验中并未演化出独立的审美机制，而是诉诸普遍的认知处理过程来达到审美目的。在文学创作过程中，作者把文学文本当作引发某种特殊理解的工具。而阐释者则试图通过文本分析还原出作者意欲让文本引发的那种特殊理解。从认知的角度来说，阐释者只有诉诸文本作者在写作过程中所依赖的那些认知过程，才可能最大限度地获取文本所意欲传达的"原意"。有鉴于此,认知诗学的研究重心之一在于借助各种不同的认知工具,来揭示审美机制或文本感知效果或识解效果背后的普遍认知过程。

下面我们以美国著名诗人Robert Frost于1961年发表的诗作《未择之路》("The Road Not Taken")的文本阐释为例,说明如何借助认知语言学所提供的认知工具来揭示诗歌审美机制背后的普遍认知过程。

(3) **The Road Not Taken**

> Two roads diverged in a yellow wood,
> And sorry I could not travel both
> And be one traveler, long I stood
> And looked down one as far as I could
> To where it bent in the undergrowth;
> ...
> I shall be telling this with a sigh
> Somewhere ages and ages hence:
> Two roads diverged in a wood, and I—
> I took the one less traveled by,
> And that has made all the difference.

从文学视角出发,这首诗具有完美的韵律:ABAAB,读起来朗朗上口,所表达的思想意蕴深远。该诗从一个年轻的叙事者视角出发,讲述了其面对两种生活可能性时的艰难抉择以及做出选择后内心所透露出的隐隐疑忧。该诗所探讨的生活哲学和选择困境对我们的人生具有普遍意义。此外,该诗使用了丰富的修辞手段,如隐喻、明喻、拟人和意象等。

对这首诗的认知诗学分析显示,该诗的创作是基于语言和认知处理的一条普遍原则——概念隐喻原则,即一种致力于用"另一类事物来理解和经历一类事物"的思维模式。基于概念隐喻原则,概念隐喻不但决定我们如何感知、思考和行动,而且决定语言表征的方式。对同一事物,基于不同的概念隐喻,我们的理解和表征方式有所不同。比如，有关生活或人生的概念隐喻，我们可以分别用旅行、网、抗争/战争、游戏、赌局和梦来理解生活或人生，如LIFE IS A JOURNEY（生活是一场旅行），LIFE IS A NET（生活是一张网），LIFE IS STRUGGLE/WAR（生活是抗争/战争），LIFE IS A GAME（生活是一场游戏），LIFE IS A BET（生活是一个赌局），LIFE IS A DREAM（生活是一场梦）等等。

很明显，这首诗创作的概念基础是"生活是一场旅行"，因为在我们所引用的两节诗句中，作者借用了四个旅行领域的词汇来理解生活本身，如road（道路），diverge（[道路的]分叉），travel（旅行）和traveler（旅行者）。基于以上分析，我们可以看到文学视角下的文本阐释和认知诗学视角下的文本阐释有着根本的区别，前者主要致力于揭示文本所传达的隐含意义，而后者则着重揭示文本组织背后的语言和认知普遍原则。

最后，认知系统制约和塑造诗学传统。Tsur（2017）把诗学传统看成是"认知化石"，即传统的诗学风格源于认知而非文化原则，且诗学传统受到人类大脑的自然限制和认知能力的制约和塑形。基于此，认知诗学的研究重心之一在于研究人类大脑和认知系统如何制约、塑造、改写或者重构诗学传统，主要包括各种认知过程如何制约和塑造文学形式、词汇选择、文本结构和文体风格等。

14.4 认知诗学的核心观点

从认知诗学的四个主要理论主张出发，认知诗学的研究内容主要包括两个方面：一是揭示各种审美效果背后的认知识解操作过程。二是"前景化"（forgrounding）语言研究。

14.4.1 揭示审美效果背后的认知识解操作过程

文学文本是一种手工艺品，而阅读理解则是一种自然过程。在很多未经认知科学相关学科训练的读者看来，文学作品阅读所带来的各种审美效果似乎是个难以言明的"自动化"过程：我们阅读、解码并理解文字，然后自动得到某种审美体验或获得某种审美效果。认知诗学试图对这种"自动化"认知无意识（cognitive unconsciousness）审美体验或效果进行认知解构，即试图通过揭示审美机制背后的各种认知识解操作过程来实现审美效果的"去自动化"（de-automatization）。现举例说明：

（4）a. A: Mum, is Dad not ready to eat yet?

　　　B: Shut up, I've just told you he's not tender enough yet.

　　b. A: Mum, is Dad not ready to eat yet?

　　　B: Shut up, I've just told you he's not finished with his work yet.

（5）a. A: Mum, is the chicken not ready to eat yet?

　　　B: Shut up, I've just told you it's not tender enough yet.

　　b. A: Mum, is the chicken not ready to eat yet?

　　　B: O.K., go and feed it.（Tsur 2008: 10）

在例（4a）和（4b）中，同一个句子Is Dad not ready to eat yet?引发了两种截然不同的理解，产生了两种迥异的审美效果。在例（4a）中，儿子问话的意思明明是："妈妈，爸爸还不准备吃（饭）吗？"可是，妈妈却有意把儿子的问话误解为他想吃掉他爸爸，故她回答："闭嘴，我刚刚告诉你了，他还没煮烂"。对西方人而言，妈妈的回答是一个风趣的"恐怖笑话"：带有幽默或者说荒诞的的审美效果。但对于不熟悉西方文化的读者而言，母亲的回答不但让人费解，而且产生了一种非常惊悚、恐怖的审美效果。在例（4b）中，母亲回答"闭嘴，我刚刚告诉你了，他工作还没做完"，则是一种常规回答，产生的是一种常规的审美效果。在例（5a）和例（5b）中，同一个句子Is the chicken not ready to eat yet?也引发了两种截然不同的理解，产生了两种迥异的审美效果。在例（5a）中，妈妈的回答"闭嘴，我刚刚告诉你了，它还没煮烂"是常规回答，产生的是常规的审美效果。在（5b）中，母亲的回答"好，去喂它（吃食）吧"，对于生活在城市里的人而言有点不太寻常，引发了某种不太寻常的审美效果。但对于生活在农村的人而言，则是一种常规回答，产生的也是一种常规的审美效果。

为什么同一个问句会引发完全不同的理解，进而产生完全不同的审美效果呢？认知语言学认为，语言本身并不是意义容器，语言也不编码意义，语词不过是意义构建的"提示符"（prompts），而意义构建则是一个概念化的过程。意义构建依赖脚本（script），如后台认知、各种背景知识和百科知识等。此外，还涉及与概念结构、概念组织和概念打包的不同方面相关联的推理策略。换句话说，我们调用的脚本不同、运用的推理策略不同，同一个词、短语或句子所激活或触发的概念化则可能存在很大的差异。

就Is X not ready to eat yet?这个问句而言，在X指人的前提下，若我们调用"人吃东西"脚本，其所引发的理解多半是"X还不准备吃（饭）吗？"。若调用恐怖笑话里面常有的"人吃人"脚本，则所引发的理解多半是"某人还不能吃吗？"。在X指家畜的前提下，若调用"人吃家畜肉"脚本，所引发的理解多半是"家畜肉还不能吃吗？"，若调用"家畜喂养"脚本，所引发的理解多半是"家畜还不准备吃（食）吗？"。在例（4a）中，基于妈妈的回答，其调用的是恐怖笑话里的"人吃人"脚本。而在例（4b）中，调用的则是"人吃东西"脚本。在例（5a）中，基于妈妈的回答，其调用的是"人吃家畜肉"脚本。而在例（5b）中，调用的则是"家畜喂养"脚本。理解同一个语词、短语或者句子，到底调用哪个脚本，取决于多种因素：既有语言内部因素（如形式或结构因素），也有语言外部因素（如认知和功能因素），最终的选择结果取决于各种因素的竞争以及竞争结果的优选。

通过分析和揭示上面四组对话所引发的阅读理解和审美效果背后的认知识解操作过程可以看到：语义理解和审美效果在很大程度上受制于人类普遍的认知过程。

14.4.2 "前景化"语言研究

在文学批评的不同分支学科中，认知诗学和文体学密切相关，认知诗学甚至可以被称作认知文体学。与文体学一样，认知诗学的研究内容之一也是研究语言的"前景化"，如偏离、排比、词汇模式和隐喻等各种"诗学"特征。在文本阐释中，文本的各种前景化方面被认为更有阐释的价值。"前景化"效果既能由意想不到的"破规"（即偏离）引发，也能因出乎意料的"合规"（即排比）引发。"偏离"涵盖众多的修辞手段，如押韵、头韵、创新隐喻、非常规命名（unusual naming）、重复、创新性描述、句法组合方式创新、双关等。所不同的是，文体学关注的是语言的"前景化"对于文本整体意义的贡献，而认知文体学则主要关注"诗学"特征识解所关涉的各种认知过程。文体学主要把"前景化"看成是一种修辞手段，而认知诗学则主要将其看成一种认知手段，并致力于探究其对文学文本感知/识解或审美效果的影响。一般认为，"前景化"语言研究是当今认知诗学各种研究的注意中心。

"前景化"原本是文学文体学的一个概念，后来发展成为文体学中的一个重要理论。作为一种语篇组织模式，"前景化"的动因主要是源于文学—审美（literary-aesthetic）目的。前景化能作用于任何语言层面，尤其是文体的畸变（distortion）。这种畸变要么是由文体的某个方面偏离某个语言规范所致，要么是通过使用重复与排比的修辞手段以突显文体的某个方面，从而使其获得"前景化"效果。

基于文学文本的某些方面通常被认为比另外一些方面更为重要和突显这一文学事实，借用认知语言学的"图形—背景"理论，认知诗学提出了一个重要的文学批评概念——"前景化"。在视觉域中，我们多半把那些能够被清晰地识别或者区分出来的客体看成是"图形"，而把其他一些区分度较低的东西看成是"背景"。在认知诗学中，"前景化"是文本组织的一种认知手段，指的是文本信息认知权重的非平衡性组织或者安排：某些信息被"焦点化"，而另外一些信息则被看做是突显认知焦点的背景。在文学尤其是诗歌创作过程中，"为了取得诗学效果，诗人可能颠倒我们对语言外部现实的常规性图形—背景组织"（Vandaele & Brône 2009：15）。我们以钱锺书的《宋诗选注》中所收的孔平仲所写的《禾熟》一诗为例予以阐释：

(6)《禾熟》
万里西风禾黍香，鸣泉落窦谷登场。
老牛粗了耕耘债，啮草坡头卧夕阳。（参见黄裳 1996：128）

诗中的"西风"指秋风;"禾黍"指禾与黍,泛指黍稷稻麦等粮食作物;"鸣泉"指淙淙鸣响的泉水;"窦"指水沟;"谷登场"指谷子被晾在了晒谷场;"粗了"指大致了结;"耕耘债"指水牛所干的耕田犁地的农活;"啮草"指吃草。用白话文阐释,该诗意为:禾熟之际,秋风吹过,稻香飘万里;泉水落进水沟里淙淙作响,稻谷被晾在了晒谷场;老牛大致了结了耕田犁地的农活;卧在夕阳照耀下的山坡上吃草。

这首诗匠心独运之处在于,虽然诗的题目是"禾熟",且诗歌的前两句是描摹禾熟之景。但实际上,诗歌的重心却是在后两句,即诗歌实际上写的却是"(水)牛闲",即题目是"虚写",而"(水)牛闲"之状是实描。基于"前景化"理论,"(水)牛闲"之状被"前景化"了,而"禾熟"之景则被"背景化"了。"禾熟"之际正是农人们最为繁忙之时,农人忙于晒谷、打谷脱粒和收谷入仓。在农人如此繁忙的背景下,水牛却卧在夕阳照耀下的山坡上悠闲自在地吃草。两相对照,侧显出水牛历经耕耘之苦后所获得的这段悠闲时光的不易和弥足珍贵。

认知诗学的主要研究目标是依据文本"前景化"程度的高低以及"前景化"创造性的强弱,从认知角度来重新评估文本的文学价值(王馥芳 2019)。从以上分析可以看到,《禾熟》一诗的"前景化"程度极高。从题目来看,读者原本以为诗中被"前景化"的一定是"禾熟"之景。可是,让读者意想不到的是,读完全诗后却发现作者的神来之笔实质把"(水)牛闲"之状"前景化"了。由此,通过运用图形—背景颠倒这一认知手段,使得水牛被"焦点化",给读者一个出乎意外的审美惊喜。"前景化"理论对于笑话的解释也非常有力。下面以"我的狗不咬人"这则笑话予以说明:

(7)我的狗不咬人

一只猎犬躺在院子里,一个穿工装连衣裤的老人坐在门廊里。

"劳驾,先生,你的狗咬人吗?"一个慢跑者问。

老人看着报纸回答说:"不咬。"

慢跑者一踏进院子,那狗就开始龇牙狂吠,随后就攻击跑步者的双腿。那人在院子里一边狂奔躲闪，一边大吼："你说过你的狗不咬人！"

老人咕哝着说："不是我的狗。"

这是一则经典的西方笑话。这则笑话的幽默效果源于慢跑者和老人对"你的狗咬人吗？"这句话的不同理解。对慢跑者而言，在其问话之前，其概念系统中的缺省性框架假设是：院子里的狗一定是老人的。所以，当他问老人"你的狗咬人吗？"，他的意思是：院子里的这条狗咬人吗？即在慢跑者的问话中，"院子里的这条狗"被前景化了，而老人和院子等其他信息被背景化了。但是，对老人而言，有鉴于院子里的那条狗并不是他的，所以，当他听到"你的狗咬人吗？"这一问话时，他回答说："不咬"。但他所说的"不咬"并非是指院子里的那条狗不咬人，而是指他自己养的狗不咬人。至于院子里的那只狗到底咬不咬人，老人可能不知道，也可能知道，但因慢跑者没有问到这个问题，对老人而言，就算他知道，他也没有义务说出来，即在老人的理解中，"他自己的狗"被前景化了，而院子里的那条狗以及院子等其他信息则被背景化了。由此，对同一句问话，由于慢跑者和老人各自的概念系统中被前景化的信息不同，导致他们对同一句问话的理解迥异，从而产生了诙谐幽默的审美效果。

14.5 小结

虽然认知诗学和经典修辞学有理论渊源，但从其发展情况来看，它仍然是一门较新的交叉学科。认知诗学的基本方法论主要有两种：一是认知科学理论的应用研究，主要致力于把认知科学相关研究成果，尤其是认知心理学、格式塔心理学、认知语言学、神经语言学和人工智能等学科所提供的理论工具运用到文学文本的阐释之中，以对不同历史阶段或时期的不同文学样式的文学文本进行认知研究。二是随着认知诗学的逐步发展，它试图跳出单纯的认知科学应用研究范畴，致力于把认知科学和文学批评、文学历史、语言学和美学研究等学科整合起来，以期提出独立的认知诗学框架，并致力于把这些新框架和文学文本的理解或者阐释联系起来。从国内外认知诗学研究实践来看，主要以第一种为主，第二种因研究难度大，极为少见。而在第一种研究实践中，绝大部分研究又主要集中在两方面：

一是认知心理学指导下的认知诗学研究：主要经历了从心理诗学（psychopoetics）到认识心理诗学的发展历程。心理诗学主要是把弗洛伊德的心理分析和自我（ego）心理学研究成果运用于文学文本的阐释。而认知心理诗学则主要诉诸人类普遍的心理认知过程来阐释文学文本结构，如Gibbs（1994）的心理诗学致力于探讨修辞思维与语言、理解之间的密切关系；Van Dijk和Kintsch（1983）主要探讨话语理解中的认知心理策略。Van Peer（1986）主要从认知心理学的角度探讨文体学问题，尤其是前景化问题。

二是认知语言学指导下的认知诗学研究：主要强调语言处理的认知原则对文本意义的构建和阐释作用，尤其致力于揭示文本结构背后的认知结构。如Stockwell（2002）主要把认知语言学理论框架应用于各种文学文本的阐释；Steen试图揭示诗歌中各种语言形式背后的概念隐喻。2009年出版的《认知诗学：目标、收获和分歧》（*Cognitive Poetics: Goals, Gains and Gaps*）（Vandaele & Brône 2009）旨在促进认知语言学和文学研究之间的对话。

经过40余年的发展，认知诗学虽然取得了丰硕的研究成果，但直至今日并未发展成为一个完善的理论体系。事实上，认知诗学本质上是一种方法论，它主要提供各种认知理论和工具以阐释语词选择、文本结构和思维模式之间的密切关联性，尤其致力于系统性地阐释文学文本结构与文本识解效果之间的关系，并试图揭示文本识解效果背后的普遍认知过程。虽然认知诗学具有很强的解释力，但也面临不少理论挑战。尽管如此，认知诗学的主要理论贡献有目共睹，其在重估文学活动的基础上开创了一种全新的文学研究范式。

思考题

1. 认知诗学兴起的理论动因主要是什么？
2. 认知科学和认知诗学之间的理论关系如何？认知科学如何改写诗学研究的理论图景？

3. 认知诗学和文体学之间的理论关系如何？认知文体学如何改写文体学研究的理论图景？
4. 如何理解"识解"这一理论术语？如何理解文学文本的"识解"效果？请举例说明。
5. 如何理解"图形—背景"认知模型？如何理解"图形—背景"颠倒？请举例说明。
6. 认知诗学的基本方法论和主要研究内容是什么？
7. 认知诗学的主要理论贡献是什么？
8. 认知诗学所遭遇的主要理论挑战是什么？

推荐阅读书目

Gavins, J. & G. Steen (eds.). 2003. *Cognitive Poetics in Practice*. London & New York: Routledge.

Gibbs, R. W. Jr. 1994. *The Poetics of Mind: Figurative Thought, Language, and Understanding*. Cambridge: Cambridge University Press.

Harrison, C. & P. Stockwell. 2014. Cognitive poetics. In J. Littlemore & J. R. Taylor (eds.). *The Bloomsbury Companion to Cognitive Linguistics* (pp.218-233). London: Bloomsbury.

Stockwell, P. 2002. *Introduction to Cognitive Poetics*. London: Routledge.

Tsur, R.1992. *Toward a Theory of Cognitive Poetics*. Amsterdam: Elsevier.

Turner, M. 1996. *The Literary Mind*. Chicago: The University of Chicago Press.

Vandaele, J. & G. Brône. 2009. Cognitive poetics: A critical introduction. In G. Brône & J. Vandaele (eds.). *Cognitive Poetics: Goals, Gains and Gaps* (pp.1-29). Berlin: Mouton de Gruyter.

第十五章 认知社会语言学

15.1 引言

社会性是人类的本质属性之一。人类对人与社会关系的思考最早可追溯到神话,例如《圣经》中巴别塔的故事说明人类通过语言可以团结在一起,做到战无不胜,攻无不克;中国神话中女娲创造和建构人类社会的故事,说明人从一开始的存在形式就是类聚,具有社会属性。其后哲学家开始关注和思考语言与社会的关系问题。例如,古希腊哲学家Aristotle在《政治学》中认为人是社会的动物;我国哲学家荀子在《正名篇》中探讨了"名"与"实"的辩证关系,揭示了语言使用中"约之以命"的社会性。

> 名无固宜,约之以命,约定俗成谓之宜,异于约则谓之不宜。名无固实,约之以命实,约定俗成,谓之实名。名有固善,径易而不拂,谓之善名。

从以上论述来看,名称并没有本来就合宜的,而是人们相约命名的,约定俗成了就可以说它是合宜的,与约定的名称不同就叫做不合宜。而名称约定俗成的主体是人,那么名称本身就是人类集体意志的体现,具有强烈的社会约定性。

在其后的研究中,以哲学家、逻辑学家和语文学家等为代表的古今中外学者一直在追问语言与社会的关系问题。17—19世纪随着西方殖民扩张，一批西方学者基于对印度梵语和欧洲语言的广泛社会调查，进行历史对比研究，提出了语言谱系观，比如论证了印欧语系和汉藏语系的概念。到了20世纪初一些美国描写主义语言学家关注印第安语濒临灭绝的问题，开始研究语言与社会的铰链问题。例如，著名的萨丕尔—沃尔夫假说，认为语言决定文化和思维。再到1964年，在美国加州大学洛杉矶分校举办的第九届国际语言学大会（The Ninth International Congress of Linguistics at the University of California at Los Angeles）正式提出社会语言学这一语言学分支学科。后来社会语言学又与认知语言学交叉融合，诞生了认知社会语言学。该分支学科致力于运用社会语言学和认知科学基本研究方法，以人类现实语言交际中发生的语言现象为考察对象，践行历时和共时研究理念，在具体的社会语境中系统研究语言与社会的关系，揭示语言的认知性和社会性。

15.2 认知社会语言学的兴起

15.2.1 社会语言学与认知语言学的融合

1964年在美国洛杉矶召开了第九届国际语言学大会，标志着社会语言学正式诞生。在这次会议上，学者们正式提出社会语言学是语言学研究一个重要分支的观点，其理论出发点是语言离开赖以生存的社会语境无法发挥其功能，主要任务是"研究具体的情景中特定的时间谁对谁谈论什么"的学科，社会语言学主张用语言学和社会学的方法考察语言，研究语言的社会变体、地域变体、性别与语言、年龄与语言、社团与语言、族群与语言、宗教与语言、国家或地区语言政策和语码转换等现象（Wardhaugh 1998/2000：12-13）。例如，在日常语言交际中社会发展状况、年龄与语言三者紧密相关。在我国还有些老年人还用"胰子、洋火、话匣子"这样的旧词，而年轻人大多使用"肥皂、火柴、收音机"等表达，如例（1）—（3）所示：

（1）但制成时，一块块胰子软叽叽的像牛油，原来他的化学教科书

不好，那节肥皂的制造方法没有写明白。（曹禺《北京人》）

（2）珊君顺手将洋火给他，向他很热情的解释说……（胡也频《光明在我们面前》）

（3）茶几上摆着架带大喇叭的哥伦比亚牌话匣子。（邓友梅《那五》）

认知语言学是认知科学和语言学交叉融合的产物，致力于研究人类的认知和语言的关系问题，其研究领域涵盖从语音、音系、词素、词汇、句法、篇章等语言的各个层面，为认知社会语言学提供理论养分和支撑。

自20世纪70年代以来，以Lakoff，Johnson，Rosch，Fillmore，Langacker为代表的一批学者认为，人类包括语言在内的知识都是体验加工的结果，强调知识是后天习得的，从而开启了他们的认知语言学研究范式。他们主张运用人类的基本认知方式（如范畴化、隐喻、转喻、识解、意象图式、概念整合、理想化认知模型）解析语言和其他知识的习得问题。认知语言学发展至今，为揭开人类大脑认知和语言的奥秘提出了非常有价值的理论，极大地推动了认知科学和语言学的发展。

但是，Dąbrowska（2016）在《认知语言学七宗原罪》（"Cognitive Linguistics' Seven Deadly Sins"）一文中认为认知语言学家过度强调内省和忽视语言社会性是认知语言学两大罪状。诚然，认知语言学家在分析语句时往往依赖语言学家自省法洞悉意义，缺少语言社群成员对系统语料认知的考察，有悖于认知语言学的意义百科观：语言意义基于用法，是一个开放系统，它通过隐喻、转喻、范畴化、概念化等基本认知方式在语言使用中得到不断拓展。语言学不同程度忽视了语言使用事件参与者的信息，如他们的身份、立场、承担角色、采取视角等，这有悖于认知语言学基于意义体验观：意义和语法基于人类互动经验，具有体验性和视角化。认知语言学对社会性考察不足，有悖于认知语言学"基于使用"这一基本立场：人是社会动物，作为类别而存在，绝非个体单独存在，日常语言的使用是交际双方发生的言语行为，因此言语交际必须依赖特定的社会认知语境，反过来，社会和文化因素会成为一种语言使用的规范，管理言语交际。这也促使认知语言学两大转向：社会转向（Social turn）

和语料库驱动转向（Corpus-driven turn）。概而言之，要对以上问题提出有效解决方案，需要在语言研究中考虑语言是基于集体使用的社会行为，认知社会语言学正是在这样的背景下应运而生。

15.2.2 认知社会语言学的诞生

传统的社会语言学关注语言的社会变体，而认知语言学关注语言的认知加工。但认知语言学基于用法的语言观从理论上应该关注语言使用者的差异，以及产生的语言变体差异，但目前的认知语言学研究很少关注语言使用者个体之间的差异（Geeraerts *et al.* 2010：6）。社会语言学田野调查等方法可以考察变体，但是它在方法论上缺乏对语义确定性的界定。Lavandera（1978：171）认为，关于变异的定量研究涉及形态、句法和词汇的变化，但缺乏一个明确的意义理论。而认知语言学又是以语言的意义为出发点，因此，社会语言学可以汲取认知语言学研究方法的优势，形成互补关系。

认知社会语言学汲取了认知语言学和社会语言学营养成分，是认知语言学和社会语言学新兴交叉学科。认知语言学重点关注意义及其变体，而社会语言学重点关注音位、句法和话语变体。我们不能否认，作为音形义结合体的语言是随着人类交际的诞生而诞生，随着人类社会的发展而发展，随着人类社会变迁而变迁。因此，单独考察某一个层面的变体是不全面的，认知语言学和社会语言学的结合是语言研究本身的需要，可以推动人们更加全面认识语言和人类社会。

一个学科的诞生有两大指标，一是该学科是否有完整的理论框架、清晰的研究对象、科学的研究方法；二是是否有一批学者围绕该学科开展系列学术研究工作。认知社会语言学都符合以上两大指标。认知社会语言学的主要倡导者Dirk Geeraerts，Gitte Kristiansen，Hans Georg Wolf，René Dirven，Farzad Shrifian，Stefan Grondelaers等把认知语言学的基本理论如典型理论、认知语法、构式语法、理想化认知模型、概念隐喻及转喻理论等应用于语言的社会研究，探究概念层面和语言层面的变异问题（Kristiansen *et al.* 2008：4），这丰富和发展了自Lakoff和Johnson（1980）和Langacker（1987）以来的认知语言学理论。至此，我们可以说，社会语言学重视社会文化制约下的语言变异研究，认知语言学强调体验性，注重言语交际中的意义变体研究，而认知社会语言学则同时关注这两方面的内容。该学科有机整合了社会语言学和认知语言学，既秉承了认知语言学的基本框架，又融合了社会语言学的基本视角和研究方法，强调从语言的社会性（外部）和认知性（内部）两个维度展开语言研究，使语言研究更加全面和深入，这为语言学研究开辟出了一片新天地。

15.3 认知社会语言学的基本观点

认知社会语言学践行跨学科研究理念，主张运用认知语言学和社会语言学基本研究方法，重点考察语言的社会变体、地域变体、性别与语言、年龄与语言、社团与语言、族群与语言、宗教与语言、国家或地区语言政策和语码转换等现象，揭示其背后的认知机制，践行认知承诺（cognitive commitment）和社会承诺（social commitment），目前为止已发展出至少十大理论视角。

15.3.1 两大承诺

认知社会语言学强调语言的认知性和社会性，运用认知语言学和社会语言学研究思路，以社会生活中的语言事实为研究对象，力图从认知和社会维度解析语言，践行两大承诺，这也是它的终极目标。

（1）认知承诺：认知社会语言学试图提供一个更全面理解意义的建构和变化的路径。人类在社会实践中创造了语言，语言既是人类最基本也是最重要的交际工具，凝练着一个民族或者社群集体认知的智慧，语言具有社会性和体验性。认知社会语言学力图在社会语境中，基于历时和共时两个维度，揭示语言背后的社会认知机制，洞悉语言的社会认知性。

（2）社会承诺：人是社会的人，语言是人类的语言，语言具有社会性。社会性表现在主体间性、利他性、合作性、依赖性、自觉性等维度，但每个个体生活在特定的语言社区，而每个社区会形成特定的文化，这也使得社区之间在言语交际方面存在一定差异，从而出现语言间、语言社区、社会和文化间的意义变体。认知社会语言学融合认知语言学和社会语言学研究理念和方法，探析语言使用背后的社会认知因素，洞悉语言的认知社会性。

需要指出的是，认知承诺和社会承诺不是独立存在的，而是相辅相成、互相支撑的，所以社会互动观不是单纯的认知主义观点，如表15.1所示。

表15.1 认知主义和社会互动观的对比示意表（Langlotz 2015：101）

序号	参数	认知主义	社会互动观
1	模型	解释性模型：心智是计算机	阐释型抽象模型：根据工具—任务建立的话语模型
2	研究方法	实验验证、知觉和计算机建模法	数据转写和日常语言分析
3	语言观	认知的	社会的
4	分析焦点	语言能力	交际能力
5	行动范围	个体	社会规范化行为
6	行动过程	无	互动实践
7	行动背景	无	社会机构、文化
8	语境作用	在自主信息加工和丰富语境之间是模块儿化分布	基于情景和语境的实践
9	意义本质	意义是表征：概念范畴和百科知识	意义是互动、谈判和共建的新创产品
10	意义产生	自主语言加工过程和推断加工过程的合成产品	社会互动的新创产品
11	意义中心	个体	社会团体

15.3.2 十大理论视角

从认知语言学的角度推理，将语言的社会变异纳入语言认知研究有两大决定因素：认知语言学以语义为主导的观点和认知语言学基于使用的语言观（Geeraerts et al. 2010：2）。认知社会语言学基于认知语言学和社会语言学基本理念，以日常语言使用为研究对象，为语言研究提供了新范式。它践行认知承诺和社会承诺，提出和发展了一系列理论，主张从宏观和微观两个维度考察语言的社会性，学界目前已经发展出具有高显示度的十大理论视角，这也是认知社会语言学研究主要领域。下文将逐一进行阐述。

（1）基于用法的语言学和语言内部变异理论

Wittgenstein（1953）提出"语言的意义在于它的使用"之观点，自此之后以Austin和Searle为首的言语行为语言哲学家、社会语言学家和认知语言学家接受此观点，认为语言使用既是言语交际的核心，也是语言不断发展变化的源动力。认知社会语言学认为语言是人类认知加工的结果，语言因社会语境不同会出现不同的语言变体，语言具有社会体验性。语法不仅构成语言使用的知识库，而且语法本身也是语言使用的产物（Geeraerts *et al.* 2010：4）。任何一个使用事件都会影响甚至重新界定一个人的内部语言系统。概而言之，基于用法的语言观主要有以下十层含义：

第一，人类最重要的交际形式是语言，语言存在之主要目的和价值是实施言语交际；

第二，言语交际在特定人群中进行，基于交际主体达成主体间性，语言具有社会性；

第三，从个体语言走向社群语言依赖于语言交际，是一个语言社会化的过程；

第四，言语交际是语言形式和意义的主要塑造者，它塑造语言（形式、意义和用法）本身；

第五，语言的形式和意义既基于语言使用，又是言语交际的信息储存库；

第六，社会、文化和认知因素相互交织在整个言语交际过程之中，言语交际总是发生在特定社会语境中，使用者在构思话语时的选择受到一系列社会认知语境因素的影响和制约；

第七，语言交际中需要交际双方根据具体社会语境对语言使用的形式和意义进行选择和调变，这就导致了基于使用事件的语言内部和外部变体；

第八，意义不仅限于词汇项目，基于使用规则的语法模式本身拥有意义；

第九，语言是后天习得的，语言交际是语言习得的基础，语言使用模式（包括搭配信息和频繁使用的信息）是系统学习语言的核心；

第十，日常交际的语言表现形式是一串被赋予意义的语符，具有线性结构，因此语言可以通过一个单层模型得到准确和充分的解释，比如各种句式结构可以用一个单层结构模型进行描述和解释。

针对基于用法的语言内部变异观，Geeraerts（2003）提出了语言变异和语言标准化的两种基本文化模式，即理性主义和浪漫主义模式。理性主义模式将语言视为民主参与和解放的中立媒介，超越地域差异和社会差异，而浪漫主义模式则强调语言和文化的认同，从而将语言视为一种地方性的手段，即民族、自我表达和自我认同。例如，早期中国历史上文言文和白话文之争就是一种浪漫主义和理性主义两大模式之争。白话文本性更加开放，对民间用语（如俚语、行话、黑话）等过去非传统表达更加包容，对外来语持接受态度，如接受了大量的外来语（西洋传教士翻译的一些用语）。例如，1919年1月15日，新文化运动期间，陈独秀在《新青年》杂志上发表文章《<新青年>罪案之答辩书》说道：

> 西洋人因为拥护德、赛两先生，闹了多少事，流了多少血，德、赛两先生才渐渐从黑暗中把他们救出，引到光明世界。

"德先生""赛先生"分别来自英语的democracy和science，后经日本转贩翻译为民主、科学，后进入白话文，并固定下来，成为现代汉语的标准表达。

（2）基于规则的语言概念与基于使用的语言概念

基于规则的方法假定语言用户的使用基于某种程度上抽象的、绝对的、概括的语言规则，他们的主要目的是解释绝对和无例外的规则关系，大多数社会语言学著作采用基于规则的语言解释。而基于使用的模型或基于范例的语言研究理论（即认知主义范例理论）认为，人类语言的产生和理解是通过具体的语言经验而不是抽象的语言规则来运作的。认知社会语言学持有基于语言使用的语言观，但强调在语言使用的基础上，会在特定社群中呈现某种倾向性语言趋势，即构成一定社会规则。例如，美国英语中大部分人使用fall指称秋天，而英国现代英语则用autumn指称秋天，但不能绝对就说全体美国人都用fall，全体英国人都用autumn。

（3）变体意义和意义变体

我们需要区分变体意义（meaning of variation）和意义变体（variation of meaning）。变体意义是指在特定社会语境中，说话人基于自己的身份、角色、立场等要素，为了实现自己的交际目的和达致有效语言交际，进行特定的语码转换，采用一定的语言变体（包括语音、形式、词汇和语法结构等）形式，赋予变体特定的情景意义。语言变体的前提条件是用两种或两种以上方式说同一事体。例如，Labov（1963）认为fourth，first，floor等词汇中的/r/音，额外附加了说话人所属阶级的概念和意义。

意义变体是指交际者在特定语境中，为了完成自身交际目的和达到交际效果，对特定概念/意义进行调整。常见的情况是一个表达的典型意义在特定语境中被弱化，而特定的边缘意义被突显，甚至会让原有的典型意义发生变化，成为边缘意义，而原来的特定边缘意义成为新的典型意义，也就是说典型意义也在发展变化之中。例如"我昨天买了一辆车"，在20世纪80年代的中国，这个车的典型意义可能指称自行车，而现在的典型意义指称小轿车，"车"的典型意义随着时代和社会的进步发生了改变，也就是语符表达的意义/概念发生了微调或者变化。

传统的社会语言学关注语言变体，例如音位、句法和话语变体，但忽视了语义变体。认知社会语言学认为特定的社会语境会促使语言交际者对表达形式作出改变，从而引起语言变体，它重点关注语境和语言内部因素如何共同影响语言交际，因此变体意义和意义变体都是其关注重点。

（4）范畴化和典型性

在社会语言学中，对人的范畴归类（性别、年龄、身份、职业、民族等）、人际关系和社会活动构成了所谓的"社会结构"，即社会群体、社会网络和社会情景。社会语言学认为社会结构变异引发语言结构变异，其主要任务是将语言的变异与社会结构的变异联系起来，即一个人对语言的选择和使用是由人们对周围社会群体和网络的认知决定的。通常来说，人们所感知的社会类别是典型成员，但认知社会语言学主张我们应该关注典型和非典型成员，因为交际发生的社会语境千差万别，参差不齐。例如，人类大概有6000种左右的语言[①]，在这个6000种语言中使用了大概100个左右音位，英语使用了45个音位。不可否认，不同语言之间存在大量的语音共性。例如，清软腭塞音[k]是一种常见的辅音，在大部分语言中普遍存在原位[k]音。但是，由于不同的语言系统中[k]音具有差异性，如表15.2所示。

表15.2 音位[k]成员

音标	种类	音标	种类	音标	种类
k	原位k	k^h	送气k	k^j	腭音k
k^w	圆唇k	$\overline{k}$	唯闭k	k	浊音k
k'	挤喉k				

如果离开具体语境，很难确定哪一个[k]音是典型音，因此需要我们关注一个范畴的所有成员，而非只是关注典型成员。再看一组例子，一般认为[t]音的典型音位变体是[送气t^h]和[t]音，声门闭锁音[t]是其非典型成员，例如city读作[sidi]，但Kristiansen（2003）认为音位变体的非典型成员很有可能成为社会标记（social marker）。例如，伦敦腔英语（Cockney English）就广泛使用声门闭锁音[t]，我们可以通过声门闭锁音[t]确定或者大致猜测说话人的地域信息。概而言之，典型成员和非典型成员都是认知社会语言学关注的范畴，并且往往是非典型成员成为社会认知的认知参照点。比如，在我国有些人普通话非常标准，有些人的普通话往往带有口音，我们根据前者的讲话很难确定其地域等身份信息，但我们根据后者的口音很容易确定其出生、生活地域等身份

---

① 美国宾夕法尼亚州斯沃斯摩尔学院的学者K. David Harrison认为，目前世界上大概有6000种语言。2007年2月17日，在美国旧金山举行的美国科学促进会年会上，K. David Harrison提供的一份报告显示，目前世界上3586种稀有语言的使用总人数只占全世界人口的0.2%，而83种比较普遍的语言的使用者却占到了总人口的79.4%，世界上超过40%的语言都濒临消亡。（http://news.xinhuanet.com/world/2007-02/19/content_5755037.htm）2022-4-30检索

信息。

（5）社会识解观

Langacker的识解观是认知语言学重要理论之一，它是指说话人的一种认知策略，即在描述或概念化某一特定事件时，用不同的方式表达同一事物，它有五个维度：背景（background）、视角（perspective）、认知域（cognitive domain）、详略度（specificity）、突显（prominence），它关注的是与语言内部变异或语言选择密切相关的语言使用问题。而认知社会语言学认为，识解并不仅仅是被理解为说话人产生的内在心理过程，我们必须从言语交际的角度（包括说话人和听话人）来考察识解，因为语言交际是一种社会交往行为。换句话说，语言不仅仅要作为一种心智现象来研究，而且要作为一种社会互动现象来研究。这样一来，认知社会语言学主张的社会识解观既是对识解观的运用，也是对识解观的发展。例如，英国人将地铁识解为underground（地下跑的交通工具），而美国人往往将地铁识解为subway（道路之下跑的交通工具），并且已经成为英式英语和美式英语的区别之一。例如：

（4）原文：I always traveled by *underground* in London.

译文：我在伦敦时总是乘地铁。

（5）原文：Trains on Chicago's *subway* system also had to be rerouted because of the storms.

译文：因为暴风雨，芝加哥地铁系统的列车也被迫改道行驶。

（6）语言、文化和意识形态之间的相互作用

认知社会语言学横跨社会学、语言学、哲学、社会心理学、人类学、政治学、文化研究等学科，可以说既有学科理论的坚持，又有开放包容的研究理念，可谓兼收并蓄，博大而厚重。认知社会语言学的研究尤为与文化和意识形态相关。

文化，从广义来说，指人类社会历史实践过程中所创造的物质财富和精神财富的总和。从狭义来说，指社会的意识形态，以及与之相适应的制度和组织机构。文化是一种历史现象，每一个社会都有与其相适应的文化，并随着社会物质生产的发展而发展。作为意识形态的文化，是一定社会政治和经济的反映，又作用于一定社会的政治和经济并给予巨大影响。随着民族的产生和发展，文化具有民族性。因此，可以说文化从本质上说具有社会性，文化通过语言等形式塑造和传承，反过来文化又作用于语言，特别是特定的文化规范对语言表征有某种惯例式的制约作用。另外，人们通常采用认知模型的形式（也称为"民间模型"或"文化认知模型"）组织和表征文化知识，这些认知模型是社群成员基于体验，对反复出现的事例抽象提炼的结果，认知模型一旦形成又会对社群成员的行为进行约束（包括言语行为）。例如，人们的日常问候语因民族不同而不同，因交际情景不同也可能存在差异。中国人喜欢用"吃饭了吗？""上哪儿去？"等表达进行问候，英语世界喜欢用good morning，hi，hello等表达，这些表达都具有文化制约性和适应性，而无好坏之分。

意识形态，又称作"社会意识形态"或"观念形态"，指社会意识的各种形式，包括政治思想、法律思想、哲学、道德、艺术、宗教等形式，它们之间又互相影响和作用。其中政治和法律思想对其他意识形态起重要影响作用，而哲学对其他各种意识形态起指导作用；意识形态是社会存在的反映，它由社会的经济基础所决定；各种社会意识形态对社会存在起着促进或阻碍作用；社会意识形态具有相对独立性。意识形态对语言也会产生重要制约或者规范作用，比如自20世纪80年代在美国兴起的语言政治运动，力主在语言上要减少对弱势群体的歧视，平等对待他们。例如，对于残疾人的指称不再使用cripple和handicapped，而是用physically disabled，甚至新近又开始用differently abled指称残疾人。

概而言之，认知社会语言学不仅处理语言结构（语音、语法、词汇、话语），还包含更多应用领域的语言调查，如语言和意识形态、语言政策辩论、应用文化语言学和世界英语等主题（参见Pütz *et al.* 2014：1-2）。

（7）语言接触理论

Thomason 2001年出版的《语言接触导论》（*Language Contact: An Introduction*）调查了语言接触的社会、政治和语言后果，集中研究语言本身在语言接触之后会发生什么：有时什么都不会发生，有时新的词汇会加入这种语言，有时新的发音或者句子结构会在一个很大的地理范围内蔓延，同时一些语言还会消失或者死亡。语言接触理论还与多语现象、皮钦语与克里奥尔语、语言干扰的机制等有关,可以探究语言接触引发的语言演变的起源与结果。

认知社会语言学从一开始就践行人在社会认知中发挥的主导作用,强调人的主体性,大至每个种族、每个国家、每个群体,小至每个个体的语言都是合理的研究对象,这样就远离了结构主义和转换生成语言学所主张的那样,只研究理想说话人的语言。这也符合语言研究对象的现实,以英语为例,Moag(1982)通过对世界上英语使用情况的调查后发现,英语已经"遍布全球",他从26个维度出发,以104个特征为指标,将英语的使用国分为四类:

(1)将英语作为母语(English as a Native Language);
(2)将英语作为外语(English as a Foreign Language);
(3)将英语作为二语(English as a Second Language);
(4)将英语作为基础语(English as a Basal Language)。

目前的状况是,英语在经历一个全球化的过程,以英语为母语的人数已经远不及其他三类人,目前的英语不再是单一国家的语言,而是已走向了世界各个角落。这种全球化的过程必定为英语打上区域的文化、社会特征,那么认知社会语言学研究的一项重要历史任务就是研究各种英语变体(Englishes),而不再只是研究英国或美国所谓的"纯正英语"。根据Morgan编写的《牛津英国史》(*The Oxford History of Britain*)和Fennell的《英语史》(*A History of English*)的观点,英语事实上就没有纯正过,英语从一开始在其发展中就受到了包括外部和内部社会历史事件的直接影响,从其他语言或者社会变迁中吸收了大量养分,才发展至今天之形态,如表15.3所示:

表15.3 英语发展阶段及其受到社会历史事件的影响

序号	历史阶段	社会历史事件	主要影响	例示
1	古英语: 5世纪到 11世纪	盎格鲁、撒克逊、朱特人占据英格兰	奠定了英语的基础	pig, dog
		597年基督教在英国取得合法地位	大量基督教词汇进入英语	disciple, priest

续表

序号	历史阶段	社会历史事件	主要影响	例示
2	中古英语：11世纪到16世纪	1066年诺曼征服	大量法语词汇进入英语	judge, parliament
3	现代英语：16世纪至今	文艺复兴	大量古希腊语和拉丁语进入英语	drama, education
		工业革命	借用和新造了大量的工业类词汇	nickel, ampere
		殖民扩张	借用了许多其他语言中的词汇	kangaroo, tycoon
		科学技术的巨大进步	英语中出现了大量的科技词汇	sputnik, computer
		社会生活的变迁	社会生活方面的词汇大量涌现	supermarket, feminism

概而言之，认知社会语言学认为语言接触促进了语言变异，从传统意义上的皮钦语和克里奥尔语研究，到研究语言间的交融和发展问题，例如英语的世界化问题。

（8）语言构建社会身份理论

Langlotz基于认知社会语言学基本观点和研究理念，认为语言不仅反映社会现实，而且还塑造社会现实，他进而提出语言创造社会方向理论，有五大基本观点/假设（参见Langlotz 2015：122）。

① 概念化和范畴化是体验的，心智表征基于人们在特定情境中对特定交际任务的体验。

② 心理表征及其过程是面向目标的。概念化的功能是适应特定语境中的目的性行为，对说话人的认知表征过程是通过对话互动共同解决问题的过程。

③ 心理表征是动态构建的。为了适应具体的动态语境，说话人不能依赖

预先确定的计划或自主计算的问题解决方案，而应根据具体语境调整心理表征视角和过程。

④ 认知过程是具体工具支持的。认知过程受到具体的物理工具支持，当然最基本和最有效的物理工具是语言。

⑤ 认知过程是社会分布的。基于具体情境的认知化是一个社会分布的认知系统，虽然对话的参与者是个体的认知过程和表征，但互动双方的认知状态必须协调，问题解决过程是社会性的。

例如，在我国传统文化中，由于女性长期处于社会底层，人们对配偶女方的称呼由于身份或者场景不同所用词语也不同，反过来这些表达也建构了中国传统文化女性的社会身份：

⑥ 小君、细君：最早是称诸侯的妻子，后来作为妻子的通称。

⑦ 皇后、妃子：皇帝的妻子。

⑧ 梓童：皇帝对皇后的称呼。

⑨ 夫人：古代诸侯的老婆称夫人，到现在多用于社交场合。

⑩ 荆妻、荆人、荆室、荆妇、拙荆、山荆、贱荆：对人谦称自己的老婆。

⑪ 内人：过去对他人称自己的老婆。书面语也做内人、内助。

⑫ 娘子：古人对自己妻子的通称。

⑬ 太太：旧时官吏、有权势或富人称老婆为"太太"。

⑭ 糟糠：形容贫穷时共患难的妻子。

⑮ 妻子、妻、爱妻、贤妻：指的是妻子。

⑯ 老伴儿：指年老夫妻的一方。

⑰ 娘儿们、婆娘、婆姨：有些地方对妻子的称呼。

⑱ 堂客：江南一些地方对妻子的俗称。

⑲ 媳妇儿：在北方农村普遍叫妻子作媳妇儿。

⑳ 老婆：北方城乡的俗称，多用于口头语言。

㉑ 右客：湖北鄂西山区对妻子的一种称呼。

在语言交际中，说话人在特定的社会语境中选择使用特定的妻子称谓也是在建构自己和妻子的社会身份，如⑥—⑨建构的是一种高贵的等级社会身份，⑩—⑭建构的是一个自我非常有文化的学究身份，⑮—㉑就是比较大众和平民化的称谓，建构了一种平等的社会身份。

（9）语言及语言政策的认知文化模式理论

认知社会语言学重视语言及语言政策的认知文化模式研究。这些研究以认知文化模式为落脚点和着眼点，以各国的语言政策或语言变体为研究对象。张辉和周红英（2010）认为，随着认知语言学对社会因素的重视，关注由不同的社会语境、交际者、社会群体导致的隐喻变异成为认知语言学研究的必然趋势。语言、认知和文化的关系决定隐喻话语理解的关键因素不仅仅是隐喻本身，还有隐喻幕后的社会、文化认知模式。因此，结合语言类型学，分析不同语言特征，解析不同语言使用者的文化认知模式是认知社会语言学发展的另外一大趋势。

学界在这一方面已经有了一些尝试，Sharifian（2008）认为人类最基本的行为、思想和情感可以通过超越个体认知的、社会和文化层级的概念化识解。文化概念化反映在语言的词汇、句法和语用等特征上。Wolf和Polzenhagen于2009年合著的《世界英语变体的认知社会语言学研究》（*World Englishes: A Cognitive Sociolinguistic Approach*）通过考察第二语言变体的研究，关注文化概念化，验证了语言的文化适应性。

在全球化语境下，特别是在多语言聚居区，基于特定认知文化的语言政策研究值得持续关注。例如，新加坡有四种官方语言：英语、马来语、汉语和泰米尔语，新加坡政府力图保持这四种语言的平衡对其自身的稳定和发展至关重要。

（10）社会政治和经济体制的意识形态研究

语言与意识形态之间存在着紧密的联系，意识形态贯穿整个符号学领域或全部表义系统："意识形态领域与符号领域相重合，凡是有符号的地方就有意识形态存在。"[①]认知社会语言学采用认知科学研究与心理语言学实验相结

[①] 来源于巴赫金《马克思主义与语言哲学》。

合的研究方法进行研究，这种研究方法充分发挥两种研究方法的优势：以语料库的定量分析确定相关变量，再通过心理学实验方法有针对性地考察各变量对在线加工的影响。这也是认知社会语言学研究的新领地。例如，Polzenhagen 和 Dirven 结合当今全球化进程对语言自身及语言环境的影响，从元理论视角出发，运用话语分析的方法，探讨了理性主义和浪漫主义及其政治—哲学立场和概念化，特别是英语中特定的隐喻和转喻概念化问题，并分析了这两种认知文化模式中隐含的意识形态问题（Kristiansen et al. 2008）。

Morgan（2007）通过研究美国英语的主流公共话语，如商业、政治和战争的隐喻话语，考察有关社会体制的隐喻中的始发域和目标域的关系。他发现，一个认知域既存在常规的识解方式，又可通过一个以上的隐喻家族来识解。例如，商业机构之间的关系看似竞争的，从内部结构看又是合作的；政治在选举场合是竞争的，在为取得共同目标而结成联盟时又是合作的（张辉、周红英 2010）。Morgan 认为，多个隐喻家族的多重识解创造出新的认知框架，并使其有常规化的可能，进而改变人的思想和行为，促成社会风气和社会体制的变革（Kristiansen & Dirven 2008）。另外，Janicki（2006）从基于典型理论的词义观或词义辐射网络理论，通过讨论政治事件的争论或冲突，分析政治领域中的意识形态，进而针对性地解决政治问题。他分析了发生在美国的三起政治事件（克林顿性丑闻事件、佛罗里达州选举事件和关于干细胞研究的争论）的新闻报道语料，发现在语言层面上，政治事件中的冲突主要是由冲突双方对某一核心概念的定义问题产生分歧引起的，冲突的双方就核心概念的定义各持己见，并都相信词的正确定义的唯一性。Janicki 认为，词的定义并不能阐释词代表的事物的本质，理解政治话语应该把典型理论的词义观和政治问题结合起来，合理评判社会现象，进而解决政治问题。

例如，自 2020 年初新冠肺炎爆发以来，社会经济政治生活中污名化问题成为一大社会问题，如何保证社会公平正义，不歧视特定对象成为认知社会语言学关注问题之一。在人类历史上就曾经存在歧视性的病毒命名方式，有悖于社会正义：

① 日本血吸虫（Schistosoma japonicum Katsurada, 1904）

② 西班牙大流感（Spanish flu，1918-1920）

③ 莱姆病（Lyme Disease，1975）

④ 中东呼吸综合征（MERS，2012）

⑤ 马尔堡出血热（Marburg Haemorrhagic Fever，2014）

2015年5月，世界卫生组织（World Health Organization）在致力于减少疾病对人类伤害的同时，特地颁布了《人类新型传染病命名指南》（*Best Practices for Naming New Human Infectious Diseases*），建议疾病命名时不要使用地名、文化、族群、人名、职业、动植物、食物、产业，也不宜用可能引发不必要恐慌的词汇，如"不明""致死性""传染性"等，建议使用更加中立的描述性词汇，如症状、影响到的人体系统、严重性或病原体等为疾病命名。因此，这些曾经的污名化的疾病命名充斥着一种带有偏见的意识形态，也是认知社会语言学研究的范围。

15.4 认知社会语言学的研究方法

语言具有社会性，而社会性是复杂的，那么研究语言不能再依靠单一的方法。后现代学者Feyeraband在方法论上为认知社会语言学提供了支撑，他认为多元主义方法论允许采用一切方法，容纳一切思想，反对传统方法论原则的唯一性、普遍性，反对传统方法论对其他方法的排斥和打击。因此，认知社会语言学在研究方法论上汲取后现代多元方法论，提倡"既继承，又创新"的理念，既运用传统的田野调查①、问卷调查等渠道收集原始资料，又提倡语料收集的多元化，比如网络媒体的信息，语料库（如中国国家语委语料库、北京大学语言研究中心语料库、英国国家语料库BNC、美国当代英语语料库COCA、美国英语历史语料库COHA等），也使用各类搜索引擎提供的语料，以及社会生活中的广告乃至于一些小广告所提供的语料。总之，它力主的语料

---

① 认知社会语言学的田野调查已不是传统意义上的田野调查，更多依赖互联网，但基本理念应该是一致的：尊重每一个语言个体的语言。这也是研究方法和理念也发生了重大改变。

收集方式理念是"存在的就是合理的"，践行尊重并将每个社会个体的言语行为都纳入研究范域之内。当然，对语料的具体处理方法，应该坚持两个基本理念：

（1）强调自上而下（即基于理论）和自下而上（即基于用法）相结合的研究方法。在研究中既要有演绎又要有归纳，一方面在相关理论指导下，从语言现象入手构建认知社会语言学研究视角和框架，以解释相关语言现象的认知动因和形成机制，或者解释它的理解机制。也就是说，在认知社会语言学框架下，既要为语言的生产和使用提供认知解释，也要为特定的语言表达的理解提供解释；另一方面通过分析和解释相关语料，以验证该理论的有效性和解释力。

（2）践行定量和定性相结合的研究理念。研究者可以通过现有的国内外大型语料库获取数据，也可以通过就某个专题自建语料库获取数据（包括田野调查和网络调查的形式），然后对获取的语料进行定量分析，并以此数据为支撑，进行定性分析，这样有助于推动人们对语言社会性和认知性的理性认知。

15.5 小结

认知社会语言学致力于研究语言的使用问题，强调语言使用的环境和主体之间的互动问题，有机整合了认知语言学和社会语言学研究成果和思路，既秉承了认知语言学的基本框架，又融合了社会语言学的基本视角和研究方法，强调从语言的社会性（外部）和认知性（内部）两个维度展开研究，使语言研究更加全面和深入，这为语言学研究开辟出了一片新天地。具体而言，认知社会语言学自诞生以来，就提倡将所谓的语言"外部"要素（包含文化准则、社会规范、社会情境）对语言运用的影响纳入语言研究的中心，力主关注社会差别要素对语言的影响，如社团、族群、地域、宗教、地位、性别、教育程度、年龄等要素。总之，认知社会语言学作为一门新兴学科，还处于成长期，其理论架构将会得到不断完善，这一过程也是履行其认知承诺和社会承诺的过程，其研究必将推动人们从认知角度审视语言的社会性，为人们理性认知语言提供一种新路径。

思考题

1. 认知社会语言学所秉持的两大承诺是什么？请用例子进行说明。
2. 社会语言学和认知社会语言学的异同是什么？
3. 社会视角和认知视角如何在一个总体的语言模型中结合在一起？语言使用的各种社会、认知和文化方面的相互作用是什么？
4. 基于使用的语言变异在多大程度上是由社会结构决定的?这种语言内部变异如何体现在个体语言使用者的（内隐或外显）知识中？
5. 意义的分类和变异是如何在个体、群体、文化和社会系统边界的层面上显现出来的？
6. 在语言共同体中，语言变异如何与文化模式相互作用？
7. 语言的变异是源于文化模式，还是仅仅反映了文化模式，或者恰恰相反，决定了文化模式？文化特有的变异模式有哪些特征？

推荐阅读书目

Geeraerts, G. & H. Cuyckens. 2007. *The Oxford Handbook of Cognitive Linguistics*. Oxford: Oxford University Press.

Kristiansen, G., R. Dirven & J. R. Taylor. 2008. *Cognitive Sociolinguistics: Language Variation, Cultural Models, Social Systems*. Berlin & New York: Mouton de Gruyter.

Labov, W. 1972. *Sociolinguistic Patterns*. Philadelphia: University of Pennsylvania Press.

Langlotz, A. 2015. *Creating Social Orientation through Language*. Amsterdam: John Benjamins.

Pütz, M. *et al.* 2014. *Cognitive Sociolinguistics: Social and Cultural Variation in Cognition and Language Use*. Amsterdam: John Benjamins.

Wardhaugh, R. 2000[1998]. *An Introduction to Sociolinguistics*. Beijing: Foreign Language Teaching and Research Press.

第十六章 认知翻译学

16.1 引言

翻译既是一种跨语言活动,更是一种复杂的认知活动。简单来说,对翻译过程和译者行为的认知问题开展研究,就是认知翻译学。认知翻译学是伴随着认知科学的发展而逐渐兴起的一种新的翻译研究范式(文旭 2018),其学科体系、理论思想和研究方法不断走向成熟,是最近二十年翻译学体系中发展最为快速的一个分支学科。

16.2 认知翻译学的基本含义

认知翻译学有两个源头。一是 Holmes(1972/2000)所界定的翻译学体系中的翻译过程研究。根据 Holmes(1972/2000)的定义,翻译学主要包括纯翻译研究和应用翻译研究,纯翻译研究包括理论翻译研究和描述翻译研究。描述翻译研究下有三大分支:基于译作、过程和功能的研究(如图16.1所示)。

其中,翻译过程研究主要研究翻译过程和行为,即译者翻译时大脑"黑匣子"里的活动,基本取向是以心理学的理论和方法研究译者的心智活动(Holmes 1972/2000:177),这可以看作认知翻译学的雏形。不过,经过几十年的发展，现在的认知翻译学已经发展成为包括翻译过程研究在内的一个庞大体系。

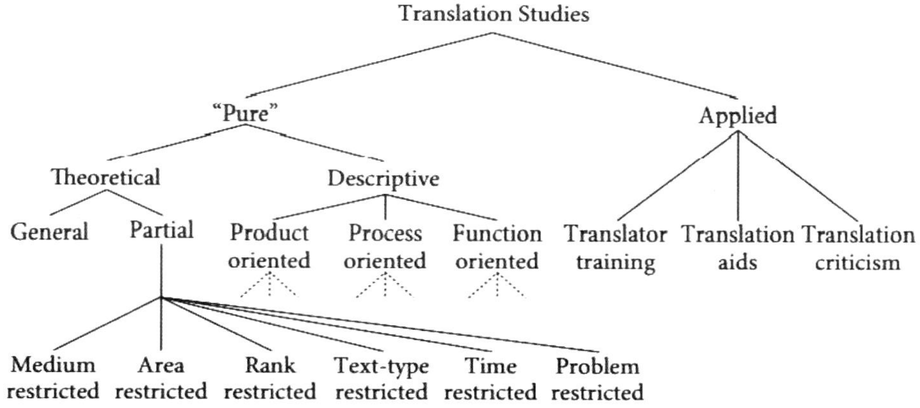

![Holmes翻译学图谱]

图16.1　Holmes的翻译学图谱（Toury 2012: 4）

认知翻译学的另一个源头是译者研究。Chesterman（2009）认为，Holmes（1972/2000）规划的翻译学体系偏重文本研究，缺少了对译者的关注，因此有必要开展译者研究（translator studies）。译者研究包含三个分支：译者的文化研究、认知研究和社会学研究（如图16.2所示）。其中，译者认知研究便是认知翻译学的另外一个起源。Chesterman（2009）提出，译者认知研究的主要对象包括：译者的心智过程、翻译决策、情感、态度、人格等，这些都成为当前认知翻译学研究的重要研究话题。

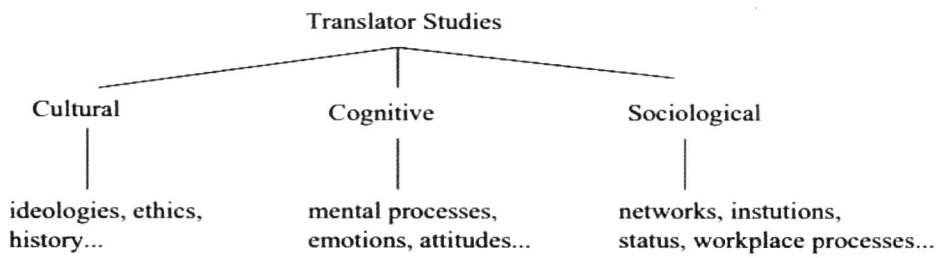

图16.2　译者研究三大分支（Chesterman 2009:19）

Halverson（2010）以Cognitive Translation Studies来指"以语言学、心理语言学、双语理论（bilingualism）、心理学、认知科学和二语习得理论为基础的翻译现象研究"（Halverson 2010：369），并在一系列论文中用这个名称来指

"认知翻译学"（如Halverson 2015，2017等）。Halverson（2010，2017）主张用Cognitive Translation Studies作为认知翻译学这个研究领域的名称，下面涵盖具有不同理论主张和研究方法的分支。更重要的是，Muñoz（2010）以第二代认知科学的认知观为基础提出Cognitive Translatology（认知翻译论）的理论框架，并提出了认知翻译论的基本主张，包括：（1）对作为复杂交际活动的翻译做出符合实际的解释；（2）对口译和笔译都要开展认知研究；（3）研究方法主要以科学、实证研究为主；（4）遵循最新的认知科学观；（5）定位于功能主义研究；（6）主张译者翻译的是阐释而非文本或话语；（7）认为翻译乃人际活动；（8）将翻译看作一种创造性模拟；（9）翻译能力是认知能力自然发展的结果；（10）应聚焦译者与环境的互动。

总的来说，认知翻译学是一门飞速发展的新兴学科，是以认知科学理论和方法，对翻译现象、译作、翻译活动的认知机制和译者行为及其心智活动开展研究的一个翻译学分支学科（肖开容 2021）。

16.3 认知翻译学的发展历史

自20世纪中期起，随着认知科学的兴起，人们开始关注翻译中的认知问题，陆续采用心理学等学科的理论和方法开展口笔译认知研究（Alves & Hurtado Albir 2017；Muñoz 2017）。

20世纪60—80年代是认知翻译研究的初始时期。这一时期比较突出的是口译的认知研究，其中包括法国释意派所提出的释意理论（Seleskovitch 1968/1978）。释意派学者基于对口译活动的观察，将翻译划分为理解、脱离语言外壳（deverbalization）和再表达三个阶段，并提出了意义单位、记忆的作用、语言知识与非语言的参与等重要理论概念，这些概念成为后来认知翻译研究的主要研究对象。1972年，Holmes在其论文"The Name and Nature of Translation Studies"中将描述翻译研究划分为译作、过程和功能导向三个研究分支（Holmes 1972/2000: 177），确立了过程研究在翻译学中的核心地位。Holmes也指出，虽然翻译过程一直受到翻译学者的关注，但由于受当时实验条件的限制，这一领域一直未能获得系统研究。后来，随着邻近学科，尤其是心理学等认知科学的发展，出现了开展认知研究的实验条件和研究方法，翻译过程研究逐渐成为一个重要研究领域。20世纪80年代，陆续有研究者开始采用有声思维法（Think-Aloud Protocols，TAPs）开展口译和笔译的过程研究（如Krings 1986等）。

20世纪90年代，认知翻译学逐渐进入快速发展时期。20世纪90年代前半期主要以理论探索为主。许多学者以语言学、心理学、社会学等学科理论为基础，构建了有关翻译过程的多个理论模式，如Bell（1991）的信息加工模式、Gutt（1991）的关联理论模式、Kiraly（1995）的社会—认知模式、Gile（1995）的认知努力模式以及Wilss（1996）的翻译决策模式等，对翻译认知过程提出了不同的理论构想（Hurtado Albir & Alves 2009；肖开容、文旭 2012）。这些理论模式虽然采用了不同的术语和理论框架，但其核心思想是将翻译看做一种特殊的信息加工过程。从20世纪90年代后半期开始，随着技术的进步，一系列心理学、神经科学的实证研究方法被引入翻译研究。这些研究方法的演进大体经历了三个阶段。第一个阶段是击键记录、视频记录开始被引入，用于研究翻译过程中的停顿、修改活动。随着研究的深入，研究者逐渐发现单一研究方法的不足，于是出现同一个研究设计中采用多种研究方法进行相互应证的多元互证法（triangulation），如将问卷与访谈、过程记录和语料库方法相结合。第二个阶段是眼动追踪法（eye-tracking）的引入。21世纪初，研究者们引入了一种新的研究方法——眼动追踪法，即采用眼动仪捕捉译者翻译时的视点和视线移动，以反映译者的心智活动。眼动仪的使用极大地加速了认知翻译学研究的发展，一系列更有生气的研究设计陆续展开，研究话题进一步拓展，"认知努力、专长、翻译能力"等成为研究焦点。第三个阶段是跨学科研究不断深化。认知翻译学从一开始就具有跨学科性，从心理学、语言学、社会学等借鉴和吸纳理论思想和研究方法。2010年，Shreve和Angelone合编的论文集《翻译与认知》（*Translation and Cognition*）突出体现了认知翻译学研究的跨学科性，为该论文集撰文的22位学者中，有7位来自心理学、神经科学、认知语言学和计算语言学等邻近学科。论文集第三部分专门聚焦"翻译过程研究与认知科学的结合",探讨从认知科学出发的认知翻译研究。Alves和Hurtado Albir（2017：544）认为，自2010年以来，认知翻译学最突出的特点就是跨学科研究的深化、研究工具的融合和应用研究的进一步发展。在认知心理学、认知语言学、计算语言学、计算机科学、人工智能等学科影响和推动之下，认知翻译学研究领域不断扩大，研究群体不断增加，研究话题不断拓展，成为翻译研究的一种新范式。

16.4 认知翻译学理论

翻译的认知理论主要是以认知心理学和认知语言学等学科的理论为基础构建的有关译者心智或翻译行为特征的理论。自20世纪90年代以来，有关翻译认知的理论有很多，主要可以归纳为基于第一代认知科学和第二代认知科学的理论思想。第一代认知科学产生于20世纪50—70年代，是基于计算表征为核心思想的认知范式，认为认知即抽象表征上的计算过程，而且该计算过程仅仅发生在大脑之中。受第一代认知科学的影响，研究者们提出了一系列基于表征和信息加工理论的翻译认知理论，包括释意论、关联理论等。20世纪80年代，认知科学领域逐渐出现了一些新的认知观念，形成了第二代认知科学范式。第二代认知科学是以情景认知为基础的"超脑认知"，认为认知不仅由大脑过程实现，而且与我们的身体经验、情景有关，大脑之外的一些状态、过程或结构也可以形成认知的一部分。基于第二代认知科学观，有研究者提出翻译的认知研究应该关注译者翻译中的情景与社会互动，Muñoz（2010，2016，2017）将这一系列研究统称为认知翻译论。

16.4.1 基于第一代认知科学观的认知翻译学理论

16.4.1.1 释意论

20世纪60年代，法国学者Seleskovitch（1968/1978）基于口译实践，提出了翻译的阐释理论（interpretive theory of translation，即ITT），简称释意论。释意论认为，翻译是一个意义的理解和再表达过程，包括理解、脱离语言外壳（deverbalization）和再表达（re-expression）三个阶段。理解旨在获取意义，需要语言知识和其他认知输入（百科知识和语境知识）的综合作用，同时记忆也发挥重要作用。理解的产物便是意义，即非语言的综合体，在理解和再表达之间，存在一个中间环节——脱离语言外壳。脱离语言外壳体这一概念将语言意义和非语言意义区分开来，认为译者所要传达不是语言符号的意义，而是话语所表达的非语言的意义。塞莱斯科维奇认为，翻译转换过程中有一个"脱离语言形式即意义形成的过程"，那么这个意义脱离源语言形式之后的载体是什么呢？在翻译实践中，我们会看到口译员经常用数学符号、图形、数字等作为提示符号做载体，帮助译员回忆长时记忆中储存的意义，如下面这句话：

（1）我们成功地避免了经济的大起大落，避免了物价的过度上涨。

当口译员听到这句话，立即在大脑里进行认知加工，然后以多种符号记下笔记，以作为后面再表达（输出译文）时的提示符号，如图16.3所示：

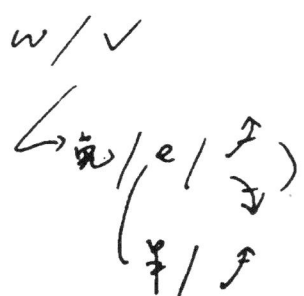

图16.3　口译笔记

其中的W代表我们，"√"表示"成功做到"，向上和向下的箭头表示"大起大落"，字母e作为economy（经济）的替代符号，"¥"表示价格。口译员以这样的符号，将原文理解所获得的意义表征为口译笔记，然后基于这个笔记产出下面的译文：

（2）We have been successful in avoiding major ups and downs in the economy and preventing excessive price hikes.

脱离语言外壳的意义存在形式是非常抽象的概念，也是一种理论上的推论。但是这一思想充分说明了翻译不是一个从一种语言到另外一种语言的直接对应过程，而是以原文激活认知资源获得原文所表达的意义，再以该意义为基础表达为另外一种语言的过程。

16.4.1.2 翻译的关联理论

Gutt（1991）以语用学的关联理论为基础，提出了翻译的关联理论。语言学的关联理论（Sperber & Wilson 1986/1995）认为，人类交际的本质是推理，旨在实现最佳关联。人类认知要么是描写性的，即客观物质和事件与心理表征相似；要么是阐释性的，即心理表征之间的相似度。Gutt认为，翻译是一种阐释性相似。两个语篇，或者更广一点来说，两个显性刺激，彼此具有类似的阐释度，类似的内涵和外延（Gutt 1991: 44）。译者的任务就是将原文最直接传递的东西以最佳关联的形式呈献给目标读者。如：

（3）"Did you say *pig* or *fig*?" said the cat.

"I said '*pig*'," replied Alice.

（4）"你刚才说的是猪还是无花果？"猫说。

"我说的是猪，"爱丽丝答道。（陈复庵 译）

（5）"你刚才说的是'猪'还是'鼠'？"那只猫问道。

"我说的是'猪'，"爱丽丝答道。（戎刬 译）

这一段对话选自小说《爱丽丝漫游奇境记》（*Alice's Adventures in Wonderland*）。在对话中，因为pig与fig发音相似，给小猫造成了困扰，于是小猫就问爱丽丝到底说的是pig还是 fig。信息意图与交际意图相匹配，因为原文具有关联性，读者可以通过推理获得信息与交际的最佳关联。在以上两个译文中，译文（4）按照原文词汇pig和fig的字面意义进行直译，分别翻译为"猪"和"无花果"，但是读者可能会疑惑：猫为什么要问爱丽丝说的是"猪"还是"无花果"？这是因为这两个中文词"猪"和"无花果"语音并不接近，不会造成困扰。于是原文的语境假设在译文中并不存在，无法让读者产生与原文类似的关联推理。而译文（5）则选取了与"猪"发音接近的"鼠"，虽然概念意义被改变，但是"接近的语音使小猫没有听懂"这一关联性在译文中得以再现。

16.4.2 基于第二代认知科学观的认知翻译学理论

基于计算表征、信息加工和脑内认知的第一代认知科学出现了一些困境：一是基于计算表征范式的研究可以得到信息加工的一般规则，但无法对认知主体与环境的互动关系做出解释；二是脑内认知是一种离身认知，认为认知与身体经验无关，决定认知的仅仅是程序，这种理论假设一直面临理论和实践的巨大困难（李建会 2017：132）。从20世纪80年代开始，认知科学领域陆续出现一组新的认知理论，即：具身认知（embodied cognition）、嵌入认知（embedded cognition）、生成认知（enacted cognition）和延展认知（extended cognition），统称4E认知（Rowlands 2010: 3）。美国帝芬大学的卢找律教授认为还应该加上情景认知（situated cognition），构成"4E+S"（李建会 2017：133），还有其他学者（如Clark 1997；Wheeler 2005；Kiverstein 2012）则提出了4EA认知，即在4E基础上增加情感认知（affective cognition）。

不管是哪一种观点，基于情景的4E认知是第二代认知科学的核心。其中，具身认知认为人的认知不仅是大脑内部的活动，我们的身体在认知形成过程中也发挥重要作用；嵌入认知则是指认知主体被嵌入其身体和环境之中，不能与环境分离；生成认知认为认知和心灵是在认知主体与环境的交互中形成的，即认知主体既作用于环境，环境也会作用于认知；延展认知认为认知应延展到人类大脑之外，因为心智会利用环境条件降载（offload）一部分认知活动以减轻心智负担；情景认知认为我们的认知居于特定的情景之中；情感认知认为情感也是认知的一部分，对我们的认知起到调适和推动作用。

基于第二代认知新观点，Muñoz（2010，2016，2017）提出了翻译的4EA理论模型。Muñoz（2017）认为，认知翻译学有两个理论范式，即基于第一代认知科学的"计算翻译论"（Computational Translatology）和基于第二代认知科学理论的"认知翻译论"（Cognitive Translatology）。4EA翻译认知模型还是处在发展中的理论，不过也逐渐出现了几个重要的研究取向，包括基于意义百科知识观的语言认知翻译研究、基于人机互动的翻译人体工程学研究、基于情景认知的翻译社会学研究、翻译中的情感研究等。

16.5 认知翻译学的主要研究领域

从研究焦点来看，认知翻译学有狭义和广义之分。狭义的认知翻译学被等同于翻译过程研究。广义的认知翻译学可以这样来界定：以认知科学的理论和方法，探索口笔译心智过程、译者行为、译者能力及其相关问题的跨学科研究，聚焦译者心智、行为与活动中的认知特点，旨在揭示翻译这一特殊双语活动的本质、内在机制以及外部因素的影响。目前，认知翻译学主要有三大研究领域：语言认知视角的翻译研究、翻译认知过程研究和社会认知视角的译者研究。

16.5.1 翻译过程研究

目前，多数学者在谈到认知翻译学时，多指翻译"过程"研究，这主要源于Holmes（1972/2000）对描述翻译学三大领域的界定：译作、过程和功能研究。翻译过程研究主要是对译者的大脑活动进行认知研究（Lörscher 2005）。该领域的研究者认为，翻译本质上就是一个信息加工过程，因此翻译认知过程研究的对象主要包括翻译过程中的信息加工模式、加工策略、加工单位。除此以外，翻译认知过程研究还涉及翻译能力及其习得、翻译专长、译者认知努力等问题（Albir *et al.* 2015; Göpferich & Jääskeläinen 2009）。

翻译过程研究旨在以实证研究方法，探究译者心智活动的特点、译者能力的基本构成以及译者能力培养，聚焦译者认知和译者能力。译者认知研究包括：翻译认知加工模式、加工策略、加工单位、记忆与认知资源、认知负担、认知努力、选择与决策、问题解决、意识与控制、翻译单位等。译者能力研究包括：译者能力构成、专长、职业与非职业译者比较、口笔译能力比较、译员培训、译员资格认定等。

16.5.2 语言认知翻译研究

翻译研究从关注语言、文本到关注翻译影响和功能以及译者的创造性，再到如今探索译者翻译过程中的心智活动，似乎缺失了另外一个重要方面，即对语言认知的关注，因为翻译毕竟是一项语言活动。根据认知语言学的观点，认知是语言的基础，是语言与现实相连接的"窗口"。正是基于这样的思考，House（2015）呼吁构建"翻译的语言—认知"理论，研究译者在双语心智活动中如何实现对语言和文本的理解、问题的解决和决策的选择。

语言认知翻译研究把翻译看成一种跨语言认知活动，以认知语言学、双语理论、心理语言学等学科理论为基础，探讨语言的认知基础和翻译中的认知转换，其主要目标有二：一是构建认知翻译理论模型，二是对不同文体、不同语言现象的翻译转换做出认知阐释。研究内容包括：翻译的认知原则、翻译中的语言认知机制、原文理解的认知机制、译文生成的认知机制以及翻译中的认知转换（文旭、肖开容 2019）。

语言认知翻译研究以语言背后的认知机制作为切入点，主要关注以下几个问题：原文理解和译文生成中的认知机制、翻译转换过程中的译者认知操作以及译文接受中的认知问题。在原文理解中，译者借助于语言知识（包括语音、语义、形态等）和非语言知识（包括情景记忆与百科知识），在体验认知和源语言语用机制作用之下，形成概念系统，形成翻译转换的前提。译者以翻译为目标的原文理解与普通读者对文本的理解有所不同，译者形成的概念系统，是一个集合了源语言与目标语言的综合概念系统（a joint conceptual system）。这一综合概念系统，实际上就是译者进行认知操作的结果。这种操作可能是从源语言概念系统与目标语言概念系统的直接对应、对目标语言概念系统的顺应或从源语言概念系统的改造或移植。在认知操作基础上，译者将综合概念系统结合目标语言知识和目标语言文化中的非语言知识，在体验认知和目标语言语用机制作用下，生成为目标语言文本。

语言认知翻译研究主要借助认知语言学、心理语言学、双语理论等理论思想开展翻译的认知理论建构，如概念隐喻、概念转喻、范畴化、框架、概念合成等理论。下面以范畴化和框架理论为例介绍语言认知翻译理论的一些思想。

16.5.2.1 范畴化与翻译

针对范畴的经典理论，认知范畴观反对以特征来界定范畴成员，主张范畴边界的模糊性，范畴成员地位的差异性，有的成员更加典型，属于中心成员，有的不那么典型，处于范畴的边缘。同时，范畴还根据抽象程度，具有层次性。

根据认知范畴观，翻译中译者可能根据意义表达和文化认知模式的需要，进行范畴替换、范畴典型转换和范畴层次转换等认知操作。如：

（6）原文：Depends, depends. I know criminals. Chicken livered, most of them.（Agatha Christine, *Three Act Tragedy*）

译文：这都看人的了。我了解罪犯。他们大多数都胆小如鼠。

（思果 译）

在这里，原文用"鸡"来表示某人胆小，但是在汉语中没有这样的联想关系，而是常以鼠来喻指胆小，因此译者用动物范畴的另一个成员"鼠"来代替，进行了范畴成员转换。

范畴典型转换是指不同文化之间类似的范畴存在不同的典型成员，因此翻译时需要根据目标语言文化习惯选择范畴典型成员。如英语的worker和汉语的"工人"所包含的典型就不同。英语worker是指"任何在工作的人"，脑力劳动者和体力劳动者都是典型成员。汉语"工人"的典型成员是"在工厂里上班的人"。所以将汉语"工人"翻译为英语时需要添加特征factory将其细化（汪立荣 2005：28）。另外，"口腔"范畴的成员有"舌头、牙齿"等，其功能特征包括"吃东西""说话"等。在汉语里，对于说话而言，舌头和牙齿都是典型成员。而在英语中，对于说话而言，典型成员为舌头，翻译时需要进行转换，如：

（7）原文：That little girl has a ready *tongue*.

译文：那个小姑娘真是伶牙俐齿。

（8）原文：He has got a really sharp *tongue*.

译文：他那嘴可真是尖酸刻薄。

翻译中也有可能根据两种语言文化之间的差异做出范畴层次转换，如：

（9）原文：The joke you told is as old as *Adam*, but I still think it is funny.

译文：你讲的笑话和人类始祖一样古老，不过我还是认为很有趣。

（10）原文：The dinner cost us five dollars a *head*.

译文：这顿饭花去我们每人5美元。

这里例（9）原文的Adam被转换为上位范畴"人类始祖"，例（10）用上位范畴"人"来翻译下位范畴head。

16.5.2.2 框架与翻译

根据框架语义学理论，人们理解语言时总会激活大脑里与语言表达相关的知识，这种知识以框架的形式存在。也就是说，框架是人类经验在概念层次上的表征，与人类经验中的特定文化场景相关，可由语言激活，是意义理解的背景参照。语言表达对应的可能只是某个具体的框架成分，但是通过该语言表达可以激活整个框架。根据框架理论，翻译过程可以看作框架操作过程（如图16.4所示）。

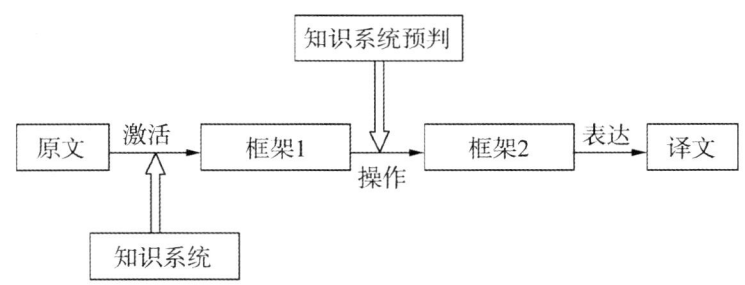

图16.4 翻译的框架操作过程

在这一认知过程中，译者通过阅读原文激活头脑中的知识系统，获得框架1，然后根据对目标读者知识系统的预判，对框架1进行认知操作，形成框架2，再通过对目标语言表达的选择，实现为译文（肖开容 2017）。例如：

（11）原文：不爱红装爱武装。

译文：To *face the powder* and not to *powder the face*.（许渊冲 译）

中国读者阅读原文时，通过"红装"激活"打扮"框架，通过"武装"

激活"战争"框架。"打扮"框架包含"着装""擦粉""佩戴首饰"等元素。"战争"框架包含"着装""配备武器"等元素。在中国文化背景下，红色衣服是漂亮衣服的一种。因此，读者通过"红装"激活"打扮"框架，获得"打扮漂亮"的意义理解，通过"武装"激活"战争"框架，获得"上战场"的意义理解。但英语读者并不具备这样的联想。译者将"打扮"框架的成分"红装"置换为"擦粉"，将"战争"框架的"武装"置换为"配备武器"，同样激活"打扮"和"战争"框架。语言形式的不对等并不妨碍意义的传递，因为原文和译文所激活的框架是对应的，所以原文读者和译文读者可获得类似的意义理解。

16.5.3 社会认知翻译研究

根据前述对广义认知的解释，认知不仅包括人脑信息加工过程，还包括嵌入认知的情景化行为（contextulized action），即社会文化语境中的情景认知。以情景认知为基础的认知翻译研究，便是社会认知翻译研究。

社会认知翻译研究的理论基础为情景认知（situated cognition），Hutchins（1995）称之为扩展认知（extended cognition）。他通过对飞机驾驶系统如何记忆飞行速度的研究，指出"认知是一个动态复杂系统的综合作用"，环境和情景因素在认知中不仅是外围因素，而且是重要组成部分。社会认知是人工制品（artefacts）、工作场所、空间语境以及社会文化环境的动态互动，通过人脑的信息加工和信息技术手段连接起来。社会认知视角的译者研究旨在将译者行为放在更大的社会语境下，关注社会语境和工作场所中的译者行为与活动。研究内容包括：译者工作方式、译者态度、社会评价等。译者工作方式包括：工作条件、组织形式、群体构成、参与角色、群体互动、译者与工具和环境的互动等。译者态度包括：工作态度、翻译动机、翻译观、职业道德、意识形态、价值观等。社会评价包括：评价方式、翻译回报、职业认证、职业发展路径等。随着技术的发展和深入运用，技术条件下的译者工作方式和译者与技术的互动成为越来越重要的研究课题，由此衍生出译后编辑中认知研究、人机耦合中的认知研究、翻译的人体工效学等新话题。

社会认知翻译研究的对象为真实环境下的翻译活动及其认知机制，即在翻译工作环境（如翻译公司、企事业单位翻译部门、自由译者的工作室等）下翻译项目如何被处理和完成。Risku和Windhager（2015）基于行动者网络理论（Actor-network Theory）和活动理论（Activity Theory），考察了翻译实践活动中的译者、其他参与者（如客户、领域专家、译员同事）、现代翻译工具（文本处理软件、网络搜索工具、翻译记忆软件等）之间的互动以及在翻译工作中的作用机制。通过对翻译公司的追踪研究，发现当前的翻译活动呈现以下特点：翻译公司人头数和办公面积不断增长，翻译业务更集中核心业务，引入项目管理体系（包括人员管理和信息化管理），由此总结出翻译活动的专业化、网络化和数字化特点。

这些研究发现引发了人们对翻译的新思考。翻译不再是个体行为，而是以项目组形式集体完成，其中的参与角色不仅仅是个体译员，还包括项目经理、翻译记忆、自由译者、光纤线缆等。也就是说，翻译是不同角色人员与各类型工具，借助于网络共同参与完成的工作。翻译活动也不一定是在同一个时间和空间里完成，而是多线程、远程协作完成。

社会认知翻译研究主要采用人种志（enthography）、参与观察、田野调查（field work）等社会学方法，深入译者工作现场，采用观察、调研、参与、合作等方式，关注翻译活动发生时真实语境下参与者角色的互动以及现代技术工具的使用等问题。该领域的研究目前处于不断发展之中，体现了翻译工作方式的最新趋势。随着翻译活动的日趋技术化、网络化、协作化，注重翻译中人与工具互动的社会认知翻译研究将受到越来越多的重视。

16.6 认知翻译学研究方法

认知翻译学研究得到飞速发展的重要原因是研究方法的更新，翻译研究从文本对比和理论思辨逐渐走向实证研究。早期的认知翻译学研究方法比较单一，主要采用口头报告提取实验数据，其中有声思维法（think-aloud protocols, TAPs）应用最多（Shreve & Angelone 2010：4）。到了20世纪90年代末，研究者们逐渐认识到口头报告法存在诸多不足，逐渐发展出便于提取更为科学、客观、可靠数据的研究方法。根据数据收集的方式和类型，认知翻译学的主要研究方法包括：内省法、击键记录法、眼动追踪法、脑成像和生理测量等。

16.6.1 内省法

内省法是源自心理学的一种研究方法，又称自我观察法，通常要求实验中的被试把自己的心理活动或思维过程报告出来，研究者通过分析报告得出研究发现。内省法分为即时报告与反思报告，即时报告由译者在翻译过程中做出，主要采用口头报告形式。反思报告在翻译任务完成后作出，可采用口头报告或书面报告。内省报告的具体方法包括：有声思维法、对话法（dialogue protocols）、问题与决策综合报告法（integrated problem and decision reporting，IPDR）等。这些方法还常常与屏幕录制、问卷调查（如Youssef 1989）、访谈（如Shih 2006）、翻译日记（如Bergen 2006；Fox 2000）等结合。

有声思维法于20世纪80年代中期由Ericsson和Simon（1984）等学者引入，是早期翻译过程研究的主要方法。对话法于20世纪80年代末引入，用于研究多位译者合作翻译同一文本时的决策过程（如Kussmaul 1995）。一般认为对话法比有声思维法获取的数据更为丰富，因为多位译者的翻译决策过程涉及彼此商讨和辩论，实验环境似乎更为自然，但是译者间的互动是否影响翻译效率、实验语境的生态有效性如何等问题逐渐引起研究者的关注。口头报告的另一个方法是问题与决策综合报告法，要求实验对象记录在完成翻译任务过程中所碰到的问题和解决问题的办法，常用于外语翻译教学和译员培训方面的研究。

16.6.2 击键记录法

击键记录法（keystroke logging）采用特殊的计算机软件记录被试在翻译中敲击键盘、移动鼠标或停顿等信息，揭示译者翻译的具体过程。用于击键记录的软件有很多，认知翻译研究者主要用Translog（Jakobsen & Schou

1999）。该软件专门开发了适用于翻译活动的源语言和目标语言的窗口，因而在认知翻译学研究中被广泛使用。

击键记录可以对整个翻译过程中的击键活动及其发生的时间进行记录，并生成一个文件，分别用不同的符号标记翻译时译者输入的文字、标点符号、上下左右键、做出的停顿、对文本的修改（如删除、复制、黏贴等）等活动。击键记录结果还可在屏幕上按照不同的速度重播文本生成过程。与有声思维法等内省法的主观性判断不同，击键记录能够提供更加直接、客观和精细的翻译过程数据，可用于研究翻译任务完成时长、停顿、翻译单位、修改的数量和类型等问题。

16.6.3 眼动追踪

眼动追踪主要通过眼动仪捕捉眼睛的注视点和视线的运动轨迹来反映人的认知过程，其基本原理是Just和Carpenter（1980）提出的"眼脑假说"（the eye-mind hypothesis）。该假说认为，眼睛的注视点与大脑的认知加工几乎同时进行，因此眼睛所看到的内容正是大脑正在加工的信息。眼动追踪技术主要通过注视点、注视时长、眼跳、追随运动、瞳孔直径变化等指标来揭示人的认知过程。注视点（fixation）反映人的注意焦点，与注视时长结合可以揭示译者对该信息的加工时长和付出的认知负荷大小。眼跳（saccade）是注视点或注视方位的突然改变，反映阅读中的信息搜索和对刺激信息的选择等信息。追随运动（pursuit movement）指眼睛追随物体的运动而移动。瞳孔直径的大小反映认知负荷的大小。

在认知翻译学研究中，眼动追踪法常用于研究翻译中阅读的类型和方式、不同类型翻译中的认知负荷、具体语言现象加工的认知负荷、翻译方向性与认知加工的关系、翻译技术与认知负荷、翻译中的情感因素等话题。击键记录和眼动追踪还常与内省法和语料库方法结合，形成认知翻译研究的多元互证法。

16.6.4 脑成像和生理测量法

前述的内省法、击键记录法和眼动追踪法都只能间接地反映认知主体的大脑活动。近年来，随着神经科学的不断进步，出现了越来越多直接观察大脑活动的方法，统称脑功能成像技术，主要包括：脑电图（electroencephalogram，EEG）、事件相关电位（event-related potentials，ERP）、脑磁图（magnetoencephalography，MEG）、正电子发射断层成像（positron emission computed tomography，PET）、功能性磁共振成像（functional magnetic resonance imaging，FMRI）、功能性近红外光谱技术（functional near-infrared spectroscopy，fNIRS）和近红外脑功能成像（functional near-infrared imaging，fNIRI）等技术。这些技术主要通过获得新陈代谢、血流量、氧消耗、神经元活动等脑组织的生理信息揭示大脑的活动状态（冯涛、张进辅 2006）。认知翻译学主要采用脑功能成像技术研究翻译方向性、口笔译认知负荷的脑区活动及加工机制。

除此以外，皮肤电测试（galvanic skin test）、心率、血压等生理检测方法也逐渐引入认知翻译研究，用来反映译者在翻译中的认知负荷和情绪状态等。不过，由于脑成像和生理测量方法对实验条件要求高，研究设计、实验操作、数据收集和分析都比较复杂，目前在认知翻译学中的应用还不太多，处于不断发展中。

16.7 小结

基于前述对认知翻译学作为交叉学科属性和对认知翻译学主要研究领域的描述，结合学界研究热点和认知翻译学发展需要，未来认知翻译学将呈现学科界定更加清晰、理论模式研究和实证研究并驾齐驱、方法论研究更加突出、研究对象不断扩大、与邻近学科结合更加紧密等趋势。

首先，学科界定更加清晰。早期的认知翻译学主要以翻译过程研究为主，最近十年的语言认知翻译研究和社会认知翻译研究获得较快的发展。目前来看，认知翻译学的学科属性需要做更加明确而清晰的界定。从学科领域来看，认知翻译学将沿着语言认知翻译研究、翻译过程研究、社会认知翻译研究三大主线发展。每一个主线下面将发展出更加细化的分支，形成一个系统的学科领域。未来需要进一步对学科定位、研究领域、研究话题、研究目标等进行界定，特别是要着力解决研究对象如何更集中、研究目标如何既为本领域提供理论和实践指导，也为其他学科提供具有可借鉴和参考价值的研究发现和研究成果。

其次，理论建构和实证研究并驾齐驱。当前认知翻译学研究尚未形成被普遍认可的理论模式和理论假设（参见Shreve & Angelone 2010; O'Brien 2015；肖开容、文旭 2012）。卢卫中、王福祥（2013：613）认为："认知翻译学理论研究的最终目标是构建一个普遍接受或切实可行的翻译过程描写模式，以更合理地解释翻译过程及其相关要素。"应该说，翻译作为一种复杂的认知活动，涉及理解、表达、译者决策等多个认知过程，有关翻译认知的理论建构还不能满足实证研究的需要，因此有必要从不同的角度、针对不同的问题建构多个理论模型，为实证研究提供理论指引。另外，实证研究将成为认知翻译研究的主要形态，研究设计需要进一步细化，研究假设在理论模式指导下需更加有针对性，得出更有价值和普遍意义的研究发现。

同时，方法论研究的重要性更加突出。实证研究为翻译学研究方法的重大突破，使翻译学研究突破了主观推断的局限，得出了一些更加直观、可观测的研究发现。另外，社会认知翻译研究领域引入了一些社会学、人类学的研究方法（如人种志研究、参与观察研究等方法），大大拓展了翻译学的研究方法体系，也因此得出了一些较为新颖的研究发现。不过，学科的发展离不了研究方法的不断完善。认知翻译学研究方法不仅需要不断更新，更有必要开展反思性批判。一方面是研究方法的有效性问题，即这些研究方法是否直观、真实、准确、全面地反应译者认知活动。House（2015）指出，目前实证研究采用的内省和反思报告得出的结论不过是可观察到的译者行为而已，不一定能真实或全面地反映译者的认知活动，因为对于外在行为表现是否直接反映内在神经机制和大脑活动，尚存疑问。另一方面是研究方法对译者翻译活动的干扰性问题。实验条件下的翻译毕竟不同于真实语境下的翻译。环境条件、实验设备和任务设定都使研究对象发生了变化，这样得出的结论自然不能反映翻译的真实面貌。所以，需要对研究方法做出批判性研究并不断完善，同时开拓更多的研究方法，形成针对不同研究话题、更具生态有效性、能更接近真实翻译活动的研究方法体系。

总之，伴随着认知科学的发展，借助技术的进步和研究方法的不断更新，认知翻译学在过去几十年里取得了飞速发展，已成为翻译学体系中的一个重要研究领域。认知翻译学不仅揭示了翻译过程的认知机制，也从双语认知加工的角度促进了人类对大脑这个"黑匣子"的认识。在人工智能时代，翻译模式和人类沟通方式不断演进，认知翻译学将进一步探索跨语言和跨媒介交际活动中的认知问题，为翻译学和认知科学提供更多有意义的研究发现。

思考题

1. 什么是认知翻译学？
2. 认知翻译学主要研究问题有哪些？
3. 认知翻译学的理论基础是什么？
4. 认知翻译学经历了哪几个发展阶段？
5. 认知翻译学有哪些研究分支？
6. 认知翻译学的研究方法有哪些？
7. 什么是多元互证研究法？
8. 认知翻译学的未来发展趋势是什么？

推荐阅读书目

Ehrensherger-Dow, M., S. Gopferich & S. O'Brien. 2015. *Interdisciplinarity in Translation and Interpreting Process Research*. Amsterdam: John Benjamins.

Holmes, J. S. 1972/2000. The name and nature of translation studies. In L. Venuti (ed.). *The Translation Studies Reader* (pp.172-184). London & New York: Routledge.

Muñoz Martín, R. 2016. *Re-embedding Translation Process Research*. Amsterdam: John Benjamins.

Sadanha, G. & S. O'Brien. 2013. *Research Methodologies in Translation Studies*. Machester: St. Jerome Publishing.

Schwieter, J. W. & A. Ferreira (eds.). 2017. *The Handbook of Translation and Cognition*. Hoboken, NJ: Wiley Blackwell.

Shreve, G. M. & E. Angelone (eds.). 2010. *Translation and Cognition*. Amsterdam: John Benjamins.

谭业升，2020，《翻译认知过程研究》。北京：外语教学与研究出版社。

文 旭，2018，认知翻译学：翻译研究的新范式，《英语研究》，（8）：103-113。
文 旭、肖开容，2019，《认知翻译学》。北京：北京大学出版社。
肖开容，2017，《翻译中的框架操作：中国古诗英译认知研究》。北京：科学出版社。
肖开容、文旭，2012，翻译认知过程研究的新进展，《中国翻译》，（6）：5-10。

第十七章 应用认知语言学

17.1 引言

认知语言学是一种基于使用的语言研究范式,主张语言知识源于语言的使用,注定会对语言习得和语言教学等应用领域的研究产生影响(Pütz, Dirven & Niemeier 2001:xiv)。近年来,"应用认知语言学(Applied Cognitive Linguistics)"的兴起和迅猛发展也恰恰说明了认知语言学理论在语言习得和语言教学中的重要应用价值。应用认知语言学主要关注语言、认知与语言习得三者之间的互动关系,旨在揭示语言学习和语言教学过程中的认知原则。

语言到底是如何习得的呢?是像乔姆斯基说的那样,儿童的大脑天生就有普遍语法,只需要在具体的语言环境中用少量的语言输入启动天生的能力并设定具体参数语言就能习得成功?还是像认知语言学家预言的那样,儿童没有什么天生的语言官能(language faculty),在语言学习中只有一般的认知能力可用,需要大量的、反复的语言输入和使用,从具体的、特定的语言表达中渐渐抽象出语法知识?在过去的20年里,来自一语习得的大量实证研究证明认知语言学家的说法更为可靠(Ellis & Wulff 2015),也就是说,儿童是通过他们听到的语言输入汲取语言规则进而习得母语的(Tomasello 2003)。那么二语习得和一语习得一样吗?越来越多的二语习得实证研究也支持以使用为基础的语言习得理论，各种研究结果表明第二语言学习也是典型驱动的（prototype-driven），基于语言样例的（exemplar-based），以及受频率影响的（frequency-sensitive）。也就是说，在二语习得的过程中，学习者会率先习得典型的、具体的、出现频率高的语言表达，从而逐渐构建二语语法知识。

这样的研究结果无论是对二语习得领域还是对二语学习者来说都是个好消息，因为从此以后二语习得的过程不再是一个神秘的黑箱，而是一个可以用一般认知能力来解释的过程。此外，二语习得领域已经存在多年的关于输入、输出、认知的传统研究也能顺利地纳入到以使用为基础的语言习得理论中来，语言学、二语习得、认知心理学等领域从此可以在同一个理论框架用共同的词汇相互沟通。以使用为基础的语言理论与其说是认知语言学的发明创造，不如说是各个领域（如一语习得、二语习得、认知心理学、认知语言学）研究成果的汇聚点；认知语言学对这个新兴理论框架最突出的、额外的贡献是对一系列从语言使用中汲取语言知识的认知机制的具体描述，包括概念隐喻、概念转喻、识解、范畴化等。这些认知机制不但可以强有力地解释许多疑难的语言现象，而且对第二语言学习和教学有很多重要的启示。

事实上，认知语言学从建立之初就对语言描述和语言学习之间的关系非常感兴趣。很多认知语言学家认为认知语言学的基本理论对语言学习和教学有着天然的指导作用。在认知语言学理论刚刚被提出的头几年里，学者们就开始探讨如何把认知语言学理论应用到二语学习和教学，之后相关的研究层出不穷，在过去的20多年里形成了一个逐渐壮大、相对独立的领域，也被称为应用认知语言学。许多著名认知语言学家系统地阐述过认知语言学对外语学习和教学的潜在作用。比如，Langacker（2008a）认为认知语言学的基本思想：以意义为中心，语法有意义，和以使用为基础的本质能为语言教学提供基础性指导。Holme（2012）基于认知语言学的四大基本原则提出了一套二语课堂教学模式，这四大基本原则分别是具身性学习原则（the embodied learning principle）、词汇语法连续体原则（the lexicon-grammar continuum principle）、概念化原则（the conceptualization principle），和以使用为基础原则（the usage-based principle）。Taylor（1993）试图利用认知语言学的基本观点来构建英语的教学语法从而减少外语教学中的任意性。Achard（1997）认为认知语言学能为二语习得研究提供一个有效的理论框架，因为认知语言学不但对语言形式和习得过程有超强的解释力，而且还能较好地融合二语习得的结构性和社会性。

在过去的20多年中，认知语言学的发展带动了外语教学发展的新方向。受认知语言学很多基本原则和基础概念的启发，学者们探讨了许多认知语言学概念在外语教学中的应用以及对外语学习的益处。学者们发掘了很多和外语教学息息相关的认知语言学概念，其中讨论最多的包括以使用为基础的原则、词汇语法连续体原则、识解、范畴化、百科知识、概念隐喻、转喻、语言的具身性，理据性和构式语法等等（Yu & Wang 2018）。限于篇幅，本章集中讨论以下七个概念，即以使用为基础的原则、隐喻、转喻、多义现象、构式语法、识解和具身性认知在外语教学中的运用。

17.2 以使用为基础的原则

儿童习得母语一般要经历四个阶段（Lieven & Tomasello 2008）。孩子最先学会的是一些具体的词、语言表达式或者固定的短语，像I dunno或者What's that?。刚开始的时候，孩子们把这些具体的语言构式（item-based constructions）作为一个整体来学习和使用，不明白这些构式还存在内部结构，还可以继续细分。随着语言输入的增大，孩子们逐渐接触到很多形式上类似的表达式，比如I wanna play，I wanna go，I wanna eat等等，也渐渐开始意识到语言表达的形式和意义具有一定的共同性，于是像I wanna X这样存在着开放性"槽位-框架"构式（slot-and-frame construction）开始出现。当孩子能够在开放性槽位插入新词的时候，这表明其形式—功能的抽象过程在一定程度上已经完成。随着语言习得的进一步发展，儿童能对一些高频率的构式，比如英语中的及物动宾结构，进行更高一层的抽象化和图式化，从而习得完全图式化的构式。此时，一语习得并没有结束，儿童的语法发展还需要进一步抽象出构式之间的关系，如陈述句和疑问句之间的关系。一旦儿童能够把一种句式转换成另一种句式，如把主动语态转换成被动语态，就表明母语习得的最后一个阶段也完成了。既然母语习得如此，那么二语习得是否也要经历类似的过程？许多实证研究（Ellis & Fernando-Junior 2009；Eskildsen 2009）表明，二语习得也是以使用为基础的，也要先习得具体语言范例，再习得存在着开放性"槽位-框架"构式，最后习得完全图式化构式，经历类似于习得母语的不同阶段。

在语言习得的整个过程中，很多因素会影响语言学习的效果，其中对频率效应和典型效应的研究吸引了很多学者的目光，研究结果对外语课堂教学也有深远的指导作用。近期的研究表明语言的使用频率在语言习得过程中发挥着重要的作用（Bybee 2008）。语言使用频率分为两种：语符频率（token frequency）和语类频率（type frequency）。语符频率指的是某一语符在语料中总共出现的次数。在认知语言学中，语符（token）指的是语言使用的具体单位，包括音符、词汇、短语、句子等，比如音节[s]、单词but、短语have a look，甚至句子I am sorry，都是语符，也都可以计算其语符频率。但是语类频率不是针对某个具体语符而言的，而是针对语言结构模式而言的，所以语类频率指的是相同的结构模式在语料中出现的次数。拿英语中过去式的表达来说，规则的过去式一般用后缀-ed来表示，不规则的过去式的结构模式有很多种，know与knew，blow与blew是其中的一种，可以想象，在某一语料当中，表示规则过去式的Verb-ed的语类频率大概会比know，knew代表的不规则过去式的结构模式要高得多。语符频率最重要的效应是保护效应（conserving effect），这使得反复出现的语符的记忆表征加强，使大脑更易获取其记忆。而语类频率是决定语言结构模式的能产性的重要因素（Bybee 1985；Goldberg 1995）。语言学习者需要一定数量的语类频率来解析语言结构模式的内在结构，抽象出语言结构的图示，以及创造性地发挥使用某一语言结构模式。可见，在外语课堂教学中，加大语符频率和语类频率都很重要。

研究还证明范畴是有内部结构的（Rosch & Mervis 1975），也就是说在同一个范畴内有些成员比别的成员更具有代表性。一个范畴的典型是这个范畴最典型的成员。比如说，对于BUILDING这个范畴，房子（house）就比棚子

（shed）更有代表性。对有代表性的成员进行范畴化通常比较快，语言构式的典型范例也通常更容易学习。有实证研究表明二语学习者通常率先习得某一语言构式中最典型最通用的一些动词，而这些动词常常恰好对应此语言构式的中心意义（central meaning）（Ellis & Ferreira-Junior 2009）。

值得注意的是，典型效应和语符频率有交互作用，某个语言单位的语符频率越高，越有可能成为某个语言构式的典型（Ellis & Wulff 2015）。在语言习得中，语符频率高的语言构式通常也是这一结构模式的典型，学习起来比较容易也比较快。于是，Jing-Schmidt（2015）把二语习得过程中的典型效应和频率效应转化为两大课堂教学的准则：第一，教师应该优先教授高频率、意义典型的具体语言构式；第二，教师应该逐渐将能用于这个语言构式的词汇扩展到非高频词。这样一来，学生能比较轻松地学会这一语言构式的典型意义，也能够有足够的语类频率来习得较为抽象的结构模式，进而达到使用该构式的能产性和创造性。

17.3 概念隐喻

概念隐喻是目前应用认知语言学领域探讨最多且最深入的一个概念，相关的研究成果尤为丰富。Lakoff（1987）认为，隐喻不仅仅是传统文学中所用的修辞方法，而且是人们用于思考的一种工具。人们通过概念隐喻用具体的事物去理解抽象的事物，用具体的概念去表达抽象的概念。概念隐喻也是促使词汇发生语义扩展的认知机制，如"头"这个词最初就是指人或动物的脑袋，但可扩展到去指一个团队的领导，这是因为在"人"这个概念语域中"头"是个十分重要的部位。当人的概念域映射到团队的概念域中时，人的最重要部位，即"头"和团队的概念域中的最重要的人，即"领导"相对应，于是"头"这个词就有了新的意义。在概念隐喻驱动下的语义扩展可以较完美地解决传统语言学难以解决的许多语言和语义现象，比如词汇的多义现象、比喻性语言和习语现象。

在过去的20多年中，许多学者都致力于探究隐喻运用于词汇教学的益处，既有理论性讨论，也有实证性研究，成果斐然。《比喻思维和外语学习》（*Figurative Thinking and Foreign Language Learning*）（Littlemore & Low 2006）这本专著就专门讨论了这个话题。其中，专著的第二章详尽、系统地评述了隐喻应用于二语词汇教学的各项研究。所有的研究都表明在二语词汇教学中明确地、有意识地教授概念隐喻模式能帮助学生更好地学习、记忆新词汇，尤其是二语学习者们所不熟悉的比喻性语言。比如，Boers（2000a，2000b）设计了一系列实验验证了概念隐喻在词汇教学中的积极作用。他还指出将具有相同概念隐喻主题的词汇组织在一起学习有强大的潜在学习效果，并且在词汇学习和词汇教学过程中增强学习者的概念隐喻意识十分必要。同样，Deignan *et al.*（1997）的研究发现比较一语和二语的概念隐喻、增强隐喻意识的课堂活动（awareness-raising activities）能够帮助二语学习者理解甚至生成二语中的隐喻，并发展相关的学习策略。再如，英语中有一类短语动词叫小词动词（particle verbs），如turn down，get up这一类固定用法，语义含混多变，对于二语学习者来说十分头疼，Kövecses 和 Szabo（1996）的教学实验表明概念隐喻能有效地帮助学生理解这类动词结构的意义并最终习得它们。

在二语词汇习得的过程中，那些语义高度抽象、模糊或者貌似任意的词汇或短语对于二语学习者来说格外难，如介词、成语、习语、小词动词等等。而概念隐喻又能比较好地解释抽象、模糊语义的延伸过程，所以就不难理解为什么学者们把主要精力都放在了如何利用隐喻教学来帮助学生学习介词、成语和小词动词了。

17.4 概念转喻

认知语言学认为，概念隐喻和概念转喻是两种基本的人类认知机制，这两种机制都能让我们用已知的东西去理解未知的东西（Lakoff & Johnson 1980）。在认知语言学刚开始兴起的时候，对概念隐喻的研究远远超过对概念转喻的研究，概念转喻常常是在讨论概念隐喻的时候被顺便提及。但是20世纪90年代以后，概念转喻引起了很多学者的重视，相继出现了一大批有影响的著作和研究。现在许多语言学家认为，作为认知机制的概念转喻不但和概念隐喻同样重要，而且可能是更基本的认知方式（Langacker 1999a，2009）。这是因为概念转喻不仅仅可以驱动意义扩展，而且与语法结构密不可分。事实上，近年来语法转喻的研究如火如荼，逐渐成为认知语言学中的一个新热点。

那么，什么是概念转喻呢？作为一种修辞手法的转喻早已被人们熟知，如电视新闻当中经常用"白宫"来代指美国政府，这就是语言层面的转喻。然而认知语言学家认为，转喻不仅仅是一种修辞方式，也不仅仅在语言层面起作用，而是像隐喻一样，是一种无处不在的认知机制，本质上是概念性的。换句话说，转喻是人类认知客观世界的一种基本手段，也是人类思维的重要方式，而语言是这种思维方式的载体。因此转喻的作用体现在语言的各个层面，从语义到句法，从词汇到短语到语法结构，很多现象都是转喻思维的结果。以概念转喻PART FOR WHOLE为例，这个概念转喻在语言层面体现为许多具体的表达式，如英文中的nice set of wheels和he fell asleep at the wheel，在这两个语言表达中wheel只是car的一部分却用来代指car这个整体。Barcelona（2010：134）把概念转喻定义为："转喻是一种认知机制，这种机制能使一个概念在大脑中启动（或者说让我们想到）另一个在生活经验中密切相关的概念。"

虽然在过去的20年里概念转喻研究在认知语言学中蓬勃发展，但是有关概念转喻在二语习得或者外语教学中的应用研究却不多。Littlemore（2009）提出，转喻的学习对于二语学习者来说很有可能是个巨大的挑战，因为转喻有很多重要的语言功能，如指称，建立语篇关系，表达评价性态度，达成委婉、幽默和含糊等语言效果，以及语用推理。由于大量的研究已经表明加强隐喻意识可以提高二语学习者对词汇的记忆，学者们由此认为在二语课堂中明确地针对转喻的教学也很有可能会促进学生对二语的理解和记忆（Barcelona 2010；Littlemore 2009）。近年来，有关转喻习得的实证研究也表明，加强转喻意识对二语学习确实有很多益处，但这方面的研究才刚刚开始，还有很多探讨空间。

17.5 多义现象

一个词或者语言表达式有多种意义，这种现象在任何一种语言中都非常普遍，因此多义现象在语言学研究中是个热门的话题。传统语言学认为词汇的多义现象是任意的，这就意味着习得词汇的意义需要一个一个地死记硬背，因为它们之间没有关联。这样一来，多义现象对于二语学习者来说无疑是个难点。然而，认知语言学认为多义现象是语义扩展的结果，而语义扩展并不是任意的，而是系统的、是有理据的。一个词的基本意义居于中心，其他的扩展意义向各个方向扩展，各种意义相互关联，形成复杂的网状结构。一个词语或者结构的某项意义表面上看来十分难以理解，但是如果弄清了它的语义扩展过程，也就是它的某项扩展意义是如何从最初的基本意义（即中心意义）发展而来的，这项扩展意义也就不难习得了。

在过去的二三十年里，认知语言学家详细分析了很多语言结构的多义网络，其中介词的多义现象引起了学界的普遍关注。认知语言学家都认为英语中像over这样的介词最初的意义都是表示空间位置，它们抽象的、非空间意义都是语义扩展的结果。可是，介词复杂的语义网络是如何形成的，又是如何相互关联的呢？许多研究，如Tyler和Evans（2003）所著的《英语介词的语义：空间图像、具身意义和认知》（*The Semantics of English Prepositions: Spatial Scenes Embodied Meaning and Cognition*）深度讨论了这个话题。在这些研究分析当中，一个词的抽象意义都是由基本的空间意义扩展而来的，而且词义的扩展不是任意的，而是在各种认知机制的驱动下有理据地扩展。除了上面提到的隐喻和转喻以外，还有一系列其他的认知机制也可以驱动语义扩展，比如勾勒（profiling）、视点（vantage point）、语用强化（pragmatic strengthening）和框定（framing）等等。很多认知语言学家认为让学生有意识地学习词义扩展的理据性能够加快词汇的习得，因为这种理据性能让抽象的东西变得具体，让无关联的东西变得有关联。这一观点得到了心理语言学领域的深度加工理论（Brown & Perry 1991）和双语码理论（Paivio 1986）的支持。

在二语词汇习得和教学领域，研究者们用各种各样的方法教授多义网络以及中心意义和扩展意义之间的关系，有的通过辐射范畴的概念来给学生呈现词语的多个义项，有的利用图表图像来呈现词汇意义扩展的过程，还有的通过电脑教学配以图表讲解，所有的研究都表明认知语言学视角下的多义分析有助于二语学习。

17.6 构式语法

构式语法认为构式是语言的基本单位，所以，语言习得就是构式的习得。在一语习得中，儿童通过概括和抽象等认知方式从他们日常所听、日常语言交流中隐性地、归纳地习得构式知识。虽然研究表明构式的习得同样适用于二语习得，然而二语学习者隐性地学习构式的能力很可能不如一语学习来得那么自然，因为二语学习者和一语儿童所接触到的语言输入毕竟存在诸多不同。因此，有些语言学家认为显性教学可以用来弥补二语学习者语言输入贫乏的困境。但是关于语言习得和外语教学如何才能从构式语法的理论研究中获益，迄今为止仍然是一个被忽略的领域。近年来，越来越多的学者认为构式语法的很多特点对二语课堂教学有指导作用，其中有两大特点和外语教学尤为相关。第一，语法构式本身有意义，此意义独立于结构中所含词汇的意义。另外，语法构式的意义并不是任意的，而是人类认知世界的结果。例如，英文中的使动构式（如Jake pushed the vase off the table）对应的是我们感知到的现实世界中的致使运动事件，因此在二语课堂中明确地教授抽象语法构式的意义可以抵消二语学习者语言输入中的构式匮乏，加速二语习得进程。第二，像词汇一样，语法构式也可能是多义的，而且各项意义以辐射范畴的形式展开，从中心到边缘。比如，英文中特别常见的动词—小品词构式（verb-particle construction）的典型意义对应的是现实世界中的运动事件，通过语义扩展可以用来表达状态变化事件以及语体事件（aspect event）（Luo 2019）。而上文提到语言的典型意义在语料中不但出现频率更高，而且更容易习得。因此，在学习一个陌生构式的时候，二语学习者应该优先学习此构式的典型意义，率先学会构式中使用最普遍、意义最典型的动词，构式允准的非典型或者边缘动词以及构式的非典型意义可以随后通过扩展的方式学习。

17.7 识解

认知语言学的一个重要观点是人类对客观世界中的同一个情景能用不同的方式进行识解，而不同的识解反映在不同的语言表现形式上（Fauconnier 1997；Langacker 1987）。什么是识解呢？以下是Evans和Green（2006：536）所给出的定义："识解是说话人选择用某种方式'包装'或者'呈现'某个概念表征，这种呈现方式反过来又会对听话人脑海中唤起的概念表征产生影响。"所以，一个语言表达式的意义不仅仅存在于它所描述的概念内容中，很大程度上还要看这个概念内容是如何识解的。

识解可以解释很多语言现象，如不同但相关的句法结构之间的关系。例如，英语动词短语通常有两种摆放位置，即连续结构（如He picked up the pen）和非连续结构（如He picked the pen up）。那么这两种结构有没有关联？选择哪种结构是任意的吗？在Luo（2017，2019）的分析中，连续结构反映的是施事运动事件（agentive motion event）的整体识解，而非连续结构表达的是同一概念内容的顺序识解。也就是说两种结构所描述的概念情景是一样的，但是展示了同一情景的不同识解方式。

除了能表达说话人选择用哪种方式进行识解，识解的运作还体现在一个更为宏观的层面，即"每种语言本身不可避免地对客观事件有其内置的、传统的识解方式"（Littlemore 2009：14）。这就意味着学习一门外语通常要学会从细微不同的角度去看世界、去呈现各种现象，就因为这一点，许多研究者认为在二语学习和教学中应该加强识解的显性教学（explicit instruction）。已有不少研究结果显示，显性识解教学在二语课堂教学中是一种卓有成效的教学手段。

17.8 语言的具身性

人类是如何认知世界的呢？婴儿通过爬行、抓取物体来感知世界，也就是说我们对于世界的认知和我们自身的身体构造、神经系统和感官系统的具体特点是分不开的。我们通过身体和现实世界接触，形成人类所特有的对世界的认知。如果人类的身体构造和现在不同，比如说，我们不能直立行走而要用四肢爬行，那我们对世界的认知肯定是另外一种模样，也就是说人类对世界的认识是通过具身认知完成的。认知的具身性强调我们的感官意象（sensory imagery）对物体和事件在大脑中的表征起着至关重要的作用（Lakoff 1987；Langacker 1987）。

蜜蜂通过摆动自己的身体以及各种舞姿来跟同伴进行交流，而其他蜜蜂能通过舞姿的形状、长短等信息看懂所传递的信息，找到花蜜的所在地，蜜蜂之间的成功交流是具身性认知的结果。研究表明，具身认知在人类的语言交流中也发挥着非常重要的作用，当我们听到或看到语言输入时，我们的感知意象（perceptual imagery）和动觉意象（motor imagery）会自动启动从而帮助理解语言输入。例如，我们听到英文句子Hannah caught the ball in the mid air的时候，为了理解这个句子我们的大脑会重现一个人在半空中抓住球的动作。

那么，认知的具身性和语言有什么关系呢？语言是人类认知的载体，语言的意义反映的不只是直接的客观世界，而是人类概念化过的世界，所以具身认知以多种形式反映在语言表达上，因此语言也有具身性。具身认知不仅仅帮助人类认知具体事物，如物体、动作、物体之间的相互作用等等，抽象的概念也是有体验基础的。因此，反映抽象概念的语言表达式，比如语体、情态动词等语法现象也能直接跟我们的物理身体体验联系起来。具身认知有点像概念隐喻，都是通过具体的东西去认知抽象的东西，但具身认知比概念隐喻更为广义，强调的是认知过程中人类身体的作用，也强调物理世界和心理世界的联系是有直接神经学依据的。

许多学者尝试把具身性这个概念应用到语言教学中，通过向学生展示语言的意义是如何从物理身体体验演化而来从而加强语言的可记忆性。Holme（2012）具体指出，如果用运动（movement）、手势（gesture）、物理意象（physical imagery）等形式还原意义的形成过程，语言会更容易记忆。据

Littlemore（2009）统计，大部分应用具身性的研究都关注的是语法教学，大概是因为语法的意义较为抽象，是外语学习的难点。Holme（2012）还认为，以具身性为基础的外语教学可以通过两种方式来实现，实际具身教学（actual embodied teaching）和虚拟具身教学（virtual embodied teaching）。当然，这两种方法也可以结合起来使用。

所谓实际具身教学，就是让学生通过运动、表演的方式学习生词、语法。例如，Lindstromberg和Boers（2005）做了一系列的教学实验来研究二语学习者学习英语中的方式运动动词（manner-of-movement verbs）的情况，此类动词包括trudge，saunter，elbow等。实验组的学生需要把这些动词都表演出来，而控制组的同学通过传统的语言解释的方法进行学习。研究结果表明实验组的同学对这些动词的记忆效果显著超过控制组。所谓虚拟具身教学，是通过图示（diagrams）、图片等方式来向学生展示语言的意义是如何由物理意象驱动的。例如，Talmy（1988）将力动态系统（force dynamics system）的概念运用到英语情态动词和时态的认知分析当中，用一系列意象图式来表达不同情态动词如can，must，should的意义。Tyler *et al.*（2010）把Talmy对情态动词的动力学分析和图式表达运用于外语课堂教学，教学实验结果表明图示组的进步显著高于传统语言讲解组。除此之外，Littlemore（2009）特别关注了手势的认知研究，她认为人类交流过程中手势的使用是具身认知的外在表现形式。她还认为，二语学习者在听目标语的时候看到手势能帮助他们理解语言输入，而他们在运用目标语的时候使用手势则能帮助他们产出话语。与具身性教学最为相关的教学法当属全身反应法（total physical response），而语言的具身性理论为这套教学法提供了认知基础，全身反应教学法有助于外语学习者了解抽象语言的物理体验本质，使抽象的语义和具体的身体活动直接联系起来。

17.9 小结

在过去的二三十年里，应用认知语言学的发展十分迅速，这和认知语言学的基本观点是分不开的。在生成语法眼中，形式和意义、词库和语法都是截然分开的，这就导致许多语言现象比如语法、成语、多义现象都是任意的，只能靠死记硬背的方式学习，习得难度较大。然而，在认知语言学看来，大多数语言结构都是有理据的，是人类对客观世界认知的反映，因此不是任意的，而是系统的，无需单个地死记硬背。应用认知语言学提倡减少外语教学中的任意性，为学生揭示语言结构不同层面的理据性，以达到学习记忆事半功倍的效果。

虽然认知语言学在外语教学中的应用吸引了很多学者的目光，发展迅猛，但是我们应该认识到应用认知语言学的发展还处于起步阶段。首先，虽然学者们已经发掘了很多基本认知原则和概念的教学价值，如以使用为基础的原则，以意义为中心的原则，词汇语法连续体的原则，以及概念隐喻、概念转喻、识解、多义性、具身性、构式语法等概念，但是还有很多认知语言学的概念，如意义的百科性、范畴化、概念整合理论等等在教学中的应用还需进一步挖掘。其次，这些认知原则和概念的教学价值还主要停留在理论探讨阶段，亟待转化成外语教师们容易上手的、可教、可用的教学材料和课堂活动，完成从理论探讨到课堂执行的飞跃。最后，检验教学效果的实证性研究还非常匮乏。已有的实证研究大多通过实验组和控制组的对比来检验短期的学习效果，今后应用认知语言学领域的研究可以打破这种局限，用定性的、定量的等各种研究方法考察长期的教学效果（Littlemore 2009）。

思考题

1. 越来越多的学者尝试把认知语言学的理论运用到外语教学中来，为什么认知语言学能跟外语教学很好地契合，而生成语法理论却没有这种能力？
2. 你对以使用为基础的语言习得理论是怎么理解的？回忆一下你自己学习英语的过程，用具体的例子来解释一下以使用为基础的语言习得理论。
3. 概念隐喻无处不在，请举一个汉语中概念隐喻驱动语义扩展的例子。再请你用一个具体的教学例子来展示如何利用概念隐喻进行英语词汇教学。
4. 在汉语和英语中，词汇的多义现象很常见，请找出一个多义词，并试着分析其各项意义之间是如何联系的，哪个意义是中心意义，哪些意义是扩展意义，这些扩展意义是如何从中心意义发展而来的。请用图示的方式展现这个词的意义网络和你的分析。
5. 以使用为基础的习得理论认为，语符/语类频率高，语义典型的词/构式容易习得，在教学中应该先教。以英文中的give为例，讨论一下这个词以及与之相关的各种语法构式应该如何教，什么该先教，什么该后教？
6. 认知语言学认为语法像词汇一样也是有意义的，只是意义比较抽象，那么你认为英语和汉语中的很多语法结构的意义是什么？比如，为什么很多语言都有主谓宾结构？被动句的意义是什么？汉语里"把字句"的意义是什么？"我打了他"和"我把他打了"的意义有什么不同？为什么"我把她爱了"或者"我把一本书读完"一般不能接受？
7. 认知语言学认为任何语言形式上的不同都会导致意义的不同，只可能有近义词绝不可能有同义词，这是人类大脑对同一事物或事件不同识解的结果。比如，英语中的He picked up the pen from the ground 和 He picked the pen up from the ground 表达的是对同一概念内容的两种不同的识解。请你试着分析这两种不同的识解分别是什么，为什么在这个结构中如果宾语换成代词就只能用第二种方式表达He picked it up from the ground？语言中还有没有别的例子能体现识解的作用？请举例说明。
8. 在你的英语学习或者教学过程中，哪个语言点或者语法点特别难？请你试着用认知语言学的概念对其做出分析。你可以试着分析语言点背后的理据性、具身性或者抽象意义的体验来源，并讨论在二语课堂中应该如何用具体教案教授这个语言点。

推荐阅读书目

Achard, M. & S. Niemeier (eds.). 2004. *Cognitive Linguistics, Second Language Acquisition and Foreign Language Teaching*. Berlin: Mouton de Gruyter.

Boers, F. & S. Lindstromberg (eds.). 2008. *Cognitive Linguistic Approaches to Teaching Vocabulary and Phraseology*. Berlin: Mouton de Gruyter.

Holme, R. 2009. *Cognitive Linguistics and Language Teaching*. Basingstoke, UK: Palgrave Macmillan.

Littlemore, J. 2009. *Applying Cognitive Linguistics to Second Language Learning and Teaching*. Basingstoke: Palgrave Macmillan.

Littlemore, J. & C. J. Grundmann (eds.). 2010. Applied Cognitive Linguistics in second language learning and teaching. A special issue. *AILA Review, 23* (1).

Littlemore, J. & G. Low. 2006. *Figurative Thinking and Foreign Language Learning*. Basingstoke: Palgrave Macmillian.

Robinson, P. & N. C. Ellis. (eds.). 2008. *Handbook of Cognitive Linguistics and Second Language Acquisition*. New York: Routledge.

Tomasello, M. 2003. *Constructing a Language: A Usage-based Theory of Language Acquisition*. Cambridge, MA.: Harvard University Press.

Tyler, A. 2012. *Cognitive Linguistics and Second Language Learning: Theoretical Basics and Experimental Evidence*. New York: Routledge.

Tyler, A., L. Huang & H. Jan (eds.). 2018. *What Is Applied Cognitive Linguistics? Answers from Current SLA Research*. Berlin: Mouton de Gruyter.

第十八章 认知语言学和手语研究

18.1 引言

聋人（deaf people）使用的手语（sign language）与健听人（hearing people）使用的手势（gesture）在语言学属性上明显不同。具体而言，手语和口语都是自然语言系统，具有完整的音系、词汇和语法表达体系。人们在使用手语时也必须遵循固定的语言规则才能完成信息的传递和情感的交流。与此不同的是，健听人在说话时有意无意的一些手势动作不具有独立的语言属性，其使用方法往往带有较大的个体差异，没有固定的词汇系统和语法规则，需要与口语共同出现才能完整地表达意义。

根据第13版美国国际语言暑期学院民族语言网的统计（Grimes 1996），目前世界上共有114种手语。随着社会对听障人群关注度的不断提升以及语言学界对手语研究的日益重视，手语语言学的理论和实践在近五十年里得到了长足的发展。但不绝于耳的批评声并没有就此消沉，当前手语语言学的研究至少还存在以下三个缺陷：（1）简单地将手语当作有声语言的一种表征。例如，美国手语是英语的符号表征。采用这种将有声语言和手语进行机械对比的方法，常常会导致人们忽视手语所具有的不同于有声语言的词汇和语法系统。（2）手语在很大程度上就是手指拼读。但实际上，手指拼读的系统在不同的手语中存在差异。例如，美国手语较常使用单手系统，英国手语则是双手系统。虽然上述两种手语对手指拼读的依赖性较大，如专有名词和外来词语的表达。但在其他许多手语中，这种差异并不明显。（3）对手动部分的研究远远超出对非手动部分的考察。后者主要借助点头、扬眉、抬下巴、侧身、凝视等表达语法信息，如疑问语气和句子主题等。

从历史发展轨迹来看，手语语言学和普通语言学研究经历了二元对立—借鉴模仿—交互融合三个阶段：

（1）二元对立。自1760年世界第一座聋校——法国巴黎聋校建立以来，自然手语被广泛用于聋生教学。直到1880年米兰会议，主张以有声语言替代手语教学的口语派开始占据上风。其代表人物Magnat声称，手语是否能表达人类的思维和感情实在令人怀疑。手语可能根本无法如口语一样培养学生的推理、概括和抽象能力。该会议带来的直接后果是手语的语言地位岌岌可危。Myklebust（1957：241-242）也断言："手语缺乏必要的准确性和灵活性，不过是些表意手势的集合，和有声语言相比无疑是低级的。"

（2）借鉴模仿。Stokoe（2005）受结构主义语言学中"最小对立体"概念的启发，首次提出并证明了手语和口语一样拥有音义二重性。音位的最小结构单位可分为手形、位置和动作三类，但这一观点并未引起主流学界的重视。形式主义语言学家并不认为手语和有声语言一样，具有复杂抽象的语法结构。Chomsky（1972）公开宣称，手语和动物交流更为类似，而人类的语言建立在与此二者完全不同的基础之上。

（3）交互融合。从20世纪70年代开始，手语语言学已逐渐成为一门独立的学科，在形成自身研究特点的同时，也不断改进现有的语言学研究方法。一方面，手语语言学家开始吸收当代语言学的最新成果，如借鉴语言类型学和对比语言学方法等，考察不同手语之间历史渊源和接触流变。另一方面，手语语料库建设对添加视频的需求，直接促使了多媒体转写标注软件（如Elan等）的兴起和发展。这同时也给其他语言学家建立有声语言的多媒体语料库，开展话语的多模态研究提供了便利。

随着认知语言学的兴起，手语语言学的研究从中汲取有益元素，获得了进一步发展。认知语言学下的手语研究无论是在研究内容还是在研究方法上都与传统手语研究表现出较大不同。在众多认知领域和对象当中，较有代表性的主要有三个热点，即概念隐喻、运动事件和象似性。

18.2 手语中的概念隐喻

Lakoff和Johnson（1980）提出，概念隐喻是人类思维的有机组成部分，主要依靠身体与物理环境、社会和文化活动互动而产生。概念隐喻理论认为隐喻是一种认知现象，是人类的思维方式，而不仅仅是创造性的语言修辞表达。正是由于隐喻，我们才能够利用具体事物来理解抽象概念。如在TIME IS MONEY（时间是金钱）中，"金钱"作为始发域将其"浪费、节约和花光"等属性通过映射传递到目标域"时间"域中，时间也因此具有了相关特性，隐喻思维的系统性便得到了解释。Lakoff和Johnson（1980）把隐喻分为三类：方位隐喻、本体隐喻和结构隐喻。方位隐喻指运用如上下、内外、前后、远近、深浅、中心—边缘等空间方位的概念来理解另一概念系统，如情绪和社会地位等抽象概念，形成了情绪高涨/低落、上层/下层社会等一系列概念隐喻体系。本体隐喻是指利用实体概念将抽象概念进行识别、量化和指称。例如，我们可以将"影响力"进行量化，因此可以说某人权力很大。结构隐喻是指用一种概念的结构来理解另一种概念，这两种概念拥有相同的结构基础。例如，在概念隐喻"辩论是战争"中，"战争"包含的防御、攻击、输赢等概念都可以完全投射至"辩论"中，形成系统性很强的结构隐喻。

概念隐喻同样体现在手语中。Wilbur（1987）发现，美国手语中的隐喻同样可以分成空间隐喻、本体隐喻和结构隐喻三种类型。有声语言中的空间隐喻"积极情绪向上""负面情绪向下"等在手语中也存在相同表达。本体隐喻"思维是容器"在手语中也存在对应表达。例如，美国手语使用者运用C字型手势表示容器（如杯子等）。当该手形放在使用者前额时，就表示"知识"。Wilcox（2002）在对美国手语中的大量隐喻进行研究后发现，本体和喻体之间可以存在一系列扩展的映射关系，不同类型的隐喻还可以结合形成更为复杂的隐喻，如结构隐喻等。上述本体隐喻还可以形成"前后"映射关系：当有意识想起某事时，手势出现在头部前方；反之，则出现在后方。又比如，在本体隐喻"想法是物体"基础上，美国手语做出"物体离开容器"的姿势时，表示"遗忘"。中国手语表达与此类似，扁形O状手势则表示"将某个物体放至某处"，对应的隐喻义为"将知识放入一个无意识区域"，意即"想起"（图18.1）；紧握的拳头置于头部一边往后释放，意即将"物体拿出容器"（忘记）（图18.2）。

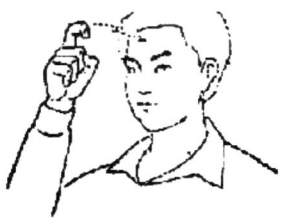 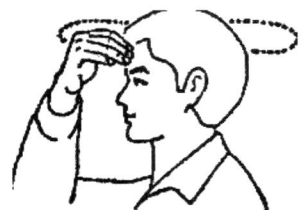

图18.1　想起（记住）　　　　　　图18.2　忘记

"想法是物体"这个隐喻还可以进一步引申。美国手语者将打开的手掌从自己移向交流对象，同时做出紧握拳头的手势，表示"我懂你"，隐喻义为"我抓住了你的想法"，与有声语言中的该隐喻表达完全相同。而美国手语者如果将紧握的拳头移至前额，快速打开双手并向下方移动，则表示"丢失了曾经紧握的物体"，意即"遗忘"。该隐喻在手语中被广泛应用，美国手语中表示"教学"时，将呈扁形O状的双手从头部向外伸展，表示"传递思想"，也是运用的该隐喻。仔细分析可以发现，中国手语和汉语还共享"情感是容器中的热气"等本体隐喻，但由于聋人听觉经验的缺失，现有语料没有发现中国手语中利用声音作为喻体的情感隐喻，如"暴跳如雷"等。中国手语情感隐喻的转喻表达可分为"行为"和"生理"两类，其中可能存在两次映射，这与手语表达的象似性和认知经济性密切相关。例如，中国手语"无精打采"一词的第一次映射是先将整个身体躯干投射至"手/拳"，体现了认知上的经济性，因为手部的移动较之整个身体会消耗较少的精力；第二次映射再以"拳向下"映射人体疲倦时的无力状态，作为转喻指代整个情绪。但总体来说，中国手语和汉语的情感隐喻共性大于差异，这是因为聋人在其他感觉通道经验以及受中国文化影响方面，与健听人有较强的一致性。

不可否认，有声语言和手语中的隐喻存在对应关系，但这绝不意味着两者毫无差别。在汉语的有声语言中，表达"是非对错、好坏优劣"时可以同时借助颜色隐喻（如"黑社会"等）和空间隐喻（如"上流社会"等）加以表达。颜色隐喻表示视觉上的显著差异性，意味着道德行为的迥然不同。手语中因颜色表达常与汉字的语音相关，因此手语中常利用手势位置表达该含义。手语中以手掌为空间分界线，手掌之上表示积极、干净等意思；手掌之下意即秘密、阴谋等。如"黑社会"的手语为：左手作掌，掌心在下，右手作ng（与拼音ng手势相似，坏的手形），小指尖顶在左掌心下，划几圈表达"地下活动"的意思，以示社会与黑社会的上下关系。掌心在下，手背在上，上代表明，下代表暗。

手语中另一个大量使用的概念隐喻是"时间是空间"，具体包括两层含义：（1）将时间当作物体可以停留在空间的某一点；（2）时间的流动等于空间的移动。这与有声语言隐喻体现的从字面到象征、从具体到抽象、从空间到时间、从物理层面到心理层面的映射关系无异。例如，Engberg-Pedersen（1993）在分析丹麦手语的基础上，提出手语中主要存在指示性、前指性、顺序性和混合性四条时间线。与此不同的是，Schermer和Koolhof（1990）认为荷兰手语中存在五条时间线。Pereiro和Soneira（2004）则认为，西班牙手语仅有"前—后"和"左—右"两条时间线。但两位研究者同时提出，其他手语（如法国—比利时手语等）中也可能存在"未来在上，过去在下"的垂直时间线。这一概念隐喻主要体现了人体的生长模式，婴幼儿时期通常身高较矮，因此"过去"对应身体下方，而成年后高度会逐渐增加，故"未来"位于身体上方。

中国手语也存在前后、上下和左右三个轴线上的时间隐喻。首先，利用水平轴上的"前—后"方向谈论时间可以大致分为"未来在后—过去在前"（如汉语中的"后天"和"前年"）和"未来在前—过去在后"（如"前瞻后顾"）两种类型。中国手语中"过去"一词的打法为，右手置于肩上，向肩膀后面运动两次，表示已经过去的时间（如图18.3）。类似的打法有"昨天"和"古代"，区别在于前者将手放在肩膀边上，后者则是手臂尽量向后。与其相对的是"未来"的打法，一手直立，掌心朝外，向前移动一下，"前"代表未来。类似的时间概念有"明天"，将1手形点在太阳穴上，然后反转手心向前、向外运动。"不久"一词同样使用"未来"的手势，但是向前的动作幅度要小一些。（如图18.4）。

图18.3　过去　　　　　图18.4　不久

中国手语中在"前—后"方向轴上主要存在"未来在前—过去在后"一种隐喻类型。其理据性可以通过Lakoff 和 Johnson（1980）提出的"自我在动"隐喻（Ego Moving metaphor）加以解释。"自我在动"是指时间静止不动，观察者（认知主体）面向未来移动，即"我们从过去走来"。时间好比一条传送带，人站在上面，人朝向的是传送带的运动方向，先到达的地方是"过去"，将要到达的地方是"未来"，所以未来在前，过去在后，也就是"自己在动"或者说自己随着时间一起动。另外值得注意的是，手语通常利用手势动作的范围和幅度或手指的数量来表示时间长度。例如，"昨天"和"古代"打法的区别就在于手部向后伸展的长度不同，前者将手放在肩膀边上，后者则是手臂尽量向后；"明天"和"后天"则是用一根手指还是两根手指表示天数。

汉语中除和手语一样具有"未来在前—过去在后"的隐喻外，还存在一种"未来在后—过去在前"隐喻。这可以通过"时间在动"（Time Moving metaphor）隐喻加以理解。"时间在动"是指观察者静止不动，时间是朝着观察者（认知主体）正面移动的物体，即"将来在向我们走来"。例如，人站在传送带旁边，对其进行观察。先通过我们眼帘的传送带在前面，后通过眼帘的传送带在后面，所以过去在前，未来在后，即"时间在动"而人不动。该发现可以为聋生的汉语教学提供启示。由于中国手语本身缺乏"未来在后—过去在前"的隐喻表达，不少聋生可能将空间方位与时间认知混为一谈。因此，在对聋生进行汉语教学时,"未来在后—过去在前"隐喻显然是他们学习的难点。教师应当让聋生明白,这个"前"和"后"根本不是相对于说话人的空间方位的前与后,而是事件、时间序列中相对的前与后。教师可以利用手语中固有的词语模拟"时间在动"隐喻,比如用"1手形"代表时间。当"1手形"从身体前慢慢向肩部、肩后运动时,聋人就可以清晰地看到"过去"和"未来"的运动方向,了解隐喻的理据性所在,从而掌握该种时间表达。基于上述发现,Gu *et al.*(2019)比较了无手语经验的听人和学习过中国手语的听人的时间手势。结果发现,相比于前者主要使用向前运动的手势表示过去以及向后运动的手势表示未来,后者在谈论时间时会使用更多包含"未来在前,过去在后"的伴言手势。这一结果说明,中国手语中的"自我在动"隐喻会对听人汉语母语者的时间认知产生影响。

另外,从上下时间隐喻来看,研究者发现,汉藏语系中广泛存在用"上"表过去,"下"表未来的时间表达。然而在英语中,却不存在此类表达。美国学生初学汉语,常常感到这套说法违反直觉(戴浩一 1990)。在他们看来,"上"跟向上动有关,应为未来,"下"跟过去有关。与汉语一样,中国手语中也有不少用"上下"方位表示时间的隐喻表达。其中包括最基本的时间概念,如"年"和"月"(图18.5)。前者的打法为,右手伸食指从左拳的骨节处向下运动(拳背四个关节从上到下依次代表春、夏、秋、冬),表示一年四季的替换。"月"的打法则为,左手食指直立不动,右手食指从左手食指指尖向下划,用上下空间的长度表示时间的幅度。月份的多少则用手指的数量加以表示,如一个月用一指,两个月用二指,余下类推。该隐喻还可以仅仅表示时间发生的先后顺序,"上"表示先发生的事物,"下"代表后发生的事物。例如"先后"的打法就是,左手伸出小指和拇指,右手伸食指,先点左手拇指,再点左手小指,显示出从上到下的运动趋势。中国台湾地区手语以及韩国手语等也存在"过去在上,未来在下"时空隐喻。西藏手语中上下时空隐喻系统数量最多。对此,可能的原因是藏族人生活的环境素有"千山之祖,万水之源"之称,导致其对纵向的空间方位更为敏感,划分也更为精细,从而产生了更加丰富的时空隐喻系统。社会文化是另一重要影响因素。如台湾自古以来就是我国的固有领土，台湾文化是中华文明的有机组成部分。而韩国深受汉文化影响，自古就有敬上谦下的传统美德，比如不少家祠会将祖先的牌位供奉在较高的位置。

图18.5 "年"（左）和"月"（右）

对于这种"上—下"方向上时间隐喻的理据性，还存在有以下几种解释。戴浩一（1990）认为这是物体从上而下坠落的空间上的经验所致。刘宁生（1993）认为汉语自古以来就有将时间比作河流的说法，例如"逝者如斯夫，不舍昼夜"，而上游是水流首先经过的地方，所以"上"表"过去"的意义，而"下"就获得"未来"的意义，如汉语中就有"上溯"等表示"回顾"之意的词语。蓝纯（1999）则认为时间较早为上，较晚为下，可能与太阳的运行有关系。太阳早晨从地平线上升起，中午到达最高点，因此有上午一词；午后太阳开始渐渐落下，直到傍晚低于地平线，因此有下午一词，"下"即为较迟的或后一段时间。虽然上述学者对该现象进行阐述时利用了不同的自然现象，解释力各有得失。但不可否认的是，其共同点在于均赞同认知语言学中有关"体验性"的基本观点，将时间视作一种人类身体和周围环境的互动体验。而手语作为聋人利用手势与空间互动进行表意的语言，必定也符合该种体验性。

最后，中国手语中还存在"左—右"方向上的时间隐喻，这在有声语言中缺乏显性表达。其主要包括"未来在左—过去在右"和"未来在右—过去在左"两种类型。前者的典型代表是"日"，其打法意在模拟太阳运动的轨迹。双手拇指、食指相对呈圆形，象征太阳，从右向左做弧形运动，表示一天。与其相关的隐喻还有"蹉跎岁月"（图18.6），其打法是用"日"的手势从右向左的移动表示"日起日落，时间在流逝"，即重复"日"的手势动作数次并配合无精打采的表情。"过程"一词的打法也是基于该隐喻。双手侧立，掌心相对，自右向左一顿一顿移动，表示事件从过去到现在的发展。

第十八章　认知语言学和手语研究

图18.6　蹉跎岁月

除此之外，中国手语中也存在"未来在右—过去在左"的时间隐喻。例如，中国手语在表达句子"我们在刚才的发言中总共讲到四点。接下来，我们看看有没有同志提出第五点"时，话题标记"接下来"常常落在"四点"之后。其打法为双手呈5手形，掌心相对，双手同时向左移动。所起的作用是将过去的事件与未来相连。其概念化过程大致可以描述为，讲话内容好比一个飞行的物体，从左至右飘过。已经讲过的内容放在左边，将要讲的内容置于右方。

中国手语在"左—右"方向轴上具有的两种时间隐喻，在数量上有所不同，其发生的动因也有差异。其中，"未来在左—过去在右"类型数量较多，这主要与聋人使用的利手有关。世界上左利手与右利手的比例大约为3：17。目前虽没有专门针对聋人利手使用的调查，但可以大致推断出，大多数聋人的利手也均为右手，因此在感知上对右手的熟悉度较高。另外根据一般经验，人类对经历过或者已经发生过的事物总是较为熟悉，而未来总是未知或者难以预测的。因此，在中国手语中，用"右"代表熟悉的事物，即过去；用"左"意指陌生的事物，即"未来"。认知语言学认为，人们在对世界进行认知时，总是优先选用切身的、熟悉的概念，认知顺序表现为由近到远，从已知到未知。因此，从右到左代表时间从过去到将来，事物从熟悉到陌生（Lakoff & Johnson 1999）。

中国手语中之所以还存在数量较少的"未来在右—过去在左"时间隐喻，这主要与聋人或多或少都有经过汉语书面语的训练有关。Schnall（2011）提出，"过去在左—未来在右"的时间隐喻与使用者操持语言的书写习惯密切相关。英语和法语是从左至右书写的语言，左方表示已经书写的部分，意指过去；右方则是尚未书写的部分，代表未来。另有Ouellet *et al.*（2010）的实验表明，在书写习惯从右至左的文化（如希伯来语和阿拉伯语等）中，人群则呈现出"过去在右，未来在左"的倾向，同样证明了阅读和书写的方向规则对时间认知的重要影响。现代汉语的书写顺序为从左至右，因此，表现出"过去在左—未来在右"的时间认知模式。

18.3 手语与象似性

语言学家在研究手语时，常常面临一个两难的局面。一方面，Saussure（1959）提出，任意性原则在语言系统中起主要作用，即语言符号的能指与所指存在非必然性。如果手语是一种真正的语言，在语言符号和现实所指两者之间不应当存在任何形式的象似性。另一方面，手语以手势动作模拟客观事物，存在大量的象似性。Pietrandrea（2002）在对意大利手语中1944个词汇调查后发现，50%的手形和60%的手势位置都存在和所指事物的象似性。受Saussure观点影响，学界长期以来都将任意性视作语言的第一特征，因此，手语在较长时间里都被认为只是一种图画式的表征而不是真正的语言。认知语言学却对此发起了挑战。

首先，语言中同时存在任意性和象似性，任意性不应当是语言的第一特征，这就为手语语言资格的认定提供了认识论基础。其次，手语语言学家尝试从认知语法的角度重新定义手语中的象似性。Wilcox（2004）的"认知象似性"（cognitive iconicity）理论认为，手语中的各种词类和语法都可被看作一种同时包含语音结构和语义结构的象征单位，这些结构同时又隶属于更大的概念空间。当一个象征结构具有象似性，其音系极和语义极就在同一个概念空间。如美国手语中very slow的打法是将slow这个手势快速释放，恰巧与人们的视觉体验相反。但该词的"认知象似性"并不在于动作与语义本身的对应性，而是体现在程度副词very之中。Kövecses（2000）认为，人们对"生气"的一种认知方式是将其看作身体容器内部压力的不平衡所致。因此，可以将语义极中的强调成分very理解成为一种"处于压力之下的容器，我们用力按住盖子，压力不断上升，最终导致手部不堪重压而忽然释放"的状态，这刚好与美国手语very slow一词的音系极"手势快速释放"的动作相对应，证明了语义极和音系极之间概念距离的邻近性才是决定词汇具有象似性的关键因素。

由于手语中所指与能指的同构性（isomorphism），一般认为手语学习者对象似性符号的学习优于非象似性符号。Barsalou（1999）的知觉符号系统理论（perceptual symbol system theory）也认为，言语理解本质上属于知觉表征，认知表征的核心基础在于感觉运动经验，而认知和知觉之间存在着共同的表征系统，因此，语言必须依赖于身体经验。按此观点，语言使用者可以直接利用手语符号与客观世界的视觉象似性促进自身对手语的理解与产出。但也有研究表明该观点可能高估了手语的象似性程度以及过于夸大象似性在手语习得中的作用。一方面，并非每种手语都具有较高的象似性，如聋儿自创手势和洋泾浜手语的象似性高于一般手语，手语中出现较晚的手势符号象似性通常高于使用时间较长的手势（Senghas et al. 2004）。即使是对同种手语的研究，结果也常常不尽相同。同样是对中国手语的调查，刘润楠和杨松（2007）发现，具有强象似性和弱象似性词汇各占36%和60%，但何宇茵和马赛（2010）的实验结果却表明两种词汇各占57.29%和37.68%。二者结果出入较大，原因就在于两项实验在样本的选取和数量上存在差异。首先，前者的调查对象是北京手语，而后者则是中国手语，是一种基于汉语的手势系统；其次，二者虽都是选取的斯瓦迪士词表中的核心词汇，但前者的数量为100个，后者则为207个；最后，两项研究对强象似性和弱象似性的定义和标准不尽相同。例如，前者认为"树"和"大"分别是强象似性和弱象似性词汇，后者的观点却恰恰相反。这说明目前认知语言学中对"象似性"的判定大多依靠研究者的内省判断，带有较强的主观性。因此，在理论上，应当给出对"象似性"更为精密的定义；在方法论上，认知语言学的象似性研究应当注意目标语言和标本数量的一致性，保证实验的信度。

另一方面，有证据表明象似性对于聋儿和听童手语习得的促进作用均不显著。关于前者，李恒（2012）认为，成年人能够发现的象似性对于聋儿来说并不一定成立。如中国手语中"牛奶"一词的打法为"一手五指微曲，在胸侧作挤奶状"。如果聋儿长期生活在城市，没有接触过此类事物，所谓的象似性对其词汇的学习也很难说有帮助作用。Orlansky和Bonvillian（1984）在对13位聋童进行追踪调查后发现，受试在10个月大和18个月大习得的词汇中，具有象似性的词汇仅占30.8%和33.7%，由此证明了象似性并不是儿童早期习得词汇的主要特征。Miller（1987）也发现，没有掌握美国手语的三岁健听儿童并不能依据象似性找出与手语词汇相匹配的实物。Namy（2008）的实验虽然证明了26个月大的听童较14个月大的受试，能够将高象似性手势与实物配对。但Marentette和Nicoladis（2011）的实验表明，4岁组和2岁组的受试在学习任意性手势时，也显现出大致相等的能力。这说明手势的象似性并不能作为一种具身的认知手段促进儿童的词汇学习。但也有研究发现了相反的实验结果，如Ormel et al.（2009）发现，8—10岁和10—12岁聋童加工高象似性手语词的反应时和正确率均高于低象似性手语词，说明象似性有利于促进聋童的词汇加工。

　　虽然目前针对手语象似性是否可以帮助聋童词汇学习尚存争议，但大量实验研究表明，象似性对于成年听人手语词汇学习具有较大的促进作用。具身认知理论认为，认知基于身体的各种体验形成，个体的高级认知加工过程会受到身体经验（如感知觉、姿势、动作等）的直接影响（Barsalou 2008）。如Macedonia和Knösche（2011）要求被试在有手势辅助和无手势辅助两种条件下学习句子，之后的句子回忆任务发现手势辅助学习条件下的句子回忆正确率高于无手势辅助学习条件，结果表明伴语手势可以强化听人口语学习的效果。Pulvermüller et al.（2005）使用经颅磁刺激技术（Transcranial Magnetic Stimulation，简称TMS）也发现，当负责手、脚运动的脑区分别接受刺激时，被试对与手、脚语义相关词汇的加工速度显著提高。上述研究说明，被试在语言理解过程中会对所描述的概念进行语义模拟，语言理解建立在低级运动系统的再激活基础之上，需要身体经验的参与。语言理解过程再激活了相应的感知运动系统，从而对共享相同系统的语言概念产生了促进作用。相比于口语，手语需要更多的身体动作传递意义。如果个体在加工手语词汇时，会再激活大脑中的感知系统，对词汇描述的概念进行再模拟，那么可以假设，在手语二语习得过程中，一旦学习者使用更多的手势动作对词汇进行模拟或再现，其学习效果应当更好。例如，李恒和曹宇（2016）采用手语产出任务，考察了象似性和体验性对成年听人中国手语词汇习得效果的影响。结果发现，无论是即时测试还是延时测试，象似性程度高的手语词产出的准确程度都显著高于非象似词。这说明，象似词可以同时激活言语和表象系统，发生了记忆编码的叠加效应。研究结果进一步显示，体验性的手势动作有利于增加学习者对手语词的加工深度，从而提高了被试在即时测试中的产出成绩，但这种促进效果无法在学习者的知识表征中得到长期保持。

从认知机制来看，Paivio（1991）提出的双重编码理论认为，在人的头脑中存在两个不同的加工系统：表象系统和言语系统。前者加工具体的客体信息，后者加工抽象的语言符号。在实验中，象似性高的手语词既可以激活言语系统，又能够激活表象系统，言语表征和表象表征通过参照加工相互联结，在记忆保持上就会出现一种记忆编码的叠加效应，从而导致更加深刻和牢固的记忆痕迹。延时测试的结果也表明，象似词可以更好地唤醒储存在记忆中的语言信息保持，证明了象似性在认知加工中的优势。Craik和Lockhart（1972）的"记忆加工水平理论"认为，人们对外部刺激的加工需要经历一系列不同水平的分析，大致遵循从浅到深、从易到难、从具体到抽象的分析过程，从而显示出不同的加工深度。在这当中，刺激类型、注意强度、加工时间长短以及加工任务的性质都会对加工深度造成影响。例如，个体在观察手语打法的同时，需要对其进行模仿学习，并做出相同的手势动作。这意味着人们利用体验性将更多的认知资源作用于同一表象（手势动作），从而加大了目标词语的加工深度，导致语言刺激更有可能被加工到更深的水平。换言之，通过视觉经验观察到和运动经验感受到的手势动作的一致性，能使人将刺激加工得更为精细。而记忆痕迹是认知加工的副产品，与加工深度大小呈正相关。由此可以推知，手语词如能受到更多注意力以及与包含更多身体经验，那么当其再次呈现在个体面前时则更容易被辨认出来。体验性学习能够使被试分配更多的认知资源对手语词进行加工，从而提高了成人手语学习者语义加工的深度；又因为手语的象似性程度高，为手语词的理解提供了很好的参照。这两个因素的共同作用，导致被试对手语词产生了更牢固的记忆痕迹，因而提高了再认成绩。但从实验结果来看，与象似性相比，体验性学习的促进作用在延时测试中没有得到体现，也就是说，促进效果无法在学习者的知识表征中得到长期保持。这说明，学习过程同身体密不可分，学习是一种"嵌入"身体和环境的活动，手语动作的练习次数与频率会对学习过程和学习效果产生重要影响。

18.4 手语与运动事件

Talmy（1985）根据"路径"成分存在位置和表达方法的不同将世界上的语言分为两大类：如果路径直接由动词本身来表达，如西班牙语中的entrar（进去），这类语言就被称为动词框架语言（Verb-framed language）。若"路径"通过小品词或前缀等表达的语言，如英语中的walk into，则被称为卫星框架语言（satellite-framed language）。世界上任何运动事件都可以使用"图形"（Figure）、"背景"（Ground）、"路径"（Path）以及"运动"（Motion）四个语义元素加以描写。四个基本语义成分的定义如下：（1）焦点。在空间中处于运动或静止状态的物体。（2）背景。图形在空间运动或静止时，所参考的相对方位物体。（3）路径。图形发生运动时经过的运动路径，或处于静止状态时的空间位置。（4）方式。图形和背景之间的运动或静止关系。如上所述，近50年的语言学研究证明，聋人使用的手语与口语一样，也是一种真正的语言。人类的概念结构来自于感觉运动系统（sensorimotor system）的体验，手语和口语都是人类对客观世界感知体验后的产物，在心智概念中可以找到对应物。运动事件理论究其本质是希望通过语言研究揭示人们对运动事件的认知机制，其理论信度不应受到语言模态的影响。Talmy（2003）也指出，手语的语言属性已不容置疑。手语和口语具有相通性，二者同属核心语言系统。当前的研究任务是如何在认知结构系统下对比与分析口语和手语，扩大各种心智理论的验证范围。从表达特点来看，手语对各类图式做了更为细致的划分，包含的运动空间元素更为丰富，对空间结构的表达也更忠实于视觉感知层面。由此可见，加强运动事件的跨语言、多模态考察，将手语纳入研究当中，目前已成为主流学界的共识。

与口语依靠声音媒介以及各种象征性联系表达意义不同的是，手语主要借助使用者手部或者身体动作编码运动事件中的语义元素。Slobin和Hoiting（1994）首开先河，将运动事件理论引入对手语的研究，并发现荷兰手语中的"路径"成分由主要动词表达，这与其他同属动词框架类型语言的西班牙语的词汇化模式类似。Grose et al.（2007）也指出，事件的静态特征和动态特征都可以通过手语的音系和形态结构得到明确表达。Galvan和Taub（2003）则发现，美国手语使用者在表达运动事件时，比英语使用者编码更多的"路径"和"方式"信息。

除了上述手语和口语的对比研究外，也有部分专门针对手语的研究。Morford（2002）发现，美国离群聋儿（home signer）较少在单个手势中编码多个语义元素，甚至缺少对核心元素"路径"的表达。Tang和Gu（2007）认为，香港手语运动事件语义元素的词化主要依靠音系参数实现。如手掌的朝向与空间构造的方式有关，手形和施动性相连，手部的运动则主要表示运动方式和路径。目前甚至出现了手语类型学研究，如Arik（2010）通过对比美国手语、克罗地亚手语、澳大利亚手语和土耳其手语，发现四者都借助主要动词编码运动路径，同属动词框架语言。中国手语运动事件的表达包含"方式动词+路径动词"连动式（图18.7）和"路径动词"单用（图18.8）两类结构。后者使用频率更高，表现出强烈的动词框架语言倾向。但研究者同时发现，"方式动词+路径动词"连动式中的方式动词和路径动词的词汇和语法地位相等，因此中国手语具有"平衡框架语言"特征。此外，中国手语的"方式"成分还可以由主要动词表达，但只能出现在"非边界跨越"运动事件表达中，因此也有卫星框架语言特征。综上所述，中国手语是一种兼具卫星框架语言和平衡框架语言特征的复杂动词框架语言。

图18.7　方式动词（飞）+路径动词（起来/盘旋）　　图18.8　（鸭子）游

按照Talmy（2000：25）的定义，运动事件除包含动态移动关系外，还包括持续性静态位置情景。不同的语言在编码运动事件时，对基本成分的选择和表达方式存在明显差异，这主要是由于各种语义成分地位的不同。之后的研究者虽然对Talmy的运动事件分类标准做了大量的证实或证伪研究，但大多都集中在对动态移动事件的考察，而忽略了对静态运动事件的探讨。其原因可能有如下几点：（1）静态场景通常只涉及"空间关系"与"持续性存在"状态（如"杯子放在桌子上"），这不符合人们对运动的一般认知（如包含位移运动等），不是典型的运动事件；（2）与动态移动事件相比，静态运动事件的运动"方式"较为单一，"路径"也不甚明显。如可以用于替换上述例句中方式动词"放"的其他动词很有限，方位介词"在……上"也不包含明显的位移变化。虽然"方式"和"路径"的单一性会对研究造成一定的困难，但是从方法论上考虑，忽略对持续性静态场景的探讨，不利于对运动事件的全面考察。

与口语借助声音媒介以及各种象征性联系表达意义不同的是，手语主要借助使用者手部或者身体动作编码运动事件中的语义元素，如Grose et al.（2007）指出，聋人可以通过手语的音系结构和形态结构明确表达事件的静态和动态特征。Emmorey和Tversky（2002）则发现，英语本族语者与美国手语使用者在向同伴面对面描述静态运动事件时，视角存在明显的差异。前者倾向于采用听话人的视角，而后者的视角表达则相对灵活。Engberg-Pedersen（1993）认为，手语使用者通常以手部与身体的相对位置，模拟客观世界中物体的空间关系。Tang和Gu（2007）则认为，香港手语主要通过静止性路径编码静态运动事件，词汇化模式中同时合并了"存在谓语"和"图形"，由空间手形加以表示。吴玲和李恒（2014）利用图片描述法获得语料，考察了中国手语如何表达静态运动事件。分析发现，中国聋人主要以主手和副手分别表示"图形"和"背景"，双手之间的相对位置直接模拟真实空间中"图形"和"背景"的物理位置关系，并且较少使用语法连接成分。此外，手语使用者通常使用类标记动词和类标记结构表达静态位置关系。类标记结构的选择不仅受到物体自身特征的影响，还会受到动词语义的限制。

18.5 小结

应当指出的是，认知语言学和手语语言学二者整合时间较短，当前的研究还存在一些问题。首先，研究范围有限，大多是对象似性、概念隐喻的考察。对另外一些具有同样影响力但较为艰深的理论涉及不多，如认知语法和语法化理论等。其次，研究语料零散。大部分研究数据是来自学者自造或记忆中的非语境化的例子。即使有实地调查，很多时候也无法保证研究材料的有效覆盖率、代表性和穷尽性，缺少语料库的有力支撑。这种状态亟需对各种手语进行大规模的实地调查，通过搜集大量的语言素材，建立手语语料库。最后，研究基础薄弱。利用认知语言学相关理论分析手语，目前还不是当今学界的主流研究范式。

从国内情况来看，中国手语的认知研究始终存在"两张皮"现象：一方面，大多数手语研究者并非语言学出身，其著作大多限于感悟式的经验之谈，当中的手语语言学成果又大多登载于特殊教育类期刊，而认知语言学界懂手语者又寥寥无几，造成二者的分离。另一方面，我国的手语研究尚未完全吸收认知语言学的最新研究成果，大多是引进和评介性质，对手语问题的研究散见于各种论述当中，缺乏系统梳理以及对手语本体的深入分析。

就目前的发展趋势来看，认知语言学和手语语言学的藩篱在今后的研究中将逐渐被打破。越来越多的认知语言学家开始意识到建立一种同时囊括口语和手语的统一理论框架的可能性和必要性。Talmy（2003）认为，人类拥有一个包含手语与口语共同特点的核心语言系统。当其与视觉感知系统相连接，形成手语，与其他认知系统联系，又形成口语，因此二者具有相通性。但这一学说尚处在起步阶段，现有成果大多是宏观叙述和理论设想，缺乏对语言实例的微观考察。2013年6月在加拿大埃德蒙顿召开的第12届国际认知语言学大会，来自英国的Zeshan教授在其主旨发言中，借用语言类型学的研究方法，从本土和全球两个视角讨论了手语的功能主义研究与手语语言学的接口。大会还另外专辟了"具身认知与语法化：来自手语和手势的视角"主题会场，进一步确认了手语是身体与世界互动体验的产物，是一种真正的语言交流系统。"基于用法"是认知语言学的基本理论信条，今后的研究应当注重将手语研究还原到自然语境当中，重视原始语料的采集，以众多地点的语言事实调查为基础，比较和归纳，从文化、历史和社会等外部功能方面对语言共性做出解释，从而厘清全世界手语的整体面貌，勾勒出手语的语族谱系以及揭示手语历时变化的过程和机制。

自Saussure以来，现代语言学研究独尊口语，而贬书面语，遑论手语。认知语言学的兴起，使得手语语言学找到了新的理论武器和研究方法。手语语言学从一门寄生于普通语言学研究的隐学，在维护自身合法性以及成为独立学科的过程中，既消除了自身与普通语言学理论之间的对立和分歧，又对认知语言学的发展提供了帮助，为其在有声语言中诸多无法直接得到证明的假设给出了显性证据。在二者的双向会通、不断互动中，一种同时囊括口语和手语，揭示人类普遍心智规律的统一语言学理论框架在未来更有望得以建立。

思考题

1. 手语是真正的语言吗？
2. 请尝试阐述手语语言学和认知语言学的双向性。
3. 手语和口语中的相同点和差异是什么？
4. 汉语和中国手语在动态运动事件表征上存在什么异同？
5. 汉语和中国手语在静态运动事件表征上存在什么异同？
6. 汉语和中国手语在时空隐喻表达上有什么异同？
7. 为何手语象似性可以促进听人手语学习？
8. 手语中的象似性是否与Saussure论述的语言任意性相矛盾？

推荐阅读书目

Armstrong, D. E., W. C. Stokoe & S. Wilcox. 1995. *Gesture and the Nature of Language.* Cambridge: Cambridge University Press.

Brentari, D. 1998. *A Prosodic Model of Sign Language Phonology.* Cambridge, MA.: The MIT Press.

Emmorey, K. & J. Riley. (eds.). 1995. *Sign, Gesture, and Space.* Hillsdale, NJ: Lawrence Erlbaum Associates.

Frishberg, N. 1975. Arbitrariness and iconicity: Historical change in American sign language. *Language, 51* (3): 676-710.

McNeill, D. 1992. *Hand and Mind: What Gestures Reveal about Thought.* Chicago: The University of Chicago Press.

Meier, R., K. Cormier & D. Quinto-Pozos. (eds.). 2002. *Modality and Structure in Signed and Spoken Languages.* Cambridge: Cambridge University Press.

Sandler, W. 1999. Prosody in two natural language modalities. *Language and Speech, 42* (2-3): 127-142.

Taub, S. 2001. *Language in the Body: Iconicity and Metaphor in American Sign Language.* Cambridge: Cambridge University Press.

Valli, C. & C. Ceil Lucas. 1995. *Linguistics of American Sign Language: An Introduction.* Washington, DC: Gallaudet University Press.

Wilcox, P. P. 2000. *Metaphor in American Sign Language.* Washington, DC: Gallaudet University Press.

第十九章 展望

认知语言学作为语言学的一种新范式,其历史"原型"为"基于内省的心智观,专注于对语言的共时分析,聚焦于印欧语言(尤其是英语),对言语交际的社会、文化因素以及多模态视角兴趣有限"(Divjak et al., 2016: 447)。经过四十多年的发展,在世界语言学再语境化(recontextualization)的趋势下,认知语言学这一历史"原型"逐渐发生了新的变化,呈现出新的发展趋势。它在研究内容上趋于社会化和多样化,越来越关注语言的社会、心理和文化因素;在研究视角上趋于跨学科化,倡导交叉学科、跨学科及超学科研究,逐渐形成跨领域、跨学科、多学科、超学科的研究体系;在研究方法上趋于多元化,倡导内省与实证并重的研究方法,重视量化分析。具体而言,未来的认知语言学研究在以下几个方面还有待进一步深化:

一是加强认知语言学的跨语言研究和类型学研究。以往的认知语言学研究主要囿于印欧语言,尤其是英语,借此构建的认知语言学理论体系在不同语言中可能会存在普适性差异的问题。汉语就是很好的例子。学界普遍认为,英语是主语优先型语言,而汉语则是话题优先型语言,因此开展汉语的认知研究对于揭示英汉语的差异具有重要的启迪意义。目前加强认知语言学理论体系的本土化研究已是大势所趋,这也可以最大程度地体现认知语言学理论的普遍解释力。另外,针对语言演化存在的问题,很有必要把认知语言学的相关理论同语言演化理论和历史语言学的理论结合起来,以整合出新的、基于认知的语言演化理论。

二是关注语言的社会维度和文化因素。当前认知语言学内部已经出现

"社会转向"的趋势。所谓"社会转向"是指在重视语言与认知研究的同时，还要兼顾考察语言的社会维度，强调文化环境和语言社会交互性的重要作用。认知语言学的"社会转向"催生了认知社会语言学和社会认知语言学。认知社会语言学由Geeraerts等学者提出，认为认知语言学研究应当重视社会语言学视角和语言变异视角，关注语言变异、区域变异等方面。Geeraerts（2016）认为，除了"概括的承诺"和"认知的承诺"外，还应补充"社会符号的承诺"，主张人类语言的描写和解释应当与语言作为"社会符号"的地位相一致。社会认知语言学则旨在描写语言使用塑造言者和听者的语言知识的社会互动机制。这些互动机制植根于合作行为、协同和规约等一般社会认知能力（文旭2019）。虽然认知社会语言学和社会认知语言学在基本主张上略有差异，但是二者都认为，认知语言学研究应当更加注意语言的社会、文化因素。这就要求认知语言学研究者关注语言变异，探索语言内部的变化和跨文化的差异性，未来认知语言学研究也将继续深化这一研究趋势。

三是注重言语交际中的非言语交际材料，如手语、肢体语言等。进入21世纪，认知语言学研究开始从对语言符号或声音单模态的研究，逐渐过渡到对伴有肢体语言或手势语的多模态话语的研究。"多模态"逐渐成为社会符号学和认知语言学的主要研究对象之一（如认知语言学与多模态研究的互动、多模态隐喻和转喻、多模态构式语法等）。以手语研究为例，一方面，手语研究可以为语言结构和语言概念化研究提供或多或少的启示；另一方面，手语研究是对语言研究的有益补充。总之，多模态研究可以为验证认知语言学理论的合理性提供辅证，为揭示语言、思维和现实的关系提供新的视窗。

四是倡导内省与实证并重的研究方法，重视量化分析。早期的认知语言学研究（如隐喻、转喻等）主要是基于内省法。内省法在认知语言学理论建构和假设的提出阶段发挥了举足轻重的作用。但是，随着研究的深入，内省法被越来越多的学者所诟病，因为来源于研究者的直觉或观察的语言事实具有很强的主观性，而基于内省的研究可重复和可证性较弱（文旭、司卫国2018）。近年来，认知语言学在研究方法上越发具有"实证转向"或"量化转向"的趋势。导致这一转向的因素很多，一方面是由于内省法的弊端；另一方面，认知语言学"实证"的本质是由学科属性决定的，认知语言学是认知科学的一部分，认知科学中的实证研究方法对认知语言学研究具有较大的借鉴意义。此外，认知语言学理论是基于使用的理论模型，它不严格区分语言能力与语言使用，强调真实语料的重要性。因此，近年来认知语言学研究者越发依赖语料库、神经实验（如ERP、fMRI）及心理实验等进行数据收集和量化分析。实证研究是对认知语言学内省研究的必要补充，对证实和证伪认知语言学相关理论假设起着重要的作用，有利于实现认知语言学研究方法的多元化。未来的认知语言学研究将会更加重视实证研究和量化分析，倡导内省法与实证研究并重的研究方法。

五是强化交叉学科、跨学科及应用研究。当前，各个学科不再局限于单一学科内的研究，跨学科、跨领域趋势日益彰显，并逐步形成你中有我、我中有你的发展态势（陆俭明 2020）。大多数认知语言学理论都是借鉴了心理学、人类学等交叉学科的研究成果。认知语言学理论的纵深发展，促成了跨领域、跨学科、超学科研究体系的构建，涵盖认知语义学、认知语法、构式语法、认知语用学、认知音系学、认知诗学/文体学、认知翻译学、认知心理语言学、认知神经语言学、认知历史语言学、认知修辞学、认知词典学、认知文化语言学、认知社会语言学、应用认知语言学、认知符号学等（可参考Wen & Taylor 2021）。未来认知语言学将进一步强化对语言、心智、文化、社会、心理等领域进行多学科、跨学科、超学科的认知研究，并将更多的研究成果应用到语言教学、翻译、语言习得、跨文化交际、言语及非言语交际等领域，突出认知语言学研究的学科交叉性和应用性。

最后，开展以大数据、深度学习和算力为基础的人工智能的认知语言学研究。认知语言学研究今后该怎么走，如何跟上时代的步伐，顺应时代发展的趋势与需要，这是每个认知语言学研究者都要思考的问题。以大数据、深度学习和算力为基础的人工智能在引发社会变革的同时，也为语言研究和语言学的发展提供了契机和新的方法。为此，需要强化语言形式和意义描写的形式化、数字化，加强认知语言学与计算机科学、计算语言学以及人工智能的交叉融合。在此驱动下，认知语言学在自然语言的形式化处理、语言资源库的建设与开发、语言大数据的挖掘、语言智能与类脑智能和认知智能等领域还存在较大的发展空间。

参考文献

Achard, M. 1997. Cognitive grammar and SLA investigation. *Journal of Intensive English Studies, 11*: 157-176.

Albir, A. H., F. Alves, B. E. Dimitrova & I. Lacru, I. 2015. A retrospective and prospective view of translation research from an empirical, experimental, and cognitive perspective: The TREC network. *Translation & Interpreting, 7*(1): 19-31.

Alves, F. (ed.). 2003. *Triangulating Translation: Perspectives in Process Oriented Research*. Amsterdam: John Benjamins.

Alves, F. & A. Hurtado Albir. 2017. Evolution, challenge, and perspectives for research on cognitive aspects of translation. In J. W. Schwieter & A. Ferreira (eds.). *The Handbook of Translation and Cognition* (pp.537-554). Hoboken, NJ: Wiley Blackwell.

Alves, F., A. Pagano, S. Neumann, E. Steiner & S. Hansen-Schirra. 2010. Translation units and grammatical shifts: Towards an integration of product- and process-based translation research. In G. Shreve & E. Angelone (eds.). *Translation and Cognition* (pp.109-142). Amsterdam: John Benjamins.

Armstrong, S. L., L. R. Gleitman & H. Gleitma. 1983. What some concepts might not be. *Cognition, 13*(3): 263-308.

Angelone, E. 2010. Uncertainty, uncertainty management and metacognitive problem solving in the translation task. In G. Shreve & E. Angelone (eds.). *Translation and Cognition* (pp.17-40). Amsterdam: John Benjamins.

Antovic, M., A. Bennett & M. Turner. 2013. Running in circles or moving along lines: Conceptualization of musical elements in sighted and blind children. *Musicae Scientiae, 17*(2): 229-245.

Arik, E. 2010. Describing motion events in sign language. *Poznan Studies in Contemporary Linguistics, 46*(4): 367-390.

Aristotle. 1951. *Poetics*. With A Critical Text and Translation by S. H. Butcher. 4th ed. New York: Dover Publications, Inc.

Baker, C. F., C. J. Fillmore & J. B. Lowe. 1998. The Berkeley FrameNet Project. In *17th International Conference on Computational Linguistics* (pp.86-90). Canada: Montreal, Quebec.

Bara, B. G. 2008. *Cognitive Pragmatics*. Cambridge, MA.: The MIT Press.

Bara, B. G. 2010. *Cognitive Pragmatics: The Mental Processes of Communication* (J. Douthwaite trans.). Massachussetts: The MIT Press.

Bara, B. G., I. Cutica & M. Tirassa. 2001. Neuropragmatics: Extralinguistic communication after closed head injury. *Brain & Language, 77* (1): 72-94.

Barcelona, A. 2010. Metonymic inferencing and second language acquisition. *AILA Review, 23*: 134-154.

Barsalou, L.W. 1999. Perceptual symbol system. *Behavioral and Brain Sciences, 22*: 577-660.

Barsalou, L.W. 2008. Grounded cognition. *Annual Review of Psychology, 59* (1): 617-645.

Bell, R. T. 1991. *Translation and Translating: Theory and Practice*. London, New York: Longman.

Benveniste, E. 1971. *Problems in General Linguistics* (M. E. Meek Trans.). Coral Gables, FL: University of Miami Press.

Bergen, D. 2006. Learner strategies and learner autonomy in translator training. In J. Tommola & Y. Gambier (eds.). *Translation and Interpretation-Training and Research* (pp.119-126). Turku: University of Turku.

Berlin, B. & P. Kay. 1969. *Basic Color Terms: Their Universality and Evolution*. Berkeley & Los Angeles: University of California Press.

Boas, H. C. 2001. Frame semantics as a framework for describing polysemy and syntactic structures of English and German motion verbs in contrastive computational lexicography. In R. Paul, A. Wilson, T. Mcenery, A. Hardie & S. Khoja (eds.). *Proceedings of the Corpus Linguistics 2001 Conference Vol.13*. UK: Lancaster University Center for Computer Corpus Research on Language.

Boas, H. C. 2010. *Contrastive Studies in Construction Grammar*. Amsterdam: John Benjamin.

Boas, H. C. & R. Dux. 2013. Semantic frames for foreign language education: Towards a German frame-based online dictionary. *Revista Veredas, 17* (1): 82.

Boers, F. 2000a. Enhancing metaphoric awareness in specialized reading. *English for Specific Purposes, 19* (2): 137-147.

Boers, F. 2000b. Metaphor awareness and vocabulary retention. *Applied Linguistics, 21* (4): 553-571.

Brinton, L. J. & E. C. Traugott. 2005. *Lexicalization and Language Change*. Cambridge: Cambridge University Press.

参考文献

Brown, T. & F. Perry. 1991. A comparison of three learning strategies for ESL vocabulary acquisition. *TESOL Quarterly, 25* (2): 655-670.

Brugman, C. M. 1988. The Syntax and Semantics of "Have" and its Complement. Ph. D. Dissertation. University of California.

Bybee, J. 1985. *Morphology: A Study of the Relation between Meaning and Form*. Amsterdam: John Benjamins.

Bybee, J. 2008. Usage-based grammar and second language acquisition. In P. Robinson & N. C. Ellis (eds.). *Handbook of Cognitive Linguistics and Second Language Acquisition* (pp.216-236). New York & London: Routledge.

Bybee, J. 2010. *Language, Usage and Cognition*. Cambridge: Cambridge University Press.

Bybee, J., R. Perkins & W. Pagliuca. 1994. *The Evolution of Grammar: Tense, Aspect and Modality in the Languages of the World*. Chicago: The University of Chicago Press.

Cánovas, C. P. 2011. The genesis of the arrows of love: Diachronic conceptual integration in Greek mythology. *American Journal of Philology, 132* (4): 553-579.

Carston, R. 2002. Linguistic meaning, communicated meaning and cognitive pragmatics. *Mind & Language, 17* (1-2): 127-148.

Chesterman, A. 2009. The name and nature of translator studies. *HERMES-Journal of Language and Communication in Business, 42*: 13-22.

Chomsky, N. 1972. *Language and Mind*. New York: Harcourt Brace Jovanovich.

Clark, A. 1997. *Being There: Putting Brain, Body and World Together Again*. Cambridge, MA.: The MIT Press.

Clark, E. V. & H. H. Clark 1979. When nouns surface as verbs. *Language, 55*: 767-811.

Confalonieri, R. & O. Kutz. 2020. Blending under deconstruction: The roles of logic, ontology, and cognition in computational concept invention. *Annals of Mathematics and Artificial Intelligence, 88*: 479-516.

Craik, F. I. M. & R. S. Lockhart. 1972. Levels of processing: A framework for memory research. *Journal of Verbal Learning and Verbal Behavior, 11* (6): 671-684.

Croft, W. 2001. *Radical Construction Grammar: Syntactic Theory in Typological Perspective*. Oxford: Oxford University Press.

Croft, W. 2003. *Typology and Universals (2nd ed.)*. Cambridge: Cambridge University Press.

Croft, W. 2009. Toward a social cognitive linguistics. In E. Vyvian & S. Pourcel (eds.). *New Directions in Cognitive Linguistics* (pp.395-420). Cambridge: Cambridge University.

Croft, W. & D. A. Cruse. 2004. *Cognitive Linguistics*. Cambridge: Cambridge University Press.

Dabrowska, E. 2016. Cognitive linguistics' seven deadly sins. *Cognitive Linguistics, 27*: 479-491.

Dancygier, B. & E. Sweetser. 2014. *Figurative Language*. Cambridge: Cambridge University

Press.

Deignan, A., D. Gabry & A. Solska. 1997. Teaching English metaphors using cross-linguistic awareness-raising activities. *ELT Journal, 51*: 352-360.

Denroche, C. 2015. *Metonymy and Language: A New Theory of Linguistics Processing*. New York & London: Routledge.

Divjak, D., N. Levshina & J. Klavan. 2016. Cognitive linguistics: Looking back, looking forward. *Cognitive Linguistics,* (4): 447-463.

Dodge, E. & A. Wright. 2002. Herds of wildebeest, flasks of vodka, heaps of trouble: An embodied construction grammar approach to English measure phrases. In J. Larson & M. Paster (eds.). *Proceedings of the 28*th *Annual Meeting of the Berkeley Linguistics Society* (pp.75-86). Berkeley: Berkeley Linguistics Society.

Dragsted, B. 2010. Coordination of reading and writing processes in translation: An eye on uncharted territory. In G. M. Shreve & E. Angelone (eds.). *Translation and Cognition* (pp.41-62). Amsterdam: John Benjamins.

Dragsted, B. & I. G. Hansen. 2007. Speaking your translation: Exploiting synergies between translation and interpreting. In F. Pöchhacker, A. L. Jakobsen & I. Mees (eds.). *Interpreting Studies and Beyond: A Tribute to Miriam Shlesinger* (pp.251-274). Copenhagen: Samfundslitteratur.

Ellis, N. & F. Fernando-Junior. 2009. Construction learning as a function of frequency, frequency distribution, and function. *Modern Language Journal, 93*: 370-386.

Ellis, N. & S. Wulff. 2015. Second language acquisition. In E. Dabrowska & D. Divjak (eds.). *Handbook of Cognitive Linguistics* (pp.409-432). Berlin: Mouton de Gruyter.

Emmorey, K. & B. Tversky. 2002. Spatial perspective choice in ASL. *Sign Language & Linguistics, 5* (1): 3-26.

Engberg-Pedersen, E. 1993. *Space in Danish Sign Language: The Semantics and Morphosyntax of the Use of Space in a Visual Language*. Hamburg: Signum Press.

Ericsson, K. A. & Simon, H. A 1984. *Protocol Analysis: Verbal Reports as Data. Cambridge*, MA: MIT Press.

Eskildsen, S. 2009. Constructing another language: Usage-based linguistics in second language acquisition. *Applied Linguistics, 30* (3): 335-357.

Evans, V. 2007. *A Glossary of Cognitive Linguistics*. Edinburgh: Edinburgh University Press.

Evans, V. 2019. *Cognitive Linguistics: A Complete Guide*. Edinburgh: Edinburgh University Press.

Evans, V. & M. Green. 2006. *Cognitive Linguistics: An Introduction*. Edinburgh: Edinburgh University Press.

Fauconnier, G. 1985. *Mental Spaces: Aspects of Meaning Construction in Natural Language*.

Cambridge, MA.: The MIT Press.

Fauconnier, G. 1997. *Mappings in Thought and Language*. Cambridge/New York: Cambridge University Press.

Fauconnier, G. 2010. *Mappings in Thought and Language.* Beijing: Wold Publishing Corporation.

Fauconnier, G. & E. Sweetser. 1996. *Spaces, Worlds, and Grammar*. Chicago: University of Chicago Press.

Fauconnier, G. & M. Turner. 1996. Blending as a central process of grammar. In A. E. Goldberg (ed.). *Conceptual Structure, Discourse, and Language* (pp.113-130). Stanford, CA.: CSLI Publications.

Fauconnier, G. & M. Turner. 1998. Conceptual integration networks. *Cognitive Science, 22*: 133-187.

Fauconnier, G. & M. Turner. 2002. *The Way We Think: Conceptual Blending and Mind's Hidden Complexities*. New York: Basic Books.

Fauconnier, G. & M. Turner. 2008. The origin of language as a product of the evolution of modern cognition. In L. Bernard. *et al.* (eds.). *Origin and Evolution of Languages: Approaches, Models, Paradigms*. London: Equinox.

Fesmire, S. A. 1994. What is "cognitive" about cognitive linguistics? *Metaphor and Symbolic Activity*, 9: 149-154.

Fillmore, C. J. 1968. The case for case. In E. Bach & R. Harms (eds.). *Universals in Linguistic Theory* (pp.1-88). New York: Holt, Rinehart & Winston.

Fillmore, C. J. 1975. An alternative to checklist theories of meaning. In C. Cogen, H. Thompson, G. Thurgood, K. Whistler & J. Wright (eds.). *Proceedings of the First Annual Meeting of the Berkeley Linguistics Society* (pp.123-131). Berkeley: University of California Press.

Fillmore, C. J. 1976. Frame semantics and the nature of language. *Annals of the New York Academy of Sciences: Conference on the Origin and Development of Language and Speech, 280*: 20-32.

Fillmore, C. J. 1977. The case for case reopened. In P. Cole (ed.). *Syntax and Semantics 8: Grammatical Relations* (pp.59-81). New York: Academic press.

Fillmore, C. J. 1982. Frame semantics. In the Linguistic Society of Korea (ed.). *Linguistics in the Morning Calm* (pp.111-137). Seoul: Hanshin Publishing Co.

Fillmore, C. J. 1985a. Frames and the semantics of understanding. *Quaderni di Semantica, 6*: 222-254.

Fillmore, C. J. 1985b. Syntactic intrusion and the notion of grammatical construction. *Berkeley Linguistic Society, 11*: 73-86.

Fillmore, C. J. 2003a. The case for case. In *Form and Meaning in Language (Vol I): Papers on*

Semantic Roles (pp.21-294). Stanford: CSLI Publications.

Fillmore, C. J. 2003b. Background to FrameNet. *International Journal of -Lexicography, 16*: 235-250.

Fillmore, C. J. 2006. Frame Semantics. In A. Anderson, G. Hirst & J. Miller (eds.). *Encyclopedia Language and Linguistics Vol. 4 (*2nd *ed.)* (pp.613-620). Amsterdam: Elsevier.

Fillmore, C. J. 2007. Valency issues in FrameNet. In T. Herbst & K. Götz-Votteler (eds.). *Valency: Theoretical, Descriptive and Cognitive Issues* (pp.128-160). Berlin: Mouton de Gruyter.

Fillmore, C. J. 2008. Border conflicts: FrameNet meets construction grammar. In *Proceedings of the XIII EURALEX International Congress* (pp.49-68). Barcelona: IULA.

Fillmore, C. J. 2009. A valency dictionary of English. *International Journal of Lexicography, 22* (1): 55-85.

Fillmore, C. J. & B. T. S. Atkins. 1992. Towards a frame-based lexicon: The semantics of RISK and its neighbors. In A. Lehrer & E. Kittay (eds.). *Frames, Fields, and Contrasts: New Essays in Semantics and Lexical Organization* (pp.75-102). Hillsdale: Lawrence Erlbaum.

Fillmore, C. J. & C. F. Baker. 2001. Frame semantics for text understanding. In *Proceedings of WordNet and Other Lexical Resources Workshop* (pp.17-22). Pittsburgh: NAACL.

Fillmore, C. J., C. F. Baker & H. Sato. 2002. Seeing arguments through transparent structures. In *Proceedings of LREC* (pp.787-791). Las Palmas: LREC.

Fillmore, C. J., C. F. Baker & H. Sato. 2004. FrameNet as a "Net". In *Proceedings of LREC* (pp.1091-1094*).* Lisbon: ELRA.

Fillmore, C. J., C. R. Johnson & M. R. L. Petruck. 2003. Background to FrameNet. *International Journal of Lexicography, 3*: 235-250.

Fillmore, C. J. & P. Kay. 1993. Construction Grammar. Unpublished manuscript. University of California, Berkeley.

Fillmore, C. J., P. Kay & M. C. O'Connor. 1988. Regularity and idiomaticity in grammatical constructions: The case of *let alone*. *Language, 64*: 501-538.

Fillmore, C. J., R. R. Lee-Goldman & R. Rhodes. 2011. The FrameNet constructicon. In H. C. Boas & I. A. Sag (eds.). *Sign-based Construction Grammar* (pp.1-51). Stanford: CSLI Publications.

Fillmore, C. J., S. Narayanan & C. F. Baker. 2006. What can linguistics contribute to event extraction. In *Proceedings of the 2006 AAAI Workshop on Event Extraction and Synthesis* (pp.18-23). California: AAAI press.

Finegan, E. 1995. Subjectivity and subjectivisation: An introduction. In D. Stein & S. Wright (eds.). *Subjectivity and Subjecivisation: Linguistic Perspectives* (pp.1-15). Cambridge: Cambridge University Press.

Forceville, C. & E. Urios-Aparisi. (2009.) *Multimodal Metaphor*. Berlin: Mouton de Gruyter.

Fox, O. 2000. The use of translation diaries in a process-oriented translation teaching methodology. In C. Schaffner & B. Adab (eds.). *Developing Translation Competence* (pp.115-352). Amsterdam: John Benjamins.

Fried, M. & J. O. Östman. 2004. *Construction Grammar in a Cross-language Perspective*. Amsterdam: John Benjamin.

Gallese, V. & G. Lakoff. 2005. The brain's concepts: The role of the sensory-motors system in conceptual knowledge. *Cognitive Neuropsychology, 22*: 455-479.

Galvan, D. & S. Taub. 2003. The encoding of motion information in American sign language. In S. Strömqvist & L. Verhoeven (eds.). *Relating Events in Narrative: Typological and Contextual Perspectives* (pp.191-217). Mahwah, NJ: Lawrence Erlbaum Associates.

Gavins, J. & G. Steen (eds.). 2003. *Cognitive Poetics in Practice*. London & New York: Routledge.

Geeraerts, D. 1997. *Diachronic Prototype Semantics: A Contribution to Historical Lexicology*. Oxford & New York: Oxford University Press.

Geeraerts, D. 2003. Cultural models of linguistic standardization. In R. Dirven, R. Frank & M. Pütz (eds.). *Cognitive Models in Language and Thought: Ideology, Metaphors and Meanings* (pp.25-68). Berlin: Mouton de Gruyter.

Geeraerts, D. 2006. *Cognitive Linguistics: Basic Readings*. Berlin: Mouton de Gruyter.

Geeraerts, D., G. Kristiansen & Y. Peirsman. 2010. *Advances in Cognitive Sociolinguistics*. Berlin: Mouton de Gruyter.

Geeraerts, D. 2016. The sociosemiotic commitment. *Cognitive Linguistics,* (4): 527-542.

Gentner, D. & B. F. Bowdle. (2001). Convention, form, and figurative language processing. *Metaphor and Symbol, 16*(3-4): 223-247.

Ghesquière, L. 2010. On the subjectification and intersubjectification paths followed by the adjectives of completeness. In K. Davidse, L. Vandelanotte & H. Cuyckens (eds.). *Subjectification, Intersubjectification and Grammaticalization* (pp.277-314). Berlin: Mouton de Gruyter.

Ghesquière, L. 2014. *The Directionality of (Inter)Subjectification in the English Noun Phrase: Pathways of Change*. Berlin & Boston: Mouton de Gruyter.

Ghesquière, L., L. Brems & F. Van de Velde. 2012. Intersubjectivity and intersubjectification: Typology and operationalization. *English Text Construction, 5* (1): 128-152.

Gibbs, R. W. 1994. *The Poetics of Mind: Figurative Thought, Language, and Understanding*. Cambridge: Cambridge University Press.

Gibbs, R. W. 1996. Why many concepts are metaphorical. *Cognition, 61*: 309-319.

Gibbs, R. W. 1999. Speaking and thinking with metonymy. In K. U. Panther & G. Radden (eds.).

Metonymy in Language and Thought (pp.61-76). Amsterdam: John Benjamins.

Gibbs, R. W. 2000. Making good psychology out of blending theory. *Cognitive Linguistics, 11*: 347-358.

Gibbs, R. W. 2005. The psychological status of image schemas. In B. Hampe & J. E. Grady (eds.). *From Perception to Meaning: Image Schemas in Cognitive Linguistics* (pp.113-135). Berlin: Mouton de Gruyter.

Gibbs, R. W. 2008. *The Cambridge Handbook of Metaphor and Thought*. New York: Cambridge University Press.

Gibbs, R. W. 2009. Why do some people dislike conceptual metaphor theory? *Cognitive Semiotics, 5* (1-2): 14-36.

Gibbs, R. W. 2011. The strengths and weaknesses of conceptual metaphor theory. In D.-F. Shu (ed.). 《隐喻与转喻研究》, Shanghai: Shanghai Foreign Language Education Press.

Gibbs, R. W. 2017. *Metaphor Wars: Conceptual Metaphors in Human Life*. Cambridge: Cambridge University Press.

Gibbs, R. W. & H. L. Colston. 1995. The cognitive psychological reality of image-schemas and their transformations. *Cognitive Linguistics, 6*: 347-378.

Gildea, D. & D. Jurafsky. 2002. Automatic labeling of semantic roles. *Computational Linguistics, 28* (3):245-288.

Gile, D. 1995. *Basic Concepts and Models for Interpreter and Translator Training*. Amsterdam: John Benjamins.

Giora, R. 1999. On the priority of salient meanings: Studies of literal and figurative language. *Journal of Pragmatics, 7* (1): 183-206.

Giora, R. 2003. *On Our Mind: Salience, Context and Figurative Language*. Oxford: Oxford University Press.

Givón, T. 1989. *Mind, Code and Context*. New Jersey: Lawrence Erlbaum.

Glynn, D. & M. Sjölin (eds.). 2014. *Subjectivity and Epistemicity: Corpus, Discourse, and Literary Approaches to Stance*. Lund: Lund University.

Goffman, E. 1974. *Frame Analysis: An Essay on the Organization of Experience*. Boston: Northeastern University Press.

Goldberg, A. E. 1991. A semantic account of resultatives. *Linguistic Analysis, 21* (1-2): 66-96.

Goldberg, A. E. 1992a. The inherent semantics of argument structure: The case of English ditransitive construction. *Cognitive Linguistics, 3* (1): 37-74.

Goldberg, A. E. 1992b. Argument Structure Construction. Ph. D. Dissertation. University of California.

Goldberg, A. E. 1995. *Constructions: A Construction Grammar Approach to Argument Structure*.

Chicago: Chicago University Press.

Goldberg, A. E. 1999. The emergence of the semantics of argument structure constructions. In B. M. Whinney (ed.). *The Emergence of Language* (pp.197-212). London: Lawrence Erlbaum Associates Publisher.

Goldberg, A. E. 2006. *Constructions at Work: The Nature of Generalization in Language*. Oxford: Oxford University Press.

Goldberg, A. E. 2013. Constructionist approaches. In T. Hoffmann & G. Trousdale (eds.). *The Oxford Handbook of Construction Grammar* (pp.15-31). Oxford: Oxford University Press.

Goldberg, A. E. 2019. *Explain Me This: Creativity, Competition, and the Partial Productivity of Constructions*. Princeton: Princeton University Press.

Göpferich, S. 2008. *Translationsprozessforschung: Stand, Methoden, Perspektiven*. Tübingen: Narr.

Göpferich, S. & R. Jääskeläinen. 2009. Process research into the development of translation competence: Where are we, and where do we need to go? *Across Languages and Cultures, 10* (2): 169-191.

Grady, J. E. 1997. Foundations of meaning: Primary metaphors and primary scenes. Unpublished Ph. D. Dissertation. University of California.

Grady, J. E. 2005. Image schemas and perception: Refining a definition. In B. Hampe & J. E. Grady (eds.). *From Perception to Meaning: Image Schemas in Cognitive Linguistics* (pp.35-55). Berlin: Mouton de Gruyter.

Grady, J. E. & C. Johnson. 2002. Converging evidence for the notions of subscene and primary scene. In R. Dirven & R. Pörings (eds.). *Metaphor and Metonymy in Comparison and Contrast* (pp.533-553). Berlin: Mouton de Gruyter.

Grady, J. E., T. Oakley & S. Coulson. 1999. Blending and metaphor. In R. W. Gibbs & G. Steen (eds.). *Metaphor in Cognitive Linguistics* (pp.101-124). Amsterdam: John Benjamins.

Greenberg, J. H. 1966. *Universals of Language*. Cambridge, MA.: The MIT Press.

Grice, H. P. 1957. Meaning. *The Philosophical Review, 66* (3): 377-388.

Grice, H. P. 1989. *Studies in the Way of Words*. Cambridge, MA.: Harvard University Press.

Grimes, B. 1996. Ethnologue 13th edition [OL]. http://www.ethnologue.com, 2012-6-11.

Gropen, J. S., S. Pinker, M. Hollander, R. Goldberg & R. Wilson. 1989. The learnability and acquisition of the dative alternation in English. *Language, 65* (1): 203-257.

Grose, D., R. B. Wilbur & K. Schalber. 2007. Events and telicity in classifier predicates: A reanalysis of body part classifier predicates in ASL. *Lingua, 117*: 1258-1284.

Gu, Y., Y. Zheng & M. Swerts. 2019. Which is in front of Chinese people, past or future? The effect of language and culture on temporal gestures and spatial conceptions of time. *Cognitive science, 43* (12): e12804.

Gutt, E. A. 1991. *Translation and Relevance: Cognition and Context.* Oxford: Blackwell.

Haiman, J. 1985a. *Natural Syntax: Iconicity and Erosion.* Cambridge: Cambridge University Press.

Haiman, J. 1985b. *Iconicity in Syntax.* Amsterdam: John Benjamins.

Halverson, S. L. 2010. Cognitive translation studies: Developments in theory and method. In G. M. Shreve & E. Angelone (eds.). *Translation and Cognition* (pp.349-369). Amsterdam: John Benjamins.

Halverson, S. L. 2015. Cognitive translation studies and the merging of empirical paradigms: The case of "literal translation". *Translation Spaces, 4* (2): 310-340.

Halverson, S. L. 2017. Multimethod approaches. In J. W. Schwieter & A. Ferreira (eds.). *The Handbook of Translation and Cognition* (pp.195-212). Hoboken, NJ: Wiley Blackwell.

Harrison, C. & P. Stockwell. 2014. Cognitive poetics. In J. Littlemore & J. R. Taylor (eds.). *The Bloomsbury Companion to Cognitive Linguistics* (pp.218-233). London: Bloomsbury.

Heine, B. & H. Narrog. 2010. Grammaticalization and linguistic analysis. In B. Heine & H. Narrog (eds.). *The Oxford Handbook of Linguistic Analysis* (pp.401-423). Oxford: Oxford University Press.

Heine, B., U. Claudi & F. Hünnemeyer. 1991. *Grammaticalization: A Conceptual Framework.* Chicago: The University of Chicago Press.

Hilpert, M. 2014. *Construction Grammar and its Application to English.* Edinburgh: Edinburgh University Press.

Hodgkin, P. 1985. Medicine is war: And other medical metaphors. *British Medical Journal, 291*: 1820-1821.

Holme, R. 2012. Cognitive linguistics and the second language classroom. *TESOL Quarterly, 46* (1): 6-29.

Holmes, J. S. 2000[1972]. The name and nature of translation studies. In L. Venuti (ed.). *The Translation Studies Reader* (pp.172-184). London & New York: Routledge.

Hopper, P. J. & E. C. Traugott. 2003[1993]. *Grammaticalization.* Cambridge: Cambridge University Press.

Hopper, P. J. & S. A. Thompson. 1984. The discourse basis for lexical categories in universal grammar. *Language, 60* (4): 703-752.

Hoshi, S. 2017. "That movie was so hilarious ne!": The development of Japanese interactional particles ne, yo, and yone in l2 classroom instruction. Unpublished Ph. D. Dissertation. University of Hawai'i.

House, J. 2015. Towards a new linguistic-cognitive orientation in translation studies. In M. Ehrensherger-Dow, S. Gopferich & S. O'Brien (eds.). *Interdisciplinarity in Translation and*

Interpreting Process Research (pp.49-62). Amsterdam: John Benjamins.

Hornby, A. S. et al. 1988. *Oxford Advanced Learner's Dictionary of Current English.* Beijing: The Commercial Press.

Hurtado Albir, A. & F. Alves. 2009. Translation as a cognitive activity. In J. Munday (ed.). *The Routledge Companion to Translation Studies* (pp.54-73). London & New York: Routledge.

Hurtado Albir, A., F. Alves, B. E. Dimitrova & I. Lacruz. 2015. A retrospective and prospective view of translation research from an empirical, experimental, and cognitive perspective: The TREC network. *Translation & Interpreting, 7* (1): 19-31.

Hutchins, E. 1995. *Cognition in the Wild.* Cambridge, MA.: The MIT Press.

Ikegami, Y. 2005. Indices of a 'subjectiviy-prominet' language: Between cognitive linguistics and linguistic typology. *Annual Review of Cognitive Linguistics, 3* (1): 132-164.

Israel, M. 1996. The way constructions grow. In A. E. Goldberg (ed.). *Conceptual Structure, Discourse and Language* (pp.217-230). Stanford, CA: CSLI publications.

Iwasaki, S. 2010. Typology of subjectivity and its linguistic manifestations. Paper presented at CLDC 2010: Pragmatics & Cognitive Linguistics, Taipei, China.

Jackendoff, R. & S. Pinker. 2005. The nature of the language faculty and its implications for evolution of language (reply to Fitch, Hauser, and Chomsky). *Cognition, 97*: 211-225.

Jacobson, R. 1965. Quest for the essence of language. *Diogenes, 51*: 21-37.

Jakobsen, A. L. 1998. Logging time delay in translation. In G. Hansen (ed.). *LSP Texts and the Process of Translation* (pp.73-101). Copenhagen: Copenhagen Business School.

Jakobsen, A. L. & L. Schou. (1999). Translog documentation, Version 1.0. In G. Hansen (ed.). *Probing the Process in Translation: Methods and Results* (pp.1-36). Copenhagen: Samfundslitteratur.

Janicki, K. 2006. *Language Misconceived: Arguing for Applied Cognitive Sociolinguistics*. London: Lawrence Erlbaum Associates, Inc., Publishers.

Jing-Schmidt, Z. 2015. The place of linguistics in CSL teaching and teacher education: Toward a usage-based constructionist theoretical orientation. *Journal of the Chinese Language Teachers Association, 50* (3): 1-22.

Johnson, C. 1999. Metaphor vs conflation in the acquisition of polysemy: The case of "see". In M. K. Hiraga, C. Sinha & S. Wilcox (eds.). *Cultural, Psychological and Typological Issues in Cognitive Linguistics: Selected Papers of the Bi-annual ICLA Meeting in Albuquerque* (pp.155-169). Amsterdam: John Benjamins.

Johnson, M. 1987. *The Body in the Mind: The Bodily Basis of Meaning, Imagination, and Reason.* Chicago & London: The University of Chicago Press.

Johnson, M. 2005. The philosophical significance of image schemas. In B. Hampe & J. E. Grady (eds.). *From Perception to Meaning: Image Schemas in Cognitive Linguistics* (pp.15-33). Berlin: Mouton de Gruyter.

Johnson, M. & T. Rohrer. 2007. We are live creatures: Embodiment, American Pragmatism and the cognitive organism. In T. Ziemke, J. Zlatev & R. M. Frank (eds.). *Body, Language and Mind (Vol.1): Embodiment* (pp.17-54). Berlin: Mouton de Gruyter.

Johnson, M. A. & A. E. Goldberg. 2013. Evidence that constructional meaning is accessed automatically: Jabberwocky sentences prime associated verbs. *Language and Cognitive Processes, 28*: 1-14.

Just, M. A. & P. A. Carpenter (1980). A theory of reading: From eye fixations to comprehension. *Psychological Review, 87*(4): 329-354.

Kaschak, M. P. & A. M. Glenberg. 2000. Constructing meaning: The role of affordances and grammatical constructions in sentence comprehension. *Journal of Memory and Language, 43* (3): 508-529.

Kasher, A. 1991. Pragmatics and Chomsky's research program. In A. Kasher (ed.). *The Chomskyan Turn* (pp.122-149). Oxford: Blackwell.

Kasher, A. 1994. Modular speech act theory: Programme and results. In S. L. Tsohatzidis (ed.). *Foundations of Speech Act Theory* (pp.312-322). London: Routledge.

Kay, P. & C. J. Fillmore. 1999. Grammatical constructions and linguistic generalizations: What's X doing Y construction. *Language, 75*: 1-33.

Kecskes, I. 2010. Socio-cognitive approach to pragmatics. *Journal of Foreign Languages, 5*: 2-20.

Kiraly, D. 1995. *Pathways to Translation: Pedagogy and Process*. Kent: The Kent State University Press.

Kiverstein, J. 2012. What is Heideggerian cognitive science? In J. Kivertein & M. Wheeler (eds.). *Heidegger and Cognitive Science* (pp.1-61). Bastinstoke: Palgrave Macmillan.

Kövecses, Z. 2000. *Metaphor and Emotion: Language, Culture and Body in Human Feeling*. Cambridge: Cambridge University Press.

Kövecses, Z. 2017. Levels of metaphor. *Cognitive Linguistics, 28* (2): 321-347.

Kövecses, Z. 2020. *Extended Conceptual Metaphor Theory*. Cambridge: Cambridge University Press.

Kövecses, Z. & P. Szabo. 1996. Idioms: A view from cognitive semantics. *Applied Linguistics, 17* (3): 326-355.

Krings, H. P. 1986. *Was in den Köpfen von Übersetzern vorgeht. Eine empirische Untersuchung zur Struktur des Übersetzungsprozesses an Fortgeschrittenen*. Tübingen: Narr.

Kristiansen, G. 2003. How to do things with allophones: Linguistic stereotypes as cognitive reference points in social cognition. In R. Dirven, R. M. Frank & M. Pütz (eds.). *Cognitive

Models in Language and Thought Ideology, Metaphors and Meanings (pp.69-120). Berlin: Mouton de Gruyter.

Kristiansen, G., R. Dirven & J. R. Taylor. 2008. *Cognitive Sociolinguistics: Language Variation, Cultural models, Social systems*. Berlin: Mouton de Gruyter.

Kussmaul, P. 1995. *Training the Translator*. Amsterdam: John Benjamins.

Kurz, I. 1994. A look into the "black box": EEG probability mapping during mental simultaneous interpreting. In M. Snell-Hornby, F. Pöchhacker & K. kaindl (eds.). *Translation Studies: An Interdiscipline* (pp.199-208). Amsterdam: John Benjamins.

Labov, W. 1963. The social motivation of a sound change. *Word, 19*: 273-309.

Lakoff, G. 1977. Linguistic gestalts. *Berkeley Linguistic Society, 13*: 236-287.

Lakoff, G. 1987. *Women, Fire and Dangerous Things: What Categories Reveal about the Mind*. Chicago: The University of Chicago Press.

Lakoff, G. 1989. Some empirical results about the nature of concepts. *Mind & Language, 4*: 103-129.

Lakoff, G. 1993. The contemporary theory of metaphor. In A. Ortony (ed.). *Metaphor and Thought* (pp.202-251). Cambridge: Cambridge University Press.

Lakoff, G. 1996. *Moral Politics: What Conservatives Know That Liberal Don't*. Chicago: The University of Chicago Press.

Lakoff, G. 2002. *Moral Politics: How Liberals and Conservatives Think*. Chicago: The University of Chicago Press.

Lakoff, G. 2004. *Don't Think of an Elephant! Know Your Values and Frame the Debate*. Hartford: Chelsea Green Publishing.

Lakoff, G. 2006a. *Whose Freedom: The Battle over America's Most Important Idea*. New York: Farrar, Straus and Giroux.

Lakoff, G. 2006b. *Thinking Points: Communicating Our American Values and Vision: A Progressive's Handbook*. New York: Farrar, Straus and Giroux.

Lakoff, G. 2008. *The Political Mind: Why You Can't Understand 21st Century Politics With an 18th Century Brain*. New York: Viking.

Lakoff, G. & M. Johnson. 1999. *Philosophy in the Flesh: The Embodied Mind and its Challenge to Western Thought*. New York: Basic Books.

Lakoff, G. & M. Johnson. 2003[1980]. *Metaphors We Live by*. Chicago: The University of Chicago Press.

Lakoff, G. & M. Turner. 1989. *More Than Cool Reason: A Field Guide to Poetic Metaphor*. Chicago: The University of Chicago Press.

Lambrecht, K. 1990. "What me worry?" mad magazine sentences revisited. *Berkeley Linguistic*

Society, 16: 215-228.

Langacker, R. W. 1977. Syntactic reanalysis. In C. N. Li (ed.). *Mechanisms of Syntactic Change* (pp.57-139). Austin: University of Texas Press.

Langacker, R. W. 1985. Observations and speculations on subjectivity. In J. Haiman (ed.). *Iconicity in Syntax* (pp.109-150). Amsterdam: John Benjamins.

Langacker, R. W. 1987. *Foundations of Cognitive Grammar (Vol. I): Theoretical Prerequisites.* Stanford: Stanford University Press.

Langacker, R. W. 1990. *Concept, Image and Symbol: The Cognitive Basis of Grammar.* Berlin: Mouton de Gruyter.

Langacker, R. W. 1991. *Foundations of Cognitive Grammar (Vol. II): Descriptive Applications.* Stanford: Stanford University Press.

Langacker, R. W. 1999a. *Grammar and Conceptualization.* Berlin: Mouton de Gruyter.

Langacker, R. W. 1999b. Losing control: Grammaticization, subjectification and transparency. In A. Blank & P. Koch (eds.). *Historical Semantics and Cognition* (pp.147-175). Berlin: Mouton de Gruyter.

Langacker, R. W. 2005. Construction grammar: Cognitive, radical and less so. In F. Mendoza & M. S. Peña (eds.). *Cognitive Linguistics: Internal Dynamics and Interdisciplinary Interaction* (pp.101-159). Berlin: Mouton de Gruyter.

Langacker, R. W. 2006. Subjectification, grammaticization, and conceptual archetypes. In A. Athanasiadou, C. Canakis & B. Cornillie (eds.). *Subjectification: Various Paths to Subjectivity* (pp.17-40). Berlin: Mouton de Gruyter.

Langacker, R. W. 2007. *Ten Lectures on Cognitive Grammar.* Beijing: Foreign Language Teaching and Research Press.

Langacker, R. W. 2008a. *Cognitive Grammar: A Basic Introduction.* Oxford: Oxford University Press.

Langacker, R. W. 2008b. Cognitive grammar as a basis for language instruction. In P. Robinson & N. C. Ellis (eds.). *Handbook of Cognitive Linguistics and Second Language Acquisition* (pp.66-88). New York & London: Routledge.

Langacker, R. 2009. Metonymic grammar. In K. Panther, L. Thornburg & A. Barcelona (eds.). *Metonymy and Metaphor in Grammar* (pp.45-71). Amsterdam: John Benjamins.

Langlotz, A. 2015. *Creating Social Orientation Through Language.* Amsterdam: John Benjamins.

Lavandera, B. 1978. Where does the sociolinguistic variable stop? *Language in Society, 7*: 171-183.

Lehmann, C. 1982/1995. *Thoughts on Grammaticalization.* Munich: Lincom Europa.

Lewis, T. N. & E. Stickles. 2017. Gestural modality and addressee perspective influence how we reason about time. *Cognitive Linguistics, 28* (1): 45-76.

Lieven, E. & M. Tomassello. 2008. Children's first language acquisition from a usage-based perspective. In P. Robinson & N. C. Ellis (eds.). *Handbook of Cognitive Linguistics and Second Language Acquisition* (pp.168-196). New York & London: Routledge.

Lindstromberg, S. & F. Boers. 2005. From movement to metaphor with manner-of-movement verbs. *Applied Linguistics, 26* (2): 241-261.

Littlemore, J. 2009. *Applying Cognitive Linguistics to Second Language Learning and Teaching*. Basingstoke: Palgrave Macmillan.

Littlemore, J. & G. Low. 2006. *Figurative Thinking and Foreign Language Learning*. Basingstoke: Palgrave Macmillian.

López-Couso, M. J. 2010. Subjectification and intersubjectification. In A. H. Jucker & I. Taavitsainen (eds.). *Historical Pragmatics* (pp.127-163). Berlin & Boston: Mouton de Gruyter.

Lörscher, W. 2005. Process-oriented translator training and the challenge for e-learning. *Meta, 50* (2): 626-633.

Louwerse, M. & W. Van Peer. 2009. How cognitive is cognitive poetics? The interaction between symbolic and embodied cognition. In G. Brône & J. Vandaele (eds.). *Cognitive Poetics: Goals, Gains and Gaps* (pp.421-444). Berlin: Mouton de Gruyter.

Luo, H. 2017. English transitive particle verbs: Particle placement and idiomaticity. *Cognitive Linguistic Studies, 4*: 330-354.

Luo, H. 2019. *Particle Verbs in English: A Cognitive Linguistic Perspective*. Singapore: Springer.

Lyons, J. 2000. *Linguistics: An introduction*. Beijing: Foreign Language Teaching and Research Press.

Macedonia, M. & T. R. Knösche. 2011. Body in mind: How gestures empower foreign language learning. *Mind, Brain, and Education, 5* (4): 196-211.

Mandler, J. M. 1992. How to build a baby: II. Conceptual primitives. *Psychological Review, 99*: 587-604.

Mandler, J. M. 2005. How to build a baby: III. Image schemas and the transition to verbal thought. In B. Hampe & J. E. Grady (eds.). *From Perception to Meaning: Image Schemas in Cognitive Linguistics* (pp.137-163). Berlin: Mouton de Gruyter.

Marentette, P. & E. Nicoladis. 2011. Preschoolers' interpretations of gesture: Label or action associate?. *Cognition, 121*: 389-399.

Maynard, S. K. 1993. *Discourse Modality: Subjectivity, Emotion, and Voice in the Japanese Language*. Amsterdam: John Benjamins.

Michaelis, L. 2003. Headless constructions and coercion by construction. In E. J. Francis & L. A.

Michaelis (eds.). *Mismatch: Form-function Incongruity and the Architecture of Grammar* (pp.259-310). Stanford: CSLI Publications.

Miller, M. S. 1987. Sign iconicity: Single-sign receptive vocabulary skills of nonsigning hearing preschoolers. *Journal of Communication Disorders, 20* (5): 359-365.

Minsky, M. 1974. A framework for representing knowledge. *Artificial Intelligence Memo, 306*: 1-81.

Moag, R. 1982. English as a foreign, second, native and basal language: A new taxonomy of English-using societies. In J. B. Pride (ed.). *New Englishes* (pp.11-50). Rowley, MA.: Newbury House.

Mohit, B. & S. Narayanan. 2003. Semantic extraction with wide-coverage lexical resources. In *Proceedings of the 2003 Conference of the North American Chapter of the Association for Computational Linguistics on Human Language Technology* (pp.64-66). Edmonton: Association for Computational Linguistics.

Morford, J. 2002. The expression of motion event in home sign. *Sign Language & Linguistics, 5* (2): 55-71.

Morgan, K. O. 2007. *The Oxford History of Britain.* Beijing: Foreign Language Teaching and Research Press./Oxford: Oxford University Press.

Muñoz Martín, R. 2010. On paradigms and cognitive translatology. In G. M. Shreve & E. Angelone (eds.). *Translation and Cognition* (pp.169-187). Amsterdam: John Benjamins.

Muñoz Martín, R. 2016. *Re-embedding Translation Process Research.* Amsterdam: John Benjamins.

Muñoz Martín, R. 2017. Looking toward the future of cognitive translation studies. In J. W. Schwieter & A. Ferreira (eds.). *The Handbook of Translation and Cognition* (pp.556-572). Hoboken, NJ: Wiley Blackwell.

Myklebust, H. 1957. *The Psychology of Deafness.* New York: Grune and Stratton.

Namy, L. 2008. Recognition of iconicity doesn't come for free. *Developmental Science, 11* (6): 841-846.

Narayanan, S. 1997. Embodiment in language understanding: Sensory-motor representations for metaphoric reasoning about event descriptions. Unpublished Ph.D Dissertation. University of California.

Ninio, A. 1999. Pathbreaking verbs in syntactic development and the question of prototypical transitivity. *Journal of Child Language, 26*: 619-653.

Norde, M. 2009. *Degrammaticalization.* Oxford: Oxford University Press.

Nuyts, J. 2001. Subjectivity as an evidential dimension in epistemic modal expressions. *Journal of Pragmatics, 33* (3): 383-400.

Nuyts, J. 2014. Notions of (inter) subjectivity. In L. Brems, L. Ghesquière & F. Van de Velde (eds.). *Intersubjectivity and Intersubjectification in Grammar and Discourse: Theoretical and Descriptive Advances* (pp.53-76). Amsterdam: John Benjamins.

Oakley, T. 2007. Image schemas. In D. Geeraerts & H. Cuyckens (eds.). *The Oxford Handbook of Cognitive Linguistics* (pp.214-235). Oxford: Oxford University Press.

O'Brien, S. 2005. Methodologies for measuring the correlation between post-editing effort and machine translatability. *Machine Translation, 1*: 37-58.

O'Brien, S. 2015. The borrowers: Researching the cognitive aspects of translation. In M. Ehrensherger-Dow, S. Gopferich & S. O'Brien (eds.). *Interdisciplinarity in Translation and Interpreting Process Research* (pp.5-17). Amsterdam: John Benjamins.

Orlansky, M. & J. Bonvillian. 1984. The role of iconicity in early sign language acquisition. *The Journal of Speech and Hearing Disorders, 49* (3): 287-292.

Ormel, E., D. Hermans, H. Knoors & L. Verhoeven. 2009. The role of sign phonology and iconicity during sign processing: The case of deaf children. *Journal of Deaf Studies and Deaf Education, 14* (4): 436-448.

Ouellet, M., J. Santiago, M. J. Funes & J. Lupiáñez. 2010. Thinking about the future moves attention to the right. *Journal of Experimental Psychology: Human Perception and Performance, 36* (1): 17-24.

Paivio, A. 1986. *Mental Representations*. Oxford: Oxford University Press.

Paivio, A. 1991. Dual-coding theory: Retrospect and current status. *Canadian Journal of Psychology, 45* (3): 255-287.

Panther, K. U. & G. Radden (eds.). 1999. *Metonymy in Language and Thought*. Amsterdam: John Benjamin.

Panther, K. U. & L. Thornburg. 1999. The potentiality for actuality metonymy in English and Hungarian. In K.-U. Panther & G. Radden (eds.). *Metonymy in Language and Thought* (pp.333-357). Amsterdam: John Benjamins.

Panther, K. U. & L. Thornburg. 2003. Introduction: On the nature of conceptual metonymy. In K.-U. Panther & L. Thornburg (eds.). *Metonymy and Pragmatic Inference* (pp.1-20). Amsterdam: John Benjamins.

Panther, K. U. & L. Thornburg 2004. The role of conceptual metonymy in meaning construction [OL]. http://www.metophorik.de/.

Panther, K. U. & L. Thornburg. 2009. *Metaphor and Metonymy in Grammar*. Amsterdam: John Benjamins.

Papafragou, A. 1998. Experience and concept attainment: Some critical remarks. *UCL Working Papers in Linguistics, 10*: 1-33.

Peirce, C. S. 1940. *The Philosophy of Peirce*. T. Buchler (ed.). New York: Harcourt, Brace.

Pereira, F. C. 2007. *Creativity and Artificial Intelligence: A Conceptual Blending Approach*. Berlin: Mouton De Gruyter.

Pereiro, C. C. & A. F. Soneira. 2004. The expression of time in Spanish sign language (LSE). *Sign Language and Linguistics, 7* (1): 63-82.

Petruck, M. 1996. Frame semantics. In J. Verschueren, J. Ostman, J. Blommaert & C. Buleaen (eds.). *Handbook of Pragmatics* (pp.1-13). Philadelphia: John Benjamins.

Pietrandrea, P. 2002. Iconicity and arbitrariness in Italian sign language. *Sign Language Studies, 2* (3): 296-321.

Pinker, S. 2007. *The Language Instinct. New York,* NY: Harper Perennial Modern Classics.

Pinker, S. & R. Jackendoff. 2005. The faculty of language: What's special about it?. *Cognition, 95*: 201-236.

Pragglejaz Group. 2007. MIP: A method for identifying metaphorically used words in discourse. *Metaphor and Symbol, 22* (1): 1-39.

Pulvermüller, F., O. Hauk, V. V. Nikulin & R. J. Ilmoniemi. 2005. Functional links between motor and language systems. *European Journal of Neuroence, 21* (3): 793-797.

Pütz, M., Dirven, R. & Niemeier, S. 2001. *Introduction: Applied Cognitive Linguistics I, Theory and Language Acquisition*. Berlin/New York: Mouton de Gruyter.

Pütz, M. *et al.* 2014. *Cognitive Sociolinguistics: Social and Cultural Variation in Cognition and Language Use*. Amsterdam: John Benjamins.

Radden, G. & Z. Kövecses. 1999. Towards a theory of metonymy. In K.-U. Panther & G. Radden (eds.). *Metonymy in Language and Thought* (pp.17-59). Amsterdam: John Benjamins.

Reid, N. & A. N. Katz. 2018. Something false about conceptual metaphor. *Metaphor and Symbol, 33* (1): 36-47.

Risku, H. & F. Windhager. 2015. Extended translation: A sociocognitive research agenda. In M. Ehrensherger-Dow, S. Gopferich & S. O'Brien (eds.). *Interdisciplinarity in Translation and Interpreting Process Research* (pp.35-48). Amsterdam: John Benjamins.

Rojo, A. & J. Valenzuela. 1998. Frame semantics and lexical translation: The risk frame and its translation. *Babel, 44*: 128-138.

Rosch, E. 1973. Natural categories. *Cognitive Psychology, 4*: 328-350.

Rosch, E. & C. B. Mervis. 1975. Cognitive representations of semantic categories. *Journal of Experimental Psychology, 104*: 192-233.

Rosch, E., C. B. Mervis, W. D. Gray, D. M. Johnson & P. Boyes-Braem. 1976. Basic objects in natural categories. *Cognitive psychology, 8* (3): 382-439.

Rowlands, M. 2010. *The New Science of the Mind: From Extended Mind to Embodied*

Phenomenology. Cambridge, MA.: The MIT Press.

Ruiz de Mendoza, I. F. J. & J. L. Otal. 2002. *Metonymy, Grammar and Communication*. Granda: Comares.

Ruiz de Mendoza, I. F. J. & L. Pérez Hernández. 2011. The contemporary theory of metaphor: Myths, developments and challenges. *Metaphor and Symbol, 26* (3): 161-185.

Rydning, A. & C. Lachaud. 2010. The reformulation challenge in translation: Context reduces polysemy during comprehension, but multiplies creativity during production. In G. M. Shreve & E. Angelone (eds.). *Translation and Cognition* (pp.85-108). Amsterdam: John Benjamins.

Samonte, S. & G. Scontras. 2019. Adjective ordering in Tagalog: A cross-linguistic comparison of subjectivity-based preferences. *Proceedings of the Linguistic Society of America, 33* (4): 1-13.

Saussure, F. de. 1916. *Cours de Linguistique Générale*. Paris: Payot.

Saussure, F. de. 1959. *Course in General Linguistics*. New York: Philosophical Library.

Schermer, T. & C. Koolhof. 1990. The reality of time-lines: Aspects of tense in sign languages of the Netherlands (SLN). In S. Prillwitz & T. Vollhaber (eds.). *Current Trends in European Sign Language Research: Proceedings of the Third European Congress on Sign Language Research* (pp.295-305). Hamburg: Signum Press.

Schmid, H. J. 2017. *Entrenchment and the Psychology of Language Learning: How We Recognize and Adapt Linguistic Knowledge*. Washington, D. C.: Mouton de Gruyter.

Schnall, S. 2011. Embodiment in affective space: Social influences on spatial perception. In W. S. Thomas & M. Anne (eds.). *Spatial Dimensions of Social Thought* (pp.129-152). Berlin & Boston: Walter de Gruyter.

Seleskovitch, D. 1978[1968]. *Interpreting for International Conferences*. Washington: Pen and Booth.

Senghas, A., S. Kita & A. Özyürek. 2004. Children creating core properties of language: Evidence from an emerging sign language in Nicaragua. *Science, 305* (5691): 1779.

Sharifian, F. 2008. Distributed, emergent cognition, conceptualization and language. In R. M. Frank. *et al.* (eds.). *Body, Language, and Mind: Sociocultural Situatedness* (pp.109-136). Berlin: Mouton de Gruyter.

Shih, C. Y. 2006. Revision from translators' point of view. *Target, 2:* 295-312.

Shreve, G. M. & E. Angelone (eds.). 2010. *Translation and Cognition*. Amsterdam: John Benjamins.

Shreve, G. M., I. Lacruz & E. Angelone. 2010. Cognitive effort, syntactic disruption, and visual interference in a sight translation task. In G. Shreve & E. Angelone (eds.). *Translation and Cognition* (pp.63-84). Amsterdam: John Benjamins.

Sinha, C. & K. Jensen De López. 2000. Language, culture and the embodiment of spatial cognition.

Cognitive Linguistics, 2: 17-41.

Slobin, D. & N. Hoiting. 1994. Reference to movement in spoken and signed languages: Typological considerations. In *Proceedings of the Twentieth Annual Meeting of the Berkeley Linguistics Society: General Session Dedicated to the Contributions of Charles J. Fillmore* (pp. 487-505). Berkeley, CA: Berkeley Linguistics Society.

Smet, H. E. & J. C. Verstraete. 2006. Coming to terms with subjectivity. *Cognitive Linguistics, 17* (3): 365-392.

Smith, C. S. 2003. *Modes of Discourse: The Local Structure of Texts*. Cambridge: Cambridge University Press.

Sperber, D. & D. Wilson. 1995[1986]. *Relevance: Communication and Cognition*. Oxford/Cambridge: Blackwell Publishers.

Steen, G. J. 2008. The paradox of metaphor: Why we need a three-dimensional model for metaphor. *Metaphor and Symbol, 23*(4): 213-241.

Steen, G. J. 2009a. Deliberate metaphor affords conscious metaphorical cognition. *Cognitive Semiotics, 5*(1-2): 179-197.

Steen, G. J. 2009b. From linguistic form to conceptual structure in five steps: Analyzing metaphor in poetry. In G. Brône & J. Vandaele (eds.). *Cognitive Poetics: Goals, Gains and Gaps* (pp.197-226). Berlin: Mouton de Gruyter.

Steen, G. J. 2015. Developing, testing and interpreting deliberate metaphor theory. *Journal of Pragmatics*, 90: 1-6.

Steen, G. J., A. G. Dorst, J. B. Herrmann, A. A. Kaal, T. Krennmayr & T. Pasma. 2010. *A Method for Linguistic Metaphor Identification: From MIP to MIPVU*. Amsterdam: John Benjamins.

Steen, G. J. & J. Gavins. 2003. Contextualising cognitive poetics. In J. Gavins & G. Steen (eds.). *Cognitive Poetics in Practice* (pp.1-12). London & New York: Routledge.

Stockwell, P. 2002. *Introduction to Cognitive Poetics*. London: Routledge.

Stokoe, W. C. 2005. Sign language structure: An outline of the visual communication systems of the American deaf. *Journal of Deaf Studies and Deaf Education, 10* (1): 3-37.

Sweetser, E. 2006. Whose rhyme is whose reason? Sound and sense in *Cyrano de Bergerac*. *Language and Literature, 15* (1): 29-54.

Talmy, L. 1985. Lexicalization patterns: Semantic structure in lexical forms. In T. Shopen (ed.). *Language Typology and Syntactic Descriptio: Grammatical Categories and the Lexicon* (pp.57-149). Cambridge: Cambridge University Press.

Talmy, L. 1988. Force dynamics in language and cognition. *Cognitive Science, 2*: 49-100.

Talmy, L. 2000. *Toward a Cognitive Semantics. (Vol. II): Typology and Process in Concept Structuring*. Cambridge, MA.: The MIT Press.

Talmy, L. 2003. The representation of spatial structure in spoken and signed language. In K. Emmorey (ed.). *Perspectives on Classifier Constructions in Sign Language* (pp. 169-198). Mahwah, NJ: Lawrence Erlbaum Associates.

Tang, G. & Y. Gu. 2007. Events of motion and causation in Hong Kong sign language. *Lingua, 117* (7): 1216-1257.

Taylor, J. R. 1989. *Linguistic Categorization: Prototypes in Linguistic Theory*. Oxford: Oxford University Press.

Taylor, J. R. 1993. Some pedagogical implications of cognitive linguistics. In R. Geiger & B. Rudzka-Ostyn (eds.). *Conceptualizations and Mental Processing of Language* (pp. 201-223). Berlin: Mouton de Gruyter.

Taylor, J. R. 2003. *Linguistic Categorization (3*rd *ed.)*. Oxford: Oxford University Press.

Taylor, J. R. 2004. The ecology of constructions. In G. Radden & K. U. Panther (eds.). *Studies in Linguistic Motivation* (pp. 49-73). Berlin: Mouton de Gruyter.

Taylor, J. R. 2012. *The Mental Corpus: How Language Is Represented in the Mind*. Oxford: Oxford University Press.

Thomason, S. G. 2001. *Language Contact: An Introduction*. Edinburgh: Edinburgh University Press.

Thornburg, L. & K.U. Panther. 1997. Speech act metonymies. In N.-A. Liebert, G. Redeker & L. Waugh (eds.). *Discourse and Perspective in Cognitive Linguistics* (pp. 205-219). Amsterdam: John Benjamins.

Tomasello, M. 2003. *Constructing a Language: A Usage-based Theory of Language Acquisition*. Cambridge, MA.: Harvard University Press.

Toury, G. 2012. *Descriptive Translation Studies and Beyond: Revised Edition*. Amsterdam: John Benjamins.

Traugott, E. C. 1989. On the rise of epistemic meanings in English: An example of subjectification in semantic change. *Language, 65* (1): 31-55.

Traugott, E. C. 1995. Subjectification in grammaticalisation. In D. Stein & S. Wright (eds.). *Subjectivity and Subjectivisation: Linguistic Perspectives* (pp.31-54). Cambridge: Cambridge University Press.

Traugott, E. C. 2004. From subjectification to intersubjectification. In R. Hickey (ed.). *Motives for Language Change* (pp.124-139). Cambridge: Cambridge University Press.

Traugott, E. C. 2010. (Inter)subjectivity and (inter)subjectification: A reassessment. In K. Davidse, L. Vandelanotte & H. Cuyckens (eds.). *Subjectification, Intersubjectification and Grammaticalization* (pp.29-71). Berlin: Mouton de Gruyter.

Traugott, E. C. 2012. Intersubjectification and clause periphery. *English Text Construction, 5* (1):

7-28.

Traugott, E. C. & G. Trousdale. 2013. *Constructionalization and Constructional Changes*. Oxford: Oxford University Press.

Traugott, E. C. & R. B. Dasher. 2005. *Regularity in Semantic Change*. Cambridge: Cambridge University Press.

Tsur, R. 1992. *Toward a Theory of Cognitive Poetics*. Amsterdam: Elsevier.

Tsur, R. 2008. *Toward a Theory of Cognitive Poetics*. Brighton Eastbourne & Portland: Sussex Academic Press.

Tsur, R. 2017. *Poetic Conventions as Cognitive Fossils*. Oxford: Oxford University Press.

Turner, M. 1987. *Death is the Mother of Beauty: Mind, Metaphor, Criticism*. Chicago: The University of Chicago Press.

Turner, M. 1991. *Reading Minds: The Study of English in the Age of Cognitive Science*. Princeton: Princeton University Press.

Turner, M. 1996. *The Literary Mind*. Chicago: The University of Chicago Press.

Turner, M. 2014. *The Origin of Ideas: Blending, Creativity, and the Human Spark*. New York: Oxford University Press.

Turner, M. A. Maíra & M. M. D. Oliveira. 2019. Blended classic joint attention and multimodal deixis. *Signo, 44* (79): 3-9.

Tyler, A., C. Mueller & V. Ho. 2010. Applying cognitive linguistics to instructed L2 learning: The English modals. *AILA Review, 23*: 30-49.

Tyler, A. & V. Evans. 2003. *The Semantics of English Prepositions: Spatial Scenes, Embodied Meaning and Cognition*. New York & Cambridge: Cambridge University Press.

Ungerer, F. & H. J. Schmid. 1996. *An Introduction to Cognitive Linguistics.* London: Addison Wesley.

Ungerer, F. & H. J. Schmid. 2001. *An Introduction to Cognitive Linguistics*. Beijing: Foreign Language Teaching and Research Press.

Van Dijk, T. A. & W. Kintsch. 1983. *Strategies of Discourse Comprehension*. New York: Academic Press.

Van Hoek, K. 1995. Conceptual reference points: A cognitive grammar account of pronominal anaphora constraints. *Language, 71* (2): 310-340.

Van Peer, W. 1986. *Stylistics and Psychology*. London: Croom Helm.

Vandaele, J. & G. Brône. 2009. Cognitive poetics: A critical introduction. In G. Brône & J. Vandaele (eds.). *Cognitive Poetics: Goals, Gains and Gaps* (pp. 1-29). Berlin: Mouton de Gruyter.

Vannerem, M. & M. Snell-Hornby. 1986. "Die Szene hinter dem Text: 'scenes-and-frames semantics' in der Übersetzung". In M. Snell-Hornby (ed.). Übersetzungswissenschaft-Eine

Neuorientierung. Zur Integrierung von Theorie und Praxis (pp.184-205). Tübingen: Francke.

Verhagen, A. 2005. *Constructions of Intersubjectivity: Discourse, Syntax, and Cognition*. Oxford: Oxford University Press.

Wardhaugh, R. 2000[1998]. *An Introduction to Sociolinguistics*. Beijing: Foreign Language Teaching and Research Press.

Wen, X. & Taylor, J. R. 2021. *The Routledge Handbook of Cognitive Linguistics*. London: Routledge.

Wheeler, M. 2005. *Reconstructing the Cognitive World: The Next Step*. Cambridge, MA.: The MIT Press.

Wierzbicka, A. 1988. *The Semantics of Grammar*. Amsterdam: John Benjamins.

Wilbur, R. B. 1987. *American Sign Language: Linguistic and Applied Dimensions*. Boston: College-Hill Press.

Wilcox, S. E. 2002. The iconic mapping of space and time in signed languages. In L. Albertazzi (ed.). *Unfolding Perceptual Continua* (pp.255-281). Amsterdam: John Benjamins.

Wilcox, S. E. 2004. Cognitive iconicity: Conceptual spaces, meaning and gesture in sign languages. *Cognitive Linguistics, 15* (2): 119-147.

Wilson, D. & D. Sperber. 2002. Relevance theory. *UCL Working Paper in Linguistics, 14*: 249-287.

Wilss, W. 1996. *Knowledge and Skills in Translator Behaviour*. Amsterdam: John Benjamins.

Wittgenstein, L. 1953. *Philosophical Investigation*. Oxford: Basil Blackwell.

Wolf, H. G. & F. Polzenhagen. 2009. *World Englishes: A Cognitive Sociolinguistic Approach*. Berlin: Mouton de Gruyter.

Wozny, J. 2018. *How We Understand Mathematics: Conceptual Integration in the Language of Mathematical Description*. Berlin: Springer.

Youssef, A. F. 1989. *Cognitive process in written translation*. Unpublished Ph.D Dissertation, University Microfilms International, Ann Arbor.

Yu, N. & B. P. Y. Wang. 2018. Cognitive Linguistics approach to Chinese second language acquisition. In C. R. Ke (ed.). *The Routledge Handbook of Chinese Second Language Acquisition* (pp.31-47). London & New York: Routledge.

Ziegeler, D. 2004. Redefining unidirectionality: Is there life after modality?. In O. Fischer, M. Norde & H. Perridon (eds.). *Up and Down the Cline: The Nature of Grammaticalization* (pp.115-135). Amsterdam: John Benjamins.

陈望道，2001，《修辞学发凡》。上海：上海教育出版社。

陈香兰，2013，《语言与高层转喻研究》。北京：北京大学出版社。

程琪龙，2010，转喻种种，《外语教学》，（3）：1-6。

戴浩一，1988，时间顺序和汉语的语序，黄河译，《国外语言学》，（1）：10-20。

戴浩一，1990，以认知为基础的汉语功能语法刍议，《国外语言学》，（4）：21-27。

冯涛、张进辅，2006，心理生理学方法研究与应用，《中国心理学会第十届全国心理学学术大会论文摘要集》，746。

高莉，2013，"不过"的主观性与交互主观性建构，《吉首大学学报（社会科学版）》，（1）：124-128。

耿二岭，1986，《汉语拟声词》。湖北：湖北教育出版社。

何宇茵、马赛，2010，基于语料库的中国手语象似性研究，《中国特殊教育》，（90）：53-57。

黄裳，1996，书跋偶存·阮怀宁三集，《读书》，（11）：143-148。

蓝纯，1999，从认知角度看汉语的空间隐喻，《外语教学与研究》，（4）：7-1。

李恒，2012，聋儿手语习得研究综述，《中国特殊教育》，（10）：34-39。

李恒、曹宇，2016，运动事件语义特征和学习方式对中国英语学习者词汇习得的影响，《解放军外国语学院学报》，（5）：113-120。

李建会，2017，《心灵的形式化及其挑战》。北京：中国社会科学出版社。

李子健、张积家、乔艳阳，2018，隐喻映射的反向作用：重量感——亲属词重要性隐喻的ERP研究，《心理研究》，（1）：19-28。

刘宁生，1993，语言关于时间的认知特点与第二语言习得，《汉语学习》，（5）：39-45。

刘润楠、杨松，2007，试论手语词汇的任意性和理据性，《中国特殊教育》，（5）：38-50。

刘润清、刘正光，2004，名词非范畴化的特征，《语言教学与研究》，（1）：1-13。

刘正光，2002，Fauconnier的概念合成理论：阐释与质疑，《外语与外语教学》，（10）：8-12。

刘正光，2006，《语言非范畴化：语言范畴化理论的重要组成部分》。上海：外语教育出版社。

陆俭明，2020，顺应科技发展的大趋势语言研究必须逐步走上数字化之路，《外国语（上海外国语大学学报）》，43（4）：2-11。

卢卫中，2003，象似性与"形神皆似"翻译，《外国语》，（6）：62-69。

卢卫中、王福祥，2013，翻译研究的新范式——认知翻译学研究综述，《外语教学与研究》，（4）：606-616。

罗念生，1962，亚理斯多德的《诗学》，《文学评论》，（5）：68-77。

牛保义，2011，《构式语法理论研究》。上海：上海外语教育出版社。

沈家煊，1993，句法的象似性问题，《外语教学与研究》，（1）：2-8+80。

沈家煊，1999，转指和转喻，《当代语言学》，（1）：3-15。

沈家煊，2001，语言的"主观性"和"主观化"，《外语教学与研究》，（4）：268-275+320。

沈家煊，2006，"王冕死了父亲"的生成方式——兼说汉语"糅合"造句，《中国语文》，（4）：291-300。

王馥芳，2019，特朗普政治话语构建模式的认知诗学分析，《外语研究》，（1）：6-11。

汪立荣，2005，从框架理论看翻译，《中国翻译》，（3）：27-32。

汪立荣，2011，框架语义学对二语词汇教学的启示，《外语研究》，（3）：49-56。

汪少华，2001，合成空间理论对隐喻的阐释力，《外国语》，（3）：7-43。

汪少华，2005，话语中的隐喻认知过程与阅读教学，《外语教学》，（2）：42-46。

汪少华，2011，美国政治语篇的隐喻学分析——以布什和奥巴马的演讲为例，《外语与外语教学》，（4）：53-56。

汪少华、梁婧玉，2017，《基于语料库的当代美国政治语篇的架构隐喻模式分析——以布什与奥巴马的演讲为例》。北京：北京大学出版社。

汪少华、袁红梅，2016，政治话语的博弈——美国总统竞选辩论中框定与重新框定策略的认知解析，《外国语》，（4）：47-57。

汪少华、张薇，2017，论中国政治话语体系的认知构建——以习近平2017年瑞士两场演讲为例，《南京师大学报（社会科学版）》，（5）：146-153。

文旭，1999，国外认知语言学研究综观，《外国语》，（1）：35-41。

文旭，2007，运动动词"来/去"的语用意义及其指示条件，《外语教学与研究》，（2）：91-96+160。

文旭，2014，《语言的认知基础》。北京：科学出版社。

文旭，2018，认知翻译学：翻译研究的新范式，《英语研究》，（2）：103-113。

文旭，2019，基于"社会认知"的社会认知语言学，《现代外语》，（3）：293-305。

文旭、司卫国，2018，认知语言学：反思与展望，《中国社会科学评价》，（3）：23-36+126。

文旭、司卫国，2020，具身认知、象似性与翻译的范畴转换，《上海翻译》，（3）：1-6+95。

文旭、肖开容，2019，《认知翻译学》。北京：北京大学出版社。

文旭、杨坤，2015，构式语法研究的历时取向——历时构式语法论纲，《中国外语》，（1）：26-34。

文旭、曾容，2018，从范畴动态化角度看词汇化与语法化的关系——以汉语"但是"为例，《外语教学》，（2）：7-13。

武继红，2016，隐喻辨识中的词典使用，《外国语文》，（2）：78-84。

吴铃、李恒，2014，中国手语如何表达静态运动事件，《中国特殊教育》，（12）：38-42。

吴世雄、陈维振，1996，论语义范畴的家族相似性，《外语教学与研究》，（4）：14-19。

吴淑琼，2013，《基于汉语句法结构的语法转喻研究》。北京：中国社会科学出版社。

伍铁平，1999，《模糊语言学》。上海：上海外语教育出版社。

肖开容，2017，《诗歌翻译中的框架操作：中国古诗英译认知研究》。北京：科学出版社。

肖开容，2021，认知翻译学的名与实，《语言、翻译与认知》，（1）：102-121。

肖开容、文旭，2012，翻译认知过程研究的新进展，《中国翻译》，（6）：5-10。

肖燕，2012，时间的概念化及其语言表征。西南大学博士学位论文。

许国璋，1988，语言符号的任意性问题——语言哲学探索之一，《外语教学与研究》，（3）：2-10，79。

袁红梅、汪少华，2017，框架理论研究的发展趋势和前景展望，《西安外国语大学学报》，（4）：8-22，66。

俞晶荷，2004，框架语义研究与翻译：俄汉时间范畴的框架语义对比分析与翻译。上海外国语大学博士学位论文。

曾容，2018，词义的动态范畴化研究。西南大学博士学位论文。

曾容，2020，词义的动态范畴化在语言不同维度上的实现，《外语教学与研究》，（1）：53-63，158。

曾容、文旭，2019，流行语语义动态范畴化的模因研究，《当代修辞学》，（3）：86-95。

张辉、卞京，2015，移动非受格构式的概念整合分析，《外语教学》，（3）：1-8。

张辉、卢卫中，2010，《认知转喻》。上海：上海外语教育出版社。

张辉、周红英，2010，认知语言学的新发展——认知社会语言学——兼评 Kristiansen & Dirven（2008）的《认知社会语言学》，《外语学刊》，（3）：36-42。

张炜炜，2019，概念隐喻、转喻研究的热点问题与方法探讨，《外语教学》，（4）：20-27。

认知语言学教程

尊敬的老师:

您好!

为了方便您更好地使用本教材,获得最佳教学效果,我们特向使用该书作为教材的教师赠送本教材配套参考资料。如有需要,请完整填写"教师联系表"并加盖所在单位系(院)公章,免费向出版社索取。

北京大学出版社

教 师 联 系 表

教材名称	认知语言学教程			
姓名:	性别:		职务:	职称:
E-mail:	联系电话:		邮政编码:	
供职学校:	所在院系:			(章)
学校地址:				
教学科目与年级:	班级人数:			
通信地址:				

填写完毕后,请将此表邮寄给我们,我们将为您免费寄送本教材配套资料,谢谢!

北京市海淀区成府路 205 号
北京大学出版社外语编辑部　刘文静　　邮 购 部 电 话:010-62534449
邮政编码:100871　　　　　　　　　　　市场营销部电话:010-62750672
电子邮箱:liuwenjing008@163.com　　　外语编辑部电话:010-62754382